2,9

hänssler

DICK EASTMAN

Wunder sind mir kein Problem

Wie Gott jedes Haus erreicht

Dick Eastman ist Internationaler Präsident von »Every Home for Christ« (Aktion: In jedes Haus) mit Sitz in Colorado Springs, USA

Die Deutsche Bibliothek – CIP-Einheitsaufnahme

Eastman, Dick:
Jenseits von allem Vorstellbaren : ein einfacher Plan zur Rettung der Welt / Dick Eastman. [Übers. von Friedhilde Horn]. – Neuhausen-Stuttgart : Hänssler, 1998
Einheitssacht.: Beyond imagination <dt.>
ISBN 3-7751-2879-4

Published 1997 by Baker Book House (Chosen), Grand Rapids, MI 49506, USA
Originaltitel: Beyond Imaginaton
Übersetzt von Friedhilde Horn

hänssler-Paperback
Bestell-Nr. 392.879
ISBN 3-7751-2879-4

Umschlaggestaltung: Stefanie Bunner
Satz: AbSatz Ewert-Mohr, Klein Nordende
Druck und Bindung: Ebner Ulm
Printed in Germany

Inhalt

Vorwort

Die Schlacht tobte seit Stunden. Der Feind schien unbezwingbar. Endlich brach der Widerstand. Der Sieg stand fest. Ergebnis eines hervorragenden Heeres? Erfolg eines ausgeklügelten Schlachtplans? Nein, der Sieg wurde von drei alten Männern errungen. Mose betete. Aron und Hur halfen ihm. So konnte Josua das Heer der Amalekiter besiegen (2. Mose 17,12-13).

Weltweit tobt heute der Kampf. Die ganze Welt soll die Frohe Botschaft von Jesus hören. Dafür gebraucht Gott die Fürbitte seiner Kinder. Es gibt keinen Weg, wie sich ein Christ intensiver für Gottes Sache, für die Mission einsetzen kann.

Jeder Christ ist berufen, im Gebet die Welt zu verändern. Unsere Zeit braucht nichts dringender als Beter. Noch haben Millionen und Abermillionen nie die Gute Nachricht von Christus gehört. Mitarbeiter und Mittel sind nicht das eigentliche Problem. Aber vollmächtige Beter sind Mangelware. Ohne sie ist das Ziel unerreichbar.

Vollmächtiges Gebet kann Menschen und Völker verändern. Ohne Gebet wird nichts, mit Gebet alles erreicht. Bitte räumen Sie dem Gebet in Ihrem Leben den ersten Platz ein.

Dieses Buch bietet Ihnen dafür viele Anregungen und auf der letzten Seite einen Antwortabschnitt. Wir freuen uns auf Ihren Brief.

Ihre »Aktion: In jedes Haus«

Dank

Es ist üblich, sich bei der Veröffentlichung eines solchen Buches namentlich bei denen zu bedanken, die das Erscheinen möglich gemacht haben. Doch das bringt mich in ein gewisses Dilemma.

Die folgenden Seiten sind nämlich tatsächlich das Ergebnis vom Wirken einer nach Tausenden zählenden Armee von »Fußsoldaten«, Hausmissionaren (von denen einige schon beim Herrn sind). Sie haben die »Gute Nachricht« von Jesus in mehr als 170 Ländern zu fast einer Milliarde von Wohnstätten gebracht. Diese Zahlen bedeuten etwa 5.000 neue Freiwillige jedes Jahr, neben Hunderten von vollzeitlichen Kräften. Da die »Every Home for Christ«-Bewegung (die Basis für viele der Geschichten dieses Buches) im Oktober 1996 ihr 50-jähriges Jubiläum feierte, beträgt die Zahl der an dem Werk Beteiligten mehrere Hunderttausende. Ihre Namen würden schon allein mehrere Bücher dieses Umfangs füllen.

Einführung

Versuchen wir uns vorzustellen: jede Familie, Haushalt um Haushalt, in jedem Dorf von Nepal, einschließlich der abgelegenen Sherpa-Dörfer hoch oben im Schatten des Mount Everest – alle wurden besucht von mutigen Christen, die das Evangelium von Jesus Christus persönlich an allen Wohnplätzen anboten.

Und stellen wir uns weiter vor, dass dieser Besuchsdienst nicht nur in unserem Staat, wo es nötig ist, stattfindet, sondern auf jedem abgelegenen Fleck dieser Erde, wo man Volksgruppen erreicht, die bisher wenig oder überhaupt keine Berührung mit dem Evangelium hatten.

So schwer es ist, sich davon wirklich ein Bild zu machen, so ist doch genau das heute Realität. Wenn dieses Buch erscheint, sind in Nepal alle Dörfer erreicht – alle 75 Bezirke. Das gleiche Wunder ist in 80 anderen Staaten geschehen.

Das alles ist Teil einer umfassenden globalen Erweckung und zunehmenden geistlichen Ernte. Begleitet wird diese Entwicklung von erstaunlichen Zeichen und Wundern. Ich vertraue darauf, dass es Ihren Glauben stärkt, damit zu rechnen, dass der große Missionsauftrag Jesu noch in unserer Generation vollendet sein kann – ganz buchstäblich. Ich bin davon überzeugt, dass Gott einen Plan zur Rettung der Welt hat, dass es ein sehr einfacher Plan ist, und dass er sich schon auf dem Weg zur Erfüllung befindet.

Viele der ungewöhnlichen Zeugnisse, denen wir auf den folgenden Seiten begegnen – manche wirklich jenseits aller Vorstellungsmöglichkeit – beruhen auf Erlebnissen, die engagierte »Fußsoldaten« bei ihren Einsätzen in der weltweiten AJH-Arbeit hatten (vollzeitliche oder auch freiwillige Mitarbeiter). Seit mehr als 50 Jahren bringen sie die gute Nachricht von Jesus in jede Familie, in jedes Dorf oder in jede Stadt der ganzen Welt. Dies Buch enthält auch ermutigende Zeugnisse von anderen Glaubenswerken, um zu zeigen, dass Gott die missionarischen Bemühungen miteinander verknüpft, damit man sieht: »sein Reich kommt …« und »… sein Wille geschehe auf Erden« (Mt 6,10; s. Offb 11,15).

Als ich diese Berichte schrieb, habe ich versucht, jedes Zeugnis nach besten Möglichkeiten auf seine Zuverlässigkeit nachzuprüfen. Die letzten zwölf Monate vor der Veröffentlichung bin ich mindestens achtmal um den Globus gereist, um mit Augenzeugen zu reden oder mit Menschen, die in direktem Kontakt zu solchen Zeugen standen. Manche von ihnen wurden per Flugzeug in die internationale Zentrale von AJH in Colorado Springs/USA gebracht, um ausgedehnte Interviews mit ihnen führen zu können.

In verschiedenen Fällen wurden Pseudonyme verwandt, um in gefährdeten Gebieten die weitere Arbeit zu gewährleisten, oder um den Fluss der Erzählung nicht zu unterbrechen. (Das letztere wurde an einigen Stellen praktiziert, wo Augenzeugen die Namen der Betroffenen nicht kannten.)

Die Rahmenerzählung, die jedem Kapitel vorangestellt ist, beschreibt die Bekehrung zweier Häuptlinge, die weit voneinander entfernt in einem Regenwald lebten, und die folgenden Massenbekehrungen zu Christus unter ihren Stämmen. Ein paar Streiflichter aus ihrer Vergangenheit beleuchten kulturelle Merkmale ihrer Völker und die Art und Weise, wie sie ihre Kindheits- und Jugendjahre verbrachten. Das gilt vor allem für Geschichten aus den frühen Jahren des Häuptlings Hari, der noch im vorigen Jahrhundert geboren war. Die Ereignisse um Haris dramatischen Engelbesuch und seine Bekehrung im Jahr 1990, eine Weile nach seinem 100. Geburtstag, basieren auf dem Bericht eines Mannes, der am Tag der Bekehrung selbst in Haris Dorf war. Mit diesem Mann habe ich persönlich gesprochen.

Außerdem war ich innerhalb von zwei Monaten in beiden Regenwäldern, die in der Rahmenerzählung erwähnt werden. Ich wollte aus erster Hand sehen, welche Ergebnisse die mutige Arbeit der Evangelisten »mit den lieblichen Füßen« (s. Jes 52,7; Röm 10,15) hervorgebracht hatte, die dazu beitrugen, dass das Evangelium von Jesus zu diesen vorher unerreichten Volksgruppen gekommen war.

Für diese und viele in ähnlicher Situation scheint die Verheißung Gottes: »... da will ich ausgießen von meinem Geist auf alles Fleisch« (Apg 2,17) dem Zeitpunkt ihrer Erfüllung sehr viel näher gekommen zu sein. So unmöglich wie es uns heute erscheinen mag:

Alle unerreichten Volksgruppen auf der ganzen Welt könnten bald eine Gelegenheit bekommen, von Gottes ewiger Liebe zu erfahren und der umwandelnden Macht seines Sohnes Jesus Christus zu begegnen.

Dick Eastman,
Internationaler Präsident von Every Home for Christ
(AJH-International)

Teil I

Eine Strategie geistlicher Ernte

So einfach kann es sein, unsere Welt für Jesus zu gewinnen

In meinen frühen Dienstjahren sagte mir ein kluger Kollege und Berater: »Dick, Gottes Pläne sind immer unglaublich einfach und ungewöhnlich kostensparend. Wenn also die Dinge sich schrecklich kompliziert und erstaunlich teuer gestalten, solltest du darüber nachdenken, ob es sich wirklich um Gottes Willen handelt.«

Die Urgemeinde muss dieses Prinzip verstanden haben, als die Gläubigen das Evangelium in die Welt hineintrugen. Alles, was sie besaßen, war der Auftrag Jesu Christi, zu allen Menschen überallhin zu gehen (s. Mk 16,15), und dazu gab er ihnen die Mahnung mit, sich ohne finanzielle Belastungen oder materielle Sorgen auf den Weg zu machen (s. Mt 10,9.10).

In Teil I dieses Buches werde ich darlegen, dass jene Gläubigen, wie sie im Neuen Testament geschildert werden, schließlich ganze Städte und Regionen mit dem Evangelium von Jesus erreichten, so dass »jeder« es hörte (Apg 4,16; 5,28; 19,10). Und das alles geschah ohne die Möglichkeiten moderner Technik. Ihre Methode war ungewöhnlich einfach und erstaunlich kostengünstig. Und ich glaube, wie wir bald sehen werden, dass diese Methode an Aktualität nichts verloren hat.

Unmögliches wird möglich

Der alte Priester war tot. Häuptling Hari hatte mehr als hundert jährliche Regenzeiten und mehr als hundert Ernten der Süßkartoffeln erlebt, bevor ihm jemand etwas von Jesus erzählte. Und jetzt starb er – kurz nachdem er das schlichte Gebet des Bekenntnisses zu Jesus nachgesprochen hatte, das zwei Nachfolger Jesu über ihm gebetet hatten.

Die jungen Verkündiger des Evangeliums hatten eine lange Reise über stürmische Meere und steile Felsen hinter sich gebracht, um die zerklüftete, gebirgige Insel des Häuptlings in einem entlegenen Teil des südwestlichen Pazifik zu erreichen. Sie sahen, dass der alte Mann wohl seine 100 Jahre alt und dem Tode nahe war. Aber sie trauten es Gott auch zu, dass er ein Wunder tun und seine Kraft zum Heilen sichtbar machen konnte.

Der alte Führer des Dorfes hatte bis dahin niemals etwas von Jesus gehört. Und so ging es auch allen anderen Bewohnern dieser abgelegenen Insel. Doch das sollte bald anders werden.

Eine Schar von Dorfältesten – religiöse Oberhäupter von wenigstens fünf weiteren Dörfern dieser Region – die Hari nahezu nackt umstanden, schauten überrascht auf, als sie ihren eigenen Oberhäuptling ein Gebet sprechen hörten, wie es noch nie an ihre Ohren gedrungen war. Es war das erste Gebet zu dem einen wahren Gott, das irgendein Mensch im Innern dieser Insel je vernommen hatte. Hari hatte sich bittend an jemand gewandt, der Jesus hieß. Er hatte ihn gebeten, in sein Herz zu kommen – er, der einzige Sohn des lebendigen Gottes. So hatten die beiden Evangelisten es ihm vorher gesagt.

Sie hatten auch gesagt, dass es durch die Kraft ihres Gottes möglich sei, dass Hari geheilt würde und wieder zu Kräften kam. Aber stattdessen starb der alte Häuptling, nachdem er die Bitte um Vergebung seiner Schuld vor Gott ausgesprochen hatte.

Die Dorfältesten, die sein Sterben begleitet hatten, begannen nun, seinen Körper für die Bestattungszeremonie vorzubereiten. Was sich aber dann acht Stunden später ereignete, ging über alle ihre Vorstellungen hinaus und veränderte die Dorfbewohner für immer. Vielleicht lässt es auch uns anders über Wunder denken als bisher.

1 Wieder aktuell

Es war auf unserer ersten missionarischen Reise. Meine Frau Dee und ich waren sehr gespannt auf das, was uns erwartete. Wir waren beide Anfang zwanzig und arbeiteten als Jugendpastoren in einer wachsenden Gemeinde im südlichen Wisconsin, während ich mein Studium am Moody Bible College in Chicago beendete. Man schrieb das Jahr 1966. Unsere Kirche hatte beschlossen, ein neues Programm für junge Menschen zu entwickeln. Sie sollten ihre missionarischen Erfahrungen aus erster Hand auf der Basis von Kurzzeiteinsätzen sammeln. Wir hatten die Freude, eines dieser ersten Jugend-Teams dabei zu leiten. Es sollten zunächst nur vier Projekte dieser Art durchgeführt werden. Ein weit entferntes Missionsfeld war das Ziel. (Jahre später war die Zahl der Einsätze auf mehr als 10.000 angewachsen.)

Wir sollten in dem mittelamerikanischen Staat Britisch-Honduras arbeiten (im heutigen Belize). Während wir von alten Missionaren einschließlich eines Langzeitmissionars aus dem Bereich unseres zukünftigen Arbeitsfeldes auf unsere Tätigkeit vorbereitet wurden, sagte man uns, dass es wenig Missionsgebiete in der ganzen Welt gebe, die so schwierig seien und wo die Arbeit so hart wäre wie gerade in Britisch-Honduras. Man nannte es »Mittelamerikas Afrika«. Als der alte Missionar, der aus diesem Land kam, hörte, dass eine Gruppe junger Leute dorthin gehen sollte, bezweifelte er ernsthaft die Weisheit eines solchen Beschlusses. Wie konnte man dieses Land für solch ein neues Projekt auswählen und noch dazu für junge Leute? Man klärte uns dahingehend auf, dass wir die härtesten Lebens- und Arbeitsbedingungen erwarten sollten und nicht auf großen Erfolg hoffen konnten.

Bevor wir unsere Reise antraten, empfahl uns noch ein anderer alter Missionar, evangelistische Literatur mitzunehmen und zu verteilen. Er meinte, das wäre vielleicht die beste Möglichkeit für uns, um unsere Aufgabe zu erfüllen, da inzwischen immer mehr Mittelamerikaner lesen konnten. Sie entwickelten geradezu eine Leidenschaft, alles zu lesen, was ihnen in die Hände kam. So beschlossen wir, die meiste Zeit unseres missionarischen Einsatzes dafür zu verwenden, von »Haus zu Haus« zu gehen und christliche Literatur zu verteilen.

Als wir uns dann unsern Weg durch die flimmernde Hitze der Hauptstadt Belize suchten, bemerkten wir den Hunger der Menschen nach dem gedruckten Papier in unsern Händen. Niemand lehnte das Dargebotene ab. Und oft wünschten sich die Bewohner, die gerade zu Hause waren, noch mehr an Information. Wir waren sehr überrascht, dass uns innerhalb von fünf Wochen mehr als 450 Menschen in ihre Wohnung einluden und zu Christus als ihrem Erlöser zu beten begannen.

Eines Nachts lag ich in der drückenden Hitze lange wach und dachte darüber nach, wie einfach es doch war, das Evangelium von Haus zu Haus weiterzugeben. Und wie erstaunlich offen waren uns die Leute begegnet! Warum gab es nicht eine globale Initiative, in der man das tat, was wir taten? Das schien so klar auf der Hand zu liegen, vor allem nachdem 450 Menschen innerhalb eines Monats Christus als ihren Herrn und Erlöser anzunehmen bereit waren. Zu diesem Zeitpunkt lernten weltweit drei Millionen Menschen in jeder Woche lesen und schreiben. Wie relativ leicht würde es sein, die überwältigende Mehrheit der Weltbevölkerung mit dem Evangelium bekannt zu machen, so dachte ich. Wenn nur die christlichen Kirchen auf der ganzen Erde sich systematisch dahin wenden würden, wo die Menschen lebten, und ihnen dort die in gut fasslicher Weise gedruckte Nachricht von der Erlösung vermitteln würden!

Wenn diese Strategie von vielen Gebeten begleitet sein würde, so überlegte ich weiter, dann war ich sicher, dass der Heilige Geist wenigstens einem der Leser eines jeden Hauses die Augen öffnen würde. Und wie einfach wäre es, den Schriften Entscheidungskarten beizulegen, so dass die Menschen eine Antwort an eine noch einzurichtende Stelle senden konnten. Auf diese Weise konnten sie weiteres Material anfordern. Das würde ihnen helfen im Verständnis dessen, was es bedeutete, ein Nachfolger Jesu Christi zu sein.

So lag ich lange wach. Der Rauch von einem Mittel, das gegen Moskitos verbrannt wurde, erfüllte die Luft. Ich fragte mich, ob die Evangelisation der ganzen Welt wirklich so einfach sein könnte.

Konnte es sein, dass Jesus solch eine Strategie im Auge gehabt hatte, als er seinen ersten Nachfolgern den Missionsauftrag gab?

> *»Darum gehet hin und machet zu Jüngern alle Völker: Taufet sie auf den Namen des Vaters und des Sohnes und des Heiligen Geistes und lehret sie halten alles, was ich euch befohlen habe.«* (Mt 28,19-20 [s. Mk 16,15])

Damals wusste ich nicht, dass Gott eine solche Strategie bereits ins Leben gerufen hatte. Zu der Zeit existierten nämlich diese Aktionen bereits 13 Jahre lang. Und ich konnte auch nicht im Entferntesten ahnen, dass ich dreißig Jahre später in der internationalen Führung dieser missionarischen Arbeit »von Haus zu Haus« engagiert sein würde. Ich erlebte dabei Zeichen und Wunder, die über alle Vorstellungen hinausgingen (Sie werden es später sehen) und Anhaltspunkte dafür boten, dass die Erfüllung des Missionsbefehls durchaus noch in unserer heutigen Generation erreicht werden könnte.

Eine biblische Leitlinie im Hinblick auf die Missionierung der Welt

Als Jesus über seine Wiederkehr zur Erde und die Aufrichtung seines ewigen Reiches unter den Menschen sprach, sagte er deutlich, dass vor allem *ein* wichtiges Zeichen im Mittelpunkt der sich zuspitzenden Ereignisse stehen würde. Der Hinweis darauf findet sich in mindestens zwei Schlüsselversen der Evangelien.

Beide neutestamentlichen Schreiber sehen Jesus zu der gleichen Schlussfolgerung kommen im Hinblick auf dieses Zeichen, das seiner Wiederkehr vorausgehen sollte.

Markus berichtet, wie Jesus eine ganze Reihe von Ereignissen nannte, die sich als Anzeichen seiner bevorstehenden Wiederkunft abspielen würden. Er sagte voraus: »Es werden viele kommen unter meinem Namen ... und werden viele verführen« (Mk 13, 6). »Kriege und Geschrei von Kriegen« und »Erdbeben« und »Hungersnöte«

(V. 7 + 8) – das alles würde und müsse geschehen. Doch das Ende sei noch nicht da (V. 7).

Dann aber machte unser Herr noch eine knappe, aber grundlegende Aussage über ein ganz bestimmtes Zeichen als Voraussetzung seiner Wiederkunft. Er sagte: »Und das Evangelium muss zuvor gepredigt werden unter allen Völkern« (V. 10).

Matthäus erweitert diese Aussage in seinem Bericht noch etwas. Bei ihm heißt es:

> »Es wird gepredigt werden dies Evangelium vom Reich in der ganzen Welt zum Zeugnis für alle Völker, und dann wird das Ende kommen.« (Mt 24,14)

Achten wir besonders auf die sechs zusätzlichen Worte bei Matthäus: »Und dann wird das Ende kommen.«

Bei einer sorgfältigen Untersuchung dieser wichtigen Aussage bei Matthäus – wenn man sich diesen Text im Griechischen ansieht – eröffnen sich einige erstaunliche Einblicke in die Art und Weise, wie die Welt eventuell tatsächlich vor der Wiederkunft Christi mit dem Evangelium vertraut gemacht werden könnte.

Dies Evangelium

Zuerst begegnen wir dem Begriff »dieses Evangelium«. Das Wort stammt von dem griechischen *euangelion* ab, was ganz schlicht und einfach »eine gute Nachricht« bedeutet. Das Wort ist abgeleitet vom griechischen *euangelico*, was soviel heißt wie »eine gute Botschaft oder gute Nachrichten verkündigen, überbringen, ausrufen oder demonstrieren.« An dieser Stelle spricht Christus von der »guten Botschaft«, die die Existenz und Realität seines Königreichs, seiner Herrschaft erklärt, verkündigt und zum Ausdruck bringt.

Die Botschaft oder ihre Proklamation braucht nicht kompliziert zu sein und nicht einmal in einem Vortrag ausgesprochen zu werden. Ihre Zielsetzung ist nur, dass sie die Tatsache einer möglichen Erlösung klar zum Ausdruck bringt. Das ist die »Gute Nachricht« Gottes.

... vom Königreich, von der Herrschaft Gottes

Dann entdecken wir, dass »dies Evangelium« sich auf »das Reich Gottes«, auf die Königsherrschaft Gottes bezieht. »Königreich ist hier von dem griechischen Wort *basileia* abgeleitet. Es bedeutet soviel wie »Norm, Reich, Hoheitsrecht«. Es kommt von dem griechischen *basileus*, mit dem »die Grundlage von Macht« oder »ein Souverän« beschrieben wird.

So spricht Jesus also von einer guten Nachricht, die die Realität des Reiches Gottes verkündet und zum Ausdruck bringt – das Hoheitsrecht und den Absolutheitsanspruch und die Herrschaft des Himmels, von denen all unsere Macht nur abgeleitet ist.

... es wird gepredigt werden

Als nächstes finden wir, dass »dies Evangelium«, diese gute Nachricht, in aller Einfachheit gepredigt oder verkündet werden soll. Zuerst fällt natürlich das »wird gepredigt werden« ins Auge. Das lässt die Endgültigkeit der Aussage erkennen. Es wird geschehen – dieses »es« ist die weltweite Predigt oder Verbreitung der guten Nachricht von der Herrschaft Gottes.

Das griechische Wort, das hier mit Predigen übersetzt wird, heißt *kerusso* und bedeutet soviel wie »ausrufen, veröffentlichen oder ankündigen«. Es heißt nicht unbedingt, dass die Botschaft durch gesprochene Worte ausgerichtet werden muss – etwa von einer Kanzel, wie wir uns gewöhnlich das Predigen vorstellen. Es bezieht sich auf jegliche Form der Weitergabe der »Guten Nachricht«, so lange sie die Realität des Reiches Gottes und seiner Herrschaft als Grundlage unserer Erlösung verkündet.

... in der ganzen Welt

Jetzt kommen wir zum Zielpunkt der Verkündigung »dieser guten Nachrichten«. Die Verbreitung wird »in der ganzen Welt« geschehen. Das griechische Wort an dieser Stelle heißt *holos* und bedeutet »ganz oder vollständig«. Als Hauptwort oder als Adverb meint dieses Wort: »insgesamt, in allen Ecken oder überall«.

Dieses »ganz« im Sinne von »alles, vollständig« erscheint 5.456-mal in der Bibel, im Durchschnitt also fünfmal in einem Kapitel. Es ist offensichtlich eine der wesentlichen Wendungen in der Heiligen Schrift. Jemand sagte einmal sehr weise: »Alles heißt alles, und das ist alles, was alles bedeutet.« Hier an dieser Stelle ist damit ganz schlicht »überall, in allen Ecken der ganzen Welt« gemeint.

Doch dann fällt unser Blick auf das Wort Welt, dem ein Adjektiv vorgestellt ist. Und an diesem Punkt entdecken wir etwas sehr Interessantes.

Die Welt

Auf den ersten Blick erscheint bei Jesus der Gebrauch dieses Begriffs ganz klar zu sein. »*Die ganze Welt*« heißt die ganze Welt, oder? Das griechische Wort, das mit Welt übersetzt ist, *oikumene*, meint in seinem ursprünglichen, gebräuchlichsten Sinn »die bewohnte Erde« oder »das besiedelte Land«. Doch die Verknüpfung mit anderen griechischen Wurzeln lässt annehmen, dass es sich nicht nur um unsern Globus als geschaffene und bewohnte geologische Größe handelt, die mit dem Evangelium vertraut gemacht werden soll, sondern dass es sich um die jeweils *individuellen Bereiche* handelt, in denen Menschen leben.

Eine genauere Untersuchung der sprachlichen Wurzeln von *oikumene* lässt unsere Definition noch wahrscheinlicher werden. Das Verb *oikeo* zum Beispiel bedeutet, ein Haus zu haben, darin zu wohnen, darin ansässig zu sein. Es kommt von dem griechischen Wort *oikos*, was eine Wohnstätte, eine Familie bedeutet. In einigen Fällen kann auch eine Einflusssphäre damit gemeint sein. Indem er das Wort *oikumene* gebrauchte, mag der Herr tatsächlich im Auge gehabt haben, dass »dies Evangelium« (oder die Gute Nachricht), das die Existenz und Realität seines Reiches bekannt machen würde, »der ganzen Welt veröffentlicht und verkündigt werden sollte – Wohnstätte für Wohnstätte, Familie um Familie, Bewohner um Bewohner«.

Frank Kaleb Jansen, Stratege weltweiter Mission und Leiter der Institution »Adopt-a-People-Clearing-House«, sagt über die Worte Christi in Matthäus 24,14: »Ich glaube, dass Jesus tatsächlich sagt, dass dies Evangelium vom Reich in jedem einzelnen Zuhause verkündet werden sollte!«

Jansen scheint von W. E. Vine in seinem *Expository Dictionary of New Testament Words* unterstützt zu werden. Vine ist der Ansicht, dass das Wort *oikos* (Wohnstätte), das eine Wurzel des Begriffs *oikumene* ist, wenn es an Stellen wie Apostelgeschichte 5,42 verwandt wird (wo es heißt, dass die Nachfolger Jesu das Evangelium »hier und dort in den Häusern« verkündigt haben), tatsächlich bedeuten könnte »in jeder Wohnung«.

Jede einzelne Familie oder Wohnstätte zu erreichen erscheint durchaus sinnvoll im Gedanken an die Erfüllung des großen Missionsauftrages Christi, weil der Herr eindeutig wünscht, dass jeder Mensch diese gute Nachricht annimmt. Rufen wir uns doch nur die Aussage des Petrus ins Gedächtnis: »Der Herr ... will nicht, dass jemand verloren werde, sondern dass jedermann zur Buße finde« (2. Petr 3,9). Paulus beschreibt die Richtung von Gottes Absichten, wenn es im Brief an Timotheus heißt: »... welcher will, dass allen Menschen geholfen werde und sie zur Erkenntnis der Wahrheit kommen« (1. Tim 2,4).

... zum Zeugnis

Die Zielsetzung der Verkündigung oder der Weitergabe der Guten Nachricht in der ganzen Welt, »Haus für Haus«, besteht darin, dass es für alle, die es hören, zum Zeugnis werden soll. Das Wort Zeugnis, das hier gebraucht ist, stammt vom griechischen *martyrion*, was soviel bedeutet wie vorliegendes Beweisstück oder beweiskräftige Aussage. *Martyrion* ist vom griechischen *martys* abgeleitet, was Begriffe wie Zeuge, verbürgte Mitteilung, Märtyrer einschließt.

Diese »Gute Nachricht«, so sagt der Herr, wird buchstäblich der gesamten bewohnten Welt als aussagekräftiges Beweisstück für die Wirklichkeit des Reiches Gottes gegeben werden.

... für alle Völker

Wieder wird ein griechisches Wort benutzt, das mit »alle« übersetzt ist. Doch dieses unterscheidet sich von dem vorher in unserm Text gebrauchten Ausdruck. Dieser heißt *pas* und bedeutet »alle, jeder Beliebige, jeder Einzelne, das Ganze, wer auch immer, ohne Einschränkung«. Das Wort geht als Adjektiv dem Ausdruck »Völker« voraus und lässt ganz klar werden, dass die »Gute Nachricht« des Christus jede einzelne Nation oder Volksgruppe erreichen wird, bevor das Ende kommt. Jesus sagt, dass jede Volksgruppe oder Nation als Ganzes von ihm hören wird. Niemand wird dabei übersehen.

... Völker

Völker, Nationen bedeuten in unserm Text beträchtlich mehr als die rein geografischen Kategorien mit ihren Grenzen, wie wir sie auf den politischen Karten der Welt vor uns sehen. Das griechische Wort, das hier für Volk gebraucht ist, heißt *ethnos*, das soviel bedeutet wie Rasse, Stamm, Volk, Volksgruppe, Sippe oder auch Zweige davon. Wieder sollten wir auf den ungewöhnlichen Rahmen beim Gebrauch des Wortes *ethnos* achten. Jesus sprach von der Realität, dass das Evangelium nicht nur zu allen Menschen gebracht werden sollte, wo sie gerade ansässig waren (ihrem *oikos*), sondern zu allen Völkern, Rassen, Stämmen, Volksgruppen und Sippen.

Ethnos ist das griechische Äquivalent zu dem hebräischen Ausdruck *mispahot*, der in 1. Mose 12,3 gebraucht wird. Hier verheißt Gott dem Abraham, dass durch ihn alle Geschlechter *(mispahot)* auf Erden gesegnet werden sollten. *Mispahot* bezieht sich auf Rassen oder Unterabteilungen ethnischer oder nationaler Gruppen. Jesus ging hier davon aus, dass alle Menschen an allen Orten der Welt, selbst in kleinen Gruppierungen, die Gute Nachricht erhalten würden.

Liegt es da nicht auf der Hand – wenn dies geschehen soll – dass das Evangelium »buchstäblich« dorthin gebracht werden musste, wo die Menschen lebten – zu ihrem *oikos*?

Dann wird das Ende kommen

Erst wenn die vorhergehenden Phasen sich abgespielt haben, können wir nach dem Wort Jesu mit der restlosen Erfüllung des göttlichen Planes rechnen. Erst dann wird »das Ende« kommen.

Wo unser Herr von dem Ende spricht, das zuletzt kommen würde, finden wir in den Evangelien das griechische Wort *telos*, was soviel heißt wie Ziel, höchste Intention, Abschluss, Ergebnis oder letzte Absicht. *Telos* bedeutet hier das höchste Ziel Christi oder die Erfüllung des Planes von seinem kommenden Königreich. *Heko*, das in unserm Text mit »kommen« übersetzt ist, bedeutet »ankommen« oder »verwirklicht werden«. Jesus will damit sagen: wenn alle Voraussetzungen seiner Aussagen erfüllt sind, dann soll sein höchstes Ziel, sein letztgültiger Plan verwirklicht werden.

Eine zusammenfassende Umschreibung

Diese soll hier folgen. Ein ins Einzelne gehender und bedeutend erweiterter Blick auf all das, was Jesus in Matthäus 24,14 sagte, könnte so aussehen:

> *»Und diese gute Nachricht vom Königreich, von der Gottesherrschaft, von der Oberhoheit und der Vorherrschaft des Himmels (der Grundlage unserer Macht) soll verkündigt, veröffentlicht und ausgerufen werden in der ganzen Welt und über den ganzen*

bewohnten Globus hinweg in jedem Land (Wohnstätte für Wohnstätte, Familie für Familie, Bewohner um Bewohner) als Zeugnis und beweiskräftige Nachricht (von der Realität dieses Gottesreiches). Sie richtet sich an alle. Jede Rasse, jede Nation, Volksgruppe, Sippe oder auch nur jeder Zweig einer Sippe soll erreicht werden, und dann (und nur dann) wird das letzte Ziel, die höchste Intention, der letztgültige Plan Gottes von seinem Reich zur Vollendung kommen und Wirklichkeit werden.«

In kürzerer Form könnte man sagen:

»Die gute Nachricht von der Königsherrschaft Gottes muss persönlich und umfassend jeder Familie in jedem Teil der bewohnten Welt zugänglich gemacht werden – gerade da, wo die Menschen wohnen – und nur dann wird der Plan Gottes erfüllt und auch das endgültige Ziel der Gemeinde erreicht sein.«

Die alte Methode

Smith-Barney, die renommierte amerikanische Investment-Gesellschaft, sagt ihren potentiellen Investoren: »Wir machen Geld auf die altgewohnte Weise. Wir verdienen es!« Sie behaupten, dass unabhängig von allen Tricks und Trendvorstellungen, die von anderen Agenturen angewandt würden, um die Investitionen ihrer Klienten zu erhöhen, der Erfolg letztlich nur der harten Arbeit ihrer Organisation zu verdanken ist. Das ist »die alte Methode«!

Ein solches Prinzip könnten wir auch auf die überall auftauchenden Strategien zur Weltevangelisation anwenden. Inmitten der heutigen explosiven technischen Entwicklung auf dem Gebiet der Kommunikation übersieht man leicht die Einfachheit der biblischen Berichte, wo von der Urgemeinde und ihrer Strategie zur Missionierung der Welt die Rede ist. Aber wenn wir jemals die Erfüllung der Aufgabe, das Evangelium zu »jeder Kreatur« zu bringen (Mk 16, 15), ins Auge fassen wollen, dürfen wir die »altmodische« Art der Evangeliumsverkündigung nicht vernachlässigen.

Es stimmt, dass technologische Fortschritte den Prozess der Weitergabe des Evangeliums bedeutend beschleunigen können – auch die »Nacharbeit« – aber der einzig überschaubare, kontrollierbare Weg, die Aufgabe zu vollenden, ist »die alte Methode«: Die Kirche muss dahin gehen, wo die Menschen leben.

In Apostelgeschichte 4 lesen wir von Aufsehen erregenden Folgen der Heilung eines gelähmten Mannes an der Schönen Tür des Tempels (Apg 3, 1-10). Um dieses Wunders willen waren die religiösen Führer des Volkes besorgt. Sie beobachteten einen ständig wachsenden Einfluss der Predigt von der Guten Nachricht Gottes auf die Stadt Jerusalem. Sie brachten Petrus und Johannes vor das Synedrium (die regierende oberste Behörde der Juden) zum Verhör. Dann stellten sie aber fest, dass sich diese fremde Lehre weiter ausbreitete, obwohl die beiden Männer »ungelehrte und einfache Leute« waren (Apg 4, 13). Daher berieten sie sich inoffiziell über die Sache.

> *»Was wollen wir mit diesen Menschen tun?«, fragten sie sich. »Denn dass ein offenkundiges Zeichen durch sie geschehen ist, ist allen bekannt, die in Jerusalem wohnen, und wir können's nicht leugnen.« (Apg 4,16)*

Die Wendung »allen, die in Jerusalem wohnen, ist es bekannt« ist von Bedeutung. Das war der Grund für eine wesentlich weitreichendere Erklärung der gleichen Gruppe religiöser Führer im nächsten Kapitel.

Dort stellen wir fest, dass die Apostel immer noch mutig die »Guten Nachrichten« weiter verkünden – wohin sie auch gehen. Und wieder werden sie verhaftet und vor dem Hohen Rat verhört. Ärgerlich erklärt der Hohepriester: »Haben wir euch nicht streng geboten, in diesem Namen nicht zu lehren? Und seht, ihr habt Jerusalem erfüllt mit eurer Lehre ...« (Apg 5, 28).

Achten wir besonders auf die Anklage: »Ihr habt Jerusalem erfüllt mit eurer Lehre.« Was veranlasste den Hohenpriester dazu, das Wort »erfüllt« zu benutzen? Hat er übertrieben oder sich unbeherrscht geäußert? Oder hat dieser religiöse Führer es ganz buchstäblich gemeint? Gerade der letzte Vers zeichnet ein Bild der Evangeliumsverkündigung im Neuen Testament, wie sie von der Urgemeinde praktiziert wurde: »... und sie hörten nicht auf, alle Tage im Tempel und hier und dort in den Häusern zu lehren und zu predigen das Evangelium von Jesus Christus« (Apg 5, 42). In einer andern Version heißt es: »... täglich im Tempel und in jedem Haus hörten sie nicht auf, von Jesus Christus zu lehren und zu predigen.«

Die Vorstellung ist eine umfassende: »von Haus zu Haus« oder »in jedem Haus« – das mag erklären, warum der Hohepriester von Jerusalem sagte, es sei erfüllt von der Lehre der Apostel. Kein *oikos* (Wohnbereich) wurde ausgelassen.

Ed Silvoso betont, wenn er diese Passage in seinem hervorragenden Buch »*That None Should Perish*« kommentiert: »Es gibt nur einen Weg, ›eine Stadt zu erfüllen‹, und das ist, wenn man es von Haus zu Haus tut.«

Das ist, schlicht gesagt, »die Evangelisation nach der alten Methode!« Man geht dahin, wo die Menschen leben – in jeden individuellen Wohnbereich.

Die Art der Urgemeinde, zu evangelisieren

Ein genauerer Blick auf die Methode der frühen Kirche, das Evangelium weiterzugeben, lässt verschiedene Merkmale erkennen, die uns das Verständnis nicht nur dafür öffnen, warum sie damit soviel Erfolg hatte, sondern auch dafür, dass diese Art wesentlich zur Erfüllung des Missionsauftrages Christi gehört.

Es war eine ganz einfache Sache

Zuerst muss gesagt werden, dass die Methode sehr einfach war. Der Rahmen war weit gespannt, aber das zentrale Anliegen war sehr genau umrissen: Geht dorthin, wo die Menschen leben, und lasst niemand dabei aus. Der Fortschritt ihrer Arbeit war ganz einfach abzulesen, weil die Menschen feste Wohnstätten hatten. Natürlich hatten die Nachfolger Jesu in neutestamentlichen Tagen nicht die

Möglichkeit, eine gedruckte oder sonstwie aufgezeichnete evangelistische Botschaft zu hinterlassen, doch wir lesen, dass sie bemüht waren, die Häuser aufzusuchen. Es schien ihnen klar zu sein, dass dieses »Von-Haus-zu-Haus«-Gehen der logische Weg war, den Auftrag Christi zu erfüllen, auf dem sie allen Menschen einen für sie verständlichen Zugang zu der Guten Nachricht verschaffen konnten.

Der Verfasser der Apostelgeschichte beschrieb später die Ergebnisse des ausgedehnten Missionseinsatzes von Paulus, der in Ephesus begann: »Und das geschah zwei Jahre lang, so dass alle, die in der Provinz Asien wohnten, das Wort des Herrn hörten, Juden und Griechen« (Apg 19,10). Der einzige Weg, dass dieser Bericht (von dem es heißt, dass alle ihn hörten) auf irgendeinem Weg buchstäblich zu den Menschen gelangen konnte, war der, dass Paulus die frühen Christen angehalten hatte, jede Wohnstätte aufzusuchen. Und wir wissen auch, dass Paulus den Gemeindeältesten, als er schließlich Ephesus verließ, als Vermächtnis hinterließ: »Ich habe euch nichts vorenthalten, was nützlich ist, dass ich's euch nicht verkündigt und gelehrt hätte, öffentlich und in den Häusern« (Apg 20,20).

So schuf Paulus selbst ein Modell für diese Art der Weitergabe des Evangeliums, indem er von Haus zu Haus ging.

Es war eine systematische Arbeit

Die Methode der Urgemeinde war aber auch durchaus systematisch. Nur dieser Umstand kann erklären, wie Jerusalem von der Lehre der Apostel »erfüllt« werden konnte, oder wie »jedes Haus« davon erfahren konnte.

Vielleicht erinnerten sich die Nachfolger Jesu daran, wie systematisch dieser vorgegangen war, als er die 5.000 Menschen speiste. Im Bericht, den Markus und Lukas von diesem Wunder geben, wird das sehr deutlich. Markus erzählt, dass Jesus die große Menschenmenge sich in Gruppen zu je 100 oder 50 Personen lagern ließ (Mk 6,40). Lukas redet in ähnlicher Weise von dem Ablauf (Lk 9,14).

Es kann sein, dass den Jüngern dieses Wunder wieder ins Gedächtnis kam, als sie vor der Aufgabe der Weitergabe des Evangeliums standen. Vielleicht fiel ihnen auch ein, wie eng Jesus diese Speisung der Fünftausend mit der Fürsorge für ihre geistlichen Bedürfnisse verbunden hatte. Zuerst hatte er seinen Jüngern befohlen, etwas Unmögliches zu tun: »Gebt ihr ihnen zu essen!« (Mk 6,37; Lk 9,13) – während alles, was für sie greifbar war, in dem mitgebrachten Essen eines Jungen bestand: fünf Broten und zwei Fischen. Die Bereitschaft des Jungen, alles, was er hatte, zu opfern, war der äußere Anlass zu dem Wunder, das Jesus dann tat. Danach hatte er ihnen aber gesagt: »Schafft euch Speise, die nicht vergänglich ist, sondern die bleibt zum ewigen Leben. Die wird euch der Menschensohn geben …« (Joh 6,27).

Das ist der Textzusammenhang, innerhalb dessen Jesus eine systematische Strategie entwickelte, um nun diese Menschenmenge satt zu machen. Wenn die Jünger seiner Anweisung, Gruppen zu bilden, nicht gefolgt wären, hätten die vordersten vielleicht mehr Nahrung bekommen, als sie nötig hatten, vielleicht sogar nach mehr gegriffen, um etwas mit heimzunehmen, während die Menschen im Hintergrund möglicherweise leer ausgegangen wären.

Leider trifft dieses Bild oft auf die evangelistischen Bemühungen unserer Tage zu. Als das kommunistische System in der Sowjetunion zerfiel, öffnete sich diese einst so abgeriegelte Region für das Evangelium. Alle möglichen religiösen Bewegungen, Kirchen und Missionsgesellschaften wollten ihren Anhängern nun berichten, dass sie auch in Russland vertreten seien. So schnell wie möglich richteten sie in Moskau eine Filiale ihrer Arbeit ein. Bald gab es massenweise solche Organisationen und Denominationen in der Stadt. Grundsätzlich war das keine schlechte Sache. Aber durch diese Gründungen von Kirchen und missionarischen Einrichtungen, die sich vorzugsweise in einer einzigen Stadt häuften, sind die gleichen Leute mit wiederholten »Kreuzzügen für das Evangelium« und einer Menge von missionarischen Vorstößen geradezu überflutet worden. Fußgänger, die sich rund um den Roten Platz aufhielten, wurden in anscheinend unaufhörliche Begegnungen mit evangelistischen Angeboten hineingezogen (wobei ihnen wahrscheinlich nicht entging, dass diese Bemühungen ständig von Videokameras begleitet waren, die die Szenen für »die Leute daheim« festhielten).

Dabei gibt es in zwei- oder dreistündiger Entfernung von Moskau – in jeder x-beliebigen Richtung – Dörfer und Städte mit Einwohnern, deren Zahl weit über die von Jesus damals gespeisten Fünftausend hinausgeht, die nicht ein einziges Mal mit dem Evangelium in Berührung gekommen sind. Die »hinteren Reihen« sind wieder zu kurz gekommen!

Die Urgemeinde hatte eine Strategie

Ein letztes wichtiges Merkmal der Urgemeinde im Hinblick auf ihre Methode der Evangelisation dürfen wir nicht übersehen. Ihr Plan war eindeutig strategisch durchdacht.

Strategisch denken, heißt wissen, was am meisten zählt. Die Gemeinde des neuen Testamentes suchte die Menschen in ihren Wohnungen auf, weil sie wussten, dass diese Methode am meisten Erfolg bringen würde im Hinblick auf den Auftrag Christi, allen Menschen von seiner Liebe zu erzählen. Für die Jünger lag es vermutlich auf der Hand, dass diese Systematik der einzige Weg war, um festzustellen, ob sie in der Erfüllung ihrer Aufgabe Fortschritte machten.

Selbst heute in unserer hoch technisierten Gesellschaft gilt dieses Prinzip noch. Sicher – Fernsehen, Radio, und Massenevangelisationen sind wichtig und notwendig. Das Fernsehen kann z. B. bemerkenswerte Zuschauerzahlen erreichen (in Ländern, wo die Sendungen erlaubt sind). Und das geschieht dann in relativ kurzer Zeit. Das Radio hat eine noch größere Reichweite. Doch es ist unmöglich festzustellen, welche Häuser und Wohnstätten, die über ein weites Gebiet verstreut liegen, Fernsehen und Radio besitzen, oder ob sie es auch eingeschaltet haben, wenn dort das Evangelium verkündigt wird.

Zunehmende Satellitenübertragungen versichern uns eine weitere Abdeckung des Hörerpotentials. Aber so wichtig diese Medien auch sind, es ist unmöglich festzustellen, ob alle Menschen wenigstens *eine* für sie verständliche Begegnung mit dem Evangelium auf diesem Weg erlebten. Wir können unsern Fortschritt in der Erfüllung des Auftrages Jesu nur wirklich erkennen, wenn wir buchstäblich dorthin gehen, wo die Menschen leben.

Und wenn man diese Methode mit den andern Möglichkeiten in Verbindung bringt (mit dem Fernsehen, dem Radio, Massenevangelisationen, Evangeliums-Kreuzzügen, missionarischen Filmvorführungen), dann erhöht das nur die strategische Wirksamkeit der »Von-Haus-zu-Haus«-Arbeit.

Ein Mann mit viel Erfahrung spricht

Nur wenige Menschen des 20. Jahrhunderts hatten einen größeren Einfluss auf die weltweite Mission gehabt als der verstorbene Oswald J. Smith von der berühmten »People's Church of Toronto« in Kanada. Auf einer Trauerfeier nach seinem Tod nannte ihn Billy Graham einen der größten missionarischen Führergestalten unserer Generation. Länger als ein halbes Jahrhundert wurden buchstäblich Hunderte von Missionaren von der People's Church unterstützt – als Ergebnis des leidenschaftlichen Appells von Dr. Smith für missionarische Arbeit. Oft spendete die Kirche dreimal soviel Geld für die Mission, wie sie für den eigenen Bedarf ausgab. (Die meisten Kirchen geben heute höchstens zehn Prozent des ihnen zur Verfügung stehenden Geldes für die Mission.)

Als der alte Pastor sein Amt auf seinen Sohn Paul übertrug, erklärte Dr. Smith seine Einschätzung der großen Herausforderung, die ganze Welt durch das gedruckte Wort für Jesus zu erreichen:

> *»Länger als 30 Jahre lang habe ich das Problem betend bedacht: Wie können wir die ganze Welt im Zeitraum einer Generation mit dem Evangelium vertraut machen? Schon längst war mir klar, dass wir niemals genug Missionare dazu hinaussenden könnten. Eine Zeit lang gab ich die Hoffnung auf. Doch es musste einen Weg dazu geben. Nachdem ich fast 100 Länder bereist und mich darin*

umgesehen hatte, kam ich zu diesem Schluss: der einzige Weg, auf dem wir in der Lage sein würden, den großen Missionsauftrag Jesu durchzuführen – ›Gehet hin in alle Welt und predigt das Evangelium aller Kreatur‹ – war der Weg über die gedruckte Botschaft. Durch systematische Verbreitung solchen Materials würden wir den Weg in jedes Haus finden und auf diese Weise den einzelnen Menschen mit dem Evangelium erreichen.«

Oswald J. Smith hatte die Bedeutung der »*Oikos*«-Evangelisation verstanden – ganz speziell auf dem Weg der gedruckten Botschaft. Er war davon überzeugt, dass das der Schlüssel war, um den einzelnen Menschen zu finden, vor allem, wenn man diese Methode noch durch Tonträger bereichern konnte, um auch Analphabeten zu erreichen. Doch der Schwerpunkt musste auf dem »aller Kreatur« – »jedermann« – liegen.

Das ist der Grund, warum ich dieses Buch schreibe – und warum ich die bemerkenswerte Geschichte von Hari erzähle, jenem alten Häuptling, der am Anfang dieses Kapitels kurz erwähnt wurde. Das dramatische Zeugnis von diesem Mann zieht sich in ähnlichen Skizzen durch das ganze Buch hindurch. (An späterer Stelle werden wir einen ähnlich faszinierenden Bericht von einem Pygmäenhäuptling aus den Regenwäldern Äquatorialafrikas bringen. Seine Bekehrung öffnete die Tür für die Gründung von 16 Pygmäen-Gemeinden mit mehr als 4.000 Mitgliedern in genau 13 Monaten.)

Mit der Aufzeichnung der Geschichte Haris und der vielen anderen zeugnishaften Berichte in diesem Buch soll gezeigt werden, dass alle Menschen, überall auf der Welt, in ihren Wohnstätten erreicht werden können – wenn der Leib Jesu Christi, seine Gemeinde, den Willen hat, die Aufgabe zu übernehmen. Und es kann bald geschehen!

Offen gesagt, der Kirche müsste es eigentlich zunehmend ungemütlich werden bei der Vorstellung, dass sie kaum darauf aus ist, soviel Menschen wie möglich für Jesus zu gewinnen, bevor er wiederkommt. Wir sollten uns mit nichts weniger zufrieden geben als mit diesem »aller Kreatur«. Alles andere deckt sich nicht mit dem Willen Gottes (s. 2. Petr 3,9). Wir müssen alle Mittel und Methoden ergreifen und entwickeln, um dieses Ziel zu erreichen, diesen einfachen, alten, neutestamentlichen Weg zu verfolgen, dorthin zu gehen, wo die Menschen leben.

Erfreulicherweise greift die Gemeinde Jesu Christi die *»Oikos«*-Vision doch neuerdings wieder auf. Und viele Gruppierungen (wie wir auf den folgenden Seiten sehen werden) lassen sich mutig dazu herausfordern, das zu beenden, was die Urgemeinde begann – und das in unserer eigenen Generation. Ich lade Sie ein, mich auf den Fußspuren einiger Leute dieser Reise zu begleiten – mit der »Guten Nachricht« auf dem Weg zu jeder Wohnstätte auf dieser Welt!

Regenzeit

Es war auf einem einsamen Fleck der Salomonen-Inseln. In der üblichen Zeremonie wurde dem Neugeborenen von seinen Eltern der Name Hari gegeben. Nackt standen sie da und opferten den Geistern der Kwaio-Berge ihr fettestes Schwein. Sie lebten in einer mystischen Welt dort im südwestlichen Pazifik, wo noch Kopfjäger und Kannibalen existierten. Sie sprachen ein Gebet zu irgendwelchen Göttern, die ihnen vielleicht zuhören könnten und baten darum, dass es ihrem kleinen Sohn vergönnt sein möchte, viele Süßkartoffel-Ernten und viele Regenzeiten zu erleben.

Diese jährlich wiederkehrenden Ereignisse dienten den Kwaio-Leuten dazu, ihre Jahre zu zählen. Süßkartoffeln waren ihre Hauptnahrungsquelle. Sie hatten keine Ahnung von unserer modernen Zeitrechnung, obwohl der Gregorianische Kalender – von Papst Gregor XIII. eingeführt – auf dem größten Teil der Erde seit 1582 benutzt wurde. Und sie hatten auch keine Ahnung davon, dass die Menschheit keine zwei Jahrzehnte mehr von einem größeren Wendepunkt entfernt war – die Bewohner entwickelterer Länder nannten diesen Einschnitt »das 20. Jahrhundert.«

Als dieses Jahrhundert dann auf der anderen Erdhälfte heraufdämmerte, beendete Amerika gerade siegreich seinen Krieg mit Spanien. Seine Truppen schlugen die spanische Armee bei Santiago auf Kuba. Die berühmtesten dieser Truppen, die von Teddy Roosevelt angeführten Rough Riders, eroberten am 1. Juli 1898 San Juan Hill.

Von diesen Ereignissen wussten natürlich weder Hari noch seine Eltern etwas. Und Hari, der inzwischen 15 »Yam-Ernten« zählte, hatte keine Ahnung davon, dass ein neues Jahrhundert eben anbrach. Erstaunlicherweise sah er noch 90 weitere Regenzeiten kommen mit den dazugehörigen Süßkartoffel-Ernten, bevor eines Tages Tränen seine Augen füllten und er verstand, warum er so viele Jahre am Leben geblieben war.«

2 Keimende Saat

In Nepal war Monsun-Zeit. Die Wasser des Daraudi-Flusses, die gewöhnlich ruhig daherzogen, rauschten und schäumten ärgerlich. Was sich in seinen Strudeln verfing, würde schnell in der Tiefe verschwinden.

Als Bishnu Pokhrel an seinem Ufer stand und auf den tobenden Fluss schaute, sagte er sich, dass es immer noch besser sei, mit der ganzen Familie in den Fluss zu springen, als der grausamen, nie aufhörenden Rache seines beleidigten Hindu-Gottes zum Opfer zu fallen. Er war davon überzeugt, dass nur der Tod seiner ganzen Familie Befreiung bringen würde, indem er ihr Leben in einer besseren Existenz auf höherer Ebene wieder neu erstehen lassen würde. Er musste seine Frau noch überreden, ihm darin zuzustimmen. Doch da bestimmte Umstände sie in den zurückliegenden Tagen auf verheerende Weise getroffen hatten, war er sicher, dass sie ihm beipflichten würde. Außerdem taten Hindufrauen ja im Allgemeinen das, was man ihnen sagte.

Bishnu seufzte schwer auf, als er an seine Schwierigkeiten dachte, und wie die Grausamkeit seiner Götter ihn hierher an den Fluss gebracht hatte.

Ein schwarzes Ram-Opfer

Bishnu Pokhrel war als strenggläubiger Hindu in einem typischen nepalesischen Dorf geboren worden. Er war glücklicher als die meisten seiner Landsleute, weil er einige Jahre lang eine Schule besuchen konnte – lange genug, um Lesen und Schreiben zu lernen. Doch im Alter von elf Jahren brauchten seine Eltern ihn mehr und mehr auf ihrem bäuerlichen Anwesen. So musste seine Schulzeit ein Ende finden. Die meiste Zeit verbrachte er nun damit, Ziegen zu hüten.

In freien Augenblicken begann Bishnu jetzt bei dieser Tätigkeit, Hindu-Schriften zu lesen – manchmal sang er die Texte rhythmisch vor sich hin, oft stundenlang. Auf diese Weise kannte er bald längere

Passagen dieser heiligen Schriften des Hinduismus auswendig. Jeden Morgen, nach einem traditionellen Reinigungsbad, wiederholte Bishnu bestimmte Gebete 108-mal. Er wurde zum frommen Hindu, einem Vorbild für alle Einwohner des kleinen Dorfes.

Als Jugendlicher suchte Bishnu Beschäftigung auf den Feldern eines Nachbarn und gewann schnell den Ruf eines fleißigen Arbeiters. Mit 19 heiratete er. Später wurde ihm das erste Kind, ein Sohn geboren. Bishnu fühlte sich rundum glücklich und zufrieden.

Doch seine Freude währte nicht allzu lange. Schwere Probleme tauchten auf. Eines Tages war er auf einen Baum geklettert, um Futter für seine Tiere zu schneiden und dabei heruntergestürzt. Seine Verletzungen hatten Schmerzen und Schwindelanfälle zur Folge. Appetit- und Schlaflosigkeit plagten ihn. Freunde und Nachbarn, ja Bishnu selbst, schrieben den Sturz einem bösen Geist zu. In den wenigen Stunden, wo er einmal in Schlaf verfiel, wurde er von schrecklichen Angstträumen gejagt, in denen er schmerzhafte Skorpionbisse, Angriffe von Tigern und heranstürmenden Wasserbüffeln erlebte. War Schlaflosigkeit dann nicht doch noch besser als die Nächte mit diesen quälenden Alpträumen?

Bishnus Eltern beschuldigten seine junge Frau, die Ursache für die Schwierigkeiten zu sein. Sie klagten sie an, sie hätte eine schreckliche Gottheit mit in die Ehe gebracht, die nur durch Opfer zu besänftigen sei. So entschieden die Pokhrels nach der Tradition ihres Stammes, dass ein schwarzer Widder auf der Schwelle ihres Hauses getötet werden musste. Doch das brachte keine Erleichterung. Schließlich verstieß man Bishnu aus der Wohnstätte der Familie und zwang ihn, in einem Kuhstall zu leben. Monatelang schaute kein Mensch nach ihm, aus Angst, der fremde Gott könne auch über andere solch ein Unglück bringen.

Nachdem seine Frau ihr zweites Kind zur Welt gebracht hatte, diesmal ein Mädchen – wurden die Probleme für Bishnu nur noch größer. Jetzt musste er einen weiteren Mund stopfen und konnte doch selbst nirgends Arbeit finden. Verzweifelt wandte er sich an den *jhankri*, den Zauberer des Dorfes. Dieser sagte ihm, dass eine Ziege getötet werden müsste, und dann würde in fünf Tagen alles in Ordnung sein. Das Fleisch der Ziege würde seine Bezahlung sein.

Bishnu ordnete sich dieser Anweisung unter, doch nichts änderte sich. Man rief andere »Medizinmänner« herbei, insgesamt 14 innerhalb der nächsten 18 Monate. Jeder verlangte Bezahlung für seinen Rat, und so wurde Bishnu all seiner Mittel beraubt. Seine Notlage verschlimmerte sich immer mehr, bis er schließlich in einen Zustand halber Bewusstlosigkeit verfiel, der 19 Tage andauerte. Als er sein volles Bewusstsein wiedererlangte, wurde ihm klar, dass er alles verloren hatte.

So weit war es nun durch die Grausamkeit seiner Götter gekommen, dass er kurz danach erneut den Weg zum Daraudi-Fluss suchte, diesmal zusammen mit seiner ebenfalls völlig mutlosen Frau, dem kleinen Sohn und der noch jüngeren Tochter. Sie glaubten, keine andere Wahl mehr zu haben.

Jeder Elternteil nahm ein Kind in den Arm und gemeinsam gingen sie auf den höher gelegenen Vorsprung, von dem aus man den wild schäumenden Daraudi überblicken konnte. Einen Augenblick stand Bishnu noch dort und dachte über ihr Schicksal nach. »Es ist Zeit«, sagte er dann. Beide sprangen mit einem Kind in den Armen in das tosende Wasser unter ihnen.

Ein Symbol des neuen Lebens

Bishnu wurde sein Sohn aus den Armen gerissen und er selbst etwa 100 Meter mit großer Gewalt flussabwärts gestoßen. Dann wurde er an einem Ufer angetrieben, wo er zu seinem größten Erstaunen seine ganze Familie vorfand. Selbst seine kleine Tochter war unverletzt dort angeschwemmt worden. Leute aus der Umgebung kamen angelaufen und begannen ihnen Vorwürfe zu machen, weil sie doch wohl aus Unachtsamkeit in den Fluss gefallen seien. Für die Einwohner des Dorfes stand fest, dass Bishnu und seine Familie die Götter erzürnt hatten.

Doch einige der Dorfbewohner hatten Mitleid mit Bishnu und schlugen ihm vor, in ein Krankenhaus zu gehen und dort Hilfe zu suchen. Einen Monat verbrachte er in einer Klinik in Katmandu, der

Hauptstadt Nepals. Doch danach kehrte er in der gleichen physischen und psychischen Verfassung zurück.

Später fand er den Weg zu einem kleinen Missionskrankenhaus im Bezirk Gurkha, etwa eine Tagereise von ihrem derzeitigen Wohnsitz entfernt. Dort begegnete er einer christlichen Ärztin, die ihm Medikamente verabreichte und dazu etwas Erstaunliches sagte: »Bring den Götzen keine weiteren Opfer mehr. Sie können das, was du an Schuld in deinem Leben hast, gar nicht wegnehmen.« Dann erzählte sie Bishnu einiges über Jesus Christus und empfahl ihm, die wunderbare Gabe seiner Vergebung und ein ganz neues Leben anzunehmen.

Er nahm die Medizin an, lehnte aber den geistlichen Rat ab, weil er ihn nicht verstand. Doch innerlich hatte er von da an Hemmungen, noch weiter den Göttern zu opfern, um sie zu besänftigen.

Bishnu wurde wieder gesund und vergaß die Botschaft von Jesus schnell.

Ein Jahrzehnt ging vorüber. Eines Tages kamen zwei Mitarbeiter von »Aktion: In jedes Haus« durch dieses Dorf und machten kurze Hausbesuche. Sie suchten jede Familie auf und gaben ihnen zwei kleine Schriften, eine für Erwachsene und eine für Kinder.

Bishnu war fasziniert von der Einfachheit der Botschaft. »Bist du glücklich?«, hieß da eine Frage. Er las die kleine Schrift sorgfältig mehrere Male und beschloss dann, die Antwortkarte an die angegebene Adresse in Katmandu zu senden. Er wünschte weitere Informationen. Eine vage Erinnerung an die Worte der Ärztin über Vergebung tauchten in ihm auf, und nun wollte er mehr über diesen »Sohn Gottes«, der Christus genannt wurde, hören. So etwas bot der Hinduismus nicht an.

Bald hielt er den ersten eines vierteiligen Bibelkurses in Händen: »Der Weg zu einem glücklichen Leben«. Nun erhielten Bishnu und seine Frau eine Einführung in den persönlichen Glauben an Jesus Christus. Bald kam ein anderer Hausmissionar durchs Dorf und half Bishnu weiter auf seinem Weg.

Der Hunger Bishnus nach den Wahrheiten Gottes war so groß, dass der Missionar ihm seine eigene Bibel schenkte. Bishnu las sie, arbeitete die vier Lektionen des Glaubensgrundkurses durch und übergab sein Leben an Jesus Christus. Seine Frau folgte ihm bald darin und dann auch seine Kinder, die inzwischen Teenager geworden waren.

Wochen später standen Bishnu und seine Frau wieder am Ufer des Daraudi-Flusses und schauten ins Wasser. Und wieder hatten sie ihre Kinder dabei. Aber während sie ein Jahrzehnt früher etwas weiter oben am Fluss in den vermeintlichen Tod gesprungen waren, standen sie nun an einer stilleren Stelle, um sich in einer christlichen Taufe untertauchen zu lassen. Das Wasser des Flusses, der ihnen damals Symbol des Untergangs, des Endes gewesen war, wurde nun zum Symbol neuen Lebens.

Ist die Verteilung christlicher Literatur effektiv?

Bishnus Zeugnis ähnelt den Worten Jonas:

> *»Wasser umgaben mich und gingen mir ans Leben ... ich sank hinunter ... Aber du hast mein Leben aus dem Verderben geführt, Herr, mein Gott ... Die sich halten an das Nichtige, verlassen ihre Gnade. Ich aber will mit Dank dir Opfer bringen ... dem Herrn, der mir geholfen hat.« (Jona 2,6-7.9-10)*

Die Entscheidungskarte, die Bishnu dem Büro von »Aktion: In jedes Haus« in Nepal zusandte (in Nepal heißt das Werk »Nepal Every Home Concern«), war eine von 3.282 Karten, die in jenem Monat eingingen. Und im gleichen Monat besuchten Hausmissionare in den Dörfern 42.000 nepalesische Familien.

Die Strategie von »Aktion: In jedes Haus«, die im letzten Kapitel beschrieben wurde, hat dazu beigetragen, dass weltweit zwei Milliarden gedruckte Samenkörner des Evangeliums ausgestreut wurden. Das geschah ähnlich wie bei der kleinen Schrift, die Bishnu und seiner Familie half, den Weg zu Jesus zu finden. Seit der ersten Initiative dieser Art in Japan, 1953, (wir werden im nächsten Kapitel mehr davon hören) hat die systematische Aussaat dieses Samens – Haus für Haus – das bemerkenswerte Ergebnis von 22 Millionen zurückgesandten Reaktionskarten. Viele beinhalteten eine Entscheidung für Jesus, in einigen Fällen, wie bei Bishnu, ging es gleich um mehrere Personen. Innerhalb eines Jahres wurden in letzter Zeit mehr als 4.000 solcher Karten täglich bearbeitet, d. h. mehr als 1,4 Millionen in einem einzigen Jahr.

Viele Missionsstrategen betrachten solche Art der Evangelisation immer noch als zweitrangig gegenüber andern Methoden. Ist nun das gedruckte Material, auch wenn es sorgfältig und systematisch bearbeitet wurde, ein weniger wertvolles oder wirksames Mittel der Verbreitung der guten Nachricht?

Anfang des 20. Jahrhunderts begegnete Charles Cowman, Japan-Missionar und Gründer der *Oriental Missionary Society*, dem Zeugnis eines jungen Mannes, der schrieb: »Mir kam eine biblische Schrift in die Hände, und das war das erste Mal, dass ich etwas von einem wahren und lebendigen Gott hörte. Ich suche ihn.« Cowman überzeugte es, dass gedrucktes missionarisches Material eine wesentliche Rolle in der Evangelisierung der Welt spielen würde.

Im Folgenden beschreibt er, wie er die Botschaft von Jesus in seiner Anfangszeit in Japan ganz einfach erzählte:

> *»Vom schneebedeckten Fudji bis zu den Korallenriffen von Loochu kommen Hunderte von bisher vernachlässigten Menschen zum Erlöser. Die reine Botschaft von der ›Guten Nachricht Gottes‹, begleitet von Glaube und Gebet, erzeugt Bekehrungen, auch da, wo Götzendienst jahrhundertelang seinen Einfluss ausübte. Dieser große Erfolg beruht nicht auf besonders befähigten Verkündigern, sondern das ganz schlichte Evangelium, auf einfachste Weise erzählt, zog die Massen an.«*

Heute, gegen Ende des 20. Jahrhunderts, sollten wir das erstaunliche weltweite Anwachsen der Zahl der Menschen, die lesen und schreiben können, nicht unterschätzen. In den meisten Familien der Welt findet sich heute wenigstens eine Person, die lesen kann. In der Zeitschrift »Today« wurde am 8. September 1995 berichtet, dass der Weltdurchschnitt der lesekundigen Erwachsenen zur Zeit 76 Prozent beträgt. Selbst in Entwicklungsländern beläuft sich diese Zahl inzwischen auf 68,3 Prozent. Es gibt noch einige sehr entlegene Bezirke auf der Welt – aber außer ihnen kann man davon ausgehen, dass man in jeder Familie wenigstens einen findet, der lesen kann, vielleicht sogar mehrere.

Und mehr als die Hälfte aller Christen auf der Welt verdanken ihren Weg zu Gott gedrucktem Material – so berichtet Patrick Johnstone in seinem Buch *Gebet für die Welt*, der wichtigen Anleitung zur Fürbitte.

Evangelistische Literatur beantwortet die Fragen

Der verstorbene, angesehene Linguist Dr. Frank Laubach, der zu seinen Lebzeiten als weltweit führende Autorität im Bildungswesen angesehen wurde, schrieb einmal: »Die Hauptschwierigkeiten bei dem Problem, der Welt das Lesen beizubringen, sind gelöst. Doch da gibt es noch eine unbeantwortete Frage: ›*Was* werden diese Millionen lesen?‹« Ein Enkel Mahatma Gandhis sagte vor einem amerikanischen Auditorium vor einigen Jahrzehnten: »Die Missionare haben uns lesen gelehrt, aber die Kommunisten gaben uns die Bücher!«

In unserer Generation haben wir die Möglichkeit, das Wort Gottes anzubieten.

Der verstorbene Dr. Paul Smith von der *»People's Church«* in Toronto (Sohn des bekannten Oswald J. Smith) schrieb in seinem Buch *World Conquest*:

> *»Der Luftverkehr, die Medizin, das Radio und die Tonbandaufzeichnungen haben zusammen mit vielen anderen Geräten und Einrichtungen ganz sicher die Arbeit der ›Missionare aus Fleisch und Blut‹ vervielfältigt und beschleunigt. Aber auch wenn man all diese Hilfsmittel kombiniert, könnte die heute lebende Schar von Missionaren, selbst wenn man ihre Zahl noch beträchtlich erhöhen würde, niemals innerhalb dieser Generation die ganze Welt mit dem Evangelium erreichen. Die Hoffnung, diese Aufgabe doch noch zu erfüllen, liegt bei der Literatur – das Wort Gottes, das*

Evangelium, gedruckt in der Sprache der Menschen, denen man begegnet, weitergeben zu können.«

Dr. Robert G. Lee, der frühere Pastor der Bellview Baptistengemeinde von Memphis, Tennessee, sagte über das gedruckte Material:

»Literatur kann unser wirksamstes Mittel zur Massenkommunikation des Evangeliums sein. Achten Sie bitte darauf, dass ich sage ›wirksamstes‹ – im Hinblick auf die Kosten, die es verursacht, die Zahl der Menschen, die dabei erreicht werden und die Tatsache, dass die Botschaft immer wieder gelesen werden kann, bis sie verstanden ist. Es gibt keine Methode, die sich mit der Weitergabe von Literatur vergleichen lässt.«

Evangelistische Literatur kennt keine ungünstigen Tage

Einer der Vorteile von gedrucktem evangelistischem Material ist, dass man die Botschaft x-beliebig oft nachlesen kann. Meine Frau Dee und ich verbrachten kürzlich einen Morgen im Gebet und in geistlicher Gemeinschaft mit Bill und Vonette Bright in deren Wohnung. Die beiden sind die Gründer von »Campus Crusade for Christ«. Dr. Bright sprach über seine tiefe Überzeugung von der Bedeutung gedruckter christlicher Literatur.

»Wenn Gott mir die wunderbare, übermenschliche Kraft geben würde, zu jeder Familie auf der ganzen Welt hinzugehen und dort eine Stunde lang von Jesus zu predigen«, sagte er, »oder, wenn er mir andererseits ermöglichen würde, eine klare gedruckte Botschaft von der Erlösung in jede Familie auf dieser Erde zu bringen, dann gibt es für mich gar keine Frage, was ich bevorzugen würde – ich würde den letzteren Weg wählen.«

Dr. Bright fügte noch hinzu: »Wenn ich in jeder Familie eine Stunde lang predigen sollte, gäbe es zweifellos eines Tages einen Punkt, wo meine Botschaft an Frische verlieren würde, wo viele Familien beim ersten Hören nicht mehr verstehen würden, was ich ihnen vermitteln möchte. Geistliche Literatur kennt keine ›schlechten Tage‹. Sie kann monate- oder jahrelang liegen bleiben, kann immer wieder aufs Neue sprechen, bis der Heilige Geist das Herz des Lesers durchdringt.«

So war es ja auch Bishnu und seiner ganzen Familie ergangen. Bevor ihm die kleine Schrift von einem Hausmissionar gegeben wurde, der sein Dorf besuchte, hatte bereits eine überzeugte Missionsärztin zu ihm von Jesus gesprochen. Die Wirkung dieser einfachen, kurzen Begegnung war selbst ein Jahrzehnt später nicht zu unterschätzen. Und die Tatsache, dass die medizinische Hilfe möglicherweise Bishnu am Leben hielt, bis er Christus begegnete, ist auch nicht von der Hand zu weisen. Aber es war die gedruckte Botschaft, die wiederholt gelesen werden konnte, die schließlich erst Bishnu und dann seine ganze Familie zu Christus brachte.

Einige der »Entscheidungskarten« sind bemerkenswerterweise erst Jahre nach einem Missionseinsatz zur Post gegeben worden. In einem Jahr passierte es z. B. in Japan, dass Einsatzleiter 51 Antwortkarten bearbeiteten, die buchstäblich sechs Jahre früher ausgeteilt worden waren. In Afrika kam eine Karte 17 Jahre nach der Verwendung bestimmter Literatur und entsprechender Karten bei einer Einsatzstelle an.

Sind die Bekehrungen echt?

So ist das gedruckte Material, wenn es auf sorgfältig entwickelte systematische Weise angewandt wird, kein zweitklassiges oder weniger wirksames Mittel zur Verbreitung des Evangeliums. Doch wie sieht es mit den schriftlichen Antworten auf die evangelistische Literatur aus? Sind sie so ernst zu nehmen wie die suchenden Menschen, die auf eine Massenkundgebung oder andere Methoden eingehen und antworten?

Ich denke, dass es da keinen Unterschied gibt. Wer will entscheiden, ob die, die auf Verteilschriften antworten, *wirklich* Jesus kennen lernen wollen? Paulus sagt es deutlich in seinem Brief an die Römer: »... ich schäme mich des Evangeliums nicht; denn es ist eine Kraft Gottes, die selig macht alle, die daran glauben ...« (Röm 1,16).

Die »Gute Nachricht«, auch wenn sie nur in einer schlichten kleinen Schrift weitergegeben wird, kann ein Leben verändern, wenn der Heilige Geist dabei mitwirkt.

Fast in jeder Kultur und in jeder Umgebung belegen lebendige Zeugnisse, dass Bekehrungen durch diese »Aktion: In jedes Haus« dauerhaft sind.

Von der Mafia zum Dienst für Gott

Ein junger sizilianischer Pastor hatte sich zur Mitarbeit angeboten. Mit seinem Motorrad fuhr er durch verschiedene Dörfer und suchte jedes Haus auf. Jetzt näherte er sich dem Bauernhaus der Familie Paterno und klopfte an die Tür. Salvatore Paterno, ein junger Sohn der Familie, öffnete, begann aber zu fluchen, als der junge Pastor ihm eine evangelistische Schrift in die Hand drückte und ihm erklären wollte, weshalb er hier war. Es war einer der spannungsreichen Augenblicke, den Missionare, wenn sie an fremde Türen klopfen, am meisten fürchten.

Der Pastor drehte sich um und fuhr auf seinem Motorrad fort. Doch aus irgendeinem Grund hatte Salvatore das Büchlein in der Hand behalten.

Eine Woche später hörte der Pastor, der seine Adresse auf jeder weitergegebenen Schrift hinterlassen hatte, ein Klopfen an seiner eigenen Tür. Erschrocken erkannte er den gleichen jungen Mann, der ihn mit seinen Flüchen bedacht hatte. Doch der schien plötzlich verwandelt. Das zornige Blitzen in seinen Augen und der spöttische Blick waren verschwunden. Auf seinem Gesicht lag ein froher Schimmer.

Der Pastor forderte Salvatore auf einzutreten und hörte eine bemerkenswerte Geschichte.

Einige Monate früher, so erzählte der junge Mann ihm, hatte er sein Zuhause verlassen. Ihn erfüllte nur eine einzige Leidenschaft: er wollte so berühmt werden wie sein Großvater, der sich seinen Weg bis in die höchsten Spitzen der sizilianischen Mafia erkämpft hatte. Man sagte ihm nach, dass er mindestens 80 Morde begangen habe.

Sogar ein bekannter Film war nach dem Leben des Alten gedreht worden.

Der junge Salvatore wollte den Rekord seines Großvaters noch überbieten und hatte sich in ein Trainingslager der Mafia begeben. Dort hatte man ihm geheime Methoden beigebracht, wie man einen Feind beseitigen könne. Er war tatsächlich gerade von dieser ungewöhnlichen Ausbildung nach Hause gekommen, als der Pastor an der Tür des Bauernhauses anklopfte.

Nach seinem Besuch konnte Salvatore das kleine Büchlein nicht sofort weglegen. Tatsächlich fühlte er sich in dem Augenblick, in dem der Pastor wegfuhr, bereits gedrängt, sich auf einen Stuhl zu setzen und zu lesen. Das Ergebnis davon war, dass der Heilige Geist keinen Tag – ja nicht mal eine Stunde – zögerte, ihn davon zu überzeugen, dass er ein Sünder war, und dass er eine Ewigkeit ohne Hoffnung vor sich hatte. Ganz still saß er auf seinem Stuhl und sprach das schlichte Gebet, das er auf der Rückseite der Schrift fand. Für Salvatore Paterno war die »Gute Nachricht« die »Kraft Gottes … zur Erlösung« geworden.

Seine Eltern verachteten seine Bekehrung und hätten es vorgezogen, dass er bei der Mafia geblieben wäre. Doch Salvatore verfolgte mit Leidenschaft den Weg Jesu. Er besuchte eine evangelikale Bibelschule in Rom und betreute später Gemeinden in den Städten Niscemi und Barrafarnca.

Und das alles hatte mit einem einzelnen »gedruckten« Samenkorn begonnen!

Geistliche Frucht in China

Eine junge Frau – wir wollen sie Yamiko Kurusawa nennen – wurde an Buddhas Geburtstag, nämlich am 8. April geboren. Dieser Tag war in Japan immer Anlass zu einem großen Fest. Man nannte es *Hana-metsuri* – »Blumenfest«, und es hat für die Buddhisten genau soviel Bedeutung wie Weihnachten für die Christen. Daher war Yamiko stolz auf ihren Geburtstag. Sie hatte das Gefühl, dass ihr Leben eine besondere Bedeutung haben musste und wahrscheinlich irgendwie in eine Art Missionsarbeit für den Buddhismus einmünden würde.

Die Heimatstadt Yamikos war Hiroshima, das in der ganzen Welt zu einer traurigen Berühmtheit gelangt war, weil 1945 eine Atombombe die Stadt zerstört hatte. Doch Hiroshima ist in Japan außerdem bekannt als das religiöse Zentrum der buddhistischen Sekte Jodo-Sinshu.

Yamikos Familie hielt sich streng an die buddhistischen Lehren, teilweise auch deshalb, weil einige ihrer Verwandten Tempelpriester waren. Yamiko besuchte die buddhistische Glaubensunterweisung im Tempel dieser Sekte jede Woche bis zur sechsten Klasse. Sie war dabei, eine fromme Buddhistin zu werden, wobei sie von ihrer Mutter gelehrt worden war, die buddhistischen Lehren als einzige gültige Wahrheit anzusehen.

Als Yamiko in die Mittelstufe einer höheren Schule eintrat, begann sie, eine kommunistische Zeitung zu lesen. Diese trug den Titel *Akahata*, was soviel wie »Rote Fahne« bedeutet. Sie wurde ihrem Bruder regelmäßig zugesandt. Er war 22 Jahre alt, und die kommunistische Partei versuchte, ihn als Mitglied zu gewinnen. Doch das junge Mädchen las die Zeitung mit mehr Begeisterung als ihr Bruder.

»Als naiver Teenager war ich fasziniert von den kommunistischen Idealen«, sagte sie, »und es dauerte gar nicht lange, da verkündete ich diese Ideologie sowohl in meiner Klasse als auch zu Hause.«

Dann tauchte eines Tages ein junger Nachfolger Jesu in Yamikos Elternhaus in Kurusawa auf. Yamiko öffnete auf sein Klopfen und erhielt ein achtseitiges Traktat mit dem Titel: »Eine Stimme ruft dich«.

»Mir wurde das Herz warm«, sagte sie, »als ich die Schrift in die Hand nahm und zu lesen begann. Da standen Worte, die ich nie wieder aus dem Gedächtnis verloren habe: ›Kommt her zu mir, alle, die ihr mühselig und beladen seid; ich will euch erquicken‹« (Mt 11, 28).

Yamiko wünschte sich brennend, mehr von dieser Person »Jesus Christus« zu hören. Wer war er und warum sagte er diese wunderbaren Worte? Dann bemerkte sie, dass da eine besondere

Karte war, die sie ausfüllen konnte. Sie würde als Rückantwort so etwas wie einen »Bibel-Fernkurs« erhalten. Yamiko hatte nie etwas von einer Bibel gehört.

»Als ich dann an diese Kontaktstelle in Japan schrieb«, so berichtete Yamiko weiter, »erzählte man mir von einer Kirche, die das Evangelium von Jesus in meiner Heimatstadt verkündete. Gott schenkte mir den Mut, dorthin in den Gottesdienst zu gehen. Ein Jahr, nachdem ich den Bibelunterricht erhalten hatte, wurde ich in dieser Kirche getauft und legte ein öffentliches Bekenntnis meiner Hingabe an Christus ab. Das überraschte meine Familie natürlich sehr, und sie versuchten, mich von diesem Weg abzubringen. Doch ich wusste, dass mein Leben nun vollständig verändert war. Durch Christus hatte ich gefunden, was mir Buddhismus und Kommunismus nicht hatten geben können.«

Eines Tages las Yamiko die Stelle Johannes 15,16, in der Jesus davon spricht, dass er seine Jünger erwählt hat, damit sie hingehen und Frucht bringen – bleibende Frucht. Yamiko glaubte, dass sie genau dazu auch berufen war. Sie beschloss, eine Verkündigerin des Evangeliums zu werden.

Nach dem Abitur, einigen Jahren, die mit beruflicher Arbeit ausgefüllt waren, einer Seminarausbildung und intensivem Gebet war Yamiko davon überzeugt, dass der Herr sie nach China schicken wollte. Um diese Zeit, es war im Jahr 1972, schien eine missionarische Tätigkeit in diesem Land völlig unmöglich zu sein. In China waren die Türen absolut verschlossen – so wie es aussah, für viele Jahrzehnte. Doch dann geschah etwas Merkwürdiges: nur einige Wochen, nachdem Yamiko die Berufung von Gott erhalten hatte, öffnete Mao Tse-tung die Tore Chinas für den amerikanischen Präsidenten Richard Nixon.

Jahrelang betete Yamiko um ihren Weg, und dann ordnete ihre Gemeinde sie als erste Missionarin nach China ab. In den folgenden zwei Jahren des Sprachstudiums in Hongkong erhielt Yamiko von der Universität für Lehrerausbildung von Xian ein Angebot als Lehrerin für Japanisch. Xian war eine größere Stadt in China. Sie konnte dort für ein Jahr wohnen und arbeiten und wurde während dieser Zeit von der chinesischen Regierung unterstützt.

Yamiko war die einzige Christin unter sieben ausländischen Lehrern an dieser Universität. Aber Gott führte sie mit andern Gläubigen zusammen. Einige von ihnen wagten nicht, das öffentlich zu sagen wegen des Drucks, den die Regierung ausübte. Darunter war auch ein Bauernmädchen vom Land. Sie sorgte für die Lehrer, die im Studentenwohnheim untergebracht waren. Im Haus ihrer Mutter fand an jedem Sonntag eine Zusammenkunft von Christen statt. Welche Freude machte es Yamiko, eine große Kiste mit chinesischen Bibeln zu besorgen, die von Christen eingeschmuggelt worden waren. Die Gläubigen im Haus der Bäuerin hatten viele Jahre hindurch nichts anderes in der Hand gehabt als von Hand abgeschriebene Bibelteile.

Später erhielt Yamiko einen Zweijahresvertrag von der Jilin-Universität in der Stadt Changchun in der Mandschurei. Achttausend Studenten lebten und arbeiteten dort. Zunächst stießen ihre Versuche zu missionieren auf starken Widerstand bei der Universitätsleitung. Ein Offizier des berüchtigten Departements für öffentliche Sicherheit, der Leiter einer Polizeidienststelle, ließ alle ausländischen Studenten und Lehrer im Bereich der Universität zusammenrufen und warnte sie, sich nicht in die von der Regierung erlassenen Richtlinien im Hinblick auf religiöse Angelegenheiten einzumischen.

»Bitte vergessen Sie nicht«, sagte er in sehr strengem Ton, »dass wir zwar Religionsfreiheit in diesem Land haben, aber nicht die Freiheit zu religiöser Propaganda.«

Yamiko Kurusawa war es klar, dass dieser Redner sie unmittelbar angesprochen hatte. Dennoch verfolgte sie jeden nur möglichen Weg, die »gute Nachricht« in ihrer Umgebung zu verbreiten. Im Dezember z. B. beschloss sie, Weihnachtskarten an alle chinesischen Lehrer im Fachbereich »Japanisch« persönlich abzugeben. Zu ihrer Überraschung erhielt sie ebenfalls eine Weihnachtskarte als Antwort von dem Vorsitzenden dieses Bereichs. Und noch mehr erstaunte es sie, dass auf der Innenseite ein Bibelvers stand.

Einige Tage später besuchte Yamiko diesen Professor in seinem Arbeitszimmer.

»Als ich Ihre Sprache in Japan studierte, bin ich jahrelang in Ihrem Land zur Kirche gegangen«, sagte er. Manchmal habe ich damals schon daran gedacht, mich taufen zu lassen. »Miss Kurusawa, die Bibel ist ein großartiges Buch. Sie könnten sie als Lehrstoff bei Ihren Studenten einführen. Z. B. könnten Sie sie in den Kursen empfehlen, wo japanische Literatur gelesen werden soll.«

Yamiko konnte kaum glauben, was sie hörte. Der Staatssicherheitsdienst hatte die Ausländer gewarnt und vom Verbot aller missionarischen Tätigkeit gesprochen, und nun bekam sie die offizielle Erlaubnis vom Leiter ihres Fachbereichs, die Bibel als Textbuch bei ihrem Unterricht zu verwenden!

So benutzte Yamiko an Weihnachten ihre Bibel, um 80 Studenten von der Geburt Jesu Christi zu erzählen. Sie lehrte sie auch ein bekanntes Weihnachtslied. Keiner der Studenten, die aus entlegenen Teilen ganz Chinas kamen, hatte jemals etwas von diesem Lied gehört, und nur vier von ihnen war der Begriff Weihnachten nicht völlig fremd.

Bald danach öffnete Yamiko ihre Wohnung für sonntägliche Bibelstunden – und zwar sowohl für chinesische als auch für japanische Studenten. Viele von ihnen nahmen Christus nicht nur an, sondern ließen sich sogar öffentlich taufen.

In Yamiko Kurusawas Augen blitzt etwas auf, wenn sie davon spricht, dass einige Jahrzehnte früher ein Mitarbeiter von »Aktion: In jedes Haus« mit der »Guten Nachricht« an ihre Türe kam. Dieser Hausbesuch veränderte ihr Leben, und der Same ging in ihrem Herzen auf und trug tatsächlich »bleibende Frucht«.

Wie hat diese einfache Strategie, »von Haus zu Haus« zu gehen, angefangen? Die Antwort darauf hat etwas Inspirierendes an sich. Wir wollen uns damit ein wenig näher befassen.

Die Gunst der Götter

In Haris 30. Regenzeit stand er an dem berühmten »heilenden Stein der Kwaios« und opferte Hühner. Diese heilige Stätte war den Göttern seines Volkes geweiht und befand sich im Innern der Kwaio-Berge von Malaita auf den Salomonen-Inseln. Der riesige Stein, so glaubten sie, barg den Schlüssel zur Gunst der angestammten Götter.

Zu jener Zeit war Hari bereits anerkannter Führer seines Dorfes. Schon in jungen Jahren hatte er gelernt, sich als zuverlässiger Krieger zu bewähren. Sein Vater stellte ein ungewöhnliches Verlangen nach religiösen Dingen bei ihm fest. Im Jahr seiner zwölften Yam-Ernte hatte er sich dem traditionellen Stammesritus zur Einführung in das Erwachsenenleben unterzogen. Nun wurde er auch ein religiöser Führer seines Volkes, dem die alten Weisen der Götterverehrung vertraut waren, und der sein Volk veranlasste, diesen Göttern treuer zu dienen.

Weder er noch seine Stammesgenossen wussten, dass der Same zu einer weltweiten kriegerischen Auseinandersetzung – dem »Großen Krieg« oder »Ersten Weltkrieg« – in einem weit entfernten Land mit Namen Europa bereits zu keimen begann. Und genauso wenig wussten sie, dass in einem Land, das Russland hieß, eine große Revolution im Gange war. Den Herrscher des Landes, den Zar, würde man umbringen und alle Religion abschaffen – in Haris 32. Regenzeit. Moderne Kalender würden dann das Jahr 1917 anzeigen.

Haris Heimat war ein abgelegenes vulkanisches Eiland im südwestlichen Pazifik und gehörte zu einer Kette von etwa hundert bewohnten Inseln im Osten von Neuguinea. Wie sollte der Stammeshäuptling und sein Volk jemals etwas hören von dem einen wahren Gott, der seinen Sohn sandte, um sie zu erlösen?

3 Ein Präriefeuer und ein Auftrag

Es war ein Wunder, dass das junge Paar überlebte. Feueralarm hatte es seit Mitte 1940 nicht mehr gegeben. Jack und Hazel McAlister wären fast in dem dichten Rauch erstickt.

Es war am 18. Dezember 1946, und eine frostklare Nacht lag über den Prärien im westlichen Kanada. Flammen schlugen durch das Kirchengebäude der McAlisters. In wenigen Augenblicken war das Gotteshaus ihr Raub geworden. Ungehindert wogte der Rauch in das bescheidene, zweistöckige Wohnhaus, das an die Kirche angebaut war.

Jack und Hazel hatten fast den ganzen Tag damit zugebracht, etwa 700 Weihnachtskarten zu unterschreiben und in Briefumschläge zu stecken. Sie waren an die Hörer ihrer Radiosendungen adressiert. Ihr seit drei Monaten laufendes ansprechendes Programm wurde im ganzen westlichen Kanada gehört. Jack hatte außerdem noch 100 Karten für persönliche Freunde und Familienangehörige geschrieben.

An jenem Mittwochabend hatten sie die letzte Bibelstunde vor Weihnachten gehabt. Der junge Pastor hatte gerade eine sechswöchige Vortragsreihe über das Hohelied Salomos beendet. Es waren nicht soviel Menschen wie sonst gekommen. Die vorweihnachtliche Zeit mit ihrer Geschäftigkeit hatte ihren Tribut gefordert. Aber alle hatten zusammen gesungen und gebetet, wie es Christen in der ganzen Welt in dieser Zeit tun. Und Gottes Gegenwart war so spürbar gewesen, dass viele nicht vor halb zwölf nach Hause gegangen waren.

Jack versorgte den Ofen wie gewöhnlich, und er und Hazel suchten um Mitternacht erschöpft ihre Wohnung auf. Sie fielen unmittelbar darauf in einen tiefen Schlaf, nur um 35 Minuten später wieder aufzuwachen – zweifellos durch göttliches Eingreifen. Was nun geschah, sollte in der Zukunft das Leben von Millionen anderer Menschen berühren.

Sie wurden wach und mussten schrecklich husten. Dichter Rauch umgab sie. Es schien ihnen am besten, vom Schlafzimmerfenster im zweiten Stock aufs Dach zu springen und von da auf den Boden. Jack tastete durch den undurchsichtigen Rauch, stieß das Sturmfenster auf und ergriff Hazel, die sich aus irgendeinem Grund wieder ins Bett verkriechen wollte. Er stieß sie aus dem Fenster und kam sofort hinterher.

Jetzt befanden sie sich draußen auf dem Dach, aber immer noch in großer Gefahr. Dichte schwarze Rauchwolken drangen aus dem Schlafzimmerfenster. Keiner konnte richtig atmen, und es war eisig kalt draußen. Jack, der selbst nur einen Sommerschlafanzug trug, suchte etwas, um seine Frau zu schützen. Er fasste durch den Rauch in das Schlafzimmerfenster hinein und zog eine Decke von dem Bett, das dicht davor stand.

»Dann blieb uns nichts anderes übrig als zu springen oder zu fallen oder irgendetwas mit uns geschehen zu lassen«, sagte Jack. »Ich weiß auch nicht mehr, ob ich kopfüber oder mit den Füßen oder Armen zuerst unten ankam. Ich erinnere mich nur an den Sturz, und dass meine kleine Frau auf mich fiel.«

Barfuß im Schnee

Den beiden war klar, dass Gott sie beschützt hatte, als sie nun barfuß in der Einfahrt zur Kirche im Schnee standen. Sie hatten nichts an als ihre Schlafanzüge, und Hazel war in ihre Bettdecke eingewickelt.

»Ich kann es gar nicht in Worte fassen«, sagte Jack später, »was mir durch den Sinn ging, als ich dort stand und in die Flammen starrte und ihr Prasseln hörte. Wir waren wie betäubt. Es schien, als ob alles, was wir besaßen, ein Raub der Flammen wurde. Zwischen Himmel und Erde gehörte mir nur noch ein Sommerschlafanzug. Es war ein merkwürdiges Gefühl.«

Nur 90 Sekunden waren verstrichen, seit Jack und Hazel wach geworden waren. Das genügt (wie Jack in späteren Jahren oft sagte), um uns alles zu nehmen, was uns gehört – manchmal geht es noch schneller.

Stumm stand Jack neben seiner jungen Frau – ihre Lungen und Kehlen brannten von dem heißen Rauch. Freundliche Nachbarn von der andern Straßenseite kamen herbei und boten ihre Hilfe und warme Kleidung an. Inzwischen war auch die Feuerwehr da und Jack erklärte ihnen, wo Türen, Lichtschalter und Treppen waren, so dass sie das Feuer wirksamer eindämmen konnten. Dann stand er nur noch da und dankte Gott mit Tränen in den Augen, dass er ihr Leben bewahrt hatte.

Plötzlich wurde es Jack bewusst, dass er seinen kostbarsten Besitz, seine Bibel auch verloren hatte. Sie befand sich noch oben im Schlafzimmer. Er wollte gerade ins Haus zurückstürzen, als ihn ein schockierter Brandmeister am Arm packte.

»Wo wollen Sie hin?«, fragte er im Befehlston. Jack erklärte ihm, dass er seine Bibel noch holen müsse.

»Kommt gar nicht in Frage« antwortete der Feuerwehrmann. Als er den entschlossenen Blick in Jacks Augen sah, wies er einen Polizisten, der in der Nähe stand, an, ihn daran zu hindern.

Der Polizeibeamte wurde jedoch abgelenkt, und bevor noch jemand wusste, was eigentlich vor sich ging, schoss Jack durch den Rauch die Treppe hinauf und griff nach seiner Bibel und dem »Schatzkästchen« – einer Sammlung von kostbaren geistlichen Aussagen, die er über Jahre gesammelt hatte. Mit ein paar Sprüngen war er wieder die Treppe hinunter – Flammen und Rauch schien er nicht wahrzunehmen – und dann stand er mit seinem kostbaren Besitz auf der Straße.

Für Jack verwandelte sich mit dieser persönlichen Rettungsaktion die ganze Nacht in einen Sieg. Später sagte er einmal, diese beiden Bücher seien mehr wert als ein Dutzend Häuser der Stadt Prince Albert in Saskatchewan.

Inzwischen waren die Flammen völlig außer Kontrolle geraten und erfassten auch den kleinen hinteren Raum der Kirche, wo Jack sein Arbeitszimmer hatte. Alle seine Bücher, Kolleg-Hefte und die verschiedensten Notizen und Papiere würden vernichtet werden. Zu diesem Zeitpunkt sandte Jack eine Eilbotschaft an seinen himmlischen Vater – auf dem absolut zuverlässigen »drahtlosen Weg Gottes«, Gebet genannt.

Gott hatte schon auf dieses Gebet gewartet. Dem jungen Mann kamen Worte des Apostels Paulus in den Sinn, die er Jahrhunderte früher auf stürmischer See ausgesprochen hatte: »Denn diese Nacht trat zu mir der Engel des Gottes, dem ich gehöre und dem ich diene, und sprach: ›Fürchte dich nicht ...‹« (Apg 27, 23.24). Und dann sank das prasselnde Feuer plötzlich ohne erkennbaren Grund in sich zusammen.

Das war das zweite Wunder, das in dieser Nacht geschah.

Später war Jack mit Hilfe von zwei Freunden in der Lage, die meisten seiner Bücher und persönlichen Papiere zu retten. Viele hatten den Brandgeruch noch jahrelang an sich, doch der größte Teil seiner Bücherei blieb erhalten.

Das blieb eine Erfahrung, die Jack und Hazel nie im Leben vergessen würden. Ein Präriefeuer hatte sie auf einen Auftrag vorbereitet, der noch vor ihnen lag. Es lehrte die McAlisters schon sehr früh, dass materieller Besitz wenig zu bedeuten hatte. Nur Menschen hatten Ewigkeitswert. Und von da ab war Jack entschlossen, alles, was er hatte, dafür einzusetzen, Menschen für den Himmel zu gewinnen.

Sie hatten noch manche Feuerprobe zu bestehen, als Gott dieses junge Paar dazu benutzte, einen besonderen Dienst in seinem Namen aufzubauen – mit den Mitteln des gedruckten Evangeliums und ständigen Gebeten im Hintergrund. Diese Arbeit sollte ebenso viel Menschen unmittelbar mit der Guten Nachricht in Berührung bringen wie jedes andere geistliche Amt in der Geschichte der Kirche. Fünf Jahrzehnte später, am 12. Mai 1995, feierten Jack und Hazel ihren 50. Hochzeitstag und erzählten mir bei der Gelegenheit diese Geschichte. Sie erinnerten sich noch gut an den Flammensturm, und es lag nun ganz offen zutage, dass dies der Anlass dazu gewesen war, dass die Gute Nachricht in nahezu eine Milliarde von Häusern und Wohnungen gebracht worden war – und damit zu mehr als 4,5 Milliarden Menschen.

Feuerproben

Die persönlichen Prüfungen hatten für Jack lange vor der großen Feuersbrunst in jener kalten Dezembernacht im Jahr 1946 begonnen, die ihre erste Kirche zerstörte und ihn und Hazel in den Auftrag »an alle Völker« hineinstieß.

Jack wurde im Februar 1924 geboren. Er war erst 20 Monate alt, als seine Eltern erfuhren, dass er als erster Mensch im ganzen westlichen Kanada an Kinderlähmung erkrankt war. Damals bedeutete das Wort »Polio« ungefähr das gleiche wie heute »Krebs«. Es war wenig bekannt, wie man dieser gefürchteten Krankheit begegnen konnte. Sie galt als hoffnungslos. Die zugezogenen Ärzte schienen alles verkehrt zu machen – oft taten sie das Gegenteil von dem, was für das Kind gut gewesen wäre. Und das belastete ihn dann ein Leben lang. Doch Gott weiß genau, was er tut und zulässt, wie Jack oft bezeugte. Durch die Worte des Paulus erinnert er uns auch nachdrücklich daran, dass : »... denen die Gott lieben, alle Dinge zum Besten dienen, denen, die nach seinem Ratschluss berufen sind« (Röm 8,28). Jack war sicher, dass er nach dem »Ratschluss Gottes« berufen war, und das war ihm genug.

Er wuchs in einem Haus zutiefst verbindlich lebender christlicher Eltern auf. Als seine Großmutter mütterlicherseits starb, zog sein Großvater zu ihnen ins Haus. Großpapa Manly war als Lehrer in den Ruhestand getreten, nachdem seine Augen schwach geworden waren. Doch obwohl er nicht mehr gut sehen konnte, war er entschlossen, den Rest seines Lebens nicht nutzlos zu verschwenden. Fast jeden Tag ging er auf die Straße und brachte gedruckte evangelistische Literatur zu allen Leuten, die sie haben wollten.

Großvater Manly brachte große Mengen ungefalteter Schriften mit nach Hause, weil es billiger war. Hunderte dieser Traktate brachte er dann in handliche Form und erzählte dabei seinen Enkeln Geschichten von den Reaktionen der Leute, denen er sie gebracht hatte. Diese Geschichten hinterließen einen bleibenden Eindruck bei Jack.

Später war Jack davon überzeugt, dass er ohne seine Krankheit ganz sicher im Zweiten Weltkrieg zur königlich-kanadischen

Luftwaffe gegangen wäre. Er trug eine tiefe Leidenschaft fürs Fliegen in sich. Und er wäre gerade im richtigen Alter gewesen, um bei Kriegsbeginn seine Militärzeit anzutreten. Außerdem war Jack sicher, dass unabhängig von seinem Tun während des Krieges der Hockeysport ihn aufgrund seines Ehrgeizes sehr mit Beschlag belegt hätte.

Es schien, als ob jeder Mensch in Kanada Hockey spielte – außer Jack McAlister. Oft nahm er es Gott auch übel, weil er nicht so wie die anderen jungen Leute mit den Schlittschuhen übers Eis fegen konnte. In seinen frühesten Erinnerungen sah er sich hoch über der Eisbahn in St. Thomas in Ontario sitzen. Dann schaute er mit Tränen in den Augen aufs Stadion hinab und fragte: »O Gott, warum kann ich nicht wie die andern da herumflitzen? Alle andern dürfen, nur ich nicht?«

Doch Gott hatte einen Plan mit ihm. Jacks ehrgeizige Natur sollte in andere Bahnen gelenkt werden. Später setzte er, statt eines normalen Achtstundentages (fünfmal in der Woche) für Gott mindestens sechs Tage in der Woche bei doppelter Stundenzahl pro Tag ein. Das hatte dann natürlich seinen Preis – physisch und psychisch, und das über viele Jahre hinweg. Doch es machte Jack auch möglich, in einer halben Lebenszeit soviel zustande zu bringen, wie andere in ihrem ganzen Leben schafften.

Als Jack ins Teenageralter kam, packte ihn der Ehrgeiz völlig. Er konnte nicht einsehen, was ihm Latein und Algebra noch nützen sollten und verließ deshalb die Oberschule nach zwei Jahren. Dafür ließ er sich in einem College für Wirtschaftswissenschaften einschreiben. Er wollte die Welt verändern – und er wollte es sofort tun.

Seine berufliche Anfangstätigkeit auf wirtschaftlichem Sektor spielte sich für einige Jahre in einer großen kanadischen Süßwarenfabrik ab, später beim größten Hersteller von Feuerlöschausrüstungen. Während dieser Jahre sprach Gott zu Jack und vermittelte ihm grundsätzliche Prinzipien, die später sein Leben bestimmen sollten.

Eines Tages z. B. berichtete der Präsident der französischen *Fire Engine Company* eine Sache, die Jack so kommentierte: »Das ist schrecklich!«

Sehr knapp erwiderte der Präsident: »Jack, es gibt nur eine einzige Sache in aller Welt, die schrecklich ist, und das ist, wenn man den Himmel verpasst.«

Jack war überrascht. Er hatte keine Ahnung gehabt, dass der Präsident ein gläubiger Mensch war. Doch diese Worte vergaß er niemals. Und selbst im Alter von noch nicht 20 Jahren hatte er den Eindruck, dass er nun alles tun müsse, um Menschen davor zu bewahren, den Himmel zu verspielen.

Leben aus dem Glauben

Als Jack 18 war, berief ihn Gott zu einem vollzeitlichen missionarischen Dienst. Er meldete sich in einer Bibelschule im westlichen Kanada an.

Nicht lange nach seiner Ankunft in diesem College versprach er Gott eines Tages im Gebet, dass er jeden Tag einem Menschen von Jesus sagen wollte, der ihn bisher noch nicht kannte. Jack wusste, dass er nicht nur in diesem College war, um sich Kopfwissen anzueignen, sondern um zu lernen, Menschen für Gott zu gewinnen. Und wie Großvater Manley würde er dazu gedrucktes Material verwenden.

Doch es war nicht immer leicht, das gesteckte Ziel auch zu erreichen. Oft bestieg er die Straßenbahn und fuhr die ganzen Strecken mehrmals ab, um einen Menschen zu finden, der noch nie etwas von Jesus gehört hatte. Von zwei verschiedenen evangelistischen Traktaten, die er besonders gut fand, trug er immer je ein Päckchen bei sich. Wenn er mit einem Menschen ein Gespräch begann, fragte er im Stillen den Herrn, welche der beiden Schriften er ihm geben sollte.

Während dieser Jahre auf der Bibelschule gab Gott Jack auch einige Lektionen für seinen persönlichen Glauben. Seine Eltern ließen ihm bewusst nicht regelmäßig Geld zukommen, obwohl sie es gekonnt hätten. Er lebte bei Freunden, die fünf Dollar in der Woche für Wohnung und Verpflegung von ihm forderten. Das war zu der

Zeit eine nicht geringe Summe, vor allem, wenn man nicht weiß, wo es herkommen soll!

So lernte Jack in diesen Jahren, Gott ganz zu vertrauen. Oft sandten Fremde, die tausend Meilen weit weg wohnten, dem jungen Studenten Geld. Verwandte, die er nie kennen gelernt hatte, schickten ihm Geld. Mehr als einmal fand er Geld auf der Straße. Manchmal fuhr er hinaus und predigte an Wochenenden, wofür er dann soviel erhielt, dass er ein paar Wochenmieten bezahlen konnte. Er war erstaunt darüber, dass es Menschen gab, die tatsächlich dafür bezahlten, dass jemand ihnen das Evangelium sagte.

Dann traten Verantwortliche der Presbyterianischen Kirche an den Rektor des Bibelcolleges heran, an dem Jack studierte. Sie suchten Prediger im westlichen Kanada für kurzfristige Vertretungseinsätze. Ob er wohl einige begabte junge Studenten hätte, die gute Prediger wären? Sie würden 25 Dollar erhalten, wenn sie an einem bestimmten Sonntag in drei verschiedenen Städten den Predigtdienst übernehmen würden.

Da Jack eine besondere Gabe zur Kommunikation besaß, gehörte er zu den Studenten, die für diesen Dienst ausgewählt wurden. Er konnte kaum glauben, dass ihm jemand 25 Dollar zahlen wollte für einen Dienst, zu dem er doch von Gott berufen worden war! Doch jedes Wochenende, an dem er bei den Presbyterianern predigte, brachte ihm die Kosten für Wohnung und Verpflegung für fünf Wochen Wohnung ein.

Dann wurde Jack gebeten, den Vorsitz im Komitee für persönliche Evangelisation zu übernehmen und über seine Bemühungen mit Verteilschriften zu berichten. Bald sprach er jede Woche vor Studenten seines Colleges darüber, wie man Menschen auf diese Weise für Gott gewinnen könne.

Als er drei Jahre später sein Studium beendete, hatte er mehr als 200 Menschen zu Jesus geführt – auf den Straßen, in Bussen, in Parks und wo er sie auch immer gefunden hatte. Er hatte eine Leidenschaft für Menschen entwickelt.

Nach seinem Abschlussexamen im Mai 1946 heiratete Jack Hazel Swanson, die attraktive Tochter eines prominenten Pastors innerhalb ihrer Kirche. Jack nahm dann die Stelle eines vollzeitlichen

Pastors einer kleinen Gemeinde in Prince Albert in Saskatchewan an, wo er in seinen letzten Sommerferien ausgeholfen hatte. Er war gerade 22 Jahre alt geworden.

Im Oktober begannen Jack und Hazel mit einer wöchentlichen Rundfunksendung »Tract Club of the Air«, in der sowohl geistliche Ermutigung vermittelt als auch evangelistische Literatur besprochen wurde. Sie verschickten kleine Päckchen mit Material an diejenigen unter ihren Hörern, die es zur persönlichen Evangelisation benutzen wollten. Die Hörer beteiligten sich dann je nach Vermögen an den Kosten, so dass auch eine bestimmte Menge der Schriften an Missionare in Übersee versandt werden konnte.

Einige Wochen später, am 18. Dezember, schlugen dann die Flammen durch ihre kleine Kirche und brannten Jack die Gewissheit ins Herz, dass »Ziegel und Mörtel« wenig bedeuteten im Reich Gottes, weil nur die Seelen der Menschen für die Ewigkeit zählten. Dies Feuer war der Anlass, dass Jack und Hazel McAlister einen noch viel größeren Auftrag erhielten, einen, der die ganze Welt berühren würde.

Seelen haben Ewigkeitsbedeutung

Während der ersten Wochen, die sie mit ihrer neuen Vision erlebten, wuchs in Jack die Überzeugung von der Bedeutung evangelistischer Verteilschriften noch weiter. Ein Missionar aus Afrika, Austin Chawner, kam zu Besuch nach Prince Albert und sah die Literatur, die Jack über den Rundfunk anbot. Das war genau das, was sie in Afrika brauchten. Er hatte dort sogar gerade eine kleine Handdruckpresse gekauft, doch fehlte ihm das nötige Papier, um die Botschaft, die er verbreiten wollte, zu drucken.

Dann berichtete Austin eine bemerkenswerte Geschichte, die den jungen Prediger tief bewegte.

Ein alter Mann aus einem entlegenen Dorf Afrikas, der weder lesen noch schreiben konnte, fand ein kleines evangelistisches Traktat und ging erstaunlicherweise 350 Kilometer zu Fuß, um jemand zu finden, der ihm die Nachricht in seiner Sprache vorlesen konnte. Als er einen Menschen fand, der das konnte, bat er ihn, es ihm langsam vorzulesen. Der Mann tat ihm den Gefallen. Der Alte bat: »Lies es noch einmal!« Und dann wiederholte der Gebetene es noch ein paar Mal.

Plötzlich riss der alte Mann das Papier aus der Hand des Vorlesers, dankte ihm, dass er soviel Zeit für ihn aufgebracht hatte und lief die 350 Kilometer heim zu seinem Dorf im tiefen Busch.

Dort angekommen, hielt der Alte das Traktat hoch in die Luft (vielleicht sogar verkehrt herum) und begann die Botschaft, die er beim wiederholten Hören auswendig gelernt hatte, zu »lesen«. Um ihn herum versammelte sich eine Schar von Menschen, die ihm zuhörten. Das Dorf bestand aus Analphabeten, die aber von der Kunst des Lesens gehört hatten. Sie glaubten fest, was auch immer auf Papier stünde, sei auch wahr. Viele von ihnen nahmen Christus an – einschließlich des alten Mannes – nachdem sie vernommen hatten, was auf dem Traktat stand.

Als Jack dieses Zeugnis hörte und sich seine eigenen Erfahrungen ins Gedächtnis rief, wie er mit evangelistischen Verteilschriften in seinem College 200 Menschen zu Christus geführt hatte, festigte sich in ihm die Überzeugung, dass Gott diesen Weg benutzen wollte, um die Massen für Christus zu gewinnen.

Monate später reiste Jack nach Afrika und bestätigte das Zeugnis Austin Chawners im Hinblick auf die Aufnahmebereitschaft der Analphabeten für alles Gedruckte. Nicht immer aber verstanden sie die Botschaft: Einige aus der Landbevölkerung taten alles, um ein Stück davon zu bekommen. Sie schnitten die Blätter in Streifen, befestigten diese an Stöckchen und steckten sie an den Ecken ihrer Felder ein – als Schutz gegen böse Geister. Die Dorfbewohner waren offenbar davon überzeugt, dass von den Worten eine Kraft ausging, auch wenn sie sie nicht lesen konnten.

Während der späten 40er Jahre nahm das Analphabetentum in Afrika rapide ab. Es war nur noch eine Frage der Zeit, so sagte sich Jack, bis es in jedem afrikanischen Haus wenigstens einen Bewohner geben würde, der lesen und schreiben konnte. Und dann würden die Menschen wirklich reif »für die Ernte« sein. Sie konnten dann da erreicht werden, wo sie lebten.

Alle Geschlechter (Familien) auf Erden ...

Nach einigen sehr ergebnisreichen Jahren des Dienstes in Kanada lud ein baptistischer Pastor aus Südkalifornien Jack ein, auch bei ihnen einer solchen Rundfunksendung wie »The Tract Club of the Air« zum Start zu verhelfen. Es sollte an einer der größten Radiostationen der Vereinigten Staaten geschehen. Jack und Hazel beteten darum, was sie tun sollten.

Dann sprach der Herr in einer ungewöhnlichen Weise zu Jack. Es war an einem heißen Sommertag im Jahr 1951. Jack meditierte gerade über 1. Mose 12, wo Gott Abraham sagt:

> *»Geh aus deinem Vaterland und aus deiner Verwandtschaft und aus deines Vaters Hause in ein Land, das ich dir zeigen will. Und ich will dich zum großen Volk machen und will dich segnen ... und in dir sollen gesegnet werden alle Geschlechter auf Erden.« (1. Mose 12,1-3)*

Jack wurde von dieser Stelle gepackt. Jedesmal, wenn er sie wieder las, schien es ihm, als ob das eine persönliche Botschaft an ihn wäre. Gott sprach unmittelbar durch die Heilige Schrift zu ihm.

Nach vielem Beten waren Jack und Hazel davon überzeugt, dass Gott wollte, dass sie umziehen sollten. Innerhalb weniger Wochen waren sie unterwegs, und schon bald begann Jack mit wöchentlichen Radiosendungen in den Vereinigten Staaten.

Als die Sendung »The Tract Club of the Air« an Popularität gewann, wuchs auch Jacks Vision, die ganze Welt erreichen zu können. Doch da gab es eine Besonderheit in der Verheißung Gottes an Abraham, die Jack nicht aus dem Sinn ging: »... und in dir sollen gesegnet werden alle Geschlechter (Familien) auf Erden.« Irgendwie war er sicher, dass das eine ganz persönliche Verheißung für ihn selbst war. Die Worte »alle« und »Familien« (Geschlechter) faszinierten ihn vor allem. Er hatte das Empfinden, dass Gott einen ganz klaren Plan hatte, der bald entfaltet werden sollte. Sein Brennpunkt würde heißen: »... alle Familien auf der Welt«.

In jedes Haus

Jack regte die Hörer seiner Rundfunksendungen dazu an, eine Million evangelistischer Schriften nach Frankreich zu schicken, eine weitere Million nach Deutschland und wieder eine andere Million nach Italien. (Freunde sagen ihm scherzhaft nach, dass eine Million die kleinste Zahl sei, die er kenne). Das war kurz bevor die Sendung »The Tract Club of the Air« über ihre ursprüngliche Bezeichnung hinauswuchs und sich zu einer weit größeren Vision entwickelte. Sie erhielt den Namen *World Literature Crusade.*

Anfang 1953 schloss sich Jacks Bruder Bob seinem Werk an. Ein neues Rundfunkprogramm wurde gestartet unter der Bezeichnung *Oriental Opportunity.* Der Schwerpunkt dieser Sendung lag vor allem darin, die Kirche Nordamerikas aufzurufen, sich für die Missionierung des Orients einzusetzen. Bob erhielt den Auftrag, den Orient aufzusuchen, sich mit den dort arbeitenden Missionaren in Verbindung zu setzen und sich vor Ort über die Bedürfnisse zu informieren. Doch einige Tage vor der geplanten Reise sagte Bob seinem Bruder, dass er bei dem Gedanken an dies Unternehmen ein innerers Hemmnis verspüre. Er hätte den Eindruck, dass er zu Hause bleiben und die Arbeit hier weiter entwickeln solle.

Jack war verwirrt. Er war so sicher gewesen, dass Bob gehen sollte. Abends besuchten die beiden Brüder eine missionarische Veranstaltung in Kalifornien, auf der Pfarrer Paul Pipkin sprach. Jack sagte später davon, es sei eine der beeindruckendsten missionarischen Botschaften gewesen, die er je gehört hätte.

An jenem Abend trauerte Jack um die Verlorenen wie nie zuvor. Und dann er hörte Gottes Stimme ganz klar: »*Du* sollst nach Japan gehen.«

Als Jack Anfang 1953 in Tokio ankam, fand er sich in einer der größten Städte der Welt wieder. Japan war ein weites, vom Evangelium wenig berührtes Land mit einer Bevölkerung von damals 83 Millionen. Zwei Drittel aller Menschen auf der Erde lebten in Asien.

Jack traf Ken McVety, einen angesehenen kanadischen Landsmann, den er bis dahin nur vom Hörensagen kannte. Er war zwei

Jahre früher als Missionar nach Japan gegangen. Ken konnte bereits fließend Japanisch sprechen. Zusammen gingen sie hinaus auf eine belebte Straße und fragten die Leute, ob sie schon etwas von Jesus gehört hätten.

Der erste, den sie ansprachen, hatte den Namen noch nie gehört. Ein anderer gab an, in einem Geschichtsbuch an der Universität einst von ihm gelesen zu haben. An mehr konnte er sich nicht erinnern. Ein alter Mann wollte wissen, wo dieser Jesus denn lebte.

»Wir begegneten keinem einzigen, der wirklich etwas Wesentliches über Christus gewusst hätte!«, berichtete Jack. Doch dies war ja ein Land, in dem es genauso wenig Analphabeten gab wie in den USA oder in Kanada. Es war möglich, diese Menschen zu erreichen, davon war Jack überzeugt. Aber er wusste auch, dass es systematisch geschehen musste – Haus für Haus – oder man würde viele Millionen Japaner dabei übergehen.

An diesem Abend saß er mit Ken in dessen neuem Arbeitszimmer – 346 Eifu Cho Sugiwami in Tokio. Sie breiteten eine große Karte der Stadt auf einer der typischen japanischen Tatami-Matten aus und beteten dann für ihren Plan. Jeden Menschen in Tokio wollten sie mit dem Evangelium erreichen – und später dann ganz Japan. Sie waren sich darüber klar: wenn sie die christliche Botschaft systematisch in jedes Haus bringen wollten, dann würde es nötig sein, die Stadt (und später auch das Land) in überschaubare Bezirke einzuteilen und jeden Bereich einer Kirche zuzuordnen. Haus für Haus anzugehen war ihrer Überzeugung nach der einzige Weg, die Aufgabe zu bewältigen. Es war auch der einzige Weg, das Ergebnis irgendwie zu erfassen. Dann beschlossen sie noch, eine besondere Schrift für Jungen und Mädchen herauszubringen, weil Jesus die Kinder ja immer besonders am Herzen lagen. Auch diese sollte in jedes Haus gelangen.

Als die Einzelheiten ihrer Vision so vor ihren Augen Gestalt annahmen, erfasste Begeisterung die Herzen der beiden Träumer. Ken McVety war fasziniert von der Vorstellung, alle Japaner mit dem gedruckten Evangelium zu erreichen. Zu der Zeit bestand ein absoluter Mangel an christlicher Literatur in diesem Land. Alle in Japanisch verfügbaren Bücher, die sich mit den Evangelien befassten, konnte man – so weit es ihm bekannt war – auf einem Regal von 30 Zentimeter Breite unterbringen.

An jenem Abend tauchten auch Fragen darüber auf, wie der weitere Weg dann aussehen sollte. Sie beschlossen, jedem Traktat eine Karte beizufügen, so dass allen, die auf die Botschaft antworteten, eine Art Bibelgrundkurs zugesandt werden konnte.

Um Mitternacht hatte der Traum von der »Aktion: In jedes Haus« im Herzen dieser beiden hoffnungsfrohen Männer Wurzeln geschlagen. Und wie sollte diese Vision in die Wirklichkeit umgesetzt werden? Innerhalb von fünf Jahren sollte jedes Haus besucht werden – nicht nur in Tokio, sondern in ganz Japan.

Bis heute hat es noch drei weitere landesweite Einsätze in diesem Land gegeben, die von japanischen Kirchen durchgeführt wurden. Mehr als 392.849 japanische Interessenten haben eine Antwortkarte geschickt, in der sie angeben, dass sie Christus angenommen haben, oder dass sie sich wünschen, mehr darüber zu erfahren, was es heißt, ein Christ zu sein.

In Ostasien sind nach vorsichtigen Schätzungen von *AJH-International* 411.210.994 missionarische Schriften verteilt worden – die meisten »von Haus zu Haus«. Wenn man das südliche Asien dazurechnet (was den riesigen Subkontinent Indien einschließt), erhöht sich diese Zahl auf fast unglaubliche 870.952.129, also fast eine Milliarde Traktate. Und da sich diese Vision weiter ausgebreitet hat – in Afrika, Lateinamerika, Europa oder am Pazifik – sind es fast zwei Milliarden »christliche Botschaften«, die inzwischen in jedes Land dieser Erde versandt wurden.

Was Jack vor sich sah, als er mit Ken McVety über der Karte von Tokio betete – weniger als sieben Jahre nach dem »Präriefeuer« und dem damit verbundenen Auftrag Gottes für Jack –, war ein ganz einfacher Plan. Doch zur Erfüllung gelangt, könnte er eine der Schlüsselstrategien Gottes sein, die Welt für Jesus zu gewinnen. Die nächsten beiden Jahrzehnte und einige außergewöhnliche, wunderbare Ereignisse (die wir uns im zweiten Teil dieses Buches näher ansehen wollen) würden beweisen, dass es durchaus möglich war, das Ziel zu erreichen.

Braucht es dazu Superchristen, um die Enden der Welt mit der Guten Nachricht zu besuchen? Oder können gewöhnliche Gläubige, wie Sie und ich, helfen, den Auftrag auszuführen?

Ein Gesicht, das aussah wie das Fleisch einer Kokosnuss

Da war ein merkwürdig pfeifender Ton in der Luft – und dann folgte eine schreckliche Explosion. Die Kwaios, ein Volk mit Speeren und Macheten, hatten niemals etwas Ähnliches gesehen oder gehört. Überall lagen tote oder verwundete Dorfbewohner. Dann kam noch solch ein Schlag und dann noch einer. Man konnte die Toten kaum noch zählen.

Einige Wochen vorher war ein Beamter der britischen Regierung auf ihrer Insel erschienen. Sein Gesicht hatte die Farbe vom Fleisch einer Kokosnuss – er wollte im Namen seiner Regierung eine Untersuchung durchführen. Malaita und die drei andern Hauptinseln der Salomonen-Gruppe – Marovo, San Christoval und Guadalcanal – waren seit 1883 britische Kronkolonie gewesen. Doch die Kwaios, die an der Küste wohnten, hatten diese Maßnahme missverstanden. Ein paar furchtsame Stammesangehörige hatten mit ihren Macheten den Beamten samt den ihn begleitenden Polizisten totgeschlagen. Jetzt waren die Freunde dieses Mannes mit dem Gesicht wie Kokosnussfleisch zurückgekommen, um Vergeltung zu üben.

Die Explosionen kamen von einem britischen Kriegsschiff her, das von Australien an die Küste von Malaita geschickt worden war. In der übrigen Welt zählte man das Jahr 1927. Hari kannte es als die 42. Yam-Ernte seines Lebens. Als die Schießerei aufhörte und das Kriegsschiff wieder verschwand, überlegte Hari, warum dieser Hass sich wohl gegen sein Volk richtete. Furcht stieg in seinem Herzen auf angesichts der erstaunlichen Macht, die diese Feinde hatten. Er wusste, dass sie jederzeit zurückkehren und alle Kwaios umbringen konnten.

Unter ihnen wuchs nicht nur die Furcht, sondern auch der Hass auf alle Fremden. Im nächsten halben Jahrhundert ließ man daher auftauchende Besucher und selbst Regierungsbeamte nicht mehr ins Innere der Insel kommen. Einige christliche Missionare, die sich bemühten, das Gebiet zu erschließen, wurden umgebracht. Bei anderen Versuchen, das Evangelium zu predigen, fiel der Same auf unfruchtbares Land.

Was Hari betraf, so wurde er seine Furcht noch viele weitere Yam-Ernten hindurch nicht los. Trotzdem vergingen 63 davon, bevor er zu einem Ort geführt wurde, an dem alle seine Ängste ihn für immer verlassen sollten.

4 Frontkämpfer mit einer Vision

Remi Crespins letzter Brief an das Büro von »Aktion: In jedes Haus« in Frankreich begann mit einer dringenden Bitte: »SOS … wir brauchen mehr Literatur.« Der Brief kam am 13. Juni 1993 an, ein paar Tage, bevor Remi im Alter von 56 Jahren an Krebs starb.

Als pensionierter Lehrer hatte Remi Crespin etwas unternommen, das nach einem »Ein-Mann-Feldzug« aussah, um die Verlorenen in Frankreich zu erreichen. Seit 1979 war er buchstäblich Hunderte von Kilometern durch acht verschiedene Distrikte Frankreichs gewandert und hatte evangelistische Literatur an nahezu 100.000 Familien verteilt.

Während dieser Jahre bat Remi in der Pariser AJH-Zentrale nur um drei Dinge: einen Kompass, ein Fernglas und missionarische Schriften. Den Kompass brauche er, um zu wissen, wo er sei. Und das Fernglas benötige er, um auch abgelegene Dörfer zu entdecken, die manchmal sehr versteckt in der Landschaft lägen.

Remis missionarische Einsätze sind in Frankreich legendär geworden. Sie dienen als Vorbild und sind manchem seiner Mitchristen zum Segen geworden. Doch sie zogen auch die Aufmerksamkeit des Feindes auf sich. Remi wurde von einem unheilbaren Krebs befallen. Nach drei Operationen wollte er immer noch nicht aufgeben. Dem Leiter der »Aktion: In jedes Haus« in Frankreich, Pierre Clément, sagte er: »Oft komme ich von meinen Wanderungen erschöpft nach Hause, entmutigt, frierend und nass bis auf die Haut. Aber immer beherrscht mich nur ein einziger Gedanke: ›Wann ist der nächste Einsatz möglich?‹«

Die letzte Zeile in seinem letzten Brief an AJH verstärkte seine Bitte noch einmal: »Ich habe keine evangelistischen Schriften mehr, um sie in den Dörfern Flers und Aubusson zu verteilen. Bitte schickt mehr!«

Seit dem Beginn der Hausmissionsstrategie im Jahr 1953, die ich im letzten Kapitel beschrieb, wurden Tausende solcher Einsätze in Städten, Dörfern und ländlichen Bezirken von dieser Organisation in der ganzen Welt durchgeführt – in mindestens 177 Nationen. In

Frankreich z. B. nahm Remi an einer Aktion teil, die die Bezeichnung trug: »Operation Villages« (etwa: Einsatz in Dörfern). Da es in Frankreich schätzungsweise 30.000 kleine Städtchen und Dörfer gibt, von denen jedes nur etwa 500 Einwohner zählt, wird Christen, die sich evangelistisch einsetzen wollen, geraten, dort in ihren Sommerferien Hausbesuche zu machen. Viele Hunderte haben sich wie Remi in den vergangenen Jahren dazu gemeldet. Sie sind keine Vollzeit-Mitarbeiter und keine Superchristen, sondern ganz gewöhnliche Gläubige, die insgesamt Millionen von Menschen die Gute Nachricht bringen. Sie suchen Familien auf, die sonst vielleicht übersehen würden.

Da ist z. B. Madame Mollier, eine französische Witwe in den 70ern. Eines Tages sandte sie an die AJH-Zentrale in Paris eine lange Liste mit Namen von Dörfern, die sie Haus für Haus im kommenden Sommer aufsuchen wollte, um evangelistische Schriften zu verteilen. Einige Monate später, als der Sommer vergangen war, schickte sie einen Bericht, aus dem hervorging, dass sie nicht eins der vorher aufgezählten Dörfer ausgelassen, vielmehr noch einige zusätzlich besucht hatte.

»Ich nahm mir die Freiheit, diese 32 andern kleinen Orte auch noch mit Schriften zu versorgen«, berichtete sie. »Sie lagen sehr verborgen in den französischen Bergen, und ich fürchtete, sie könnten vergessen werden.«

Madame Mollier war zu jeder einzelnen Wohnung gegangen.

Wachsen und hinausgehen

Die Beispiele von Remi Crespin und Madame Mollier erinnern uns an die Urgemeinde und ihre Art der Weitergabe des Evangeliums. Wenn bei den Menschen, von denen im Neuen Testament berichtet wird (gewöhnliche Fischer und Zollbeamte und Kaufleute), der Glaube an Jesus Wurzeln geschlagen hatte, gingen sie mit ihrer Botschaft von der Liebe Gottes nach draußen und wurden zum Stoßtrupp mit einer Vision, sie waren wache Gläubige an der Front im Kampf um die Seelen der Menschen.

Wachsen im Glauben und Hinausgehen – das ist die Perspektive, die allen Gläubigen gegeben ist.

Wir wollen auf den ersten Seiten der Apostelgeschichte sehen, wodurch diese plötzlich in Erscheinung tretende Gruppe der Gläubigen des ersten Jahrhunderts so erfolgreich war. Wir werden dabei einige klar definierte missionarische Vorgehensweisen der Urgemeinde entdecken. Und wenn wir in der Geschichte der Apostel weiterlesen, stellen wir fest, dass diese frühen Methoden später ständig verbessert und verstärkt wurden, als es darum ging, die ganze Welt mit dem Evangelium zu erreichen.

Im Einzelnen begegnen wir drei grundsätzlichen Aussagen, die ein Bild davon zeichnen, wie die Gemeinde in ihrer Verbindung zu Christus wuchs und dann die Gute Nachricht weitergeben konnte. Eine gründliche Beschäftigung mit diesen Stellen wird uns Aufschluss darüber geben, wie wir letztendlich noch in unserer Generation unsere Städte – und die ganze Welt für Jesus gewinnen können.

Zuerst wollen wir uns ansehen, wie Lukas die frühe Kirche unmittelbar nach der Ausgießung des Heiligen Geistes beschrieb. Er zeichnet eine Gemeinde, die im Prozess ihres Reifens gestärkt und unterstützt wurde:

> *»Und sie waren täglich einmütig beieinander im Tempel und brachen das Brot hier und dort in den Häusern, hielten die Mahlzeiten mit Freude und lauterem Herzen und lobten Gott und fanden Wohlwollen beim ganzen Volk. Der Herr aber fügte täglich zur Gemeinde hinzu, die gerettet wurden.« (Apg 2,46.47)*

Eine andere fundamentale Stelle, die wichtig ist für unser Verständnis vom Wachsen der Urgemeinde und ihrer Ausbreitung, finden wir in Apostelgeschichte 5,42:

> *»... sie hörten nicht auf, alle Tage im Tempel und hier und dort in den Häusern zu lehren und zu predigen das Evangelium von Jesus Christus.«*

Die dritte wesentliche Passage, die uns zeigt, wie in der Urgemeinde das Evangelium verkündigt wurde, finden wir in Apostelgeschichte 20, 20, wo vom Abschiedswort des Paulus an die Ältesten der Gemeinde Ephesus die Rede ist:

> *»Ich habe euch nichts vorenthalten, was nützlich ist, dass ich's euch nicht verkündigt und gelehrt hätte, öffentlich und in den Häusern.«*

Von diesen drei Stellen her haben wir eine einzigartige Übersicht über verschiedene interessante Verhaltensweisen der frühen Kirche hinsichtlich ihres Wachstums und ihrer Ausbreitung. Zusammengenommen stellen sie dar, was wir als vorrangige Anliegen eines Gläubigen sehen würden, der in der Beziehung zu Jesus wächst und schließlich dann auch Zeuge Jesu nach außen hin wird. Sind das meine und deine Merkmale?

Ausdauernde Menschen

Als erstes stellen wir fest, dass die Urgemeinde nicht nachließ in dem Bemühen, ihre doppelte Aufgabe zu erfüllen, sich selbst zu entfalten und das Evangelium nach außen weiterzusagen. Das fällt schon auf, wenn wir in der ersten grundsätzlichen Aussage auf die Wendung »... sie waren täglich ... beieinander ...« stoßen (Apg 2, 46). Das Schlüsselwort heißt »täglich«. Daraus geht hervor, dass die Urgemeinde Ausdauer besaß.

Ausdauer ist die Fähigkeit, an einer Aufgabe so lange dranzubleiben, bis sie erledigt ist, unabhängig von Hindernissen und Schwierigkeiten. Denken wir an den berühmten amerikanischen Erfinder Thomas Edison. Er war die personifizierte Ausdauer. Man sagt, dass er einige Zehntausende von einzelnen Versuchen unternahm, bevor es ihm gelang, eine funktionierende Speicherbatterie, einen Akkumulator, zustande zu bringen. Manche fragten ihn später, wie man sich fühlte bei 10.000 Fehlschlägen. Seine Antwort klang kaum glaubhaft: »Ich habe nicht 10.000 Misserfolge gehabt, sondern nur 10.000 Wege entdeckt, auf denen nichts funktionierte.«

Im Kern der Ausdauer steckt ein Geist der Entschlossenheit. Und der Schlüssel für Entschlossenheit liegt in einem Plan. Bedauerlicherweise scheinen manche Gläubige in ihrem Leben gar keinen Plan, keine Vision zu besitzen. Viele sind nie auf die Idee gekommen, die Weitergabe des Evangeliums an verlorene Menschen als Ziel anzusehen. Oder die Möglichkeit, Zehntausende von Familien zu erreichen, wie es Remi Crespin und Madame Mollier taten, ins Auge zu fassen. Diese französischen »Freiwilligen« waren ganz gewöhnliche Menschen, die sich einfach nur für die Aufgabe zur Verfügung stellten und dann Ausdauer darin bewiesen.

Paulus beschreibt seine eigene Haltung der Ausdauer und Entschlossenheit, als er den Korinthern sagt: »Ich aber laufe nicht wie aufs Ungewisse …« (1. Kor 9,26).

Wenn wir hoffen, die Aufgabe der Weitergabe des Evangeliums an die ganze Welt noch in unserer Generation zu verwirklichen, indem wir jeden Menschen in unseren Städten und Dörfern erreichen, dann brauchen wir den Geist der Ausdauer.

Beständige Menschen

Die Urgemeinde zeigte außerdem die Eigenschaft der Beständigkeit. Schauen wir uns noch einmal unsere erste Grundsatzaussage in Apostelgeschichte 2,46.47 an und achten wir auf das Wort *»täglich«*. Die Gläubigen, die im Neuen Testament geschildert werden, waren nicht nur an einem besonderen Tag in der Woche, wie dem Sabbat oder Sonntag mit den Anliegen der Gemeinde beschäftigt, sondern sie lebten ihren Glauben täglich aus. Sie beteten täglich an, sie sagten täglich die Gute Nachricht weiter, sie hatten täglich Gemeinschaft untereinander.

»Täglich« ist ein Wort, das in unserer Untersuchung eine wesentliche Rolle spielt. »Täglich« oder »Tag um Tag« kommt in den beiden ersten Grundsatzaussagen dreimal vor. Man kann daraus schließen, dass die neutestamentlichen Christen treu und regelmäßig an ihren Gottesdiensten und Anbetungszeiten festhielten. Schlicht ausgedrückt: sie waren beständige Leute.

Beständigkeit heißt, an etwas festhalten zu können. Darin zeigt sich persönliche Reife. Die Urgemeinde bestand nicht aus »Sonntagschristen«. Sie demonstrierten beständig Nachfolge – tatsächlich täglich.

Später schrieb Paulus an die Galater bezüglich der Früchte des Geistes auch von Treue (Gal 5, 22). In den Tagen nach der Entstehung der Urgemeinde wurde diese Frucht offenkundig. Sicher war sie die Folge der Ausgießung des Heiligen Geistes an Pfingsten. Das besagt, dass vom Geist Gottes erfüllte Menschen in ihrem Verhalten und in ihrer Arbeit beständig sind. Reife Menschen zeigen immer einen Geist der Konsequenz.

Ein einiges Volk

Als nächstes stellen wir fest, dass die Urgemeinde *»einmütig«* zum Gottesdienst beisammen war (Apg 2, 46). *»Einmütig«* kommt in den ersten Versen der Apostelgeschichte mehrmals vor (s. Apg 1, 14 und 2, 1). Daraus wird die Einigkeit der ersten Christen ersichtlich.

Achten wir auch auf den Bericht Apostelgeschichte 2, 44: »Alle aber, die gläubig geworden waren, waren beieinander und hatten alle Dinge gemeinsam«. Eine Gemeinde wächst niemals, wenn sie gespalten ist. Und weiter: der Leib Jesu Christi wird niemals einen Einfluss auf irgendeine Gruppe haben, viel weniger auf die Welt, solange er uneins ist. Ed Silvoso weist in seinem Buch »That None should Perish« darauf hin, dass Einmütigkeit ganz wesentlich ist, wenn man eine Strategie entwickeln will, die unsere Städte in wirksamer Weise für Christus gewinnen will. Ed bezieht sich auf die Kirchen in Stockton, Kalifornien, wo Pastoren sich regelmäßig zum Gebet trafen. Schließlich kamen sie überein, dass sie nicht länger ihre evangelistischen Bemühungen unter der »Flagge« ihrer verschiedenen Denominationen durchführen, sondern sich den nichtglaubenden Menschen einfach als »die Kirche von Stockton« vorstellen wollten.

Der Schlüssel zu Einigkeit ist natürlich der Wille zur Zusammenarbeit – eine Fähigkeit, die in der Urgemeinde sehr klar zum Ausdruck kommt. Eins ist sicher: Es ist einerlei, wie fleckenlos rein eine Gemeinschaft ihre Lehre proklamiert. Solange sie nicht bereit ist, mit andern zusammenzuarbeiten, wenn es darum geht, verlorene Menschen für Jesus zu gewinnen, kommt sie nicht an die Haltung der Urgemeinde heran.

Eine loyale Gemeinde

Wir stellen auch fest, dass die Urgemeinde aus Menschen bestand, die sich loyal gegenüberstanden. Man kann das von dem »täglich … im Tempel« ableiten (Apg 2,46). Die Nachfolger Jesu des ersten Jahrhunderts trafen sich nicht nur in den Häusern, sondern erkannten auch die Wichtigkeit, als ganze Gemeinde zusammenzukommen. Das setzt eine Haltung der Loyalität gegenüber der Gruppe voraus. Die ersten Gläubigen lebten verbindlich miteinander – auch in der Öffentlichkeit.

So braucht die Gemeinde außer der Einigkeit auch die Loyalität. Diese muss damit beginnen, dass die örtliche Gemeinde Brennpunkt und Anliegen ist. Keine Gemeinde wird jemals über ihre eigenen Mauern hinauswachsen und ihre Umgebung und die ganze Welt in irgendeiner wesentlichen Weise berühren, wenn sie gespalten ist und unverbindlich lebt. So ist ein Geist der Hingabe, der den Kern von Loyalität bildet, Voraussetzung, wenn wir Stoßtrupp Gottes sein sollen.

Sind wir wahrhaft loyal unserer Ortsgemeinde gegenüber?

Eine gebende Gemeinde

Unser erster Grundsatztext, Apostelgeschichte 2,46.47, beschreibt als Nächstes eine Gemeinde, die sich verpflichtet weiß, »das Brot zu brechen«, was ein Zeichen für Menschen ist, die mit andern teilen. Etwas in der Formulierung »Brechen des Brotes« lässt den Eindruck von Liebe und Großzügigkeit und Gastfreundschaft entstehen. Die ersten Gläubigen schenkten sich selbst und gaben auch von ihrem Besitz weiter an die, die es nötig hatten. Solch eine Haltung des Dienens ist etwas ganz Wesentliches. Jesus sagte, dass die Welt daran erkennen wird, dass wir seine Nachfolger sind, dass wir einander mit Liebe begegnen (s. Joh 13,35). Und das Wesentliche bei der Liebe ist das Geben.

Jesus sagte auch: »Geben ist seliger als nehmen« (Apg 20,35). Das Brot zu brechen bedeutete, dass die ersten Gläubigen von ihrer gewohnten Art und Weise abgingen, um die Liebe Jesu großzügig jedermann an jedem Ort zu verkünden. Eine wachsende Gemeinde ist eine liebende, schenkende Gemeinde, eine Gemeinde, die gekennzeichnet ist von einem großzügigen Geist.

Eine Gemeinde, die hinausgeht zu anderen

Und aus dem Geist des Gebens und Schenkens entspringt dann auch der Wunsch, »hinauszugehen«. Achten wir besonders darauf, *wo* die Jünger das Brot brachen: *»von Haus zu Haus«*. Das zeigt diese Menschen als fürsorglich und interessiert, als solche, die sich selbst bereitwillig einsetzen, auch wenn es für sie selbst unbequem ist.

Darin wird eine »nach außen gehende« Gemeinschaft offenbar. Keine Gemeinde oder Kirche wird jemals wachsen, wenn sie nur darauf wartet, dass die Leute zu ihr hereinkommen. Das wäre in den allermeisten Dörfern und Städten der Entwicklungsländer, wo nicht eine einzige Kirche existiert, sogar vollkommen unmöglich. (Mehr als 90 Prozent aller indischen Städte und Dörfer haben z. B. keine christliche Kirche irgendeiner Denomination.) Wenn wir also eine wachsende Kirche entwickeln wollen, müssen wir Christen fördern, die willig sind, die Grenzen ihrer eigenen Gemeinde zu verlassen, um einer verletzenden, aber wartenden Welt zu begegnen – von Haus zu Haus. Erinnern wir uns daran, wie Jesus »umhergezogen (ist) und hat Gutes getan und alle gesund gemacht, die in der Gewalt des Teufels waren …« (Apg 10,38). Achten wir darauf: »… er zog umher …«. Gott möchte, dass seine Kinder hinausgehen und mit der Liebe Christi andern dienen, wo immer Menschen einander verletzen. Wie der barmherzige Samariter, der seine eigenen Interessen zurückstellte und sich dem Mann zuwandte, der schwer verletzt dalag (s. Lk 10,30-35), so müssen auch wir die gewohnten Wege verlassen, um unsern Nachbarn zu begegnen.

Für Menschen, die auf diese Weise »hinausgehen«, wird das Mitleid zum Leitgedanken ihres Tuns. Wir müssen so von der Liebe Christi erfüllt sein, dass sie in Engagiertsein einmündet. Oswald Smith sagte es oft in seinen Predigten: »Mitleid ist nicht einfach Mitgefühl, es ist Liebe in Aktion.«

Glückliche Menschen

Doch es gibt noch mehr zu entdecken bei der frühen Kirche und ihrem Verhalten, das Wachstum und Reife zeigt. Die Gläubigen der ersten Generation brachen nicht nur das Brot von Haus zu Haus, sondern sie taten es auch »... mit Freude und lauterem Herzen« (Apg 2,46). »Freude des Herzens« lässt fröhliche, glückliche Menschen vor unserm inneren Auge erstehen. Die Freude des (am) Herrn ist wesentlich für eine wachsende, lebensprühende Gemeinde. Freude ist eine Frucht des Heiligen Geistes, die in Gläubigen hervorgerufen und durch sie verbreitet wird, die es lernen, »im Geist zu wandeln«, d.h. unter der Führung des Heiligen Geistes zu leben (s. Gal 5,16.22).

Freude schafft auch gesunde, strahlende, belebende Gemeindeglieder. Sprüche 15,13 heißt es: »Ein fröhliches Herz macht ein fröhliches Angesicht« und Sprüche 17,22: »Ein fröhliches Herz tut dem Leibe wohl ...«. Eine glückliche Gemeinde ist eine gesunde Gemeinde. Und damit eine Gemeinde wirklich glücklich sein kann, muss sie sich mit der Weitergabe des Evangeliums an eine verlorene Welt befassen. Jesus sagte seinen Jüngern, dass Freude im Himmel sein würde über einen einzigen Menschen, der umkehrt von seinem Weg der Sünde und Schuld (s. Lk 15,7.10).

Zuverlässige Menschen

Von ebenso großer Bedeutung bei der Betrachtung der Verhaltensweisen der Urgemeinde und ihrer Entfaltung war ihre offensichtliche Stabilität. In der King-James-Übersetzung ist es so ausgedrückt: Sie tat ihren Dienst nicht nur mit »Freude«, sondern auch mit »einfältigem Herzen«. Das deutet an, dass die Glieder stabile Persönlichkeiten waren mit festen Überzeugungen. Wie der Psalmist konnten sie sagen: »mein Herz ist bereit, Gott, mein Herz ist bereit, dass ich singe und lobe ... « (Ps 57,7). Vor allem hielten sie fest an der aus drei Worten bestehenden Lehre: »Jesus ist der Herr!«

Die Festigkeit einer Überzeugung hat fundamentale Bedeutung für die Gesundheit und das Wachstum jeder Gemeinde. Sie ist auch wesentlich für das persönliche Wachstum eines Gläubigen. Ich spreche nicht von dogmatischer, missverstandener »Treue« zu zweitrangigen Dingen, die mit Erlösung zu tun haben, sondern von dem »einfältigen« Herzen, das an der Überzeugung festhält, dass Jesus in unserm Leben Herr sein muss – bei allem, was wir tun. Wenn Jesus tatsächlich Herr von allem (und in allem) ist, was wir tun, wird alles andere, was zum geistlichen Wachsen und Fruchtbarwerden nötig ist, uns sehr schnell zufallen.

Eine lobende Gemeinde

Der Lobpreis Gottes stand für die Urgemeinde im Mittelpunkt ihres gemeinsamen Lebens. Die im Neuen Testament geschilderten Gläubigen waren eindeutig Menschen, die Gott priesen und ihn anbeteten. Wenn die ersten Verse der Apostelgeschichte von den Gliedern der frühen Kirche sagten, dass sie Gott lobten (s. Apg 2,47), dann können wir dem entnehmen, dass ihnen dieses Lob Gottes etwas Selbstverständliches war.

In einer Atmosphäre des Lobens und der Anbetung wurde die erste Gemeinde geboren. Die Ausrüstung mit göttlicher Kraft an jenem Ort, wo die Nachfolger Jesu sich versammelt hatten (s. Apg 2,1-13), war von übernatürlich geweckter Anbetung und dem Lobpreis Gottes begleitet, was von Besuchern Jerusalems in ihrer jeweils eigenen Sprache vernommen wurde. Und dann können wir vielleicht einige Wochen oder Monate später sehen, wie dieser Geist der Anbetung weiter wirkt.

Die einfache Wendung vom »Loben Gottes« lässt erkennen, dass die Haltung der Anbetung alles durchdrang, was seine Gemeinde unternahm. Sie brachen das Brot hin und her in den Häusern und lobten Gott dabei. Sie fuhren fort, im Tempel Gott zu loben. Anbetung stand am Anfang jeder Aktion in der jungen Kirche. Die Anbetung war mehr als eine Handlung – es war ein Lebensstil – ein Lebensstil, der aus einer tiefen Ehrfurcht vor Gott herausfloss.

Ein demütiges Volk

Aus diesem Geist der Ehrfurcht heraus begegnen uns in der Urgemeinde demütige Menschen. Lukas berichtet, dass sie »Wohlwollen beim ganzen Volk« fanden (Apg 2,47), auch wenn sie das Evangelium weitersagten. Daraus geht hervor, dass die nichtchristliche Bevölkerung diese Gläubigen respektierte, vermutlich wegen der hilfsbereiten Haltung, die sie überall an den Tag legten, wohin sie kamen. Nur demütige, zum Dienen bereite Menschen konnten als Christen diesen Einfluss auf ihre Umgebung haben.

Und was vor 2.000 Jahren nötig war, hat heute noch größere Bedeutung. Ehe wir unsere Städte für Christus gewinnen können, müssen wir ihre Bevölkerung in der Kraft Christi lieben. Und bevor wir das vermögen, müssen wir den Herrn bitten, uns mit einem besonderen Maß an Demut auszurüsten.

Trainierte Menschen

Die Urgemeinde war gut vorbereitet für die Aufgabe, die sie erwartete. Wir finden die Beschreibung dieser nötigen Voraussetzungen und alles dessen, was hier noch angeführt ist, in zwei weiteren, schon früher zitierten Aussagen der Apostelgeschichte (Apg 5,42 und Apg 20,20).

»... sie hörten nicht auf, alle Tage im Tempel und hier und dort in den Häusern zu lehren und zu predigen das Evangelium von Jesus Christus.« (Apg 5,42)

Der Erzähler, der Arzt Lukas, führt hier das Lehren von Jesus wie auch das Predigen seiner Botschaft an. Lehren bedeutet natürlich auch das Einüben. Die Vorstellung ist hier, dass Neubekehrte ebenso wie suchende Menschen gelehrt wurden, was zum Wachstum im Glauben und zur Nachfolge Christi gehört. Die ersten Christen kannten die Lehren Christi gut genug, um sie an andere weiterzugeben. Sie waren auf die Herausforderung vorbereitet.

Eine wachsende Gemeinde braucht Menschen, die in der Lehre Christi zu Hause sind.

Mutige Menschen

Im gleichen Vers in Apostelgeschichte 5 sehen wir, dass die Apostel nicht nur von Jesus lehrten, sondern auch seine Botschaft der Erlösung predigten. Das war der zentrale Punkt ihrer Verkündigung und ihres Dienstes. Und diese Botschaft brachten sie täglich zur Sprache. Diese zweifache Aufgabe (zu lehren und zu predigen) führten sie mutig sowohl im Tempel als auch in den Häusern durch.

Achten Sie auf den Schwerpunkt und das Umfassende ihres Dienstes. Diese verantwortlichen Christen des ersten Jahrhunderts trainierten die Gemeinde nicht nur im Glauben, sondern sie ermahnten sie auch zum Handeln. Und das taten sie sowohl in öffentlichen Versammlungen als auch systematisch, von Haus zu Haus. Sie wussten, dass das der einzige Weg war, den großen Missionsauftrag Christi buchstäblich zu erfüllen.

Stoßtrupp-Menschen

Im Kern der Vision der jungen Kirche, alle Menschen mit der Guten Nachricht zu erreichen, lebte Pioniergeist. Sie waren ganz einfach Stoßtrupp-Leute. Auf militärischer Ebene sind das diejenigen, die auf vorgeschobenem Posten stehen. Es bedeutet, dass sie da sind, wo sich die Dinge entscheiden.

In späteren Kapiteln der Apostelgeschichte beschreibt der Arzt Lukas diese Eigenschaft bei Paulus, von dem er zitiert: »Ich habe euch nichts vorenthalten ..., dass ich's euch nicht verkündigt und gelehrt hätte, öffentlich und in den Häusern« (Apg 20, 20). Das zeigt, dass Paulus seine eigenen Erfahrungen demonstrierte, indem er als Beispiel voranging. Er führte den Weg »in die Schlacht« an.

Und genau das tut ein Stoßtrupp-Unternehmen auch. Wir sehen es an unserem Bruder Remi Crespin, dem mutigen französischen Lehrer mit seinem Kompass, dem Fernglas und den Schriften von Jesus; oder an der mutigen und dienstbereiten Madame Mollier, die weit in die abgelegenen ländlichen Bezirke Frankreichs hineinging, um Familien zu erreichen, die sonst vielleicht niemals etwas von Jesus gehört hätten. Keiner von ihnen war ein vollzeitlicher Missionar oder Prediger. Keiner war von einer Kirche oder Missionsgesellschaft ausgesandt worden. Sie waren bloß Pioniere, die Jesus liebten und wollten, dass alle von seiner Gnade erfuhren.

Nicht alle, die an den »Stoßtrupp-Unternehmen Gottes« beteiligt sind, benutzen ihre Füße dazu. Manche falten vor allem ihre Hände im Gebet. Wieder andere geben die nötigen Mittel für diese Einsätze. Doch alle tun irgendetwas, um das Evangelium zu verlorenen Menschen zu bringen. In ihnen lebt ein Geist, der sie intensiv antreibt.

»Intensität« kommt von dem lateinischen Wort *tensus*, was soviel heißt wie »straff angespannt«. Pioniere für Christus werden unruhig, wenn sie an die große Zahl von Menschen denken, die Jesus noch nicht kennen. Das ist die Spannung, die sie antreibt – wenn sie beten, wenn sie freigebig sind, und wenn sie hinausgehen an die Frontlinien des Kampfes um verlorene Menschen.

Fruchttragende Menschen

All das führt zu »Frucht« im geistlichen Sinn. Die vorher angeführten Voraussetzungen bewirken im Zusammenspiel Ergebnisse. Schlicht gesagt, die Urgemeinde war eine »Früchte bringende« Gemeinde.

In den abschließenden Worten unserer ersten Schriftstelle finden wir eine Aussage dazu: »Der Herr aber fügte täglich zur Gemeinde hinzu, die gerettet wurden« (Apg 2, 47). Und wieder treffen wir auf das Wort »täglich«. Die Zahl der Gläubigen wuchs nicht durch Massenversammlungen an Wochenenden oder vollmächtige Sonntagsgottesdienste in Mega-Kirchen. Geistlich gesunde Nachfolger Christi in der jungen Gemeinde führten andere Menschen zu gesunden Bekehrungen. Und diese Neubekehrten machten ihrerseits wieder andere Menschen mit dem Evangelium bekannt. Und all das geschah täglich, weil sie »täglich« die gute Nachricht sowohl »im Tempel« (öffentlich) als auch »hin und her in den Häusern« verkündigten (Apg 5, 42).

Wichtig für unsere Untersuchung ist, wie auf diesem Wege einer den anderen aufbaute und so ein fruchtbarer Organismus von Gläubigen entstand. Die frühen Christen waren gelehrt worden, so zu leben, dass sie das als normal ansahen.

Ihre Ausdauer veranlasste sie, z. B. die Aufgabe, die Gute Nachricht weiterzugeben, nicht fallen zu lassen. Und ihre Beständigkeit führte dazu, dass täglich Menschen zu Christus fanden. Ihre Einigkeit und Treue zeitigten Frucht in Gestalt von Neubekehrten – täglich. Das gleiche konnte gesagt werden von der Großzügigkeit, die sie bewiesen, ebenso von ihrer barmherzigen Anteilnahme, ihrer Fröhlichkeit, Zuverlässigkeit, Anbetung, Bescheidenheit, dem beständigen Einüben dieser Verhaltensweisen und ihrem Mut. Weil die Urgemeinde dieses Verhalten täglich praktizierte, wuchs die Gemeinde auch täglich. Die ersten Gläubigen lebten einfach jeden Tag in der Abhängigkeit von Christus, aus der Fülle seiner Kraft, und als Ergebnis ließ er sie jeden Tag auch Früchte ernten.

Gewöhnliche Menschen

Die im Neuen Testament geschilderten Gläubigen – die alle miteinander ganz gewöhnliche Menschen waren – wuchsen ständig in der Gemeinschaft mit ihrem Herrn und gingen in die Welt hinaus mit seiner Botschaft der Liebe. Sie waren Frontkämpfer, die einer Vision folgten.

Heute ist Remi Crespin längst bei Jesus und braucht weder Fernglas noch Kompass, um zu sehen, wo er sich befindet oder wie er irgendwohin kommen soll. Doch wenn er vom Himmel aus mit uns reden könnte – ich bin sicher, dass er uns von seiner Freude sagen würde, die man als ein solcher Visionär an vorderster Front empfindet. Und ich bin sicher, dass jeder, der ihn auf diese Weise hören würde, umgehend das gleiche tun würde.

Die Weisheit Haris

Man nannte den Tag den »Schwarzen Montag« – in einem Land, das mehr als 8.000 Kilometer von den Bergen und Regenwäldern des Kwaio-Volkes auf den Salomonen-Inseln entfernt war. Hari hatte gerade seine 42. Yam-Ernte gesehen. Man schrieb auf der anderen Seite der Erde das Jahr 1929. Amerika erlebte einen tragischen wirtschaftlichen Zusammenbruch. Dieses blühende Land, von dem Hari nicht das Geringste wusste, geriet in eine Periode, die für alle Zeiten als die »Große Depression« bekannt bleiben würde.

In dem Gebiet, in dem Hari als Häuptling regierte, gab es keine Währungsprobleme. Der Zusammenbruch von Banken war etwas Unvorstellbares, weil es nämlich gar keine Banken gab. Hari und seine Krieger benutzten Lebensmittel als Zahlungsmittel – Süßkartoffeln, Schweine, Hühner und manchmal auch seltene, sorgfältig polierte Muscheln aus dem Meer, die auf Schnüre aufgereiht waren. Eine reiche Familie hatte mehrere Schweine und vielleicht auch eine ganze Anzahl Hühner. Aber nur ein Priester-Häuptling, wie Hari, trug Schnüre von Seemuscheln.

Haris Familie, die auch viele Schweine und Hühner besaß, gewann im ganzen Umkreis zunehmend an Ansehen. Hari selbst wurde ein religiöser Führer, vor dem alle Respekt hatten. Er fand weise Worte, wenn er seine Stammesgenossen im Hinblick auf ihre Götter belehrte.

44 Regenzeiten erlebt zu haben, ließ Hari schon relativ alt erscheinen. Viele der erwachsenen Männer der Kwaios waren in diesem Alter schon gestorben. Doch Hari hatte sein Leben auf dieser Erde noch nicht zur Hälfte hinter sich gebracht. Er würde wenigstens noch 60 Yam-Ernten sehen, bevor er selbst Teil einer anderen Ernte werden sollte – der größten Ernte aller Zeiten, nämlich an Menschen, die zu Jesus fanden.

5 Füße, die eine Botschaft weitertragen

Es gibt keine ordentlichen Straßen nach Isampalli, einem winzigen Dorf im Warangal-Bezirk von Andhra Pradesh, einer großen Provinz Südindiens. Jeder, der in dieses Dorf will, muss seinen Weg viele Kilometer abseits einer Hauptstraße durch verwilderte Felder suchen. Der Bezirk rund um die kleine Stadt hat in vielen Generationen zahllose Menschen durch den Hungertod verloren. Die Hitze lastet ununterbrochen auf dem Land, und das Wasser ist knapp. Die Bewohner dieses Landstrichs leben in sozialer und wirtschaftlicher Hinsicht absolut rückständig.

Unter diesen Verhältnissen war vor 35 Jahren Kancha Narasayya geboren worden. Kancha war der Erstgeborene und hatte noch sechs Brüder und Schwestern. Als strenger Hindu erzogen, verehrte er Bäume und Tiere, darunter auch Schlangen. Der Lebensunterhalt seiner Familie hing von der ständigen Bearbeitung eines kleinen Stückchens Land ab. Die Armut war groß.

Das Dorf Isampalli lag in einem Landstrich, der einem reichen Mann gehörte, der ein hartes Regiment führte. Er behandelte die Dorfbewohner wie Sklaven. Von den Freiheiten, die in Nachbarregionen bereits eingeführt waren, bekamen sie kaum etwas zu spüren. Doch Kanchas Eltern strebten verzweifelt nach einem besseren Leben für ihren Sohn und brachten jedes Opfer, um ihn in eine Schule der nächstgelegenen Stadt zu schicken. Dort war dieser Hindujunge einer der ersten aus seinem Dorf, der lesen und schreiben lernte. Kancha bemühte sich um Unterkunft in einem staatlichen Schülerheim. Da er sehr arm war, erhielt er vom Staat gewisse Zuschüsse für seine Ausbildung. In wenigen Jahren absolvierte er eine Oberschule, obwohl ihm die gesamte Grundschulzeit gefehlt hatte. Doch in den Klassen, die er durchlief, wurde er auch mit verschiedenen Philosophien vertraut, die ihm vor Augen führten, wie seine schwer arbeitenden Eltern immer noch von dem reichen Landbesitzer seines Heimatbezirks versklavt wurden.

Der Kommunismus gewann bald beherrschenden Einfluss in der Schule und breitete sich dann auch in der ganzen Region aus. Der 18-jährige Kancha fand sich plötzlich in einer ganz radikalen kommunistischen Gruppe wieder, bekannt als die Naxaliten. Das war eine Bewegung, die durch Universitätsstudenten in einem Dorf Naxalbari im Norden von Bengalen gegründet worden war. Beeinflusst von der chinesischen Philosophie Mao Tse-tungs, lehrten die Naxaliten das einfache Volk, dass sie die Reichen vernichten müssten, um wirklich frei zu werden. Diese radikalen Kommunisten organisierten nachts Überfälle gegen reiche Leute, beraubten sie und brachten sie schließlich um, um ihre Ziele zu erreichen.

Als Kancha seine Schulausbildung beendet hatte, erfüllte ihn leidenschaftliche Begeisterung für seine Bewegung. Er erklärte sich bereit, ihre Lehren zu befolgen und ihre Vision weiterzuverbreiten. Wie alle guten Kommunisten erklärte sich Kancha selbst als Atheist, wobei er die Ungerechtigkeiten gegenüber den Armen anprangerte, die die Reichen immer reicher werden ließen. Mit der Zeit rückte Kancha in die Reihen der Nachwuchsführer der Bewegung auf. Er folgte den eigentlichen Führern überall und in jeder Weise und lernte alles, was ihm nur möglich war, über wirksame Führerschaft. Kancha war ein aufsteigender Stern am Himmel der Naxaliten und fand selbst große Befriedigung darin, einer Sache zu dienen, die er für wert hielt, dass man dafür sterben konnte.

In kurzer Zeit griff die Bewegung immer mehr um sich. Die dicht bewaldeten Berge um Isampalli, wo Kancha einst mit seinen Eltern gelebt hatte, bildeten ideale Verstecke für die jungen Rebellen der Naxaliten, die aufgerufen waren, in diesem Kampf mitzuhelfen. Doch dann wurden Soldaten der indischen Armee dorthin beordert, um alle zu verhaften, die als Naxaliten identifiziert werden würden.

Kanchas Eltern hörten von diesem Militäreinsatz und fürchteten, auch Kancha würde verhaftet werden. Eines Abends weigerten sie sich, ihn fortzulassen. Gerade an diesem Abend wurden einige der Rebellenverstecke entdeckt und viele der radikalen jungen Leute verhaftet, einschließlich der meisten Freunde Kanchas. Manche wurden geschlagen, andere getötet. Kancha wusste: Wenn er als ein

Führer der Gruppe entdeckt wurde, erwartete ihn ein ähnliches Schicksal durch die Hände der Soldaten.

Ein neuer Freund

Einige Tage später besuchten zwei junge Männer das Dorf Isampalli. Sie waren Missionare, die evangelistische Literatur von Haus zu Haus trugen. Eine Schrift schenkten sie den Erwachsenen, eine andere gaben sie an junge Menschen weiter.

Kanchas Eltern, die weder lesen noch schreiben konnten, hatten keine Ahnung vom Inhalt der Schriften. Hätten die Hindus gewusst, dass es sich um christliche Literatur handelte, sie hätten sie sofort vernichtet. Doch der Heilige Geist war am Werk, und die Narasayyas hatten das Empfinden, dass ihr Sohn das vielleicht lesen sollte.

Als der junge Rebell an jenem Abend nach Hause kam, las er beide Schriften sorgfältig durch. Doch es erwies sich für ihn als schwierig, die Wahrheit dieser Botschaft zu erfassen. In seinem Innern begann ein geistiger Kampf. Kancha stieß die Traktate beiseite und beschloss, sie nicht noch einmal zu lesen.

Am nächsten Tag fragte sein Vater ihn: »Was steht in diesen Papieren, die du gestern Abend gelesen hast?«

»Informationen über einen neuen Gott«, antwortete Kancha.

»Wo ist dieser neue Gott?«, wollte der Vater wissen. Er dachte, Kancha meinte einen neuen Hindu-Gott, von denen es unzählig viele gab.

»Ich kann es wirklich nicht sagen«, antwortete Kancha und verließ eilig das Haus.

Er ahnte nicht, dass der Geist des einen wahren Gottes bereits an seinem Herzen zu arbeiten begonnen hatte.

Am nächsten Tag hörte der junge Mann, dass einer seiner engsten Freunde, auch ein Naxalite, von Soldaten getötet worden war. Es gab eine große Trauerfeier für den Freund, dessen Leiche nach Hindu-Art inmitten eines Holzstoßes verbrannt wurde. Kancha hatte seinen Freund als einen klugen, gut erzogenen und moralisch aufrechten jungen Mann gekannt. An jenem Abend kam er dann tief deprimiert nach Hause. Er konnte nicht einschlafen. In seinem Herzen war eine große Leere. Er ließ sich auf einen Stuhl fallen und dachte über die Probleme des Lebens und das Fehlen von Lösungen im Hinblick auf menschliches Leid nach.

Plötzlich fielen ihm die zwei Traktate wieder ins Auge, die noch in einer Ecke auf dem Tisch lagen. Er ging hinüber und starrte dabei angespannt auf die Titel der Schriften: »Von der Finsternis zum Licht« und »Möchtest du einen guten Freund haben?«. Angesichts des Todes seines Freundes weckte der Letztere besonders sein Interesse. Er hatte die Schrift vor zwei Tagen schon ein paar Mal durchgelesen. Doch er konnte nicht begreifen, wie diese Person, die Jesus Christus hieß und vor so langer Zeit gelebt hatte, sein besonderer Freund sein konnte.

Trotzdem füllte er die beigefügte Antwortkarte aus und sandte sie in das Büro von AJH in Secunderabad. Es dauerte keine zwei Wochen, da hielt er vier Bibellektionen in der Hand, die er sehr schnell durcharbeitete. Dafür bekam er eine Anerkennung und gleichzeitig ein Neues Testament.

Das Testament legte er beiseite, ohne es zu lesen. Er hatte immer noch viele unbeantwortete Fragen im Hinblick auf das Leben und ein anhaltendes Empfinden von Leere.

Der geistige Kampf im Innern Kanchas dauerte sechs Monate lang. Die beiden Mitarbeiter der »Aktion: In jedes Haus«, die zuerst in sein Dorf gekommen waren, besuchten ihn noch regelmäßig, um mit dem jungen Mann zu sprechen. Er war der Einzige aus dem ganzen Dorf, der auf die Botschaft des Evangeliums reagiert hatte. Von keinem Hindu aus dem gesamten Bezirk war bekannt geworden, dass er Jesus akzeptiert hätte. Doch die beiden Boten des Evangeliums sprachen weiter mit Kancha über Lebensfragen und die Erlösung durch Jesus Christus. Einmal blieben sie mehrere Tage lang dort und unterhielten sich während dieser Zeit mit ihm über Gottes Wege.

Schließlich begann der Kampf im Herzen Kanchas vor dem Licht des Geistes Gottes zu weichen. Der junge Kommunistenführer öffnete sich für Jesus und nahm ihn als seinen Herrn und Erlöser an.

Der Prozess der geistlichen Umkehr hatte sich in Kanchas Leben langsam vollzogen, aber der Wandel, der sich daraus ergab, war geradezu dramatisch. Er konnte seine Freude nicht für sich behalten. Bald hatten auch die andern Glieder seiner Familie ihr Leben Jesus Christus anvertraut. Das Haus der Familie Narasayya wurde zum Ausgangspunkt der weiteren Verbreitung des Evangeliums in diesem Dorf und seiner Umgebung. Es war das erste Dorf im ganzen Bezirk, von dem man gehört hatte, dass ein Hindu die Erlösung durch Jesus Christus angenommen hatte. Viele Menschen in Isampalli fanden in Jesus ihren Herrn und Erlöser.

Als Kancha sich intensiver mit dem Wort Gottes befasste, kam er zu dem Ergebnis, dass er sich taufen lassen musste. Er wünschte sich, auch seinen Namen zu ändern. Er war der Meinung, dass dieser zuviel mit seiner hinduistischen Vergangenheit zu tun hatte. In den Evangelien hatte er von Nathanael, dem Jünger Jesu gelesen. Dem wollte er gerne ähnlich werden. Als der Tag seiner Taufe herankam, lud er andere Neubekehrte dazu ein. 25 Dorfbewohner folgten seiner Einladung. Er stieg zur Taufe ins Wasser als Kancha Narasayya, und tauchte daraus wieder auf mit dem Ruf: »Ich will von jetzt ab Nathanael sein!«

Bald darauf machte sich Nathanael auf den Weg, um jedes Haus in Hunderten von Dörfern aufzusuchen, die sich in der ländlichen Umgebung rund um Isampalli befanden. Und dann durchzog er die weite indische Provinz Andhra Pradesh, um den Menschen zu sagen, wie sie ebenfalls seinen guten Freund finden könnten. Er hatte das Gefühl, als ob Gott ihm Füße gegeben hätte, um seinen Auftrag auszuführen. Bei jedem Schritt, den er tat, schien er von den Worten der Heiligen Schrift angetrieben zu werden:

»Wie lieblich sind auf den Bergen die Füße der Freudenboten, die da Frieden verkündigen, Gutes predigen, Heil verkündigen …« (Jes 52,7)

Streiter für Christus

Die Hausmissionare, die das Evangelium nach Isampalli trugen, sind zwei der »Stoßtrupp-Kämpfer mit einer Vision«, von denen wir im letzten Kapitel gesprochen haben. Es sind die Frontsoldaten des 20. Jahrhunderts in dem großen Kampf um Menschenseelen. Das Werk, jedes Haus in entlegenen Gebieten mit dem Evangelium zu erreichen, wäre unmöglich durchzuführen ohne solche »Fuß-Soldaten«, die bereit sind, die Gute Nachricht dorthin zu bringen, wo noch keiner war. Die Bekehrung Nathanaels, der danach selbst so ein Frontkämpfer wurde, kam zustande, weil die beiden anderen jungen Männer Mut genug hatten, in dieses schwierige Gebiet zu gehen. Und sie ließen es auch nicht bei einem Besuch bewenden. Sie kamen immer und immer wieder.

Obwohl die meisten systematischen evangelistischen Initiativen der AJH-Bewegung von Freiwilligen durchgeführt werden, ist doch klar, dass in den ersten Jahren dieser Arbeit sorgfältig ausgebildete, vollzeitliche Hausmissionare nötig waren, um abgelegene Plätze zu erreichen, wo freiwillige Helfer nicht hinkommen konnten. Diese Pionier-Missionare wurden häufig misshandelt oder sogar getötet, wenn sie die Gute Nachricht von Jesus verbreiteten. Ihnen wurde manchmal die Literatur abgenommen und verbrannt, während man ihr Gepäck in tiefe Gebirgsschluchten oder reißende Flüsse warf. Vor allem galt das für hinduistisch oder muslimisch bewohnte Landstriche.

Kurz bevor Nathanael Christ wurde, hatte man einen der Boten des Evangeliums in jener Gegend nackt ausgezogen und einen Tag lang an einen Baum gebunden. Nur dem besonderen Schutz Gottes war es zu verdanken, dass wilde Tiere ihn nicht angriffen. Am späten Abend wurde er brutal geprügelt und dann freigelassen. Ein Briefbote im nahen Karnataka, in Indien, beobachtete diese Boten Jesu Christi und sagte von ihnen: »Ich bin erstaunt über die Treue und Ernsthaftigkeit, mit der diese jungen Leute an die Arbeit gehen. Ich bin nur für drei Dörfer in diesem Bezirk verantwortlich, und manchmal bin ich nicht mal darin zuverlässig, dass ich alle Post wirklich dort ausliefere, wo sie hingehört. Doch diese jungen

Männer suchen viel mehr Dörfer auf, und sie tun es mit großer Freude.«

Pionier-Evangelisten sind vollzeitliche Hausmissionare, die durchschnittlich in der Woche buchstäblich Hunderte von Wohnungen aufsuchen. Meist sind es junge Männer. Doch wird auch jungen Frauen die Möglichkeit zu dieser Arbeit gegeben, wenn es sich um Gebiete handelt, die in kultureller Hinsicht für sie offen und ungefährlich sind. Ein Hausmissionar muss eine robuste Gesundheit besitzen, weil mit dieser Arbeit große physische Risiken verbunden sind. Der Bote – oder die Botin – muss überdurchschnittliche Bibelkenntnisse besitzen und Neubekehrte oft beraten können, wenn es sich z. B. um ungewöhnlich abgelegene Gebiete handelt, wo noch niemals irgendeine Kirche existiert hat. Im Allgemeinen erhalten diese Pionier-Evangelisten, die sich für Einsätze der »Aktion: In jedes Haus« vorbereiten ein intensives vier- oder sechswöchiges Training, um mit der umfassenden Arbeit, die sie erwartet, bekannt und geistlich für dieses Tun zugerüstet zu werden.

Jeder dieser Pioniere hat nur das Nötigste für die Grundbedürfnisse an Essen und zum Schlafen bei sich. Oft kocht er sich seine Mahlzeiten abends allein oder mit einem Partner am Campingfeuer. Gewöhnlich ist er mit einem Fahrrad ausgerüstet. (In vielen Ländern gibt es kaum andere Transportmöglichkeiten. Es ist auch nicht ungewöhnlich, dass man in einigen Staaten einen Evangeliumsboten mit dem Fahrrad auf den Schultern sieht, während er einen Fluss oder zerklüftete Berge überschreitet.)

Ein solcher Bote des Evangeliums kann im Durchschnitt an einem Tag bis zu 200 Familien aufsuchen. Doch ich habe auch solche im südlichen Pazifik getroffen, die zwei oder drei Wochen mit dem Boot auf rauer See unterwegs waren, nur um eine winzige Insel aufzusuchen, auf der elf Familien lebten. In anderen Gebieten mit größerer Bevölkerungsdichte kann ein Hausmissionar beträchtlich mehr Familien pro Tag erreichen. Sie arbeiten alle sehr zuverlässig fünf oder sechs Tage in der Woche, um sicher zu sein, dass kein Haus übersehen wird. In der Region des Mount Everest in Nepal werden Missionarsteams mit dem Hubschrauber an bestimmte Plätze geflogen. Sie bleiben dort einige Tage, um die Dörfer der Sherpas zu besuchen, bevor man sie wieder abholt und ausfliegt. Kein bekanntes Dorf wird ausgelassen.

Viele dieser »Von-Haus-zu-Haus«-Pioniere sind, wie Nathanael, Menschen, die durch eben diese Arbeit, der sie nun vollzeitlich verpflichtet sind, einst selbst zu Christus gefunden haben. Sie haben die Notwendigkeit, die entferntesten Orte aufzusuchen, erkannt. Wenn nicht irgendjemand einst den Mut gehabt hätte, zu ihnen zu gehen, hätten sie selbst vielleicht nie etwas von der Liebe Christi erfahren.

Mit dem Fahrrad für Jesus unterwegs

Joseph Gambo, der in einem Tal Kenias lebt, ist ein Beispiel für diese Art von missionarischer Arbeit. Er fand den Weg zu Christus durch ein einfaches Traktat, das Evangelisten vor zwei Jahrzehnten in seinem Dorf hinterlassen hatten. Der junge Afrikaner nahm die Schrift mit dem Titel »Er möchte dein Freund sein« auf und las zum ersten Mal etwas von Jesus. Noch am gleichen Tag übergab er sein Leben an Jesus.

Schon bald fühlte er den brennenden Wunsch, andern von ihm zu erzählen. Er schrieb an die entfernte AJH-Zentrale Kenias und bat um größere Mengen an evangelistischer Literatur, die er systematisch von Haus zu Haus in den Dörfern der Umgebung weiterzugeben versprach. Joseph wurde auf diese Weise zum inoffiziellen Evangeliumsboten. Er fuhr mit dem Fahrrad über schlechte Wege und Straßen – in schweren Regengüssen und unter der brennenden afrikanischen Sonne – manchmal schaffte er in diesem Dienst für Jesus mehr als 300 Kilometer in einem Monat.

Weil Joseph der einzige bekannte Bote des Evangeliums in dieser Gegend war, wurde deutlich, dass die erstaunliche geistliche Erweckung in diesem Raum das Ergebnis seiner Bemühungen war. In etwa drei Jahren kamen schätzungsweise 17.000 Afrikaner in Josephs Region zum Glauben.

Sie wandern durch Gottes Welt

Daniel Soeharto aus Zentral-Java in Indonesien bekehrte sich vom Islam zum Christentum, nachdem er ein einziges christliches Traktat von zwölf Seiten gelesen hatte. Er fand den Weg zu einer Gruppe von sieben Gläubigen in seinem kleinen Dorf und meldete sich dann zu einem Trainingsprogramm der »Aktion: In jedes Haus«, um ein vollzeitlicher Mitarbeiter in der Gemeindegründungsbewegung zu werden. Schließlich tat Daniel einen bemerkenswerten Dienst auf Java. Als ich ihn auf einer unvergesslichen Reise im Juni 1995 traf, hatte er tatsächlich schon Hunderttausende von Familien besucht.

14 Jahre lang verteilte Daniel evangelistische Literatur von Haus zu Haus, von einem Dorf zum andern. Durchschnittlich besuchte er jeden Tag ein Dorf, fünf oder sechs Tage in jeder Woche, und das 48 Wochen in jedem Jahr. Er hat mehr Familien mit dem Evangelium bekannt gemacht als irgendein anderer Mitarbeiter der Bewegung, dem ich jemals begegnete.

Daniel machte sich schriftliche Aufzeichnungen von jedem Dorf, das er besuchte. Daraus geht hervor, dass er, bei durchschnittlich 300 Häusern pro Dorf und fünf Personen pro Haus oder Wohnung, 1.500 Menschen pro Tag einen Zugang zum Evangelium verschaffte. Das bedeutete 360.000 pro Jahr. Wenn man das mit den vierzehn Jahren seines Dienstes multipliziert, lässt sich ablesen, dass dieser engagierte Evangelist die Botschaft von Jesus Christus einer überwältigenden Menge von über fünf Millionen Menschen bzw. in etwa eine Million Häuser gebracht hat.

Bei dem AJH-Dienst in Java kommen etwa drei Prozent Entscheidungskarten als Antwort auf die ausgestreute Saat in den Zentralstellen an. (Das ist das Doppelte oder Dreifache von den Reaktionen in manchen anderen Teilen der Welt oder gar 30-mal soviel wie in Europa!) Daniel dürfte damit verantwortlich sein für mehr als 30.000 Menschen, die mehr von Jesus Christus wissen wollen – aus den rund eine Million indonesischen Haushalten, die er besucht hatte. Die tatsächliche Zahl könnte noch höher sein, da diese Karten oft mehr als nur *eine* Entscheidung in dem Haus beinhalten.

Um diese riesige Aufgabe durchzuführen, unternahm Daniel oft lange und gefährliche Fußmärsche in die entlegensten Ecken Zentraljavas. Manchmal fand er auch einen Bus, der ihn ein Stück weit beförderte, doch meist ging er zu Fuß oder fuhr mit dem Rad. Elf Kilometer am Tag betrug sein gewöhnliches Pensum, mindestens aber 55 bis 60 Kilometer in der Woche. So können wir davon ausgehen, dass er, bei 48 Wochen Arbeitszeit pro Jahr, in 14 Jahren rund 40.000 Kilometer, meist zu Fuß, hinter sich brachte. Das bedeutet, dass er eine Strecke von der Länge einer Erdumrundung bewältigt hat, um andern von Jesus zu sagen.

Das sind »Füße, die den Frieden verkündigen.«

›Mutige Füße‹

Oft werden aus Neubekehrten, die durch die systematische Evangelisation von Haus zu Haus gewonnen wurden, voll engagierte evangelistische Pioniere, die in die bisher unerreichten Gebiete ihrer eigenen Kultur vordringen. Das geschah auch bei einem muslimischen Ehepaar vom Norden der Elfenbeinküste in Westafrika. Wir wollen sie Mahil und Kara Lomes nennen.

Mahils reiche Eltern ermöglichten ihnen eine Pilgerfahrt nach Mekka – eine Reise, die alle reichen Mohammedaner wenigstens einmal im Leben unternommen haben sollten. So machten sich die Lomes auf den Weg nach Riad. Zuerst mussten sie mit der Eisenbahn nach Yamoussoukro fahren, von wo sie einen Flug nach Saudi-Arabien buchen konnten. Unterwegs beschlossen Mahil und Kara, zwei Tage bei engen Freunden in Duékoué zu verbringen.

Am zweiten Tag ihres Besuchs, während die Freunde ihrer Arbeit nachgingen, kamen Boten des Evangeliums an die Haustür. Mahil und Kara waren gerade zur Zeit der »Aktion: In jedes Haus« in Duékoué angekommen. Kara nahm die angebotenen Traktate höflich entgegen, ohne zu ahnen, dass sie eine christliche Botschaft enthielten. Sie steckte die Blätter in ihre Handtasche, um sie später ihren Freunden zu geben. Doch bis diese nach Hause kamen, hatte sie die Traktate vergessen.

Am nächsten Tag fuhren die Lomes nach Yamoussoukro. Als der Zug den Bahnhof verließ, lehnte sich Mahil zurück, um ein wenig zu schlafen. Kara griff in ihre Handtasche und hielt die evangelistische Literatur in der Hand.

Vielleicht ist es etwas Interessantes, dachte sie, als sie die kleine Schrift öffnete.

Innerhalb weniger Minuten begann der Heilige Geist sein Werk in Karas Herzen. Mahil döste friedlich vor sich hin, während Kara fasziniert jeden neuen Satz in sich aufnahm, der von einem Retter sprach, der gekommen war, um die Welt zu erlösen.

Als Kara das Büchlein beiseite legte, war in ihrem Herzen etwas anders geworden. Sie war davon überzeugt, dass diese Botschaft der Wahrheit entsprach. Jesus Christus war wirklich der Retter der Welt. Ganz ruhig bat sie ihn, in ihrem Herzen Einzug zu halten und sprach dabei das ganz einfache Bußgebet, das auf der letzten Seite des Büchleins abgedruckt war. Dann weckte sie ihren Gatten auf und sagte ihm, was mit ihr geschehen war.

Statt ärgerlich zu werden, begann auch Mahil, die Botschaft zu lesen. Auch er fühlte die gleiche Macht der Gegenwart Gottes. Ein paar Augenblicke später hatte auch er sein Leben Jesus Christus übergeben. Der Zug hatte Yamoussoukro noch nicht einmal erreicht.

Diese Umwandlung, die sich in Mahil und Kara vollzogen hatte, war so dramatisch, dass sie beschlossen, ihre Pilgerfahrt nach Mekka aufzugeben. Sie riefen Mahils Vater an und teilten ihm am Telefon mit, was sich ereignet hatte. Der alte Mann tadelte sie voller Zorn und erklärte ihnen, dass sie sich in der Familie nicht mehr sehen lassen dürften. Doch das junge Paar war sich sicher, dass sie eine ewige Wahrheit gefunden hatten. Sie kehrten nach Duékoué zurück, wandten sich an das Büro der »Aktion: In jedes Haus« und baten um Hilfe. Dort vermittelte man ihnen einen Glaubensgrundkurs und machte ihnen Mut, auch andern von dem zu erzählen, was sich in ihrem Leben ereignet hatte.

Schließlich wurden Mahil und Kara vollzeitliche Mitarbeiter der AJH-Bewegung an der Elfenbeinküste. Inzwischen sind sie in eine andere große Stadt umgezogen, wo sie das erste systematische Programm der »Von-Haus-zu-Haus«-Arbeit durchgeführt haben.

Einige Mohammedaner haben bereits Christus als ihren Erlöser bekannt – eine Frucht des mutigen Einsatzes von Mahil und Kara Lomes.

Mut ist in der Tat eine Voraussetzung für viele dieser Kämpfer fürs Evangelium. Sie finden sich oft in Situationen voll von solchen Spannungen, dass es ihnen leicht das Leben kosten könnte.

Julio Flores kam z. B. einst von einem AJH-Einsatz in der nicaraguanischen Stadt Rio Blanco nach Hause. Es war zur Zeit des Bürgerkrieges, der diesen mittelamerikanischen Staat schlimm schüttelte. Julio wurde auf der Straße von bewaffneten Guerillas angehalten und gefangen genommen, die sich auf einen Kampf mit einem rivalisierenden Rebellenkommando eingestellt hatten. Die Guerillas beschuldigten Flores, Journalist und eingeschleuster CIA-Agent zu sein und verurteilten ihn zum Tode. Kurz bevor der Kampf begann, erschien ein Rebellenoffizier aus unerklärlichen Gründen und Umständen heraus und befreite ihn. »Lauf, so schnell du kannst!«, rief er ihm zu. Julio wusste in seinem Innern, dass es Gebete für ihn gewesen waren, die auf diese Weise beantwortet wurden.

Seine »lieblichen Füße«, die das Evangelium weitergegeben hatten (Jes 52, 7), trugen ihn in die vorderste Frontlinie der Auseinandersetzung. Er rannte um sein Leben, wobei ihm eine Gruppe von Dorfbewohnern schockiert zuschaute. Aufgeregt riefen sie ihm etwas von einem Minenfeld zu. Eine Frau aus dem Dorf hatte gerade beide Arme verloren. Sie hatte eine vermeintliche Dose mit Körperpuder aufgehoben, die sich aber als Mine entpuppte und explodierte. Das war kurz vorher auf dem gleichen Feld geschehen.

›Füße voller Glauben und Freude‹

Oft geschieht es, dass diese »Füße, die den Frieden verkündigen« in Situationen kommen, in denen sie ungewöhnliche Schritte des Glaubens unternehmen müssen, auf denen sie aber auch viel Freude erfahren. Vor kurzem z. B. stellte ein AJH-Mitarbeiter auf den Salomonen-Inseln – Sakiusa hieß er – eine Liste von Hilfsmitteln zusammen, die die Basis benötigte, um in diesem abgelegenen Winkel der

Welt den Außeneinsatz ihrer Leute zu unterstützen. Auf der Liste standen Büromaterial, Haus- und Küchengeräte und verschiedene schwer zu beschaffende Werkzeuge und Materialien für landwirtschaftliche Belange. Alles zusammen würde knapp 4.000 Mark kosten. Sakiusa nahm ein Boot, um die ferne Hauptstadt Honiara auf der Insel Guadalcanal zu erreichen. Er vertraute auf Gott, dass er die Nöte seiner Leute kenne und ihre Bedürfnisse erfüllen würde. Allerdings hatte er keine Ahnung, wie das geschehen könnte. Er hatte seinen letzten Dollar für die Fahrt mit dem Boot ausgegeben.

Als er am Kai ankam, wartete bereits ein junger Mann mit einem Wagen der Regierung auf ihn. Er hatte von Sakiusa gehört, wusste aber nichts von der Liste der benötigten Dinge. Er informierte Sakiusa aber darüber, dass er schon einiges an Ausrüstung für die Basis mitgebracht hätte. Sie verglichen ihre Aufstellungen miteinander und entdeckten, dass die Hälfte der von Sakiusa als dringend notwendig angeführten Dinge bereits gekauft worden war und auf der Pritsche auf ihn wartete! Dann brachte der junge Mann Sakiusa in ein Quartier, wo er übernachten sollte. Es entpuppte sich als ein Gasthaus, das Christen gehörte. Sie nahmen ihn umsonst bei sich auf.

An jenem Abend erhielt Sakiusa noch ein unerwartetes Geschenk von einem fremden Besucher: 2.000 Mark in bar. Nun hatte er genau das, was er brauchte. Am nächsten Tag kaufte er den Rest der benötigten Sachen ein, wobei nichts auf der Liste gestrichen wurde. Er konnte sogar noch einen großen Teppich für den Fußboden im AJH-Büro erwerben und außerdem das Rückflugticket zu seiner Heimatinsel bezahlen.

Feuerwaffen

Hari, den man inzwischen im Volk der Kwaios als einen großen alten Mann ansah, hatte 57 Regenzeiten erlebt und ebenso viele Yam-Ernten eingesammelt. Das Volk dieses zerklüfteten Eilands Malaita auf den Salomonen-Inseln hatte keine Ahnung, dass ein zweiter großer Weltkrieg geführt wurde. Und der kam ihrer abgelegenen Inselkette entschieden näher. Kaum 80 Kilometer entfernt stieg die größte Insel der Salomonen-Gruppe, Guadalcanal, aus dem Pazifik auf. Einige Vollmonde früher war ein Volk mit fremder Sprache und von kleiner Gestalt auf Guadalcanal eingefallen und hatte die Insel besetzt. Sie hatten mächtige Feuerwaffen mitgebracht. Draußen in der Welt – man schrieb das Jahr 1942 – wusste man, dass das japanische Soldaten waren, die unaufhörlich durch den Südpazifik fuhren und eine Insel nach der anderen besetzten.

Im Spätsommer brach »der Zorn der Götter« über die Salomonen-Inseln herein. Amerikanische Marinesoldaten landeten auf Guadalcanal und starteten in Amphibienfahrzeugen ihren ersten Angriff gegen die japanischen Positionen im Pazifik. Die Marinesoldaten besetzten nach heftigen Bodengefechten sowie See- und Luftangriffen, Henderson Field in Honiara, der Hauptstadt von Guadalcanal. Später, im gleichen Herbst, war der Himmel nicht weit von Malaita drei Tage und drei Nächte hell erleuchtet. Diese Ereignisse gingen in die Geschichte ein als die Seeschlacht um Guadalcanal, in der 28 japanische Schiffe innerhalb von drei Tagen versenkt wurden.

Unter dem Rumoren entfernten Artilleriefeuers hüteten Hari und sein Volk ihre Schweine und ernteten ihre Süßkartoffeln. So etwas hatten sie nicht mehr gehört, seit vor 15 Regenzeiten britische Kriegsschiffe ihre Insel angegriffenhatten. Doch dieses Mal hörte man den Kanonendonner in größerer Entfernung. Haris Leute sahen wenig von diesem großen Krieg und auch keine Spur von Japanern oder Amerikanern im Innern der Insel. Es scheint unglaublich, aber Hari musste noch weitere 50 Regenzeiten warten, bevor Menschen von draußen endlich in dies abgelegene Gebiet hineinkamen.

Doch dann kamen sie mit friedlichen Absichten.

6 Der ›Friedhof‹ von Sibirien

Olga rieb ihre müden Augen und wog ihre nächsten Worte sorgfältig ab, als sie die gestellten Fragen über die ersten Tage der bolschewistischen Revolution beantwortete. Das Examen hatte gerade erst angefangen, aber ihre Gedanken schweiften schon ab.

Sie war viele Stunden von der entfernten sibirischen Stadt Magadan an der östlichen Küste Russlands hierher unterwegs gewesen. Einige Jahre hatte sie dort als Professorin für marxistische Philosophie an der Universität von Magadan unterrichtet.

Magadan, eine Stadt von 100.000 Einwohnern, ist in Russland bekannt als Friedhof für mehr als 19 Millionen sowjetischer Bürger. Hierher schickten Stalin und andere sowjetische Machthaber vor allem Systemkritiker, Kriminelle oder andere unbequeme Personen in die Verbannung oder – was nicht selten vorkam – zur Exekution. Außerdem nennt man Magadan das »Sibirien Sibiriens«, weil die Stadt in der Hälfte des Jahres nahezu vollkommen isoliert ist durch den arktischen Winter. Selbst Flugzeuge können dann wegen der extremen Wetterbedingungen nicht landen. Und die See zwischen der Küste von Magadan und Nordjapan friert zu, so dass auch die Schifffahrt unmöglich wird.

Olga war jedoch dahin gekommen, ihr Leben in Magadan zu akzeptieren. Sie hatte sich als begabte Lehrerin für marxistisch-leninistische Philosophie an der Universität erwiesen. Als sie jetzt wieder von ihrer Schule angefordert wurde, war sie über das Ochotskische Meer und die Insel Sachalin in die Stadt Chabarowsk geflogen. Dort sollte sie ein Examen machen, das ihre Zeugnisse aufwerten würde. Sie hatte keine Vorstellung von dem dramatischen, geradezu übernatürlichen Wandel, der in ihrem Leben stattfinden sollte.

Die junge Philosophieprofessorin nahm ihren Stift und versuchte, einen anderen Satz zu schreiben. Plötzlich schoss ihr ohne erkennbaren Grund ein merkwürdiger Gedanke durch den Kopf: *Ich muss Gott finden.* So etwas denkt kein normaler Atheist. Und Olga war ihr ganzes bisheriges Leben lang Atheistin gewesen.

Sie versuchte, einen anderen Satz zu schreiben, doch der Drang, Gott zu finden, wurde nur noch stärker. Bald kam zu diesem ungewöhnlichen Gefühl noch ein Empfinden von Angst. Sie musste es *sofort* tun. Dieser innere Zwang wich nicht von ihr.

Ihr Herz raste. Ihre Gefühle verstärkten sich nahezu panikartig. Sie konnte es nicht erklären, aber sie legte plötzlich ihren Stift auf die Fragebogen und sprang auf. Bevor der verantwortliche Ausbilder noch seinen Mund öffnen konnte, stürzte Olga aus dem Raum. Sie rannte die Treppen hinunter und auf die Straße hinaus.

Ich muss Gott finden.

Der einzige Ort, an den Olga denken konnte, war die orthodoxe Kirche im Zentrum von Chabarowsk. Sie hatte bisher nur Negatives über die Kirche gehört. Aber es war der einzige Platz, den sie kannte, an dem sie hoffen konnte, Gott zu finden.

Sehr schnell entdeckte sie die Kirche mit ihrer traditionellen zwiebelförmigen Kuppel, die sich gegen den grauen russischen Himmel erhob. Hastig stürzte sie in den reich geschmückten Altarraum, dessen Wände mit glitzernden Ikonen geschmückt waren. Dort begegnete ihr ein orthodoxer Priester

»Ich muss Gott finden«, brach es aus ihr heraus.

Der Priester starrte sie in stoischer Ruhe an, dann gab er der offensichtlich verstörten Frau einige Kerzen.

»Zünden Sie diese an«, sagte er, »und dann küssen Sie einige Ikonen, die dort an den Wänden hängen.«

Olga wusste instinktiv, dass das nicht die Antwort sein konnte, die sie suchte.

»Nein«, erklärte sie dem Priester abrupt, »ich kam nicht, um Religion zu finden. Ich kam, um Gott zu finden.«

Damit drehte sie sich um und rannte wieder aus der Kirche hinaus.

Ein paar Minuten später sah sie draußen auf der Straße zu ihrem Erstaunen ein großes Plakat, das auf einer zerfallenden Ziegelwand angebracht war. Auf Russisch stand dort zu lesen, dass ein amerikanischer »Evangelist« (ein Wort, das ihr völlig unbekannt war) sich in jener Woche in Chabarowsk befand. Er hatte sich zum Ziel gesetzt, allen Leuten erzählen, wie sie Gott finden könnten. Das

Plakat enthielt auch die Adresse des Mannes und den Zeitpunkt der Versammlungen. Das war unglaublich!

An jenem Abend noch machte die junge Professorin die alte kommunistische Kulturhalle ausfindig, die für die evangelistischen Veranstaltungen gemietet worden war. Jeder einzelne Aspekt des Gottesdienstes faszinierte sie, einschließlich des fröhlichen Singens und der gut vorbereiteten Botschaft des Redners. Er sprach davon, was es bedeutet, ein Nachfolger Jesu Christi zu sein. Sie war eine der ersten, die auf die Einladung, zu Jesus zu kommen, einging und Jesus als Herrn und Erlöser annahm.

Olga kehrte nicht wieder in das Gebäude zurück, wo die Prüfungen abgehalten wurden, um ihren Test zu Ende zu bringen. Ihre innere Umwandlung war so überraschend, dass ihr klar war, dass sie niemals wieder marxistische Philosophie lehren konnte.

Als sie einige Tage später nach Magadan zurückkam, suchte sie den Direktor ihres Fachbereichs an der Universität auf, um ihm ihre Kündigung mitzuteilen.

»Ich kann die marxistisch-leninistische Philosophie nicht mehr lehren«, erklärte sie ihm.

»Und warum nicht?«, fragte der Direktor kurz.

Olga berichtete von ihrer ungewöhnlichen Erfahrung in Chabarowsk und erklärte ihm, dass sie Gott gefunden hätte.

»Deshalb brauchen Sie nicht aufzuhören, den Marxismus-Leninismus zu lehren« wandte er ein.

»Aber ich kann nicht etwas lehren, an das ich nicht mehr glaube.«

Dann erklärte er ihr, dass sie in Magadan einen solchen Mangel an Lehrern ihres Formats hätten, dass sie sie auf keinen Fall verlieren möchten. Doch sie bestand darauf, dass sie den Marxismus nicht mehr vertreten könne.

»Was wären Sie denn bereit zu lehren?«, fragte er darauf.

»Ich wäre bereit, den Inhalt der Bibel als Lehrstoff für Philosophie zu machen«, antwortete sie stockend. »Daran könnte ich glauben.«

Zu Olgas Erstaunen stimmte ihr Vorgesetzter ihr zu.

»Das ist in Ordnung«, sagte er. »Sie können biblische Philosophie lehren, solange Sie nur an unserer Universität bleiben.«

Auf diese Weise begann eine bemerkenswerte Kette von Ereignissen in der beruflichen Karriere dieser jungen Philosophieprofessorin. Innerhalb von sechs Monaten hatte Olga 60 ihrer Studenten zu Christus geführt. Zudem traf sie sich mit ihnen außerhalb ihrer üblichen Vorlesungen zu wöchentlichen Bibelstunden.

Bald darauf kamen einige Studenten zu ihr mit einem besonderen Anliegen.

»Wir brauchen einen vollzeitlichen Pastor«, sagten sie.

»Ich werde versuchen, einen geeigneten Mann zu finden«, lautete ihre Antwort. Auf diese Weise war nun eine Gemeinde geboren worden.

»Unsere Gruppe hat bereits darüber gesprochen. Man ist sich einig darin, dass Sie die Aufgabe übernehmen sollten.«

Nachdem viele ihr Mut zugesprochen hatten, stimmte Olga schließlich zu.

Ein merkwürdiger »Zufall« führte Paul Ilyin, den Erdteildirektor von AJH in der GUS , einige Monate später nach Magadan. Dort hörte er Olgas ungewöhnliche Geschichte. Er war hierher gekommen, um eine evangelistische »Aktion: In jedes Haus« und eine Gemeindegründungsbewegung im östlichen Sibirien ins Leben zu rufen. Zur Zeit suchte er einen Ort, um ein Schulungsprogramm für junge Mitarbeiter durchführen zu können. Olga bot sofort ihre Gemeinde an, und innerhalb von sechs Monaten hatten sich 26 Studenten gemeldet, die vollzeitlich an diesem Trainingsprogramm teilnehmen wollten.

›Sie erfüllten ihre Stadt ...‹

Die Bibelschule in Magadan war eine Schwester der Ausbildungsstätte, die Paul Ilyin in Kiew in der Ukraine gegründet hatte. Das war nicht lange nach der Öffnung der Grenzen des sowjetischen Machtbereichs gewesen. Der Mangel an ausgebildeten Führern für christliche Aktionen war in den alten Sowjetrepubliken besonders groß. 70 Jahre lang waren sie dem Atheismus verhaftet gewesen. Theologische Seminare und Bibelschulen waren geschlossen oder auch zerstört worden. Das Ergebnis wurde jetzt sichtbar: ein erschütternder Mangel an theologischen Lehrern und kirchlichen Führungskräften. Tausende von kleineren Städten und Dörfern besaßen keinerlei evangelische Gottesdiensträume oder Gemeinden. Gründlich ausgebildete Männer und Frauen wurden gebraucht, die in diese Städte und Dörfer gingen, um jede Familie mit dem Evangelium zu erreichen und Gemeinden zu gründen mit denen, die auf die Einladung antworteten. Paul Ilyin wusste, dass man dazu Bibelschulen mit Trainingsprogrammen brauchte, um fähige Menschen für Gemeindegründungsarbeit auszubilden.

Im Jahr 1993 hatte man in dem Schulungszentrum in Kiew (St. James Bible College) 200 junge Männer und Frauen ins Wort Gottes eingeführt und sie zu Evangelisten, Pastoren und Gemeindegründern ausgebildet.

Im Jahr 1995 war nun das zweite Schulungszentrum in Olgas Gemeinde in Magadan entstanden (ebenso mit Hilfe von Pauls Heimatgemeinde).

Einer der ersten Männer für die Gemeindegründungsarbeit, der im St. James Bible College ausgebildet wurde, war Wasilij Dektorenko. Er war kaum 20 Jahre alt, aber er war davon überzeugt, dass er und sein Bruder Alexej, der nicht weit von Kiew wohnte, ihre Stadt »mit dem Evangelium erfüllen« könnten. Sie wollten an Wochenenden von Haus zu Haus gehen, auch wenn Wasilij an den Wochentagen sein Studium am Bible College fortsetzen musste. Er suchte den Leiter des Colleges auf.

»Herr XY, muss ich das ganze Jahr hindurch das Schulungsprogramm mitmachen, bevor ich in meiner Heimatstadt daran gehen kann, den Menschen das Evangelium zu bringen?«

»Es ist wichtig, dass du deine Ausbildung hier erst fertig machst, wenn du ein tüchtiger Pastor werden willst«, erklärte der Direktor. »Aber es ist nichts Falsches dabei, wenn du das schon in die Praxis umsetzt, was du bisher gelernt hast.«

So begannen Wasilij und Alexej schon am nächsten Wochenende ihren Weg von Haus zu Haus durch ihre Heimatstadt Schitomir. Bald teilten sie die Gute Nachricht von Jesus jeder einzelnen Familie in Schitomir mit. Mit Hilfe von einigen Freiwilligen besuchten die beiden Brüder in den nächsten Wochen mehr als 25.000 Familien. Jede Familie bekam nicht nur eine kurze Zusammenfassung der Guten Nachricht von Jesus Christus mit einer Antwortkarte, sondern auch eine Einladung in die neue Gemeinde, die gerade in der Stadt gegründet worden war.

Am Tag, an dem der erste Gottesdienst stattfinden sollte, wurden die beiden Brüder sehr überrascht. Fast 400 Menschen hatten sich aus der ganzen Stadt eingefunden. Die ehemalige kommunistische Kulturhalle, die sie gemietet hatten, war überfüllt. Es gab keine Diakone oder Kirchendiener, keine Ältesten oder Platzanweiser – und die Leute, die hierher gekommen waren, hatten in ihrem ganzen Leben noch keine Kirche besucht. Wasilij begann damit, dass er fragte, wie viele der Besucher hergekommen seien, um mehr von Jesus Christus zu hören. Alle hoben ihre Hände. Dann fragte Wasilij, wer von ihnen ein Neues Testament haben wolle. Wieder gingen alle Hände hoch.

Glücklicherweise war einen Monat vor dem ersten Gottesdienst eine Schiffsladung voll Neuer Testamente in der Landessprache angekommen. Die Internationale Bibelgesellschaft in Amerika hatte sie gesandt. Gott sei Lob und Dank! Jeder bekam sein Neues Testament. Da gab es nun eine aus dem Augenblick heraus entstandene neue Gemeinde von 400 Menschen.

Doch das Wachstum hatte erst angefangen. Innerhalb von zwei Jahren umfasste diese Gemeinde 46 einzelne Kreise von Nachfolgern Jesu – man nannte sie »Christusgruppen« – mit einer Gesamtzahl an Mitgliedern von etwa 3.000.

Das Konzept dieser »Christusgruppen« war viele Jahre vorher bereits innerhalb der AJH-Arbeit aus einer auftauchenden Notwendigkeit heraus entstanden. Viele Neubekehrte kamen nämlich aus Gegenden, in denen keine einzige Kirche – welcher Art auch immer – existierte.

Das Phänomen christlicher Gruppen

Christliche Gruppen, die sich spontan zusammenfinden wie jene in Schitomir in der Ukraine, stellen eine Antwort dar auf die bedeutende Herausforderung, der sich die AJH-Arbeit im Jahr 1975 gegenübersah.

In jenem Jahr führte die Bewegung ihre erste, sich über eine ganze Nation erstreckende Aktion in der Weite Indiens durch. Dabei handelte es sich damals schätzungsweise um etwa 550.000 Dörfer. An dieser Aufgabe, die sich über zehn Jahre hinzog, waren achthundert vollzeitliche Evangelisten und viele tausend freiwillige Helfer beteiligt – Monat für Monat. Das Ergebnis war ermutigend. Über 1, 2 Millionen Inder, meist Hindus oder Moslems, sandten eine Gutscheinkarte zurück. Zwei von drei Einsendern bekundeten, dass sie bereits Christus als Herrn und Erlöser angenommen hatten. Das restliche Drittel wünschte sich weitere Informationen über die Bedeutung dieser Entscheidung.

Doch der Prozess, eine solch große Schar von Menschen in die Nachfolge Christi einzuführen, schien nahezu undurchführbar. Zwar war jeder einzelne, der auf die Gute Nachricht reagiert hatte, bereits namentlich erfasst und sollte einen Bibelgrundkurs mit vier gut vorbereiteten Lektionen erhalten. Aber 90 Prozent der Personen, die geantwortet hatte, lebten in winzigen Dörfchen oder kleinen Städten, wo es keine christliche Kirche oder Gemeinde irgendeiner Denomination gab, um diesen Neubekehrten eine angemessene Pflege und Gemeinschaft anzubieten. »Was würde mit diesen Menschen geschehen, die einen allerersten Schritt im Glauben getan hatten und nun allein blieben?«, überlegten die AJH-Mitarbeiter – selbst wenn sie den Grundkurs sorgfältig durchgearbeitet hatten? Es schien, geistlich gesprochen fast kriminell, nicht irgendeine Möglichkeit der Nacharbeit zu schaffen, so dass diese Neubekehrten einmal lebendige Glieder einer örtlichen Kirche werden könnten. Doch wie sollte das geschehen an Plätzen, wo keine organisierten Gruppen von glaubenden Menschen existierten?

Die Antwort kam als Ergebnis vieler, vieler Gebete und Diskussionen im Hinblick auf die Bewahrung und Erhaltung der »geistlichen Ernte«.

Was ist eine christliche Gruppe?

Christliche Gruppen – wie diejenige, die durch die Initiative von Wasilij und Alexej als völlig neue Kirche in Schitomir entstanden war – sind kleine Zellen von neuen Gläubigen, die nach einer »Aktion: In jedes Haus«-Evangelisation in Erscheinung treten. Das gilt vor allem für Gegenden, in denen es keine bibelgläubigen Gemeinden gibt.

Das Konzept einer solchen Gruppe basiert auf einem Muster, das Jesus selbst schuf: »Wo zwei oder drei versammelt sind in meinem Namen, da bin ich mitten unter ihnen« (Mt 18, 20). Auch Paulus wandte es auf seinen ständigen Missionsreisen an. Er versuchte, unmittelbar dort solche Zellen von neuen Gläubigen zu gründen und zu unterstützen, wo sie lebten. Auf diese Weise konnten sie sich austauschen und miteinander die Bibel lesen und beten (s. Röm 16, 5 und 1. Kor 16, 19).

Dr. Jim Montgomery betont in seinem Buch *»Dawn 2010: A Strategy for the End of Age«* die Notwendigkeit solcher christlicher Gruppen. Der Führer der DAWN-Strategie (eine ganze Nation durch flächendeckende Gemeindegründungen zur Nachfolge Jesu zu bringen) bezieht sich auf die Erklärung des Paulus zu diesem Prozess, der die Verkündigung des Evangeliums begleitet: »Wir verkündigen (Christus) und ermahnen alle Menschen und lehren alle Menschen in aller Weisheit, damit wir einen jeden Menschen in Christus vollkommen machen« (Kol 1, 28).

Glaubende mit einem Herzen für die Verlorenen, so sagt Dr. Montgomery, erkennen, dass wir das Evangelium allen Menschen mit allen verfügbaren Mitteln verkündigen müssen. Doch der Missiologe fügt noch hinzu:

> *»Nach diesem Vers (Kol 1,28) wollen wir auch alle Menschen ermahnen und lehren, damit sie in Christus vollkommen dargestellt werden. Das kann aber nur geschehen, wenn junge Glaubende in einer lehrenden, wachsenden, anbetenden, erziehenden Umgebung zusammengefasst werden: in einer Gemeinde. Und nur, wenn es überall in einem Land und in einer Volksgruppe Kirchen*

oder Gemeinden gibt, kann eine solche Umgebung für alle zur Verfügung stehen.«

Die Zielsetzung christlicher Gruppen

Wo es bereits solide evangelische Kirchen in einer Region gibt, ermutigen die Mitarbeiter der AJH-Bewegung Neubekehrte immer dazu, sich diesen anzuschließen. Sie bitten auch die Gemeinden am Ort, diese Menschen zu besuchen und ihnen weiterzuhelfen. Doch wo es keine Kirchen gibt, gründen sie christliche Gruppen für Menschen, die erst vor kurzem zum Glauben gefunden haben.

Jedes örtliche AJH-Zentrum hat eine ungefähre Vorstellung davon, wie weit ein Neubekehrter in geistlicher Hinsicht gekommen ist, sei es durch Antworten auf die Bibel-Lektionen, sei es durch Briefe, die geschrieben wurden. Dann wird ein Evangelist als Trainer in das Gebiet geschickt, in dem diese neuen Gläubigen leben, und man benutzt die vorhandenen Informationen bei einem Treffen mit den Neubekehrten. Dabei wird dann ein anfänglicher verantwortlicher Leiter für jede Gruppe bestimmt.

Das vorrangige Ziel einer christlichen Gruppe besteht darin, geistliche Pflege dort anzubieten, wo diese nicht zur Verfügung steht. Es gibt aber auch Gruppen an Plätzen – z.B. in der alten Sowjetunion – wo einige evangelikale Gemeinden aus Gesetzlichkeit oder Traditionalismus Neubekehrte von sich weisen.

Ablauf bei dem Treffen einer christlichen Gruppe

Jede solcher Gruppen trifft sich ein- oder zweimal in der Woche reihum in den Wohnungen der Mitglieder. Für jedes Treffen werden ein bis zwei Stunden eingeplant. Die ersten 40 Minuten sind dem Bibelstudium vorbehalten, die nächsten 40 Minuten sind dazu da, Glaubenserfahrungen oder auch Probleme untereinander auszutauschen. Die letzten 40 Minuten sollen dem Gebet dienen.

Entscheidend für einen positiven Gruppenprozess ist die sorgfältige Begleitung durch den Evangelisten von AJH, der diese Gruppe anfänglich begründete. Günstig ist, wenn dieser Mitarbeiter zweimal im Monat die Gruppe in dem Gebiet, für das er verantwortlich ist, besucht. Zuerst sollte er sich privat mit dem Leiter treffen und später mit allen Gliedern dieser Gruppe (je nach der örtlichen Situation). Das Ziel ist, zurechtzuhelfen oder Hilfe anzubieten in Situationen, die über das Verständnis dieser Menschen hinausgehen, die noch verhältnismäßig jung im Glauben sind.

Nach einem Jahr intensiver 14-tägiger Nacharbeit kommt die »Christusgruppe« allmählich allein zurecht. Wenn sie sich zahlenmäßig sehr ausdehnt, sollte sie sich einer größeren evangelikalen Kirche oder Gemeinde anschließen. (Viele solcher christlichen Gruppen, z. B. in Indonesien oder auf den Fidschi-Inseln, haben sich zu großen unabhängigen örtlichen Kirchen entwickelt, die später für sich einen eigenen Status schufen.)

Überleben bei Verfolgung

Wo dieser Plan christlicher Gruppenentfaltung in den Jahren seit dem Start des Konzepts sorgfältig durchgeführt worden ist, war das Ergebnis echtes persönliches Wachsen und Reifen im Glauben.

Doch nicht immer sind »Christusgruppen« das Ergebnis einer einzigen evangelistischen Aktion in bisher unerreichten Gebieten. Wo es vielleicht am längsten dauerte, bis sich eine solche Gruppe stabilisierte, war in dem Dorf Doodi Halli in der Provinz Karnataka (Indien). Diese Gruppe war einer Verfolgungswelle nach der andern ausgesetzt.

Jaya Prabhu, ein Mitarbeiter von AJH, war der erste Christ, der im Jahr 1976 das Dorf Doodi Halli besuchte. Kein einziger Mensch reagierte auf die »Von-Haus-zu-Haus«-Kontakte. Keine einzige Anfrage kam nach weiterer christlicher Literatur. Doch Jaya besuchte das Dorf auch weiterhin, mindestens zweimal im Jahr. In jedem Haus hinterließ er kostenlos evangelistische Schriften für Erwachsene und Kinder und redete auch mit den Leuten. Wo es möglich war, versuchte Jaya, mit den Dorfbewohnern ein Gespräch über Jesus anzufangen.

Nach neun Jahren regelmäßiger Besuche in diesem Dorf öffnete sich schließlich ein junger Student mit Namen Chandrashekar für Jesus. Es war im Jahr 1985. Er arbeitete einen Bibelgrundkurs durch und fing dann selbst an, Familien in Doodi Halli und seiner Umgebung zu besuchen. Er war einer der Ihren, und nun reagierten die Dorfbewohner ebenfalls. Viele andere öffneten auch ihr Herz für Jesus. 16 Monate später empfand Chandrashekar, dass er eine vollzeitliche Berufung in einen Dienst für Gott hatte. Im Herbst 1986 verließ er seine Heimat und ging in die größere Stadt Yavatmal in der Provinz Maharashtra. Dort wollte er eine zweijährige missionarische Ausbildung an einem anerkannten Bibel-Institut absolvieren.

Sobald Chandrashekar fort war, brach eine Welle intensiver Verfolgung der jungen Gläubigen von Doodi Halli los. Angestiftet war sie von einem hinduistischen Guru, der im Dorf auch eine politische Autorität darstellte. Die Verfolgung zog sich bis in jedes einzelne Haus eines Gläubigen hinein. Mit Gewalt holte man Bibeln und andere christliche Literatur heraus und verbrannte das konfiszierte Material in einem öffentlichen Freudenfeuer auf dem Dorfplatz.

Drei Monate später erhob sich eine zweite Verfolgungswelle. Der hinduistische Guru verurteilte die Gläubigen zu Geldstrafen und stellte für alle Dorfbewohner ein Ultimatum: »Wenn ihr Jesus nachlaufen wollt, ist hier für euch kein Platz mehr. Ihr müsst dann Doodi Halli verlassen. Wollt ihr hierbleiben, dann müsst ihr Jesus abschwören.«

Das war für manche, die geistlich noch nicht gefestigt waren, zu hart. Sie wandten sich vom Glauben wieder ab. Die sich nicht abschrecken ließen, mussten noch mehr Härte hinnehmen. Sie durften den Dorfbrunnen nicht mehr benutzen und mussten selbst für kleine Mengen Wasser weite Wege in Kauf nehmen. Man hinderte sie auch daran, im Dorf irgendetwas zu kaufen, nicht einmal die notwendige Nahrung auf dem Markt. Den übrigen Dorfbewohnern war verboten, mit ihnen zu sprechen. Taten sie es doch, warteten auch auf sie Strafen.

Ein paar Monate lang ließ die Verfolgung nach. Doch dann erhob sich eine dritte, noch härtere Welle. Die Ernte auf den Feldern der Gläubigen wurde gestohlen oder vernichtet. Christusfeindliche Gruppen drangen in die Häuser der Gläubigen ein, plünderten das meiste daraus, verprügelten die Bewohner und zerrten sie auf den Dorfplatz, um sie öffentlich zu demütigen. Manche Christen wurden auf ihre Knie gestoßen mit dem Befehl, Hindu-Götter anzubeten. Andere verloren ihre Häuser.

Einige der jungen Gläubigen, die Christus treu bleiben wollten, dachten an Selbstmord. Sie waren im Glauben noch nicht gefestigt und sahen keinen Ausweg aus ihrem Dilemma. Einer von ihnen bereitete tatsächlich ein mit Gift gemischtes Getränk, das er seinen Glaubensgenossen anbot für den Fall, dass man an ihre Tür klopfte. Der Dorfälteste eines Nachbardorfes sprach ihnen Mut zu, obwohl er kein Christ war:

»Wenn ihr einen so festen Glauben an euern Gott habt, dann wird er euch ganz sicher retten«, sagte er ihnen.

Das erschien ihnen als Botschaft ihres Gottes, dass sie sich nicht das Leben nehmen sollten.

Auf diese Weise hielt die »Christusgruppe« in Doodi Halli durch und wuchs sogar noch. Die Verfolgung hörte schließlich auf. Ein Jahr später, im Oktober 1987, meldete sich ein Mann dieser Gruppe namens Venkatesh, um ein vollzeitlicher Mitarbeiter auf dem Arbeitsfeld Gottes zu werden. Er hatte inzwischen sein Staatsexamen in Wirtschaftswissenschaften an einer nahegelegenen Universität gemacht. Seine Mutter, Seethamma, gehörte zu den öffentlich vom Guru gedemütigten Einwohnern von Doodi Halli.

In den folgenden zwei Jahren entfaltete sich die kleine Gemeinde noch weit mehr. Verschiedene junge Männer und Frauen weihten ihr Leben einem vollzeitlichen christlichen Dienst. Gott schüttete jetzt seinen Segen über die Gläubigen aus. Alle, die ihre Häuser und ihren übrigen Besitz während der Verfolgungszeit verloren hatten, waren in der Lage, alles wieder aufzubauen oder zurückzugewinnen. Im Juli 1993 meldeten sich drei weitere junge Männer von der Doodi-Halli-Gruppe zu der missionarischen Schulung, die der erste Gläubige aus ihrem Dorf, Chandrashekar einige Jahre früher beendet hatte.

Bis heute hat diese eine »Christusgruppe« in Doodi Halli bereits acht vollzeitliche Arbeiter zum Dienst Christi ausgesandt – und das war alles möglich, weil ein treuer Evangelist mindestens zweimal jährlich neun Jahre lang regelmäßige Besuche in diesem Dorf gemacht hatte, bevor er erlebte, dass ein einziger Mensch dort zum Glauben kam.

Das Evangelium in Gomolong

Aber kann diese »Von-Haus-zu-Haus«-Aktion mit christlicher Literatur tatsächlich dazu führen, dass Gemeinden oder Kirchen entstehen? Ich suchte die Antwort darauf in dem am stärksten bevölkerten muslimischen Land, nämlich in Indonesien, als ich 1995 dort zu Besuch war. Mein Abenteuer begann mit einem 24-stündigen Flug in einem Jumbojet. Rund 20.000 Kilometer waren zur anderen Seite der Welt zurückzulegen. Dann folgte eine lange, holperige Fahrt über die steinige Gebirgsregion von Zentral-Java. Der Leiter unserer indonesischen AJH-Dienststelle, Romy Romulo, begleitete mich. Ich unternahm die Reise, um mit eigenen Augen zu sehen, welche ungewöhnliche Frucht eine einzelne evangelistische Schrift gebracht hatte. Sie löste eine Kettenreaktion aus und führte zur Gründung der einzigen christlichen Kirche in diesem entlegenen muslimischen Gebiet.

Romy und ich fanden uns in einer Stadt mit Namen Somondomore, etwa 80 Kilometer von Yogyakarta entfernt. Somondomore ist ein islamischer Ort mit etwa 3.500 Einwohnern. Die Häuser liegen zerstreut in einer zerklüfteten, rauen Bergregion.

Hoch oben auf dem Berghang vor uns, für alle Dorfbewohner zu sehen, stand eine schöne Kirche. Sie war von Neubekehrten errichtet worden, die hier zur Anbetung zusammenkamen. Neben Romy und mir stand ein junger Pastor und Feldleiter der AJH-Bewegung. Es war Daniel Soeharto, der aus dem Islam kam und von dessen Bekehrung ich im vorigen Kapitel berichtete. Er war derjenige, der rund 40.000 Kilometer in 14 Jahren bewältigt hatte, um andern Indonesiern von Jesus zu erzählen.

Bald würde ich nun die bescheidene, aber stark wachsende Gemeinde jener Kirche ansprechen und ihr erklären, warum ich um die halbe Erde gereist war. Ich hatte einfach sehen wollen, was Gott in ihrem Dorf getan hatte und noch tat. Ich bemerkte ihre große Freude, und mir wurde bewusst, dass ich Zeuge erstaunlicher Ergebnisse war. Was konnte an den äußersten Enden der Erde geschehen, wenn einer mutig genug war, mit dem Evangelium dorthin zu gehen, wo andere noch nie gewesen waren!

Doch zuerst fragte ich Romy, wie die Kirche zustande gekommen sei. Er lächelte ein bisschen und erklärte dann, dass die Geschichte vor 15 Jahren begonnen hätte. Damals lebte Daniel Soeharto in einem entfernten Dorf mit Namen Gomolong.

Dort war er von zwei jungen christlichen Missionaren besucht worden, die das Evangelium in dem Gebiet in die Häuser hineinbrachten. An jenem Tag waren sie in jedes Haus in Gomolong gekommen und hatten evangelistische Traktate für Erwachsene und Kinder abgegeben. Keine der Schriften umfasste mehr als zwölf Seiten.

Der 19-jährige Daniel las sorgfältig beide Traktate durch. Er war in einer streng mohammedanisch ausgerichteten Kultur großgeworden, war aber fasziniert von der Botschaft, die ihm hier begegnete. Ihm schien ein helles Licht auf jedes Wort zu fallen, das er las. Als er damit zu Ende gekommen war, sprach er das kurze Gebet, das am Ende des Traktates aufgeschrieben war und nahm Jesus Christus, den Sohn Gottes, als seinen Herrn und Erlöser an.

Viele andere Bewohner des kleinen Dorfes, in dem Daniel wohnte, lasen am gleichen Tag die »Gute Nachricht« ebenfalls. Als Daniel die Reaktionskarte ausfüllte, die den Schriften beigefügt war, hatten wenigstens sieben andere Dorfbewohner das gleiche getan. Das Evangelium war nach Gomolong gekommen.

Innerhalb von wenigen Tagen erhielt die Zentralstelle von AJH in Jakarta diese Karten und schickte umgehend den ersten vierteiligen Glaubensgrundkurs zurück. Als Daniel die vierte Lektion durchgearbeitet hatte, bat er das AJH-Büro um weitere Hilfe. Man sagte ihm, dass in seinem Dorf eine »Christusgruppe« gegründet werden sollte. Bei ihrer ersten Zusammenkunft war auch Daniel dabei.

Einige Monate später hörte er von einem neu gegründeten Schulungszentrum für solche Kleingemeinden in seiner Gegend von Zentral-Java. Dort sollten Leute, die bei den Einsätzen in den Dörfern Christus angenommen hatten, als vollzeitliche Mitarbeiter ausgebildet werden, um noch weitere Dörfer zu erreichen. Trotz des Widerstandes seiner muslimischen Familie und trotz der Ablehnung seiner Freunde und seiner Dorfgemeinschaft, meldete sich Daniel in dem Schulungszentrum an und wurde angenommen. Das war im Jahr 1981.

In den darauf folgenden Monaten konnte Daniel seine Familienangehörigen einen nach dem andern zu Christus führen. Die beiden Schriften, die in sein Haus gelangt waren, brachten immer mehr Frucht.

Nach einem Schulungsjahr wurde Daniel vollzeitlicher Mitarbeiter in der Außenarbeit der indonesischen AJH. Er wusste, dass alle die Dörfer, die er demnächst besuchen würde, muslimisch waren. Er wusste auch von der Feindschaft, die einem Mohammedaner begegnete, der sich zum Christentum bekehrte. Doch Daniel trug eine große Hoffnung im Herzen, weil er jetzt auch die Kraft Gottes zur Erlösung der Menschen besser kannte.

Damals wusste er noch nicht, welche großen Gebiete von Zentral-Java er aufsuchen würde, wobei er in anderthalb Jahrzehnten die Gute Nachricht von Jesus Christus zu fünf Millionen Menschen bringen sollte.

Die Geschichte von zwei Samenkörnern

Jahre später stand ich also nur mit unserm Direktor Romy und Daniel zusammen und schaute zu der wunderschönen Kirche in Somondomore hinauf. Es berührte mich sehr, dass Daniel sich noch an die Titel der beiden Schriften erinnern konnte, durch die das Evangelium zu ihm gekommen war: »Er möchte dein Freund sein« und

»Wie das Leben am meisten Freude bringt«. Daniels Geschichte machte mir deutlich, welche Kraft zur Lebensveränderung im gedruckten Evangelium enthalten war.

»Aber wie war das möglich, dass Daniel Pastor dieser Kirche wurde?«, fragte ich Romy. »Und hatte er sie tatsächlich selbst begründet durch die beständige Weitergabe der Guten Nachricht in so vielen Dörfern der Nachbarschaft?«

Dann hörte ich den Rest der Geschichte. Volle sechs Jahre, bevor Daniel den Samen des Evangeliums in seinem Haus in Gomolong empfangen hatte, war bereits ein anderer AJH-Missionar mit der Guten Nachricht in Zentral-Java unterwegs gewesen. Und weil kein Dorf ausgelassen werden sollte, kam er schließlich auch in das muslimische Dorf Somondomore – das Dorf, in dem wir jetzt standen. Soviel der Mann wusste, war hierher noch nie ein Zeuge Jesu Christi gekommen. Er verteilte seine Schriften in jedem Haus und gab, wenn eben möglich, noch ein persönliches Zeugnis dazu. Doch niemand zeigte irgendein Interesse.

Ein alter Mann in diesem Dorf war aber doch von der Botschaft berührt worden. Herr Huparman las die Schrift wiederholt durch. Dann nahm er eines Abends allen Mut zusammen, füllte die Rückmeldekarte aus und schickte sie mit der Post in die Zentrale der AJH-Arbeit nach Jakarta. Herr Huparman war der einzige Mensch in dem ganzen Dorf, der auf die Aktion geantwortet hatte.

Schon bald erhielt er die erste Lektion vom Glaubensgrundkurs mit dem Titel »Der Weg zu einem glücklichen Leben«. Er arbeitete die Lektion durch und bekam eine zweite, später eine dritte. Als er die vierte Lektion durchstudiert hatte, öffnete er sein Herz für Christus (seine Frau noch nicht). Nachdem der alte Mann dieses Bibel-Fernstudium beendet hatte, gab er in einem Brief ein wunderbares Zeugnis davon, wie Jesus sein Leben verändert hatte.

Einige Jahre hindurch blieb er der einzige Christ in seinem Dorf. Er betete Christus im Stillen an. Doch der Wunsch nach Gemeinschaft mit andern Gläubigen lebte stark in seinem Herzen. Er schrieb an die AJH-Zentrale und fragte, ob nicht jemand in sein Dorf kommen und ihm geistlich weiterhelfen, aber auch das Evangelium weiterverbreiten könnte. Daniel Soeharto, der inzwischen in Gomolong zu Christus gefunden und seine Schulung für christliche Gruppenarbeit beendet hatte, wurde von der Zentrale in das Dorf gesandt.

Als Daniel in Somondomore ankam, empfing ihn Herr Huparman mit großer Begeisterung. Obwohl er der einzige Bekehrte im Dorf war, entschlossen die beiden sich, eine Christusgruppe zu beginnen. Herr Huparman lud eine einzige andere Person ein, einen Mann namens Warsito, der dem Evangelium aufgeschlossen gegenüberstand, weil er die Veränderung in Huparmans Leben gesehen hatte.

Innerhalb weniger Tage gab Warsito sein Herz an Christus. Eine winzige Christusgruppe von gerade zwei Leuten entstand (wenn Daniel anwesend war, waren sie zu dritt) Viele Wochen hindurch kam niemand sonst dazu. Inzwischen besuchte Daniel weiterhin die Dörfer und Städte der Umgebung – mit immer wiederkehrenden Unterbrechungen in Somondomore.

Mehr als ein Jahr verging auf diese Weise. Dann beschlossen sie, einen besonderen Ostergottesdienst zu halten und dazu alle Dorfbewohner einzuladen. Erstaunlicherweise kamen viele, und manche nahmen Christus als ihren Herrn an. Bald wuchs die Zahl der Bekehrten auf etwa 50 Erwachsene und 17 Jugendliche an. Auch Frau Huparman fand zum Glauben. Die Gemeinde wurde allmählich stabil, und bald ermöglichten die Spenden vieler Mitglieder der Christusgruppe den Bau eines neuen Gotteshauses. Es sollte auf dem höchsten Hügel stehen, von dem aus man ganz Somondomore überblicken konnte.

Während ich in dieser Gemeinde zu Gast war, fassten die Leute dort einen missionarischen Beschluss. Sie wollten in anderen Dörfern der Region weiterarbeiten, um auch dort eine solche Gemeinde gründen und bauen zu können. Einige der Gemeindeglieder zeigten mir voller Freude ihre Landkarten und einen Fünfjahresplan. Sie hatten sich vorgenommen, in den nächsten fünf Jahren in den umliegenden Dörfern wenigstens zwei neue Gemeinden pro Jahr zu gründen.

Ich staunte über Gottes Gnade und darüber, wie diese Kirche aus zwei kleinen Samenkörnern in Gestalt evangelistischer Schriften entstanden war. Der eine Same war in das Herz Daniel Soehartos gefallen – vor Jahren in dem fernen Dorf Gomolong –, der andere in das Herz von Herrn Huparman in Somondomore. Gott war eindeutig am Werk in den bis dahin unerreichten Dörfern Zentral-Javas.

Vom Berg (der Verklärung) herunter

Mein Besuch in Somondomore war eindeutig ein sogenanntes »Erlebnis auf der Spitze des Berges« gewesen (wie Jesus es mit seinen Jüngern auf dem Berg der Verklärung hatte) – wörtlich und im übertragenen Sinn. Doch als ich von jenem Berg wieder herunterkam und weiterreiste in eine letzte vorgesehene Region, bevor ich in die Heimat zurückkehrte, wurde meine feste Überzeugung, die ich als Missionsstratege hatte, nochmals bestätigt. Systematische Hausmission ist in unserer heutigen Welt eine der effektivsten Methoden, Gemeinden zu gründen. Das galt besonders für Gebiete, in denen das Evangelium noch unbekannt war oder niemals richtig Wurzeln geschlagen hatte. So entstanden Kirchen – aus diesem einfachen Gang von Haus zu Haus mit der Guten Nachricht.

Nach unserer holperigen Fahrt durch die Berge um Somondomore fuhren Romy Romulo und ich noch etwa 50 Kilometer über die Metropole von Yogyakarta hinaus bis zu dem kleinen Dorf Ngrombo. Wir wollten eine letzte Dorfgemeinde besuchen, von der Romy wusste, dass sie ganz allein nach einer Hausmission entstanden war. Der Einsatz lag nun etwa ein Jahrzehnt zurück.

An jenem Abend stand ich vor einer dicht gedrängten Versammlung von Gläubigen, die jetzt die »Kirche Christi von Ngrombo« bildeten. Sie waren das Ergebnis des AJH-Einsatzes in diesem Dorf, wo niemals vorher eine Kirche existiert hatte.

Nach einem lebhaften Gottesdienst sprach ich mit einem Mann namens Suwandi, der an jenem Abend zu Besuch war. Er war Diakon einer Reformierten Kirche in einem Nachbardorf und der Bürgermeister des ganzen Gebietes. Als wir uns unterhielten, stellte ich etwas erstaunt fest, dass seine »Reformierte Kirche« – ca. 17 Kilometer von Ngrombo entfernt – ebenfalls aus dem gleichen AJH-Einsatz entstanden war wie die »Kirche Christi« in Ngrombo vor zehn Jahren.

Ich sagte dem »Mayor« Suwandi, wie erstaunt ich wäre, dass zwei Kirchen mit so unterschiedlichen Gottesdienstformen (und auch theologischen Traditionen) aus der gleichen einfachen Art evangelistischer Arbeit entstanden sein konnten.

Er lächelte und fügte hinzu: »Oh, aber jetzt ist noch eine dritte Kirche entstanden aus der gleichen Arbeit. Es ist die »Bethel-Kirche« von der »Gemeinde Gottes«.

Eine Pfingstkirche entwickelte sich etwa 17 Kilometer in entgegengesetzter Richtung in Pujuk. Mein Herz war voller Freude, als mir bewusst wurde, dass in einem Gebiet von wenig mehr als 50 Quadratkilometern drei blühende Dorfkirchen als Frucht eines zehn Jahre zurückliegenden AJH-Einsatzes gegründet worden waren. Ebenfalls überraschend war für mich, dass diese drei Gemeinden sich mit unterschiedlichen evangelikalen Denominationen identifiziert hatten. Diese hatten alle drei bei dem ursprünglichen Einsatz von Haus zu Haus in diesem Gebiet mitgemacht und ernteten nun die Frucht der gemeinsamen Arbeit.

»Mayor« Suwandi erzählte mir dann noch, dass diese Kirchen bereits neue Gemeinden in Zentral-Java gründeten. Allein von dieser »Kirche Christi« seien sieben Gläubige bereits zu einem theologischen Seminar gegangen. Sie hätten jeder das Ziel, nach beendeter Schulung in ihrem Heimatbezirk eine neue Gemeinde zu gründen.

Als Romy Romulo und ich später an jenem Abend durch die dunklen Dorfstraßen von Ngrombo fuhren, erzählte er mir sehr fröhlich, dass seit dem Beginn der AJH-Einsätze in Indonesien in den 70er Jahren mehr als 3.460 ähnliche christliche Gruppen gegründet worden seien. Und das im bevölkerungsreichsten islamischen Land der Welt!

Nun wurde mir erst die volle Bedeutung einer systematischen, neutestamentlichen »Von-Haus-zu-Haus«-Strategie der Evangelisation klar. Sie schließt mehr ein, als nur jedem Menschen eines Landes auf nachvollziehbare Weise die Möglichkeit des Zugangs zur Guten Nachricht von Jesus zu verschaffen. Es ist gleichzeitig einer der praktischsten Wege, wachsende, fruchtbare neutestamentliche Gemeinden zu gründen.

Teil II

Horizont des Erntefeldes

Das Umfassende im Hinblick auf die Verbreitung des Evangeliums

Als ich mit einem Freund das Konzept dieses Buches in seinen Anfängen besprach, schlug er als Titel vor: »›Alle‹ und ›jedermann‹ – Lieblingsworte Gottes.« Der Missionsauftrag Christi an seine Jünger hieß tatsächlich nicht »einen großen Teil der Welt« mit dem Evangelium zu erreichen und »die meisten« ihrer Bewohner, sondern »alle Welt« und »alle Kreatur« (s. Mk 16,15).

An früherer Stelle beschreibt Jesus seinen Jüngern etwas, das man seinen Auftrag »herbeizuführen« nennen könnte. Er spricht in Johannes 10,16 von »anderen Schafen«, die in seine »Hürde« gebracht werden müssten. Damit steckte er einen weiten Rahmen für die Ernte ab. Heute schließt jener »Spielraum« oder »Handlungsbereich« (wie man den Rahmen definiert) jede nur mögliche übersehene Nische oder Sphäre eines vergessenen menschlichen Lebensbereichs ein.

In diesem Abschnitt werden wir schon besser verstehen, wie schnell wir uns darauf zubewegen, dass auch »diese anderen Schafe« mit dem Evangelium erreicht werden. Wir nähern uns der buchstäblichen Erfüllung der umfassenden Prophezeiung des Jesaja: »... das Land wird voll Erkenntnis des Herrn sein, wie Wasser das Meer bedeckt« (Jes 11,9).

Eine wunderbare Entdeckung

Hari empfand stechende Schmerzen im Rücken, als er in seinem Garten Süßkartoffeln erntete. Nur wenige Menschen in Haris Dorf – oder auch im ganzen östlichen Gebiet von Kwaio – waren älter als Häuptling Hari. Wieder erlebte er eine Yam-Ernte. Es war die 70. – oder war es schon die achtzigste? Allmählich wurde es ihm schwer, sich daran zu erinnern.

Für die Welt draußen würden demnächst die sechziger Jahre beginnen. Doch weder Hari noch seine Leute wussten irgendetwas von dem Aufruhr, der die Welt erschütterte, den Umwälzungen, die Mao Tsetungs Kulturrevolution in China mit sich gebracht hatte – mit ihren Hinrichtungen und dem Hunger vieler Millionen, oder aber von den Spannungen zwischen den beiden Supermächten der Welt, den USA und der Sowjetunion. Sie wussten auch nichts von den Atomraketen eines kleinen Inselstaates namens Kuba an der Ostküste Amerikas. Es war die gleiche Stelle, an der die Amerikaner vor 60 Yam-Ernten gegen die Spanier gekämpft hatten. Damals war Hari noch jung gewesen. Und Haris Volk hatte auch keine Ahnung davon, dass die Welt ins Zeitalter der Raumfahrt und der Erkundung des Weltalls eingetreten war, nachdem die Sowjetunion einen bemannten Satelliten, Sputnik genannt, im Jahr 1957 in den Weltraum geschickt hatte. Allerdings hatten sie einen merkwürdigen, nur schwach leuchtenden, flimmernden Stern am mitternächtlichen Himmel beobachtet, den sie vorher noch nie gesehen hatten.

Zwölf Yam-Ernten später sollte ein Mann auf dem Mond spazierengehen, während Hari hier immer noch darauf wartete, seine eigene Reise in himmlische Welten anzutreten – eine Reise, von der er erstaunlicherweise zurückkehren würde, um seinem Volk sehr lebendig die Einzelheiten einer wunderbaren Entdeckung zu schildern.

7 Auch für Gefangene ist Christus gekommen

Ramudu aus Tumella in Indien gehörte zu den »Unberührbaren«, aber nicht, weil er zufällig zu dieser speziellen indischen Kaste gehörte. Ramudu war ein Gemiedener, wie viele andere in den verschiedensten Nationen, die man ins Gefängnis gesteckt hatte. Damit war er einer ganz besonderen menschlichen Kategorie zugeordnet, die vom Evangelium nicht erreicht wurde.

Ramudu war über 1,80 Meter groß und wog etwa 85 Kilogramm. Das war für einen Asiaten eine ungewöhnliche körperliche Statur. Er versetzte die Dorfbewohner von Tumella in Angst und Schrecken. Offiziell hatte er fünf Menschen ermordet, inoffiziell gab es keine Zahlen – keiner hätte es gewagt, sich darüber zu äußern. Man wusste von ihm, dass er in Wut geraten war, einen Mann bei den Beinen gepackt hatte, ihn auf den Kopf stellte und seinen Kopf so lange auf den steinigen Boden schmetterte, bis er tot war. Im Laufe der Jahre war Ramudu verschiedene Male wegen seiner Verbrechen eingesperrt und überall zum Schreckgespenst geworden, selbst innerhalb der Gefängnismauern. Er war nur noch von Zorn, Hass und Rachegedanken angetrieben.

Als er wieder einmal wegen Mordes im Gefängnis saß (der Todesstrafe war er auf irgendeine Weise entkommen), wurde Ramudu von zwei AJH-Evangelisten besucht, die an jeder Wohnung in diesem Gebiet anklopften und eine gedruckte Einladung zu Jesus als dem Erlöser der Menschen mitbrachten. Der Gefängniswärter gab den beiden Männern die Erlaubnis, jede Zelle zu besuchen und den Insassen die Botschaft des Evangeliums weiterzugeben.

Doch Ramudu las die Schrift nicht.

Nach seiner Entlassung wurde ihm ein weiterer Mord zur Last gelegt, und man schickte ihn in ein Gefängnis im südlichen Zentralindien in der Nähe der Stadt Hyderabad. Dieses Mal sah es so aus, als ob er an der Todesstrafe nicht mehr vorbeikäme.

»Zufällig« wurde dieses Gefängnis von einem der AJH-Mitarbeiter besucht, die Ramudu vor einem Jahr schon begegnet waren.

Das versetzte ihn in Erstaunen. Er war beeindruckt von der Ausdauer und dem Mitgefühl dieser Leute. Kein Mensch war jemals zu ihm gekommen, um ihm Mut zu machen oder ein bisschen Hoffnung zu vermitteln, während dieser Mann ihn nun schon zweimal besucht hatte. Er hatte es sogar fertig gebracht, ihn in diesem anderen Gefängnis aufzuspüren.

Ramudu hörte aufmerksam zu, als ihm der Plan Gottes zu unserer Erlösung durch die Gitterstäbe des Gefängnisses erklärt wurde. Und jetzt war er bereit, die evangelistische Schrift anzunehmen. Gott hatte begonnen, am Herzen des Mörders zu arbeiten.

Tagelang las Ramudu das Traktat, vielleicht ein halbes Dutzend mal am Tag. Die Einfachheit der Botschaft rührte ihn an.

In der Zwischenzeit war Ramudu von den meisten der letzten Morde freigesprochen worden. Vielleicht war die Angst derer, die ihn angeklagt hatten, die Ursache dafür. Er wurde wieder entlassen und machte sich auf den Weg nach Hause.

Als Ramudu sich wieder in seiner alten Umgebung befand, verlor er sehr schnell das Interesse am Evangelium. Er schloss sich mit seinen alten Genossen zusammen, und es dauerte nicht lange, da terrorisierte er von neuem kleine Dörfer in der Umgebung. Es war geradezu, als ob er von Dämonen getrieben würde.

Doch die Botschaft, die er so oft im Gefängnis gelesen hatte, war in sein Unterbewusstsein gedrungen und schien ihn nachts zu verfolgen.

Eine neue Schöpfung

Nicht lange, nachdem Ramudu in sein Dorf zurückgekehrt war, verließ ein nicht allzu stark aussehender junger Hausmissionar die AJH-Zentrale in jenem Teil Indiens, um den systematischen Einsatz von Dorf zu Dorf fortzusetzen. Er tat die Nacharbeit für andere Mitarbeiter, die Monate vorher Besuche gemacht hatten. Wo es inzwischen in einem Gebiet ohne Kirche mehrere Gläubige gab, versuchte er, eine Christusgruppe zu begründen. Eins der Dörfer, in das man Samuel geschickt hatte, war Tumella am Krishna-Fluss. Samuel bewältigte den anstrengenden Marsch von etwa 50 Kilometern zu Fuß.

Bei Einbruch der Dämmerung erreichte er das Westufer des Flusses, doch im Dunkeln wollte er nicht mehr hinüber auf die andere Seite. Der müde Evangelist fand ein Unterkommen in der kleinen Hütte einer älteren Frau. Als sie erfuhr, dass er zu dem Dorf auf der anderen Seite des Flusses wollte, warnte sie ihn, doch ja vorsichtig zu sein.

»Dort lebt ein schrecklicher Verbrecher, ein Mörder. Er heißt Ramudu«, sagte sie stockend.

Gott sprach nun sehr eindringlich in Samuels Innerem und machte ihm klar, dass Ramudu der Grund war, weswegen er in dieses Gebiet gehen musste. Er hatte keine Ahnung davon, dass zwei andere AJH-Mitarbeiter viele Monate vorher mit dem Mörder bereits über Jesus gesprochen hatten, als er noch im Gefängnis saß. Doch Samuel war sicher, dass er geschickt worden war, um Ramudus Seele für Jesus »einzufangen«.

Entschlossen sah er die alte Frau an. »Dann ist Ramudu der Mann, zu dem ich gehen muss.«

In der Morgendämmerung des nächsten Tages dankte Samuel der gastfreundlichen alten Frau und überquerte den Fluss.

Als er auf der anderen Seite das erste Haus erreichte, das die Frau als das von Ramudu bezeichnet hatte, rief er laut dessen Namen: »Ramudu! Ramudu!«

Ein Mann mit einem riesengroßen Kopf polterte aus der Tür heraus.

»Wer ist da?«, wollte er wissen. Als er die Tasche mit den Traktaten über der Schulter des Fremden sah und offensichtlich erkannte, dass er einen Evangelisten vor sich hatte, stürzte er auf ihn zu.

Samuel wich zurück, blieb aber dann erstaunt stehen, als der riesige Inder ihm respektvoll zu Füßen fiel. Das war der übliche Willkommensgruß für einen Fremden, doch kaum das, was Samuel erwartet hatte. Er konnte die Gedanken über den vor ihm knienden Riesen nicht loswerden, die das Gespräch mit der Frau am andern Ufer des Flusses in ihm geweckt hatten.

Und dann passierte etwas Merkwürdiges. Ramudu stand vom Boden auf und bestand darauf, dass Samuel in seine Wohnung kommen und mit ihm Tee trinken sollte.

Zu dem Zeitpunkt hatte sich das ganze Dorf versammelt und wollte wissen, was da vor sich ging. Vielleicht, so dachten manche, hatte Ramudu die Absicht, den schwächlichen Evangelisten umzubringen. Und jetzt machte er sich vorher noch über ihn lächerlich.

Doch Samuel verbrachte den ganzen Tag mit Ramudu, hörte ihm zu und belehrte ihn über die Wahrheit des Evangeliums. Der Same, der vor Monaten in einer Gefängniszelle in sein Herz gefallen war, schlug nun Wurzeln. Als die Nacht hereinbrach, war das Wort des Apostels Paulus wieder einmal wahr geworden: »Ist jemand in Christus, so ist er eine neue Kreatur« (2. Kor 5,17).

Starr vor Furcht

In den nächsten 45 Tagen erfüllte Samuel seine Aufgabe der Nacharbeit in den benachbarten Dörfern, kam aber immer wieder einmal zu Ramudu zurück.

»Du musst unbedingt Anschluss an eine Gemeinde finden«, riet ihm der Evangelist bei seinem fünften Besuch in Ramudus Haus.

»Ob sie mich aber akzeptieren werden?«

»Ich werde mit dem Pastor von der Gemeinde im nächsten Dorf sprechen«, antwortete der Evangelist. »Ich bin sicher, sie werden dich willkommen heißen.«

Der schon etwas ältere Pastor war zwar skeptisch, versprach aber, sich am folgenden Sonntag um Ramudu zu kümmern.

Ramudu befand sich inzwischen in einer nicht geringen Aufregung bei dem Gedanken, das erste Mal in eine Kirche zu gehen. Er stand früh auf, wusch sich und zog seine besten Kleider an. Nach einem zweistündigen Fußmarsch betrat er den Gottesdienstraum.

Es hatte sich herumgesprochen, dass Ramudu vielleicht zum Gottesdienst kommen würde. Auf einer Seite saßen die Männer, auf der andern die Frauen, wie es in einigen indischen Kirchen Sitte ist. Jetzt erstarrte die ganze Gemeinde, und tödliche Stille breitete sich aus.

Ramudu war verlegen und wusste nicht, was er tun sollte. Der Gemeinde ging es nicht besser. Ein paar ängstliche Frauen standen in ihren Bänken auf und schlüpften aus einer Seitentür hinaus. In den nächsten Augenblicken kamen alle anderen Frauen hinter ihnen her. Fast genau so schnell leerte sich die Seite der Männer. Der einzige Mensch, der in der Kirche blieb, war der ältere Pastor, der immer noch hinter der Kanzel stand. Mutig ging Ramudu auf ihn zu.

In dem Pastor kroch die Furcht hoch und ließ ihn erstarren.

»Ich zitterte, als Ramudu auf mich zukam«, bezeugte er später. »Jeder wusste, dass dieser Mann ein Mörder war. Selbst die Behörden fürchteten ihn. Ich hatte keine Ahnung, was er tun würde.«

Ramudu erklärte, weshalb er gekommen sei. Er wollte ein Zeugnis ablegen und Mitglied der Gemeinde werden, sagte er. Da wurde dem Pastor klar, dass Ramudu tatsächlich eine »neue Kreatur in Christus« geworden war.

Sehr bald kehrte die Gemeinde, die draußen gestanden und gelauscht und das Ganze beobachtet hatte, in das Gotteshaus zurück. Noch am gleichen Morgen legte Ramudu sein Zeugnis ab. Und es dauerte kaum ein paar Monate, da gehörte sein Gesicht zu den bekannten in der Gemeinde der Gläubigen.

Nicht lange danach bat er darum, getauft zu werden. Er wünschte sich auch, einen anderen Namen zu bekommen. Er hatte die neutestamentliche Geschichte von Saul von Tarsus gehört, der nach einer dramatischen Bekehrung zum Apostel Paulus wurde. Er hatte auch erfahren, dass Paulus Christen umgebracht hatte, bevor er zu Christus gefunden hatte, und dass er auch im Gefängnis gewesen war.

Als Ramudu nach der Taufe in einem nahen Fluss wieder aus dem Wasser auftauchte, lag auf seinem Gesicht ein strahlendes Lächeln.

»Von heute an bin ich Paulus!«, rief er aus.

Seit seiner Aufsehen erregenden Bekehrung war Ramudu zum begehrten Redner in vielen Versammlungen der AJH-Nacharbeits-Gruppen geworden. Man nannte sie die Konferenz der Suchenden.

Er tat sich besonders hervor in der Betreuung von ehemaligen Kriminellen, die den Weg zu Christus gefunden hatten.

Und das alles hatte mit dem Besuch eines AJH-Mitarbeiters in einem Gefängnis angefangen. Jemand mit »den Füßen der Boten, die den Frieden verkündigen« war dorthin gegangen, wo ein »Unberührbarer« lebte – einer, der durch konventionelle evangelistische Methoden niemals erreicht worden wäre.

Um alle Menschen mit der Guten Nachricht zu erreichen, müssen wir besondere Wege finden zu denen, die mit üblichen evangelistischen Methoden kaum besucht werden können.

Seit Jack McAlister die Vision hatte, »alle Geschlechter (Familien) auf der Erde« (1. Mose 12, 3) mit dem Evangelium zu erreichen (wir sprachen in Kapitel 3 darüber), hat sich die »Aktion: In jedes Haus« bemüht, eine klare Fassung des Evangeliums in jedes Haus zu bringen. Doch schon bald wurde deutlich, dass nicht jeder in einem traditionellen »Zuhause« lebt.

Manche dieser bisher »Unerreichten« verbringen, wie Ramudu, eine beträchtliche Anzahl von Jahren hinter Gittern. Andere, wie Universitäts- oder Collegestudenten, leben vier bis sechs Jahre fern der Heimat, um sich auf einen Beruf vorzubereiten. Solche Leute werden von einer üblichen Hausmission nicht erfasst. Andere müssen längere Zeit in einem Krankenhaus verbringen – manchmal Jahre. In gewissem Sinne sind auch sie Gefangene, nämlich ihres Krankenhausbettes. Und dann gibt es eine ganze Klasse von »Weltbürgern«, die zur See fahren und oft monatelang auf Schiffen leben. Die einzige Zeit, in der sie Land zu sehen bekommen, erleben sie dann, wenn das Schiff einen Hafen anläuft und sie ein paar Tage aufs Festland entlässt.

Alle diese Menschen sind »Unerreichbare« für eine klare Darbietung des Evangeliums auf dem üblichen Weg. Wenn es aber für eine systematische (vollständige) Ausbreitung des Evangeliums zum Grundsatz gehört, »alle Menschen« zu erreichen, indem die Gute Nachricht buchstäblich dorthin gebracht wird, wo die Menschen leben, dann muss auch ein Plan entwickelt werden, die Nachricht von der Erlösung jeder dieser Gruppen zu vermitteln.

Während der ersten Einsätze »von Haus zu Haus«, die von AJH 1953 in Japan durchgeführt wurde, machte eine ungewöhnliche Bekehrung dieses Bedürfnis sehr deutlich. Ein verantwortlicher Christ, der einen Einsatz für eine ganze Stadt plante, hatte sozusagen noch einen nachträglichen Einfall: Er schlug vor, in Fukuoka jede einzelne Zelle des Gefängnisses aufzusuchen und jedem Insassen eine gedruckte evangelistische Botschaft zu hinterlassen. Verschiedene Pastoren, die bei der Aktion mitarbeiteten, stimmten dem zu, und von da ab war das Gefängnis auch in die begleitenden Gebete eingeschlossen.

Nur ein einziger der Gefangenen aus den über hundert Zellen reagierte auf den Besuch – ein Mann namens Uchida. Doch in den Monaten nach seiner Bekehrung führte er selbst mehr als hundert Mitgefangene zu Christus. Nachdem Uchida innerhalb der Gefängnismauern von Fukuoka getauft worden war, bekam er die Erlaubnis, andere Bekehrte, die es wünschten, zu taufen. Mindestens 40 der Gefangenen entschlossen sich dazu und bildeten nun eine kleine Christusgruppe in der Haftanstalt.

Die Frucht, die aus dem einen, in einer Zelle des Gefängnisses von Fukuoka ausgestreuten Samenkorn hervorgegangen war, ließ ganz deutlich werden: Das Werk von »Aktion: In jedes Haus« brauchte auch einen Arbeitszweig: »Aktion: In jede Zelle«. Es stimmt zwar, Radio und Fernsehen mögen einen kleinen Prozentsatz der Gefangenen in einigen Ländern erreichen. Aber die Voraussetzungen, diese Massenmedien empfangen zu können, sind in den meisten Gefängniszellen der Welt nicht gegeben, vor allem nicht in den Entwicklungsländern. Und wenn auch manche Missionswerke für Häftlinge wie »Prison Fellowship« weltweit wesentlichen Einfluss ausüben, werden doch noch viele Gefangene in der Welt vom Evangelium nicht erreicht, solange nicht massive Anstrengungen unternommen werden, zu jedem der Gefangenen hinzugehen, dahin, wo er sich befindet, nämlich in die Zellen.

Das Wunder von Olmos

Und das geschah mit wunderbaren Ergebnissen in dem berüchtigten (heute zunehmend berühmten) Olmos-Gefängnis in La Plata in Argentinien.

Zwei Jahrzehnte lang hatte ein finsterer Geist innerhalb des Gefängnisses geherrscht und alles Tun der Insassen kontrolliert (vor allem das ganze vierte Stockwerk). Das machte sich nicht nur in Olmos bemerkbar, sondern auch in andern Gefängnissen Argentiniens. Anfang der 80er Jahre war Olmos bekannt als okkultes Zentrum. Die Insassen nahmen regelmäßig an Tieropfern und anderen Riten eines Satanskultes teil.

Doch im Jahr 1982 öffnete sich die Tür einen Spalt breit für einen geistlichen Durchbruch. Der AJH-Gefängnisdienst »Buenas Nuevas tras las Rejas« (Gute Nachricht hinter Gittern), damals geleitet von Ricardo Rocamora, fasste das Gefängnis ins Auge für einen systematischen Einsatz von Zelle zu Zelle. In gewisser Hinsicht schien die Aktion nicht sehr erfolgreich zu sein. Von mehr als 2.000 Insassen nahmen nur eine Handvoll den Herrn an – etwa 40.

Im nächsten Jahr ging ein Pastor der »Assemblies of God«-Kirche durch die Straßen von La Plata, als er plötzlich den Eindruck hatte, dass Gott ihn ins Gefängnis rief. Der Mann hieß Juan Zuccarelli und war noch keine 30 Jahre alt. Um diese Zeit war es ziemlich schwierig für einen evangelischen Geistlichen, in einem überwiegend katholischen Land einen solchen Dienst zu tun. Doch ein Freund Zuccarellis, der im Gefängnis angestellt war, schlug ihm vor, sich als Gefängniswärter zu bewerben. Juan tat es und erhielt kaum eine Woche später eine Zusage (obwohl sein Freund ihm gesagt hatte, dass das wohl sechs bis acht Monate dauern würde).

Als Wärter im Olmos-Gefängnis ergriff Juan nun jede sich ihm bietende Möglichkeit, sowohl den Insassen als auch den Wärtern die Gute Nachricht von Jesus weiterzusagen. Im Frühjahr 1984 hatte sich die Zahl der Gläubigen bereits auf 60 erhöht. Und Gott benutzte diese Handvoll Christen zusammen mit Juan Zuccarelli und José Tessi, einem andern jungen Evangelisten, im Olmos-Gefängnis eine echte Erweckung hervorbrechen zu lassen.

1985 überredeten Juan Zuccarelli und José Tessi die Gefängnisbehörden zu der Genehmigung für eine evangelistische Großaktion, zu der alle Insassen Zugang haben sollten. Das war schon etwas anderes als die gewöhnlichen Gottesdienste, zu der nur die kleine Zahl der evangelischen Gläubigen Zutritt gehabt hatte. So etwas wie diese Aktion war noch niemals im Olmos-Gefängnis vorgekommen. Etwas widerwillig stimmte die Behörde schließlich zu.

Jetzt kam es darauf an, die Insassen zur Teilnahme an der Veranstaltung zu bewegen. Ein solches Treffen musste freiwillig bleiben. Und die Gefangenen dazu zu bringen, eine evangelistische Versammlung zu besuchen, würde zumindest schwierig sein. Doch den Evangelisten kam beim Beten ein Gedanke.

Wenn Rock-Musik, Film- oder Theateraufführungen im Gefängnis angeboten wurden, schrien die Wärter normalerweise: »Acto«. Das kündigte den Gefangenen an, dass irgendein besonderes Unterhaltungsangebot in der Gemeinschaftshalle des Gefängnisses stattfand. Wenn ein Gottesdienst geplant war, riefen sie gewöhnlich »Culto«, um anzuzeigen, dass die Versammlung von einer Religionsgemeinschaft im Gefängnis organisiert war. Juan und José beschlosssen jetzt, »Acto-Culto« zu schreien, was zweifellos die Insassen in Verwirrung brachte. Fast 300 erschienen daraufhin. Und erstaunlicherweise übergaben hundert von ihnen ihr Leben an Jesus. In einer einzigen Versammlung hatte sich die Zahl der bekehrten Gefangenen in Olmos mehr als verdoppelt. Das war der Anfang eines Wunders.

Im Jahr 1987 hatten die in der Erweckungsbewegung ausgestreuten Samen Wurzeln geschlagen. Ganze Zellblöcke mit durchschnittlich 40 bis 60 Insassen – manchmal auch bis zu 100 – waren nun mit Gläubigen besetzt und »hatten den Segen« der Gefängnisbehörde. Bis zum Jahresende 1987 hatten die Neubekehrten wenigstens einen Zellblock in allen fünf Stockwerken des Gefängnisses eingenommen. (Jedes Stockwerk umfasste zwölf Blöcke.) Im Jahr 1988 entschied die Gefängnisleitung, die evangelischen Blöcke auf einem einzigen Stockwerk zusammenzulegen. Erstaunlicherweise waren es im vierten Stockwerk sechs Blöcke – in dem gleichen Stock, von dem aus ein finsterer Geist einst das ganze Olmos-

Gefängnis und andere derartige Einrichtungen im Land beherrscht hatte.

Die Gefängnis-Kirche, inzwischen bekannt unter dem Motto »Christus, die einzige Hoffnung«, platzte fast aus allen Nähten durch die Menge der Neubekehrten. 1990 hatte sie mehr als 400 Mitglieder. 1993 waren es fast 900 – Das waren fast 30 Prozent der gesamten Belegung des Gefängnisses. Im April 1995 waren mindestens 1.200 Insassen Kirchenglieder geworden und weitere 400 oder 500 hatten Christus angenommen, waren aber noch nicht in die Kirche eingetreten. Mitte 1995 waren acht Zellblöcke des dritten Stockwerks zusammen mit allen zwölf Blöcken des vierten Stockes Mitglieder der Kirche.

Diese Bekehrungswelle ist noch viel bemerkenswerter, wenn man bedenkt, dass die meisten der im Olmos-Gefängnis Inhaftierten noch auf ihr Urteil warten, wonach sie dann in ein anderes Gefängnis in der Provinz verlegt werden sollen. Das Gefängnis erlebt auf diese Weise einen Wechsel von etwa zehn Prozent der Gläubigen pro Jahr, entweder, weil die Gefangenen die Strafe verbüßt haben, oder weil sie nach auswärts verlegt werden. Ehemalige zum Glauben gekommene Häftlinge von Olmos werden in andern Gefängnissen oft zu Begründern neuer christlicher Gruppen. (Das erklärt auch, warum die früheren negativen Einflüsse aus dem vierten Stockwerk auf so viele andere Gefängnisse der Region übergriffen, bevor Christen den entscheidenden Einfluss dort gewannen.)

Die Gebete sind eine der Hauptursachen für das, was sich im Olmos-Gefängnis abgespielt hat und für die Entwicklung der Kirche »Christus – unsere einzige Hoffnung«. Alle aktiven Mitglieder werden gebeten, sich die Anliegen der Kirche zu eigen zu machen. An jedem Abend des Jahres gibt es eine gemeinsame Gebetszusammenkunft. Von jedem Insassen, der zur Gefängniskirche gehört, wird die Teilnahme erwartet. Außerdem erwartet man von jedem Mitglied, dass es einmal in der Woche eine Nacht in persönlichem Gebet, Anbetung, Bibelstudium und Fürbitte für die anderen Insassen verbringt – dabei in Gedanken von Bett zu Bett gehend und für die Schlafenden betend (von Mitternacht bis sechs Uhr morgens in drei zweistündigen Schichten). Mindestens 120 Männer sind jede

Nacht in diese Aktion eingebunden. Weiterhin konzentrieren sich fünf komplette Zellblocks mit 60 und mehr Insassen auf ständige Fürbitte rund um die Uhr.

Es besteht kein Zweifel daran, dass dieser wunderbare Aufbruch im Olmos-Gefängnis auf dem Handeln Gottes beruht. Aber es ist auch wichtig, dass wir nicht vergessen, dass im Jahr 1982 ein Team mutiger Stoßtruppkämpfer in dieser berüchtigten Institution »Hausbesuche« machten und so mithalfen, den kleinen Kern der Gläubigen zu sammeln, mit denen Gott dann diese erstaunliche Erweckung im Gefängnis von Olmos bewirkte.

Gerstenbrei und Kummer

Das letzte Ziel der evangelistischen Hausbesuche, – sei es in normalen Häusern, in Krankenhauszimmern, Schiffskojen oder in Gefängniszellen wie in Olmos – ist es, Menschen aus der Finsternis zum Licht zu bringen.

Menschen wie Kwonshik Lee von Korea gehören dazu. Kwonshik erinnert sich daran, dass ein Wärter des berüchtigten Gefängnisses in Inchon ihm einen neuen Namen gab: Nr. 733. Seine Haare wurden geschoren, so dass Wärter und Gefängnisleitung wussten, dass er ein Gefangener war und nicht zu ihnen gehörte. Als die vergitterte Zellentür hinter ihm einschnappte, hatte der 24-jährige Kwonshik viel Zeit, über seine Vergangenheit nachzudenken.

Er war in einer armen Familie geboren, wo man sich kaum mehrere Mahlzeiten am Tag leisten konnte. Häufig gab es nichts anderes als Gerstenbrei. Und an vielen Tagen war Kwonshik als Junge bettelnd durch die Straßen gezogen, um seinen Hunger zu stillen.

Er hatte nur eine vage Vorstellung von Menschen, die sich Christen nannten. Als er noch sehr jung war, hatte man ihn einmal zu einer Weihnachtsfeier eingeladen, die von einer nahe gelegenen Kirche in Uwidong ausgerichtet worden war. Er konnte sich noch sehr gut an das reichhaltige Buffet erinnern, auf dem essbare Dinge sich gehäuft hatten. Alle armen Kinder des Dorfes waren eingeladen gewesen. Es war das erste Mal, dass er Worte wie »Gott« oder »Christus« oder »Sohn Gottes« gehört hatte. Doch er war eigentlich nur hingegangen, weil es etwas zu essen gab. Es war das einzige Mal in diesen Jahren gewesen, dass er das Empfinden gehabt hatte, wirklich richtig satt zu sein.

Doch seine junge Seele war leer geblieben.

Es war damals eine Zeit großer politischer Unruhen gewesen. Der Kommunismus hatte Nordkorea überflutet und auch sein Dorf Uwidong. Schließlich wurde das Land geteilt. Als der Korea-Krieg sich auf seinem Höhepunkt befand, floh Kwonshik mit seiner Familie aus dem Norden und landete schließlich in einem ausgeplünderten Flüchtlingslager nicht weit von der heutigen entmilitarisierten Zone. Auch die Kinder mussten für sich selbst sorgen. Dann zerstreute sich seine Familie. Kwonshik war kaum ein Teenager, aber angefüllt mit Bitterkeit, Hass und Einsamkeit.

Er begann, nach einer Arbeit zu suchen, um sich ernähren zu können. Schließlich stellte man ihn als Hausmeister in einem Restaurant an der Straße an. Er musste hart arbeiten und nahm sich mancher Prostituierten an, die diese Gegend bevölkerten. Schließlich geriet er selbst in diesen Strudel. Doch irgendetwas in seinem Herzen machte ihn unruhig und verursachte eine Regung des Gewissens. Eines Nachts fielen ihm ein paar Sätze ein, die er damals auf der Weihnachtsfeier gehört hatte, besonders, dass Gott ihn liebte.

Aber kann es überhaupt einen Gott geben?, überlegte er. *Wenn ja, warum behandelt er mich dann so grausam?*

Das Restaurant an der Straße machte bankrott und Kwonshik wurde entlassen. Ein paar Wochen später stellte ihn eine frühere Besitzerin des Restaurants ein. Sie brauchte einen Koch für ihre Reisimbissstube. Einige Wochen arbeitete der junge Mann so gut er konnte, wurde dann aber wieder entlassen. Angeblich war er zu jung und zu unerfahren gewesen. Wut erfüllte ihn allmählich. Als er ein paar Tage später wieder vorsprach, um seinen letzten Wochenlohn abzuholen, wurde ihm gesagt, dass er nichts mehr zu bekommen hätte, da seine Arbeit unbefriedigend gewesen sei.

»Du solltest dankbar sein, dass du was zu essen bekommen hast während der Zeit deiner Beschäftigung hier«, schrie die Inhaberin der Imbissstube.

Dann geschah es. Kwonshik hob in einer Hand eine zerbrochene Bierflasche und griff mit der anderen nach einem scharfen Küchenmesser. Augenblicke später schaute er auf einen leblosen Körper in einer Blutlache herab, der vor seinen Füßen lag. Er hatte die Inhaberin der Imbissstube getötet. Und für diese Tat hatte man ihn zum Tode verurteilt.

Als die Tür der Gefängniszelle hinter ihm zuschlug, verfluchte er Gott und seine Eltern. Er verfluchte seine Mitmenschen, seine Kultur und schließlich sogar das Land, in dem er geboren worden war.

Einige Zeit später wurde er in ein anderes koreanisches Gefängnis in Suwon verlegt. Dort sollte seine Todesstrafe vollzogen werden.

Inzwischen erblickte er eines Tages zwei junge Männer etwa in seinem Alter, die die Korridore zwischen zwei Reihen von Zellen entlanggingen. Sie sprachen dabei die Gefangenen an und gaben ihnen einige Schriften. Bald hielt auch Kwonshik eine dieser Schriften in der Hand. Die Überschrift lautete. »Freiheit hinter Gefängnisgittern«. Darin war von einem Menschen mit Namen Jesus Christus erzählt, der sein Leben vollständig verändern könnte. Und dann wurde ihm ewiges Leben darin versprochen. Jeder, der an Jesus glaubte, so hieß es in der Schrift, könnte vollkommene Freiheit erfahren – selbst wenn er ein Leben lang hinter Gefängnisgittern verbringen müsste.

Der junge Mann war fasziniert von dieser Botschaft. Doch war ihm nicht klar, was es bedeuten sollte, »Jesus Christus als Erlöser« anzunehmen. So schrieb er an die koreanische Zentrale von AJH und bat um weitere Information. Man sandte ihm den aus vier Lektionen bestehenden biblischen Glaubensgrundkurs. Er arbeitete die erste Lektion durch und sandte sie ein, war aber immer noch unsicher im Hinblick auf den Sinn der Aussagen. In seinen eigenen Worten lautete das so:

»In der kalten und einsamen Gefängniszelle begann ich, mich über Gott, Bibel, Sünde und Jesus Christus zu informieren. Welch eine neue Welt tat sich da vor mir auf! Als ich die zweite Lektion durch-

gearbeitet hatte, nahm ich Jesus Christus als meinen persönlichen Erlöser an. Ich konnte kaum fassen, dass jemand für einen Mörder wie mich sterben würde. Ich wurde total umgewandelt.«

Als Nr. 733 sein Studium auf der Basis des gesamten Bibel-Grundkurses beendet hatte, war aus Kwonshik ein neuer Mensch geworden. Die Gefängniswärter konnten davon etwas erzählen. Und ebenfalls die Aufsichtsbeamten. Einige Zeit später hob eine Regierungsstelle ohne jede Erklärung die Todesstrafe auf. Kwonshik wurde begnadigt.

Er hat niemals erfahren, ob es ein Fehler in der Bürokratie war oder ob sein Verhalten irgendwelche verantwortlichen Personen beeinflusst hatte. Jedenfalls gab er kurz nach seiner Begnadigung folgendes schriftliche Zeugnis:

»Jetzt ist es vier Jahre her, dass man mich ins Gefängnis sperrte. Doch diese vier Jahre sind die wichtigsten und wertvollsten meines Lebens gewesen. Als ich mich zum erstenmal hinter Gittern vorfand, hatte man mich als Mörder in die Gruppe der Schwerverbrecher eingestuft. Dieser Stempel war nicht leicht zu ertragen. Es scheint mir immer noch so, als ob jene angstvollen und von rebellischen Gefühlen erfüllten Tage im Inchon-Gefängnis erst gestern gewesen wären. Doch das alles ist schon vier Jahre her. Dann wurde ich in das Suwon-Gefängnis verlegt und wartete auf die Exekution. Heute bin ich frei, weil irgendjemand in meine Zelle kam, um mir von Jesus zu erzählen. Gott sei Dank, dass sie mich nicht übersehen haben.«

Für den Galgen bestimmt

Vor Jahren stand der Begründer der AJH-Arbeit, Jack McAlister, vor 1.201 Insassen eines anderen berüchtigten koreanischen Gefängnisses. Es war nicht weit von dem Ort entfernt, wo man Kwonshik Lee früher eingesperrt hatte. Jack war mehr als 1.000 Kilometer von Amerika hierher geflogen, um eine erstaunliche Zeremonie zu sehen und daran teilzunehmen.

Als er daranging, jedem Insassen ein Zeugnis auszustellen, in dem das Ausfüllen und Durcharbeiten ihres einfachen, vierteiligen Bibelgrundkurses bestätigt und anerkannt wurde, konnte er seine Tränen nicht zurückhalten. Hunderte der Häftlinge saßen dichtgedrängt auf dem kalten Zementfußboden. Ihre Gesichter waren von Freude erfüllt. Und dann begannen sie ein Lied zu singen, das sie erst vor kurzem gelernt hatten: »Es ist Kraft in dem Blut, wunderbare Kraft, in dem Blut des Heilands allein ...«

Nachher kam der buddhistische Wärter des Gefängnisses, Kommandant Lee, und erklärte: »Noch nie in meinem Leben habe ich soviel Männer gesehen, die sich für die Bibel interessierten und etwas von Jesus Christus erfahren wollten.«

Diese Männer hatten ihr Herz Jesus zugewandt als Antwort auf den Einsatz von Mitarbeitern der AJH-Bewegung, die jede Zelle aufgesucht und den Insassen die Botschaft der Erlösung gebracht hatten. Jack überlegte, dass es pro Kopf keinen Pfennig gekostet hatte, diesen 6.540 Menschen das Evangelium anzubieten. Doch das Ergebnis hatte darin bestanden, dass über tausend Menschen eine Entscheidung für Christus getroffen hatten.

Jack konnte nicht ahnen, dass in den nächsten Jahrzehnten mehr als sechs Millionen weitere Gefangene besucht werden würden – in einer Zelle nach der anderen – und dass 120.000 von ihnen einen ähnlichen Bibel-Grundkurs durcharbeiten und zu Jesus beten und ihn als Erlöser annehmen würden.

Ob alle diese Bekehrungen echt waren? Eine Antwort findet man vielleicht in dem Zeugnis eines der tausendzweihundert Gefangenen, den Jack während der oben erwähnten Abschlussfeier für den biblischen Grundkurs, an dem die Gefangenen sich beteiligt hatten, traf. Indoh Park, ein Oberst der nordkoreanischen Armee, der als politischer Gefangener zum Tode verurteilt worden war, war der erste, der aus der großen Masse der Gefangenen die Anerkennung für seine Teilnahme am Bibelgrundkurs erhielt. Nachdem er durch eine gedruckte »Gute Nachricht« in seiner Zelle zu Jesus gefunden hatte, war ein Brief von ihm an die AJH-Zentrale gelangt, der folgende Sätze enthielt:

»Mein Leben lang habe ich mich vor dem gefürchtet, was nach dem Tod kommen würde. Selbst in den härtesten Kämpfen des Krieges im Norden hat mich diese Sache nicht losgelassen. Doch jetzt, nachdem ich Christus als meinen persönlichen Erlöser angenommen habe, jagt mir sogar mein Todesurteil keinen Schrecken mehr ein. Ich kann bekennen, dass ich wirklich glücklich bin. Ich werde weiterhin die Bibel studieren, bis ich mein Leben ablege, um zu Jesus zu gehen und immer bei ihm zu sein.«

Als Jack McAlister das Gefängnis verließ, umarmte er Oberst Park noch einmal und ermutigte ihn, stark im Herrn zu bleiben. Der verurteilte Gefangene lächelte ihn an und sagte: »Christus ist mir näher als je zuvor.«

Oberst Park ahnte vielleicht, was ihm unmittelbar bevorstand. Sein Berufungsantrag an den obersten Gerichtshof von Südkorea wurde abgelehnt, und einige Wochen später wurde er gehängt. Doch diejenigen, die ihn kannten, hatten keinen Zweifel daran, dass er eine neue Schöpfung in Christus geworden war.

Es waren genau gesagt 1.201 Insassen in jenem Gefängnis von Korea, die den Weg zu Christus gefunden hatten. Und einer von ihnen war der Oberst Indoh Park, der heute bereits bei Jesus ist.

Der Zorn der Götter

Die Dämonen zürnten den Menschen. Krankheit hatte sich ausgebreitet in den tiefen Tälern und auf den hochragenden Bergen von Ost-Kwaio. Ganze Familien lagen krank oder im Sterben. Hari hörte sich ihre Geschichten an und bot ihnen die traditionellen Mittel, um die Götter zu besänftigen. Er war sicher, dass es keinen ersichtlichen Grund gab, weshalb sie ihren Zorn über sie ausgossen. Vielleicht hatte jemand eine Kwaio-Grabstätte unwissentlich entweiht und damit den Geist eines Vorfahren verärgert. Oder ein Krieger hatte versäumt, ein Schwein oder ein Huhn zu opfern und damit ein Tabu des Stammes gebrochen.

Hari, anerkannter Priester und Häuptling dieses Distrikts von mindestens zehn kleinen Bergdörfern, sah, dass viele Schweine und Hühner geopfert wurden. Und er bekam auch viele von ihnen als Bezahlung für die religiöse Lossprechung von den Nöten der Kwaios. Doch tief in seinem Herzen wusste der alte 80-jährige Häuptling (oder war er 90?), dass dem Glauben seines Volkes etwas fehlte. Die Götter waren allzu leicht zornig und vergaben kaum. Manchmal träumte er von einem friedlichen Platz ohne Schmerzen und Leiden. Doch er hatte keine Vorstellung davon, wo man einen solchen Platz finden könnte.

Oft starrte der alte Häuptling nachts hinauf zum glänzenden Sternenhimmel des südwestlichen Pazifik. Er hoffte, dass ihm jemand, noch bevor sein Leben zu Ende war, den Weg zum ewigen Frieden zeigen würde. Doch Hari musste mindestens noch zehn weitere Yam-Ernten abwarten, bevor Fremde den Mut fanden, dieses abgelegene Gebiet aufzusuchen, und die Antwort mitbrachten, nach der er sich so sehr sehnte – die Wegweisung zum himmlischen Frieden.

8 Der Auftrag, auch andere ›herbeizuführen‹

Stimmen einfangen und festhalten

Jesus beschreibt sich selbst als die einzige Tür, durch die Menschen zu Gott kommen können (s. Einführung zu Teil II). Er sprach aber auch von »andern Schafen, ... die nicht aus diesem Stall sind« (Joh 10, 16). Und dann fügt er hinzu: »... auch sie muss ich herführen.«

Jetzt wollen wir uns noch eine andere Gruppe dieser weithin Unerreichten ansehen: Menschen, die nicht lesen und schreiben können und die über die ganze Welt verstreut sind.

Ich bin dankbar, dass es christliche Organisationen gibt, die solche Menschen als Zielgruppe ansehen. Eine davon, mit der die AJH-Bewegung Jahre hindurch eng zusammengearbeitet hat, ist die »Internationale Schallplattenmission«, von der auch gegen Ende des Jahres 1985 das Evangelium zu Gyalsang und seiner Familie kam. Dieser einzigartige Dienst hinter den Kulissen (von dem ich überzeugt bin, dass er in der Durchführung des Großen Missionsauftrages Jesu in unserer Generation eine Schlüsselstellung einnimmt) hatte seinen Ursprung vor gut einem halben Jahrhundert. Eine junge Missionarin in Honduras litt sehr unter einem unerfüllten Auftrag, für den sie sich verantwortlich fühlte. Sie war davon überzeugt, dass ihr Dienst bereits sein Ende gefunden hätte.

Joy Ridderhof, so hieß sie, war nur sechs Jahre in Mittelamerika gewesen, als sie sich im Jahr 1937 gezwungen sah, nach Hause zurückzukehren. Ihr Körper war von der Ruhr und von Malariaanfällen schwer geschädigt worden. Doch als sie sich dann in Los Angeles, in der Heimat ihrer Kindheit befand, wurde sie innerlich die Bilder einzelner Menschen aus Honduras nicht los. Sie hatte die Absicht gehabt, ihr Leben diesem kleinen mittelamerikanischen Land zu weihen. Vor allem sah sie eine arme Witwe vor sich, die mit ihrer großen Familie in einem Dorf im Gebirge wohnte und nicht lesen und nicht schreiben konnte.

Als Joy sie zum ersten Mal besuchte – nicht lange vor ihrer Rückkehr in die Staaten – hatte die Frau ganz fasziniert auf die Botschaft der Erlösung gelauscht und dann selbst zu Jesus Christus gebetet, damit er auch ihr Erlöser würde. Ihre Schwiegertochter übergab ihr Leben ebenfalls an Jesus. An jenem Abend war Joy etwa 13 Kilometer durch strömenden Regen zu Fuß nach Hause gegangen. Sie war erfüllt von der Freude darüber, dass zwei Menschen den Weg zu Jesus gefunden hatten.

Später hatte Joy noch gehört, dass diese Frau sehr unter Druck geriet, weil sie öffentlich über ihre Bekehrung gesprochen hatte. Von da ab war es aber dann mit Joys Gesundheit rapide abwärts gegangen. Doch sie fühlte immer noch eine starke Verantwortung für diese ältere Frau dort in den Bergen, die nicht einen einzigen Vers vom Wort Gottes zur Verfügung hatte, der sie trösten und ihr Mut machen konnte. Und eine Bibel hätte ihr auch gar nichts genützt, da sie nicht lesen konnte.

Wenn ich ihr doch nur einige Stellen der Heiligen Schrift vermitteln könnte, dachte Joy, so dass sie ihr wirklich als geistlicher Besitz immer gegenwärtig wären. Dann hätte sie wenigstens eine Waffe gegen Sünde und Versuchung in der Hand.

Sie unternahm deshalb den 13 Kilometer langen Weg in die Berge noch einmal und blieb einen ganzen Tag bei der Frau. Stundenlang saßen sie zusammen, und die gesundheitlich schwer angeschlagene Missionarin wiederholte einen einzigen Bibelvers immer wieder – Wort für Wort. Die Frau stotterte schließlich und wurde immer verwirrter bei dem Versuch, sich eine Wendung ins Gedächtnis einzuprägen.

Joy verließ das Gebirgsdorf hoffnungslos deprimiert. Wie sehr wünschte sie sich, sie hätte ein paar Tage länger bleiben können, bis die biblische Botschaft im Geist dieser Frau Wurzeln geschlagen hatte.

Monate später lag Joy im Haus ihrer Eltern in Los Angeles und sollte sich dort erholen. Sie konnte die Gefühle der Angst und der Enttäuschung bei ihrem Abschied dort in den Bergen von Honduras nicht vergessen.

Wenn ich doch nur meine Stimme hätte dalassen können,

dachte sie. Dann würde ich Vers um Vers so lange wiederholen, bis sie aus ihrem Gedächtnis nicht mehr zu vertreiben wären.

»Nur eine Stimme brauchte man«, murmelte Joy vor sich hin, als sie über diesen Gedanken einschlief.

Sie verbrachte den Herbst und Winter größtenteils im Bett. Doch oft sprach Gott in ihrem Herzen über seinen Plan, die Gute Nachricht zu denen zu bringen, die sie sonst nicht empfangen konnten.

Eines Tages, als Joy schon auf dem Wege der Besserung war, wanderten ihre Gedanken wieder zu ihren Erfahrungen in Honduras zurück. Ihr fielen die schrillen Klänge von Schallplatten ein, die in den Kneipen und Geschäften dieses völlig verarmten Landes zu hören waren. Dann erinnerte sie sich daran, dass sie selbst geistliche Lieder auf einem Grammofon mit Handkurbel dargeboten hatte. Eine andere Missionarin hatte wehmütig dazu geäußert: »Wenn wir doch nur evangelistische Aufzeichnungen in Spanisch hätten und sie auf diese Weise den Leuten nahebringen könnten.«

Plötzlich hatte Joy einen »schöpferischen Blitz«.

Schallplattenaufnahmen, dachte sie, Ton-Kassetten. Die konnte man tausendfach reproduzieren.

War es möglich, das in einem solchen Ausmaß zu bewerkstelligen, dass eine ganze Missionsarbeit davon beeinflusst werden konnte?

Eine Chance schien sich einige Tage später zu bieten. Ein Mann, der etwas von der Herstellung von Tonbandaufzeichnungen verstand, wies Joy auf einen anderen hin, der noch mehr Ahnung davon hatte. Er war früher Missionar in Mittelamerika gewesen. Ein Jahr später, 1938, lenkte Gott die Entwicklung so, dass mit der Produktion einer ersten evangelistischen Tonkassette begonnen werden konnte. Sie enthielt die Botschaft von der Erlösung und einige Lieder und besondere Schriftstellen – in Spanisch.

Die Kosten für diese erste Aufzeichnung waren unglaublich niedrig. Sie betrugen einschließlich der Studiozeit gerade 15 Dollar. Im Mai 1940 war es so weit, dass elf doppelseitige Master-Aufzeichnungen zur weiteren Vervielfältigung zur Verfügung standen.

Joy hatte von Anfang an beschlossen, wegen ihres Akzents den Text der Aufzeichnungen nicht selbst zu sprechen, sondern Einheimische dabei einzusetzen. (Diese Strategie erwies sich mit der Zeit als ziemlich entscheidend für die Gesamtplanung des Projekts, da Gott es möglich machte, Botschaften in viele hundert Sprachen zu übertragen.) Außerdem verschickte Joy auch schlichte Gebetsbriefe an Freunde, die sich an der Arbeit besonders interessiert gezeigt hatten und nun mitbeten und mithelfen wollten.

Vom ersten Mal an, als diese evangelistischen Kassetten in Honduras erschienen, wurden sie mit Begeisterung aufgenommen. Joy ahnte nicht, welche dramatische Ausdehnung diese Art der missionarischen Arbeit mit der Zeit erfahren sollte. Sie hatte sich im Dachgeschoss ihres Elternhauses einen Arbeitsraum eingerichtet. Er war gleichzeitig Büro und auch Verteilerzentrale. Menschen, die andere Sprachen und Dialekte sprachen, fanden bald heraus, was sich hier im Bereich der spanischen Sprache abspielte. Sie baten um Hilfe für ihren eigenen Sprachraum.

Im Jahr 1943 erreichte eine spezielle Anfrage Joy. Sie kam von den Wyclif-Bibelübersetzern. Sie wollten eine evangelistische Kassette für die Mazahua-Indianer, einen Stamm, der im Norden von Mexico lebte. Doch als Joy und ihre Mitarbeiter darauf warteten, einige der Stammesangehörigen in Los Angeles zu empfangen, um die christliche Botschaft in ihrer eigenen Sprache aufzunehmen, wurden die Visa für diese Repräsentanten des indianischen Stammes abgelehnt. Die USA befanden sich gerade im Zweiten Weltkrieg.

Dann kam Joy der Gedanke: Um die Stimmen der Mazahua festzuhalten, so dass sie die Gute Nachricht in ihrer eigenen Sprache hören konnten, mussten sie nicht unbedingt zu den Amerikanern kommen. Die Amerikaner konnten zu ihnen gehen.

Im der Praxis brachte diese Idee eine beträchtliche Herausforderung mit sich. Die kleinen, transportablen Kassettenrekorder, die heute überall benutzt werden, waren um diese Zeit noch unbekannt. Die Aufnahmen mussten direkt auf Schallplatten gemacht werden, und die dazu notwendigen Geräte waren sehr unhandlich und sperrig.

Doch das erste Team, das sich zu den Mazahuas auf den Weg machte, verließ Kalifornien im März 1944 und kam erst im Frühjahr

1945 zurück. Eine ganze Reihe von Wundern halfen dem Team, nicht nur die Sprache der Mazahuas festzuhalten, sondern gleichzeitig noch 32 weitere Mundarten, 25 davon waren indianische Stammessprachen. Jede Aufzeichnung wurde in die USA zurückgebracht, auf Acetatseide überspielt, in großen Mengen vervielfältigt und dann in vielen Regionen Mexikos verteilt.

›Ein Baum, zum Kreuz gebunden‹

Die Stimmen solcher Stämme aus abgelegenen Gegenden einzufangen, war eindeutig eine schwierige Sache. Das Evangelium war bisher zu den meisten von ihnen niemals durchgedrungen. Viele hatten nicht einmal eine geschriebene Sprache. So musste man einen Stammesangehörigen finden, der mindestens eine andere Sprache verstand und mit dessen Hilfe ein Team, das Aufzeichnungen machen wollte, sich verständlich machen konnte. Dann musste ein Mitarbeiter diesen Menschen mit einem Skript versorgen, das er in seine Muttersprache übersetzen konnte. Doch da dieser Mensch vermutlich nicht lesen konnte, musste die Botschaft mündlich durch einen Dolmetscher in die zweite Sprache übersetzt werden. Und das musste Satz für Satz geschehen.

Im November 1948 machten Joy Ridderhof und ihr Team von der heutigen »Internationalen Schallplattenmission« die erste Reise zu den Philippinen, um auch dort zahlreiche Dialekte mit ihrer Methode der mehrfachen Übersetzung einzufangen. Wenn es gelang, auf diese Weise die Sprache einer Gruppe von Ureinwohnern zu erfassen, einer Sprache, die niemals geschrieben worden war und auch von keinem Missionar gesprochen werden konnte, dann konnte man die Methode schlichtweg überall anwenden.

Wie funktioniert das? Wir wollen an einer realen Aufnahmesitzung teilnehmen, wie sie von Phyllis Thompson in ihrem Buch *»Glaube durch Hören«* beschrieben wird.

Joy und mehrere Mitarbeiter einschließlich ihrer Partnerin Ann Sherwood und eine philippinische Übersetzerin, Frau Maggy, saßen mit einem 18-jährigen Angehörigen eines Negrito-Stammes und einem älteren, zahnlosen, halb nackten Mann dieses Stammes zusammen. Der alte Mann war kaum 1,50 Meter groß. Er sprach den Ibanag-Dialekt jener Gegend ebenso wie das Palanan Negrito (die Sprache, die aufgezeichnet werden sollte) und auch in begrenztem Umfang Englisch.

Die Botschaft, die für die Aufnahme vorbereitet war, beschrieb, wie »der Sohn des Häuptlings der Himmel« auf die Erde kam, »um an einem Baum, der kreuzweise zusammengebunden war, zu sterben. Er sollte die Strafe für alle Schuld aller Menschen auf der ganzen Welt tragen, um sie vor dem bösen Dorf tief unten irgendwo zu bewahren. Der Platz in der Unterwelt wird Feuer genannt.« Dann ging es weiter mit der Erklärung: »Wer auch immer an ›Jesus‹, den Sohn des Häuptlings der Himmel, glaubt, wird selbst ein Kind dieses großen Häuptlings werden. Und wenn er dann sterben muss, wird er unmittelbar in das gute Dorf oben im Himmel hineingehen können, wo alles schön und glücklich ist.«

Die Botschaft schloss noch ein, dass der Heilige Geist, der »gute Schatten-Geist«, der zu dem Häuptling der Himmel gehört, kommen würde, um im Herzen dessen zu wohnen, der an Jesus glaubt.

Joy saß mit ihrem Team und den beiden Negritos zusammen. Sie nahm nun das Mikrofon und sagte in deutlichem Englisch: »Gott, der Schöpfer Himmels und der Erden und alles dessen, was darauf wohnt und lebt, hat eine Botschaft zu allen Menschen gesandt, die auf dieser Erde wohnen …«

Dann übergab sie das Mikrofon an Frau Maggy, die den Satz in der Ibanag-Sprache dem wachsamen, kleinen Mann wiederholte. Joy gab nun das Mikrofon an ihn weiter. Der zahnlose Pygmäe nahm es aufgeregt entgegen und sprach den gleichen Satz ruckartig in Palanan Negrito.

Neben ihm saß der kleine, 18-jährige Negrito, dessen Aufgabe es war, die Gute Nachricht an diesem Tag für die Aufzeichnung zu sprechen. Er musste laut und deutlich in das Mikrofon sprechen und genau das wiedergeben, was er von dem alten Mann hörte. So hörte er gespannt zu, als dieser den ersten Satz der evangelistischen Botschaft in ihrer Stammessprache zum Ausdruck brachte. Beim Zuhören zitterten die Lippen des jungen Mannes und sein schmaler, brauner Körper spannte sich. Dann nahm er den merkwürdigen kleinen Gegenstand, in den die andern hineingesprochen hatten und wiederholte den Satz, den er gerade gehört hatte, laut in seiner eigenen Sprache.

Später bat Joy aufgeregt Ann Sherwood, die in drei Sprachen aufgezeichnete Botschaft noch einmal abzuspielen. Zuerst hörte man die Stimme von Joy, die von Gott, dem Schöpfer Himmels und der Erden sprach. Der junge Negrito saß starr da, als er Joy aus der Lautsprecherbox reden hörte. Dann kam die ruhige, sachliche Stimme der philippinischen Übersetzerin, Frau Maggy. Der junge Negrito zeigte keinerlei Bewegung. Als nächstes hörte man die ruckartige, aufgeregte Stimme seines alten, zahnlosen Stammesgenossen. Auch das ließ ihn ungerührt.

Wieder kam eine andere Stimme, und diesmal hörte der junge Negrito sich selbst laut verkünden: »Der Häuptling des Himmels, der Himmel und Erde und alles, was darin ist, gemacht hat – er hat eine Botschaft zu allen Menschen auf der Erde geschickt ...«

Der junge Mann wurde von seinen Gefühlen überwältigt. Niemals in den 18 Sommern, die er erlebt hatte, war ihm etwas Ähnliches vorgekommen. Seine eigene Stimme sprach aus diesem kleinen Kasten heraus. Er ließ sich zurückfallen und lachte, bis jeder Teil seines Körpers sich vor Freude schüttelte.

Es brauchte einige Minuten, bis er die Selbstbeherrschung wiedergefunden hatte, und die Missionare mit ihrer Aufzeichnung weitermachen konnten. Jeder einzelne Abschnitt musste seinen Weg von Joy zu der philippinischen Frau, dann zu dem alten Negrito und schließlich zu dem jungen nehmen. Und jeder Abschnitt musste dann noch einmal abgespielt werden, um sicherzugehen, dass die Aussagen exakt wiedergegeben worden waren. Das verursachte jedesmal von neuem einen Ausbruch von Gelächter bei dem jungen Mann. Es braucht wohl nicht gesagt zu werden, dass die Aufnahme der ganzen Botschaft sich über viele Stunden hinzog.

Später schnitt Ann Sherwood die Aufnahme zusammen, wobei sie nur die Aussagen des jungen Negrito für die Vervielfältigung der evangelistischen Botschaft bestehen ließ. Sie musste dazu 150 Stücke herausschneiden und dann aneinanderfügen. Doch als sie ihre Arbeit beendet hatte, gab es für Menschen, die »Palanan Negrito« sprachen die Gute Nachricht in ihrem eigenen Dialekt. Die »Master-Scheibe« schloss mit den Worten:

> *»Worte des Häuptlings des Himmels: ›Wer immer Jesus annimmt, dem gibt er die Macht, ein Kind des Häuptlings des Himmels zu werden, wer auch immer an seinen Namen glaubt …‹«*

Das war das Evangelium in der Palanan-Negrito-Sprache. Und viele Menschen nahmen Christus an um dieses Ereignisses willen, das an jenem Tag in den wilden, einsamen Bergen der Philippinen stattfand.

Als Joy Ridderhof und Ann Sherwood schließlich die Philippinen verließen, hatten sie 92 einheimische Stammessprachen und Dialekte auf die gleiche Weise aufgenommen. Und obwohl Missionare der gesamten Region wertvolle Hilfe geleistet hatten, war das Team doch auch an manche Plätze gekommen, wo bis dahin noch kein einziger Missionar gewesen war.

Gehorsam gegenüber dem Auftrag: ›… auch sie müssen herzugeführt werden‹

Die folgenden Monate brachten eine gewaltige Ausdehnung der »Internationalen Schallplattenmission«. Ende des Jahres 1949 gab es evangelistische Botschaften »auf Band« in 230 Sprachen und Dialekten. Gegen Ende 1950 war die Zahl auf 350 gestiegen. 1955 wurden bereits eine Million Kassetten fertiggestellt und in 1.401 Sprachgruppen versandt. 1963 stieg die Produktion jenes Missionswerkes auf über 4,5 Millionen an und umfaßte 2.900 Sprachen und Dialekte.

Im gleichen Jahr entwickelte das Werk ein erstaunliches »sprechendes Büchlein«, das den Jahrespreis von »International Paper« bekam für diese ungewöhnliche Nutzung von Pappe. Es bedeutete einen Durchbruch für das Ziel, das Evangelium an Menschen weiterzugeben, die weder lesen noch schreiben konnten oder die keine verschriftete Sprache besaßen.

Jahrelang hatte Joy Ridderhof den Standpunkt vertreten: »Alles, was man braucht, um eine Schallplatte abzuspielen, ist die Möglichkeit, sie zu drehen, und eine Nadel, die die Rillen nachspielt. Solche eine simple Parole war erforderlich, das wusste sie, für die entlegensten Ecken der Welt, wo es keinen Plattenspieler oder Kassettenrecorder gab. Selbst wenn man die Kosten so niedrig wie möglich gestalten konnte (was schließlich gelang), würden sie bei einer Versendung der Kassetten oder Platten in zehntausende solcher Dörfer, wo Menschen nicht lesen und schreiben konnten und noch nichts vom Evangelium wussten, doch unerschwinglich hoch sein.

Man machte viele Experimente mit der Entwicklung dieser »sprechenden Schriften«, »cardtalk« genannt. Plastikmaterial erwies sich als unbrauchbar. Und nur durch Zufall entdeckten die an diesem Projekt Arbeitenden, dass Wellpappe das beste Material war, wegen der Art und Weise, wie sie den Schall zurückgab. Gerade durch die Anordnung der gefurchten Rillen ergab sich noch eine bessere Wiedergabe des Tons.

Als die Pappe später beschichtet wurde, um sie wasserfest zu machen, wurde der Klang noch besser.

Ein kleines Gerät, um diese Pappscheiben abzuspielen, das aus drei Pappestücken von etwa 52 Quadratzentimetern mit kleinen Fugen besteht, kostet weniger als einen Dollar. Und man kann damit eine aufgezeichnete Botschaft in einem großen Raum oder einer Hütte mit 30 oder 40 anwesenden Personen gut vernehmlich wiedergeben.

Bis heute sind 936.698 Abspielgeräte für solche Pappkarten auf der ganzen Welt unter Analphabeten verteilt worden. AJH hat mehr als 500.000 davon in über 100.000 indische Dörfer verteilt, die irgendwo im Land verstreut liegen. Die Gesamtsumme von einer Million Sprechkarten muss zu einer Million der üblichen Aufzeichnungen hinzugezählt werden, die in früheren Jahren von »Gospel Recordings« verteilt wurden. Und ebenso kommen dazu noch die unzählbaren Mengen von Kassetten mit Hunderten von Sprachen, die an einheimische Stammes- und Volksgruppen vermittelt wurden.

Später erfand man in der Entwicklungsabteilung der »Internationalen Schallplattenmission« einen Kassettenrekorder mit Handkurbel. Das war ein Wunder an sich, denn er funktionierte ohne Motor und Batterien. Um das Gerät in Gang zu setzen, musste man nur eine kleine Handkurbel drehen, um die entsprechende Kraft zu erzeugen. Dieser einmalige Kassettenspieler, der von jedem bedient werden konnte und von keinerlei mechanischen Tücken bedroht war, wurde sehr preiswert zu Tausenden in China hergestellt.

In vielen Teilen der Welt wurden ganze Dörfer vom Evangelium erreicht als Ergebnis dieser von Hand angetriebenen Kassettenrekorder, die man in die abgelegenen Gebiete hineingebracht hatte. Dabei enthielten die Kassetten nicht nur die Botschaft von Jesus Christus, sondern auch christliche Lieder, die alle in der entsprechenden Sprache bzw. dem Dialekt wiedergegeben waren.

Heute sind mindestens 4.679 verschiedene Sprachen und Dialekte durch Aufzeichnungen festgehalten. Es geht aber immer noch darum, Teams zusammenzustellen und auszusenden, die zu den – wenn auch inzwischen abnehmenden – Volksgruppen hingehen, um ihnen diese geschriebenen oder gesprochenen Aufzeichnungen des Evangeliums zu bringen.

Die Ergebnisse beweisen weiterhin, dass es möglich ist, vorher vom Evangelium ausgeschlossene Menschen mit ganz einfachen Mitteln der Kommunikation zu erreichen. In Nepal z. B., nicht weit von dem Dorf Syabru, wo Gyalsang und seine Familie den Weg zu Christus fanden, wurden drei bisher nicht erreichte Stämme von der »Internationalen Schallplattenmission« und AJH gemeinsam als Zielgruppe gewählt: der Sonha-Stamm, der aus einigen Zehntausenden von Goldwäschern und Bauern besteht, die Hayu-Leute, einer der kleinsten Stämme Nepals mit nur ungefähr 1.500 Angehörigen, und der Thami-Stamm, der etwa zwanzigtausend Steinhauer und Jäger zählt. Jede dieser drei Gruppen gehört nahezu 100-prozentig zu den Analphabeten. Sie alle bekamen eine Aufzeichnung des Evangeliums, und die wenigen, die lesen konnten, erhielten die in ihrer Sprache gedruckte Botschaft.

In einem Bericht des Teams, das das Gebiet der Sonha besuchte, heißt es:

»Wir waren insgesamt acht Mitarbeiter, die an diesem Platz den großen Missionsauftrag Jesu erfüllen wollten. Im Glauben und mit großem Vertrauen begannen wir unsere Arbeit. Jetzt erkennen wir, wie wunderbar der Herr unsere Gebete erhört hat. Er brachte 23 Personen dahin, zu verstehen, dass es einen Gott gibt, der liebt und vergibt.

Diese 23 nahmen den Herrn als persönlichen Erlöser an und gelobten, für ihn allein zu leben. Wir hatten 40 Kassetten in der Sonha-Sprache verteilt, zwei Kassettenspieler mit Handbetrieb und ein paar Traktate in nepalesischer Sprache für diejenigen, die lesen konnten. Ist das nicht wunderbar? Sie hatten niemals vorher etwas vom Evangelium gehört. Und sie waren sehr erstaunt, dass auf den Kassetten ihre eigene Sprache zu hören war. Jetzt ist die Gute Nachricht in den meisten Sonha-Dörfern bekannt.«

Diese anderen Schafe, von denen Jesus sprach, dass er sie auch herzuführen müsse (Joh 10,16), haben wirklich eine Chance, die Gute Nachricht in ihrer eigenen Sprache zu hören.

Doch was ist mit denen, die in total abgeriegelten oder nur beschränkt zugänglichen Nationen leben, wo das Evangelium nicht frei verkündigt werden kann? Wir werden sehen, dass gerade sie vielleicht das größte Wunder von all dem darstellen, was sich am Horizont der Weltevangelisation abspielt.

Noch ein ›Schicksals-Kind‹

Die meisten Kwaio-Dorfbewohner dachten, dass Häuptling Hari ungefähr 90 Yam-Ernten erlebt hätte. Selbst Hari war nicht sicher, wie viele es wirklich waren. Doch die Leute liebten seine Geschichten, wenn er von den Traditionen der Kwaios erzählte, die er so gut kannte.

Es war spät am Abend. Die Dorfbewohner saßen ums Feuer herum. Von den zerklüfteten Bergen um das Gebiet der Kwaios herum kam ein kühler Wind. Sie sangen und tanzten und erzählten sich ihre Inselgeschichten. Ab und zu leuchtete eine Sternschnuppe auf, wenn sie über den pechschwarzen Pazifikhimmel schoss und wieder verschwand. Hari war immer schnell dabei, solchen merkwürdigen Erscheinungen eine Bedeutung beizulegen. Er sagte, sie sollten daran erinnern, dass die Geister der Ahnen seiner Stammesgenossen nahe seien. Das war eine stillschweigende Anerkennung ihrer Gegenwart. Doch tief innen überlegte er, was es mit den Sternen wohl tatsächlich auf sich hätte und woher sie kämen.

Trotz seiner eigenen inneren Fragen hatte Hari immer Antworten für diejenigen, die ihn als ihren Häuptling ansahen. Die Menschen liebten und achteten ihn dafür. Wenn ein neues Kwaio-Kind geboren wurde und mit den traditionellen Zeremonien den Ahnen geweiht wurde, überlegten die Dorfbewohner schon manchmal, ob dieses Kind vielleicht einmal ihr Häuptling und Priester werden würde, wenn der alte Patriarch von ihnen gegangen sei. Andere dachten, Hari sei wohl niemals wirklich zu ersetzen.

Eines Nachts, als die nackten Krieger der Kwaios sich wieder einmal am prasselnden mitternächtlichen Feuer wärmten, wurde auf der anderen Seite der Welt ein Kind geboren, das ein ähnliches Schicksal haben sollte wie Hari. Das geschah tief im Regenwald Zentralafrikas. Auf diesem Kontinent war es früher Nachmittag, als Pygmäen-Eltern ein Baby in Empfang nahmen. Umgeben von ihrem Clan – es mochten zusammen mehr als 40 Mitglieder sein – brachten sie ihr Kind – einen zukünftigen Häuptling der Pygmäen, dem Gott der Bäume dar. Dies Kind, Lendongo, würde wie Hari von Gott benutzt werden, um für sein Volk die Eingangstür fürs Evangelium zu sein.

9 Nächtlicher Einsatz

Die Nacht scheint in China dunkler zu sein als anderswo – und diese Nacht war keine Ausnahme. Vielleicht machten das die fehlenden Straßenlampen, dachte ich. Oder es war die geistliche Dunkelheit, die über diesen hochragenden Mietshäusern am Rand einer der größeren Städte Nordchinas zu lagern schien?

Es war schon nach Mitternacht. Das Team der nächtlichen Aktivisten, mit denen ich zusammenarbeitete, hatte bereits etwa tausend evangelistische Schriften verteilt. Wir vier hatten uns zu je zwei und zwei aufgeteilt. Eine andere Vierergruppe war in einen anderen Stadtteil gegangen. Mehrere Stunden lang waren wir in dunkle Eingänge von Apartmenthäusern hinein- und wieder herausgehuscht, die Augen dabei offenhaltend, ob da etwa Polizei oder sonst jemand beobachtete, was wir taten. Autos waren zwar in China inzwischen eine alltägliche Erscheinung, um diese nächtliche Zeit aber doch selten. Auftauchendes Scheinwerferlicht konnte also nur von einem Taxi oder Polizeiauto herrühren. In beiden Fällen konnte eine Entdeckung ernste Folgen haben.

Plötzlich hörten wir jemand aus dem Eingang zu diesen Mietskasernen herauskommen, wo wir gerade einen Packen Traktate verteilt hatten. Wieder tauchten wir in den Schatten ein. Mein Herz pochte gewaltig, als wir in absolutem Schweigen verharrten. Doch es war falscher Alarm gewesen. Zweifellos hatte die Person geglaubt, etwas zu hören, war dann aber beruhigt wieder hineingegangen.

Ich atmete tief und dachte zum wiederholten Mal bei mir: »Ich kann es nicht glauben, dass ich hier mitten in Nordchina bin und gesetzeswidrig handle! Was um alles in der Welt hat mich dahin gebracht, dieser Sache zuzustimmen?«

Jahrelang hatte ich eine besondere Verantwortung für China gespürt und jeden Tag für diese Nation gebetet. Das war nun über 19 Jahre lang so gegangen.

Auch die weltweite AJH hatte das Gebetsanliegen sehr ernst genommen. Vor zwei Jahrzehnten hatte unser Werk 30 besondere Gebetsbriefe gedruckt, jeder mit dem Schwerpunkt auf einer anderen Provinz Chinas. Außerdem hatten wir uns mit verschiedenen christlichen Organisationen und einheimischen kirchlichen Gruppen zusammengetan, um Bibeln und andere christliche Literatur nach China hineinzubringen. In den frühen 60er Jahren hatten wir sogar Ballons mit christlichen Schriften gefüllt und sie bei günstigem Wind von Taiwan aus losgelassen, so dass sie in die Küstenregion von Südchina hineintrieben. Das war das Beste, was wir damals tun konnten. Eine zwar bescheidene, aber doch ermutigende Anzahl von Antworten kam mit der Post und bewies den Sinn der Aktion. Doch die Türen schienen weiterhin fest geschlossen zu sein für irgendeine systematische Bemühung, um das Evangelium in China »von Haus zu Haus« zu verbreiten.

Nun war ich hier – im Juni 1995 – mit einem kleinen Team westlicher Christen. Mitten in der Nacht gingen wir von Wohnung zu Wohnung, gaben die Gute Nachricht von Jesus Christus weiter und hofften, nicht erwischt zu werden.

Wir verfolgten eine neue Strategie, die mich faszinierte – ich hatte erst kürzlich davon gehört. Sie war bisher kaum mehr als sechzehn Monate hindurch in China durchgeführt worden. Sie hatte (wie ich noch entdecken sollte) bei einem leidenschaftlichen 21-jährigen britischen jungen Mann ihren Anfang genommen. Dieser hatte nach nur neunjähriger Schulausbildung einen Ruf von Gott vernommen, alles hinter sich zu lassen und nach China zu gehen.

Treffen mit Bruder Mac

Meine ungewöhnlichen Erlebnisse mit diesen »Nachtarbeitern« hatten ihre Ursache in einem Treffen von zehn AJH-Leitern verschiedener Länder aus Ost- und Südost-Asien, das fünf Jahre früher, im Januar 1990, stattfand. Für die zweite Hälfte dieses Jahrzehnts sollte eine Strategie ausgearbeitet werden. China stand auf unserer Prioritätenliste ganz obenan. Doch die große Frage war, wie eine systematische »Von-Haus-zu Haus«-Evangelisation dort machbar sein sollte. Wir hatten viele Aufsehen erregende Berichte aus diesem weiten Land zu Ohren bekommen. In manchen wurde von 35.000 Bekehrungen am Tag gesprochen. Doch alle Formen einer öffentlichen evangelistischen Arbeit waren gesetzlich verboten. Wenn ein systematischer Plan einer solchen Tätigkeit jemals erlaubt werden sollte, mussten die Zahlen noch viel höher steigen. Die meisten von uns waren sich aber im Klaren darüber, dass diese Möglichkeit in China nicht bestand, wenigstens jetzt noch nicht.

Dann begegnete ich einem jungen, britischen Bruder, den ich aus Sicherheitsgründen hier nur »Bruder Mac« nennen möchte.

Ich hätte Bruder Mac wohl nie getroffen, wenn es sich nicht durch eine unerwartete Begegnung mit einem sehr geachteten Missionar, der in China arbeitete, so ergeben hätte. Mit ihm sprach ich nur einige Augenblicke nach meiner Ankunft zur AJH-Landesleiter-Konferenz in Ostasien. Erschöpft von einem mehr als 24-stündigen Non-stop-Flug ließ ich mich gerade aufs Bett fallen, als das Telefon klingelte.

Der Missionar, den ich, während ich hier war, zu treffen gehofft hatte, rief an, um mir zu sagen, dass er früh am nächsten Morgen in die USA fliegen würde. Wenn wir uns noch über Grundsätzliches unterhalten wollten, dann müsste es noch am gleichen Abend sein.

Irgendetwas in mir – jetzt weiß ich, dass es Gottes Geist war – drängte mich, ihn noch zu sehen, auch trotz meiner großen Erschöpfung. Einige Augenblicke später saßen wir in der Hotellobby beisammen, und er erzählte mir unglaubliche Geschichten, die sich in China abspielten.

Plötzlich – beinahe mitten im Satz – schaute er mir in die Augen und fragte: »Also Dick, welche Pläne hast du für China?«

Ich erklärte ihm die Vision der AJH-Bewegung, und dass es letztlich unser Ziel sei, mit Gläubigen in China zu arbeiten, wie wir es bereits in 170 andern Ländern getan hätten: Die gedruckte Botschaft von der Erlösung sollte buchstäblich jeder einzelnen Familie gebracht werden.

Ich war völlig überrascht, als der Missionar mich unterbrach: »Ich glaube, damit ist hier schon der Anfang gemacht. Da gibt es einen jungen Briten, Anfang 20, der Erstaunliches fertig bringt, gerade wie du es beschrieben hast.«

»Ist so etwas möglich?«, fragte ich sehr erregt.

»Ja, tatsächlich. Er ist gerade von Peking gekommen und will das Wochenende hier bleiben. Es passt sehr gut, dass du gerade diese Woche hier bist«, fügte er hinzu. »Der junge Mann ist nämlich nur jeden zweiten Monat einige Tage da. Die übrige Zeit läuft er kreuz und quer durch China.«

Als ich etwa zwei Stunden später ins Bett fiel, war ich ganz sicher, dass Gott die Umstände für eine strategisch wichtige Begegnung gestaltet hatte. Mein Denken hinsichtlich der Evangelisation Chinas hatte eine Veränderung erfahren.

Kaum 36 Stunden später traf ich Bruder Mac. Seine zerknitterte blaue Sportjacke saß eng auf der hageren Gestalt. Und seine schmale, altmodische Krawatte passte absolut nicht zum Hemd. Doch für solche Äußerlichkeiten hatte Bruder Mac offensichtlich keinen Sinn. Er kümmerte sich nur um Seelen. Und er hatte seine Heimat in Großbritannien verlassen, weil die Millionen Chinas die Botschaft von Jesus brauchten.

Nur ein paar Tage nach dieser ersten Begegnung mit Bruder Mac und nach einer im Gebet verbrachten Nacht, gab Gott mir nachdrücklich einen Gedanken ins Herz: *Du kannst niemals die Freude empfinden, die es bedeutet, das Evangelium in einem verschlossenen Land weiterzugeben, wenn du es nicht am eigenen Leibe erfahren hast.*

So kam es, dass ich mich fünf Monate später selbst in einem Team dieser westlichen »Nachtarbeiter« wiederfand – Traktate verteilend in einem der am stärksten abgeriegelten Ländern der Welt.

Eine neue Heimat

In mancher Hinsicht ist Mac ein ganz gewöhnlicher Mensch. Mancher mag sagen, er ist nicht einmal das. Als 17-jähriger verließ er nach der neunten Klasse die Schule. Dann arbeitete er freiwillig ohne Bezahlung auf einer Schweinefarm in der Nähe seines Elternhauses, als die Besitzer Urlaub machten. Dabei hatte er so gute Arbeit geleistet, dass sie ihn behielten, als sie wieder zu Hause waren. Macs Eltern waren zufrieden, dass er einen eigenen Weg für sich gesucht hatte und stellten ihm 100 Morgen Land als Starthilfe für einen eigenen kleinen Hof zur Verfügung.

Mac schien dazu bestimmt zu sein, Farmer zu werden und Hirse und Bohnen zu ziehen. Doch Gott wollte ihn auf ein anderes Erntefeld schicken. Jemand brachte ihm die gute Nachricht von Jesus, die sein Leben veränderte. Obwohl er noch Teenager war, wusste er nun, dass Gott einen Plan für sein Leben hatte. Wenn das Hirse und Bohnen bedeutete, dann würden es eben Bohnen und Hirse für Jesus sein.

Doch Mac fühlte in seinem Herzen eine Unruhe. Die Möglichkeit eines vollzeitlichen Dienstes für Jesus beschäftigte ihn. Er wusste, dass er keine gute Schulbildung hatte, aber wusste auch, dass Gott ihm helfen konnte, das auszugleichen.

Dann kam im Jahr 1987 eine kleine Gruppe von Christen in die kleine Kirche in Macs Heimat in Mittelengland. Sie berichteten von ihren Erfahrungen, wie sie Bibeln nach China gebracht hätten. Als sie davon sprachen, dass sie in vier Monaten eine weitere Fahrt nach China geplant hätten, war Mac sofort davon überzeugt, dass das die ihm bestimmte Aufgabe war. Er wusste es einfach.

»Ich habe, ehrlich gesagt, nicht mal darüber gebetet«, erzählte er mir in unserm Gespräch. »Ich habe nur jedem gesagt: ›Ich gehe nach China!‹ Wirklich, es hörte sich wie ein Spaß an.«

Vier Monate später begleitete er wirklich dieses Team zu einer der großen ostasiatischen Städte. Dort wurden sie darüber instruiert, wie sie unauffällig Bibeln nach China hineinbringen könnten. Sie sollten sie nicht unmittelbar an chinesische Kontaktpersonen abgeben, sondern sich ein paar Tage als Touristen im Land umsehen. Danach würden sie sich mit Gläubigen vor Ort treffen – wo und wie, dafür bekämen sie noch besondere Anweisungen. Und diesen Leuten würden sie dann ihr kostbares »Brot« des Lebens geben.

Als Mac mit einem Rucksack und andern Gepäckstücken voller Bibeln durch den Zoll ging, hörte er eine leise, feine Stimme in seinem Herzen: *»Jetzt bist du in deiner neuen Heimat!«*

Diese Botschaft, die in einem Augenblick sein Herz durchzuckt hatte, veränderte sein ganzes Leben.

»Ich wusste sofort, dass ich zu Hause war«, sagte mir Mac. »Von jetzt auf gleich gab es keine Frage mehr, wo ich zu leben hatte.«

Je mehr er das chinesische Volk sah und beobachtete, desto mehr brach ihm das Herz. Da waren so viele Menschen, die keine Ahnung von der Erlösung durch Christus hatten. Nachts lag er wach und überlegte: *Wie können wir ihnen das Wort Gottes bringen? Wie können wir ihnen die Gute Nachricht vermitteln?*

Während jenes ersten Aufenthaltes in Peking geschah etwas, das die Richtung von Bruder Macs Auftrag für China entscheidend bestimmte.

Nachdem er den größten Teil seiner chinesischen Bibeln der Kontaktperson übergeben hatte, überlegte Mac, wie er die übrig gebliebenen Bibeln am besten verwenden könnte. Es waren nur ein paar, verglichen mit der Menge, die sie nach Peking gebracht hatten. Doch er vertraute dem Heiligen Geist, dass der ihn auch im Hinblick auf diesen Rest führen würde und ging weiter zu einer belebten Straßenecke. Als er sich umsah und niemand entdeckte, der ihn beobachtete, legte er eine Bibel auf eine Leiste in der Nähe einer Straßenlampe. Schnell tauchte er dann wieder zurück in den Schatten. Die erste Person, die diese Bibel erblickte, ergriff sie wie einen kostbaren Schatz.

Mac schlenderte zurück zu dem Absatz neben der Lampe und legte nach einigen Augenblicken eine zweite Bibel dorthin. Auch diese war bald verschwunden.

Nachdem er diese Methode an verschiedenen Orten wiederholt ausprobiert hatte, war dem jungen Briten eins klar: Selbst wenn er auf diese Weise weiterhin das Wort Gottes in China unentwegt austeilte, würde das doch Jahrhunderte dauern, bevor es in der geistlichen Not des chinesischen Volkes eine entscheidende Änderung bewirken könnte. Einerseits fühlte er sich ermutigt, dass er so ein paar Samenkörner hatte ausstreuen können. Andrerseits war er beunruhigt durch die offensichtliche Unmöglichkeit, die Aufgabe der Ausbreitung des Evangeliums unter den vielen Millionen Chinas zu erfüllen.

Als Macs Kurzzeitvisum ablief, blieb ihm nichts anderes übrig, als in die Heimat zurückzufliegen – trotz seines Eindrucks, den Gott ihm geschenkt hatte, dass seine neue Heimat China sein sollte. Doch innerhalb von drei Monaten hatte er all seinen Besitz verkauft, und im Januar 1988 kehrte er nach China zurück.

In Peking meldete er sich durch die Vermittlung eines chinesischen Christen, den er früher kennen gelernt hatte, bei verschiedenen Universitäten und bot sich als Englischlehrer an. Dabei war ihm eigentlich klar, dass ihm die Voraussetzungen dafür von seiner Ausbildung her fehlten. Natürlich kam es dann so: Als man hörte, dass er nur neun Schulklassen absolviert hatte, wurde er abgelehnt. Mac wurde zunehmend entmutigt und begann den Herrn mit Fragen zu bestürmen. Hatte Gott wirklich gesagt, dass China seine neue Heimat sein sollte?

Während er darüber betete, kam ihm die Gewissheit, dass er in seiner eigenen Kraft vorgegangen war, statt in der Kraft Gottes. Er beschloss, die Sache vollkommen Gott auszuliefern. Nur er allein konnte einen 20-jährigen mit nur neun Klassen Schulbildung in China als Englischlehrer einstellen.

Am darauf folgenden Sonntag wurde Mac eingeladen, sich mit einer kleinen Gruppe von christlichen Studenten in Peking zu treffen. Nach einer Bibelarbeit unterhielten sich einige der Studenten noch über geistliche Dinge. Eins der Mädchen wandte sich dann an Mac.

»Ich habe gehört, Sie suchen einen Job als Englischlehrer?«

Mac war perplex. Woher wusste sie das?

»Ja, das stimmt«, sagte er nur.

»Nun, ich lehre Englisch in einem Hotel. Und ich weiß, dass sie noch andere Personen für diesen Job suchen.«

Sie nannte ihm das beste Hotel für Ausländer, das es zur Zeit in ganz China gab, und dann kam sie mit ihm überein, eine Bewerbung aufzusetzen.

Nach ein paar Tagen hatte Mac fasziniert lauschende chinesische Studenten vor sich, die unbedingt seine Sprache lernen wollten. Sie hatten keine Ahnung davon, dass ihr Lehrer bis spät in die Nacht aufblieb, um den Unterschied zwischen Verben und Adverbien zu begreifen.

Der Job blieb ihm ein volles Jahr erhalten – gerade lang genug, damit Mac sich eine Grundlage erarbeiten und die chinesische Sprache selbst lernen konnte. Während dieser Zeit begann Gott, auch dem jungen Mann seinen Plan zu zeigen, wie man das Evangelium in gedruckter Form systematisch zu jeder Familie in China bringen könnte. Es war besonders günstig, dass das alles in Peking, Chinas Hauptstadt begonnen hatte.

Bruder Mac hatte sehr schnell erfasst, dass die Innenstadt von Peking, die ursprüngliche, alte Stadt, aus sehr engen Gässchen bestand, mit kleinen, einzelnen Wohnungen auf jeder Seite. Das war ein Überbleibsel des britischen Einflusses, der ein halbes Jahrhundert früher hier geherrscht hatte. Die meisten der neueren, äußeren Stadtbezirke wiesen riesige Mehrfamilienhochhäuser auf (wie sie typisch sind in kommunistisch regierten Ländern). Alle diese Hochhäuser, wie Bruder Mac schnell feststellte, hatten Briefkästen, die es leichter machten, jede Familie zu erreichen.

In Bruder Macs Geist reifte ein Plan. Er erinnerte sich daran, wie interessiert die Menschen die wenigen Bibeln aufgegriffen hatten, die er vor einigen Monaten an den Straßenecken auf einen Absatz gelegt hatte. Da er das sehr vorsichtig getan hatte, so dass keiner ihn sah, war er sicher, dass man ihn noch nicht irgendwo angezeigt hatte. Wie wäre es, wenn er sich als Chinese verkleidete und nachts mit dem Fahrrad losziehen würde, um evangelistische Schriften zu verteilen? Wäre es dann nicht möglich, Hunderte von Familien jeweils zu erreichen, und keiner würde offiziell etwas davon merken?

Probleme auf dem ›Platz des himmlischen Friedens‹

In diesen Tagen, als sich die Vision seiner zukünftigen Arbeitsmethode in Macs Herz und Hirn festzusetzen begann, passierte etwas Schreckliches in China, das Mac tief bewegte. Tatsächlich war er plötzlich in diese Sache mit verwickelt.

Mac war gerade 21 geworden und lebte nun anderthalb Jahre in China. Aus Gründen, die keiner ganz verstand, sammelten sich Massen von Studenten auf Pekings berühmtem Tian-An-Men-Platz. Sie brachten alle einen gemeinsamen Aufruf zu demokratischen Reformen vor. Große Erregung erfüllte die Menschen. Keiner schien den Aufruhr zu ahnen, der sich anbahnte.

Am 3. Juni 1989 ging Mac los, um eine 18-jährige chinesische Frau zu treffen – wir wollen sie Mildred nennen. Sie hatte schon oft als Empfangsstelle gedient, wenn evangelistische Literatur aus ausländischen Quellen nach China hereingekommen war. Mildred informierte Mac, sie hätte gerade per Schiffsfracht eine weitere Sendung von Traktaten erhalten. Ob er welche haben wolle. Mac hatte fast sein ganzes Material ausgegeben und war glücklich, eine große Einkaufstasche halbvoll mit ungefalteten Traktaten zu bekommen. Es konnten gut und gern 3.000 Schriften sein. Mac konnte es kaum erwarten, sie auszuteilen.

Kurz vor Mitternacht, als er mit dem Fahrrad zu seinem Hotel zurückradelte, kam er am Platz des Himmlischen Friedens vorbei. Tausende von jungen Leuten waren immer noch dort, und man hatte Hunderte von Zelten aufgebaut. Dann fiel ihm seine Einkaufstasche ein. Eine merkwürdige Schwere erfüllte sein Herz, und irgendetwas mahnte ihn zur Eile.

Er trug seine übliche chinesische Kleidung – eine dunkelblaue Mao-Jacke, dunkle Hosen und eine typisch chinesische Mütze mit einem langen Schirm. Er war sicher, unauffällig zu sein. Jetzt zog er seine Kappe noch tiefer in die Stirn und radelte auf die Mitte des Platzes zu.

Dann tat er etwas ganz Ungewöhnliches. Er bremste ab und stand eine Weile still, das Gesicht zum Himmel gewandt. In Jesu Namen sprach er die Herrschaft über die Mächte der Finsternis aus und band sie nach der Weisung Jesu, die er seinen Jüngern in Matthäus 18,18 gab: »Was ihr auf Erden binden werdet, soll auch im Himmel gebunden sein, und was ihr auf Erden lösen werdet, soll auch im Himmel gelöst sein«. Dann beanspruchte Mac im Glauben »die Seelen jener Nacht« für Jesus. Es war genau Mitternacht.

Mac presste seine Einkaufstasche eng an sich und ging zwischen den Hunderten von Zelten herum, die auf dem Platz aufgebaut waren. Wenn gerade niemand hinsah, warf er eine Handvoll seiner Traktate in ein Zelt hinein. Wenn er Studenten innen sprechen hörte, legte er nur ein paar seiner Schriften an den Zelteingang und huschte schnell wieder davon.

Eine Menge von Zelten wurden in diesen späten Nachtstunden

mit der Guten Nachricht bedacht. Macs Tasche war fast leer. Dann betete er: *»Lass sie diese Nacht noch die Botschaft lesen, Herr. Öffne ihre Augen für deinen Erlösungsplan.«*

Keine 24 Stunden später lagen Hunderte dieser Studenten leblos in großen Blutlachen. Ihre Leichen waren überall auf dem großen Platz verstreut.

Als Mac spät in der Nacht in sein Hotel zurückkehrte, war Gewehrfeuer zu hören. Am folgenden Morgen fuhr er mit seinem Rad wieder zum Platz des Himmlischen Friedens. Überall gab es Spuren von Gemetzel. Busse waren umgeworfen und in Brand gesteckt ... die Zerschlagung der prodemokratischen Bewegung hatte begonnen.

Plötzlich warf einer der Soldaten mit Tränengas, und alle Passanten spritzten auseinander. Mac sauste mit seinem Fahrrad auf die andere Seite des Platzes, gegenüber der berühmten Halle des Volkes. Als er gerade nicht im Blickfeld der Soldaten war, zog er seine Kamera heraus und machte einige Aufnahmen. Ohne jede Warnung eröffnete eine Reihe von Soldaten das Feuer in verschiedene Richtungen. Menschen schrien und rannten, und Mac schoss jetzt los wie eine Rakete. Er hatte erkannt, dass um ihn herum Krieg war.

Im Hotel wurde ihm mitgeteilt, dass alle Ausländer sich sofort am Flughafen zu melden hätten. Und bald darauf befand er sich wieder einmal auf dem Rückweg in sein früheres Heimatland. Seine Berufung nach China erlebte eine mehrmonatige Unterbrechung. Doch sobald es wieder möglich war, kehrte Mac nach China zurück – diesmal, wenn Gott es wollte, für immer.

Fahrradkörbe und Hauseingänge

Macs Erfahrungen am »Platz des Himmlischen Friedens« hatten ihn davon überzeugt, dass er alles tun musste, um jedem Chinesen, den er nur erreichen konnte, das Evangelium von Christus zu bringen. Häufig fuhr er nun mit seinem Rad spät in der Nacht die Straßen im Zentrum von Peking auf und ab. Wenn keiner zuschaute, klemmte er die evangelistischen Schriften in Fahrradgepäckträger oder legte sie auf Haustürschwellen. Die Sache mit den Fahrradgepäckträgern war das gleiche, als ob er die Traktate ins Haus gebracht hätte, da es den Anschein hatte, als ob in China jeder Mensch ein Fahrrad besäße.

Im ersten Jahr suchte Mac etwa 10.000 Wohnungen auf. Er bemühte sich dabei immer, Aufzeichnungen darüber zu machen, so dass er nicht zweimal in die gleiche Gegend fuhr. Es gab ja noch so viele Gebiete in der Stadt, die nicht ein einziges Mal vom Evangelium berührt worden waren. Anfangs lehrte Mac immer noch tagsüber Englisch, während er nachts eine chinesische Kleidung anlegte und dann mit den Traktaten loszog.

»Das größte Hindernis für mich war nicht der Mangel an Schlaf, sondern der Mangel an Schriften. Manchmal musste ich viele Wochen warten, bis ein anderes Team von draußen kam und neues evangelistisches Material mitbrachte.«

Nach dem Massaker am »Platz des Himmlischen Friedens« dehnte sich die Arbeit dramatisch aus. Bis dahin hatte Mac noch keinem Menschen etwas von seinen Aktivitäten erzählt, nicht mal seinen Missionsfreunden. Er hielt das für zu gefährlich.

Dann tauchte eines Tages ein neues Team unter Führung seines Freundes John aus dem Westen auf – sie brachten Bibeln ins Land. Mac traf sich mit ihnen an der Grenze und stimmte zu, ihnen Kontakte zu chinesischen Gläubigen zu verschaffen. Doch vorerst mussten sie noch drei Tage darauf warten. Mac schlug John vor, sich vielleicht zuerst einige Sehenswürdigkeiten anzuschauen.

»Weißt du, ich bin nicht hierher gekommen, um touristische Anziehungspunkte zu betrachten, sondern um Seelen zu retten«, sagte John. »Gibt es nicht etwas, bei dem wir helfen können, das Evangelium unter die Leute zu bringen?«

Mac beschloss, seinem Freund von seinen Aktivitäten zu erzählen. Er bot ihm an, es eine oder zwei Nächte ebenfalls zu versuchen. John akzeptierte das mit großer Freude, und dann kamen sie überein, auch die anderen daran zu beteiligen. Die Sache verlief so erfolgreich, dass sie noch ein paar Nachtkampagnen verabredeten. John kehrte mit seiner Gruppe in die Heimat zurück und gewann andere mutige Gläubige für diesen Einsatz. Bald wurde ein Plan gefasst, diesen

Teams behilflich zu sein, viele weitere chinesische Städte zu erreichen.

Als Mac begann, die größeren und kleineren Städte Chinas näher ins Auge zu fassen, entdeckte er, dass es mindestens 574 Städte mit 3.000 bis 4.000 Einwohnern gab. (Die Einwohnerzahlen der großen Städte wie Peking und Schanghai gehen in die Millionen.) Innerhalb der nächsten 24 Monate suchte Mac 200 dieser kleineren Städte persönlich auf. Überall verteilte er evangelistische Schriften, doch er sammelte auch Land- oder Stadtkarten von den verschiedenen Örtlichkeiten, um eine systematische Verbreitung der Guten Nachricht vorzubereiten. Dann fasste der junge Stratege die Informationen in einem kleinen gedruckten »Touristenführer« für jede Provinz zusammen, für die ein Einsatz geplant war. (Diese Informationen stellten eine unschätzbare Hilfe für das Team der »Nachtarbeiter« dar, zu denen ich im Juni 1995 dazukam.)

Mac erkannte auch, dass viele der größeren Städte – wenigstens fünfhundert von ihnen – als Basis dienen konnten, von der aus man nachts in kleinere Orte gehen und Traktate weitergeben würde. Während des Tages konnten sie die Stadt aufsuchen und nachts die evangelistischen Schriften in den dazu vorgesehenen Gebieten verteilen. Früh am nächsten Morgen fuhren, gewöhnlich schon vor der Dämmerung, die typischen chinesischen Mini-Busse, mit denen sie dann die Stadt wieder verlassen konnten. Um die Zeit wachten die Bewohner der Stadt meist auf und fanden dann die Botschaft von der Erlösung in ihren Gepäckträgern, im Briefkasten oder auf ihrer Haustürschwelle.

Es gab noch einen anderen Aspekt im Zusammenhang mit der Verteilaktion von Bruder Mac, der mich faszinierte. Die Minibusse ermöglichten eine zusätzliche Einsatzmethode. Sie beförderten in jeder chinesischen Stadt etwa 15 bis 20 Passagiere. Mac nannte sie »Schriftenbomber.«

Bei einer seiner ersten Fahrten in eine entfernte Stadt wählte Mac einen Sitz am Fenster im Heck des Wagens. Die Fahrt dauerte mindestens fünf Stunden. Neben sich hatte er eine Tasche stehen, vollgestopft mit Traktaten zur Verteilung in der Stadt, in die sie fuhren. Als der Bus durch kleine Dörfchen rumpelte und dabei kaum das Tempo verminderte, selbst wenn Fußgänger in Sicht waren, kam Mac eine Idee. Er beschloss, in unbewachten Augenblicken eine Handvoll Schriften aus dem Fenster zu werfen.

Das Ergebnis war erstaunlich. Der Wind packte die Traktate und verstreute sie über die Straße wie einen weißen Papierteppich. Die Menschen kamen aus allen Richtungen angerannt, um eins zu erwischen. Manche standen dann mitten auf der Straße, um die Botschaft zu lesen.

Andere Teams machten schließlich auch mit, und das »Traktat-Werfen« wurde zu einem spannenden Teil ihrer Erfahrungen bei der evangelistischen Tätigkeit. Ich erlebte es »aus erster Hand« mit – einschließlich der Freude, die es machte. Mehr als 2.000 Schriften mit der Guten Nachricht warfen wir in einer ländlichen Gegend Chinas als kleine »Paketbomben« aus dem Fenster eines Kleinbusses. Ein Päckchen flog in die Nähe einer Schulkindergruppe. Von überallher kamen sie herbeigerannt. Als der Bus weiterrumpelte, drehte ich mich noch einmal um und sah, wie ein Mädchen von etwa zehn Jahren mitten auf der Straße stand und aufmerksam in dem Traktat las.

Als die 14-tägige Mission meines Teams beendet war, hatten wir mehr als 200.000 evangelistische Botschaften in Reichweite wartender Chinesen ausgestreut.

Gebote im Konflikt

Eine der größten Herausforderungen beim Versuch, einem Land mit verriegelten Türen das Evangelium zu bringen, besteht darin, dass man unterschiedliche Aussagen der Heiligen Schrift in Einklang miteinander bringen muss. Einerseits heißt es, dass die gläubigen Christen die Gute Nachricht überallhin und zu jedermann bringen sollen. Auf der anderen Seite werden die Nachfolger Jesu ermahnt, der »Obrigkeit« zu gehorchen.

In Apostelgeschichte 5,17-29 sagen Männer mit Regierungsautorität den Jüngern, dass sie nicht mehr von Jesus lehren sollten. Bis dahin waren sie frei in Jerusalem herumgegangen und hatten bedeutende Erfolge dabei gehabt. Massen hatten sich zum Herrn gewandt. Dann lesen wir: »Es erhoben sich aber der Hohepriester und alle, die mit ihm waren, nämlich die Partei der Sadduzäer, von Eifersucht erfüllt ...« (V. 17). Sie verhafteten die Apostel und warfen sie ins Gefängnis.

Doch dann geschah ein Wunder: Nachts erschien ein Engel, der sie befreite. Und er wies sie an: »Geht hin und tretet im Tempel auf und redet zum Volk alle Worte des Lebens« (V. 20).

Die Jünger gehorchten, und am Tag nach ihrer nächtlichen Befreiung sah man sie erneut im Tempel, wie sie den Leuten von Jesus erzählten. Wieder wurden sie verhaftet und zum Verhör vor den Hohenpriester gebracht.

> *»Haben wir euch nicht streng geboten, in diesem Namen nicht zu lehren?«, fragte er. »Und seht, ihr habt Jerusalem erfüllt mit eurer Lehre ...« (Apg 5,28)*

Ganz schlicht und einfach gesagt, hatten die Apostel dem Gesetz zuwidergehandelt. Aber Petrus und die anderen antworteten: »Man muss Gott mehr gehorchen als den Menschen!« (V. 29).

Durch das Eintreten des Gamaliel, eines anerkannten Gesetzeslehrers, wurden sie freigelassen. Vorher peitschte man sie aus und befahl ihnen nochmals, nicht mehr im Namen Jesu zu reden.

Doch schon zwei Verse weiter lesen wir davon, dass sie nicht nur weiter Zeugnis von Jesus abgaben, sondern dass sie nicht aufhörten »alle Tage im Tempel und hier und dort in den Häusern zu lehren und zu predigen das Evangelium von Jesus Christus« (V. 42).

Im Gegensatz zu der eindeutigen Verletzung des Gesetzes steht die ebenfalls vom Geist Gottes inspirierte Anweisung des Apostels Paulus an die Römer. Wie gehen wir damit um?

> *»Jedermann sei untertan der Obrigkeit, die Gewalt über ihn hat. Denn es ist keine Obrigkeit außer von Gott; wo aber Obrigkeit ist, die ist von Gott angeordnet ... Darum ist es notwendig, sich unterzuordnen, nicht allein um der Strafe, sondern auch um des Gewissens willen.« (Röm 13,1.5)*

Ganz sicher steht es in direktem Gegensatz zur Regierung eines Staates, sich evangelistisch zu betätigen, wenn es streng verboten ist. Wir müssen aber beachten, dass wir einen Auftrag von Gott haben, die Gute Nachricht zu allen Menschen zu bringen (s. noch einmal Mt 28, 19 und Mk 16, 15). Die Haltung der Apostel zeigt uns: Wenn menschliche Gesetze der klaren Anweisung des Wortes Gottes widersprechen, dann ist ein glaubender Christ zuerst Gott gegenüber verpflichtet.

Zahlreiche Beispiele der Heiligen Schrift (außer der oben angeführten Stelle aus der Apostelgeschichte) belegen diesen Grundsatz. Drei davon wollen wir hier nennen:

1. Die Hebammen, die sich weigerten, dem Gebot des Pharao zu gehorchen und alle männlichen Babys der hebräischen Frauen in Ägypten zu töten (2. Mose 1, 15-21). Gott belohnte diese Hebammen für ihre Haltung.

2. Schadrach, Meschach und Abednego weigerten sich, das Bild des babylonischen Königs anzubeten, und wurden dafür in den feurigen Ofen geworfen (Dan 3). Gott befreite sie und sie wurden sogar vom König besonders geehrt.

3. Daniel betete weiter zu seinem Gott, obwohl der König Darius ein Dekret erlassen hatte, das jegliches Gebet zu einem andern Gott außer ihm selbst streng verbot (Dan 6). Gott »hat seinen Engel gesandt, der den Löwen den Rachen zugehalten hat« (V. 23), nachdem über Daniel die Strafe der »Löwengrube« verhängt worden war. Gott bewahrte Daniel nicht nur vor dem sicheren Tod, sondern schenkte ihm dann auch äußeres Wohlergehen während der Regierungszeit des Darius und des Cyrus.

So kam es, dass ich mich in geistlicher Hinsicht wohl fühlte, als ich in die dunklen chinesischen Hauseingänge hineinschlich und mich wieder davonstahl (obwohl ich dabei in der damaligen Situation deswegen nicht weniger Angst hatte). Wir übertraten das chinesische Gesetz, aber ich wusste auch, dass wir dem großen Missionsauftrag Jesu gehorchten. Außerdem hatte ich das deutliche Empfinden: Wenn wir geschnappt würden, konnten wir es Gott zutrauen, dass er uns auf seine eigene Weise auch wieder befreien konnte, gerade wie er es mit Daniel und den ersten Jüngern gemacht hatte.

Ein Kleinbus-Wunder

Das Beste an allem war: Wir bekamen aus erster Hand den Beweis dafür, dass Gott das Ausstreuen dieses Samens belohnte. Es war in den letzten Tagen unseres evangelistischen Abenteuers damals im Juni 1995, als wir ein Zeugnis davon zu hören bekamen.

Wir hatten uns zu einem abschließenden Gespräch zusammengesetzt. Zwei Brüder aus dem Team, das am weitesten in die Provinz vorgedrungen war, teilten uns ein fast unglaubliches Erlebnis mit, das mit ihren Busfahrten zusammenhing.

Eines Tages waren sie mit dem Bus auf dem Weg in eine entlegene Stadt. Sie hatten gerade damit begonnen, Päckchen mit evangelistischen Schriften aus dem Rückfenster hinauszuwerfen, wenn die Passagiere gerade nicht hinschauten. Unversehens fanden sie Unterstützung in ihrem Anliegen durch eine junge chinesische Frau, die Anfang 20 sein mochte. Sie saß ziemlich weit vorne im Bus und las anderen chinesischen Fahrgästen aus einem Heftchen vor. Dabei erklärte sie manches, was sie las.

Plötzlich wandte sich einer der Team-Mitarbeiter, ein ausländischer Bruder, der ein paar chinesische Wörter gelernt hatte, an seinen Partner.

»Die redet von Jesus!«, rief er mit einem verblüfften Ausdruck auf dem Gesicht aus. »Ich bin ganz sicher!«

Er hörte jetzt aufmerksamer zu und konnte einzelne Wörter und Wendungen verstehen wie *»Buße«* und *»persönlicher Erlöser«*. Zu seinem Erstaunen stellte er fest, dass die Frau jetzt dazu einlud, Christus anzunehmen. Mehrere Fahrgäste aus dem Bus gingen darauf ein.

Als sie geendet hatte, ging einer der jungen Team-Mitarbeiter auf die junge Frau zu und fragte sie, ob sie Englisch spräche. Sie konnte genug, um sich verständlich zu machen, und erzählte nun den Team-Leuten, dass sie vor vier Jahren zu Christus gefunden hätte. Nach den näheren Umständen befragt, zog sie ein 16-seitiges Traktat aus ihrer Handtasche, das sie auch für ihre »Kurzpredigt« von vorhin benutzt hatte.

»Diese Schrift hat mir von Jesus erzählt«, erklärte sie und

drückte das Heftchen glücklich an sich. »Ich fand sie eines Morgens an meiner Haustür. Das war vor vier Jahren.«

»Ist das das ursprüngliche Heft?«, fragte einer der Männer vom Team.

»O nein«, war ihre schnelle Antwort. »Das hier ist eine Kopie. Ich habe seither schon viele davon angefertigt. Die habe ich alle weggegeben an Menschen, die Jesus kennen lernen wollten.«

»Haben Sie eine Kopie übrig, die ich behalten dürfte?«

»O ja, ich habe noch eine Menge davon.«

Als wir nun in unserer Berichtsrunde zusammensaßen, zog der eine der Brüder das Heft heraus und ließ es herumgehen, damit alle es sehen konnten.

In diesem Augenblick schaute ich Bruder Mac an, dessen Augen sich mit Tränen gefüllt hatten. Jetzt sprach er aus, was ihn bewegte:

»Das ist eines der Traktate, die ich vor vier Jahren nachts in dieser Stadt ausgeteilt habe«, sagte er. »Das war damals, als ich zum ersten Mal hierher kam, um Karten der Städte in dieser Provinz herzustellen.« Dann lachte er wie ein Kind, das gerade einen Preis gewonnen hat. »Ich war es, der damals dieses Traktat in ihren Hauseingang legen musste.«

Auch ich lächelte jetzt, als ich die Freude Bruder Macs sah. Und ich dachte an die Verheißung, die Gott dem Jesaja gegeben hatte: »Mein Wort wird nicht wieder leer zu mir zurückkommen, sondern wird tun, was mir gefällt, und ihm wird gelingen, wozu ich es sende« (Jes 55,11).

Nackt im Urwald

Lendongo Botshemba wurde in der Familie Bokimba im Volk der Bosuka-Pygmäen in Zentralafrika geboren. Dem Kind war seine zukünftige Position als Häuptling seines Volkes schon sicher. Das war von jeher die Rolle der Bokimba-Familie gewesen und wurde von einer Generation auf die nächste vererbt.

Die Traditionen der Pygmäen ähneln denen der Kwaios, auch wenn sie weit von ihnen entfernt im äquatorialen Regenwald leben. Lendongos Volk betet die Natur an – Tiere und Bäume – und ebenso die Geister der Ahnen, geradeso wie die Kwaios es jahrhundertelang auch getan hatten. Die Pygmäen verehren noch ganz besonders den Wald selbst. Sie nennen ihn sogar manchmal liebevoll »Vater«.

Wie die Kwaios bestehen auch die Pygmäen des zentralafrikanischen Regenwaldes aus vielen Stämmen und Clans und sprechen viele unterschiedlichen Dialekte. Sie sind ebenso zutiefst abergläubisch. Hexerei und schwarze Magie durchdringen alle Bereiche des Lebens. Dieses »Volk der Bäume« ist davon überzeugt, dass die durch Malaria oder andere Krankheiten verursachte hohe Todesrate in Wirklichkeit durch magische Kräfte oder böse Geister ausgelöst ist. Deshalb nehmen sie besonders schmerzhafte Prozeduren auf sich, um die Geister ihrer Vorfahren zu besänftigen. Sie glauben, dass diese im Zorn zurückgekehrt sind, um sie mit solchen Krankheiten zu plagen.

Klein von Gestalt und nahezu nackt fühlen sich manche Pygmäen den Tieren näher – besonders den Schimpansen und anderen Affen – als dem größer gewachsenen afrikanischen Bantu-Volk, das in dieser Region lebt. Die Bantu haben allerdings in früheren Generationen die Pygmäen auch derart bekämpft und dezimiert, dass das »Volk der Bäume« Schutz suchend immer tiefer in den Urwald hinein geflohen ist. Damit entfernten sie sich auch immer weiter von der Möglichkeit, die eine Botschaft zu hören, die allein ihr Schicksal verändern konnte.

Doch für jene Pygmäen, die bald von ihrem jungen Häuptling Lendongo angeführt werden sollten, war schon ein Plan vorbereitet – ebenso wie für die Kwaios und ihren alten Häuptling Hari –, dessen Erfüllung sie für immer verändern würde.

10 Ein schwankender Riese

Die weltweite Kirche befindet sich in einer Situation, in der die »Riesen« zu fallen beginnen. Der Missionsstratege George Otis jr. spricht in seinem aktuellen Buch »The Last of the Giants« (»Die letzten Riesen«) von der Durchdringung verschiedener, lange Zeit abgeriegelter Kulturen und Glaubenssysteme mit der guten Nachricht von Jesus Christus. Als dieses Buch zum erstenmal veröffentlicht wurde, befand sich die Sowjetunion im Anfangsstadium ihres Zerfalls. Es gab außerdem Anzeichen dafür, dass weitere geistige Großmächte Zeichen von Schwäche zeigten. Otis und andere machten sich Gedanken darüber, ob der Islam der nächste »schwankende Riese« sein würde.

Ein Bruder in Christus – ich möchte ihn Erik Durhan nennen – glaubt, dass dieser Prozess schon im Gange ist.

Vor einer Reihe von Jahren empfanden Erik und seine Frau Beth einen göttlichen Ruf, ihr Leben der Gemeindegründung im Mittleren Osten zu weihen. Es dürfte nicht überraschen, dass Freunde und Missionsgesellschaften ihnen sagten, diese Aufgabe sei nicht durchführbar. Doch sie hielten weiter an ihrer Berufung fest und fanden sich dann bald im Herzen des Mittleren Ostens, nicht weit von den Staaten am Persischen Golf.

Wie in den umliegenden islamischen Staaten gab es in dem Land, das sie sich ausgesucht hatten, eine bescheidene Zahl von verbannten christlichen Einwohnern, die aus verschiedenen nichtislamischen Ländern hierhergekommen waren. Diese versammelten sich in kleinen Hauskreisen von Gläubigen. Solche des Landes verwiesenen Leute übernehmen gewöhnlich Jobs, auf die Einheimische keinen Wert legen. Der Staat, den Erik und Beth für ihren Dienst gewählt hatten, ist zwar überwiegend muslimisch bevölkert, gehört aber zu denen, die in diesem Gebiete in begrenztem Umfang christliche Aktivitäten tolerieren, wenn es auch streng verboten ist, Moslems zu Christus zu führen. Doch Eriks und Beths Ziel war Gemeindegründung, und damit war ihnen ihre Arbeit zugewiesen.

Von Anfang an hatten die Durhans aber sorgfältig vermieden, ihre Arbeit so zu bezeichnen. Jedem Argwohn, dass sie versuchen wollten, die muslimische Lebensweise zu verändern, sollte damit vorgebeugt werden. Stattdessen bemühten sie sich nur, kleine Hauskreise zu gründen, die sich mit Bibelarbeit beschäftigten. Sie vermieden auch alle sonntäglichen Zusammenkünfte und trafen sich in diesen Gruppen dienstags, freitags oder samstags abends.

Da dieser islamische Staat für andere Länder des Mittleren Ostens ein wirtschaftliches Zentrum darstellte, kamen viele arabische Christen aus Ägypten, dem Libanon, dem Sudan, Jordanien, Syrien und anderen Staaten zu Schulungen und Konferenzen hierher. Das führte mit der Zeit zu Zusammenkünften der Christen, die bis zu 14 Tagen dauerten. Erik und Beth gehörten bald zu einem Team von etwa 30 vollzeitlichen Mitarbeitern, die das ganze Jahr hindurch irgendwelche Aktivitäten durchführten. Auf ihrem jährlichen Treffen fanden sich ungefähr 150 verantwortliche Christen aus der gesamten Region zusammen.

Gott segnete offensichtlich das Werk. Konnte es sein, dass die Pfeiler des Islam zu schwanken begannen?

Inzwischen empfanden auch christliche Führungspersönlichkeiten von außerhalb dieser Region eine besondere Verantwortung für den Mittleren Osten. Einer dieser Brüder, ein Schwede – wir wollen ihn Gustuf Janic nennen – war eine Zeitlang im Rahmen einer diplomatischen Mission für den Mittleren Osten in diesem Land gewesen. Gustuf war etwa 30 Jahre alt, verheiratet und Vater von mehreren Kindern. Dazu war er ein überzeugter Christ mit einer leidenschaftlichen Liebe zu den Verlorenen. Er sprach kein Arabisch und nur sehr wenig Englisch. Nachdem seine Dienstzeit abgelaufen war, beschloss er, in jenem Gebiet zu bleiben.

Die ganze Familie zog in einen sehr armen Stadtteil ihres muslimischen Wohnortes. Dort mieteten sie für 40 Dollar im Monat ein kleines Haus. Da nur eine einzige Kirche daheim in Schweden ihn unterstützte, musste Gustuf alle nur möglichen Jobs annehmen, um seine Familie zu versorgen. Trotzdem setzte er von seinem Einkommen soviel wie nur möglich ein, um christliche Literatur in arabischer Sprache zu kaufen. Dafür hatte er verschiedene Quellen und benutzte die Schriften dann zu persönlicher evangelistischer Arbeit.

Eine brillante Idee

Eines Tages trat Gustuf an Erik Duran mit einer Idee heran, die er selbst für brillant hielt. Er hatte vor, nach Skandinavien zurückzukehren und dort ein großes Zelt für evangelistische Zusammenkünfte in Empfang zu nehmen, das ihm jemand aus seiner Heimatkirche angeboten hatte.

Wie um alles in der Welt, so fragte Erik, wollte Gustuf ein Evangelisationszelt in einem Land nutzen, in dem es streng verboten war, Menschen zum Christentum zu bekehren, speziell Moslems?

Gustuf wusste das auch nicht, er sagte nur, das Zelt sei zu haben.

Ein paar Wochen später schien der Gedanke noch weiter in die Ferne zu rücken. Zuerst wurde Gustuf von muslimischem Militär verhört. Man drohte ihm, ihn und seine Familie zu töten, wenn er noch länger im Land bliebe. Gustuf lehnte es ab fortzugehen. Doch das machte die Behörden auf seine christlichen Aktivitäten unter Muslimen aufmerksam, und nun bekam er die offizielle Anweisung, mit seiner Familie das Land zu verlassen und nach Skandinavien zurückzukehren.

Als Erik und Beth sich von den Janics verabschiedeten, waren sie sicher, sie nie wiederzusehen. So kann man sich ihre Überraschung vorstellen, als sie Gustuf drei Monate später in einem »aufgemöbelten« britischen Landrover wiedersahen. Auf dem Dach war ein riesiges Etwas festgebunden.

Gustuf sprang von dem Vehikel herunter und rief in seinem holperigen Englisch: »Bruder, wir haben das Zelt! Lass uns zu den Muslimen gehen und Jesus verkündigen!«

Erstaunlicherweise hatten Gustuf und seine Familie neue Visa bekommen. Sie waren mit ihrem alten Landrover – mit dem Zelt oben darauf – den ganzen Weg von Skandinavien hierher gefahren. Mehrere Wochen waren sie unterwegs gewesen. Und was noch erstaunlich war: Sie konnten ins gleiche Haus wieder einziehen, in dem sie gelebt hatten, bevor die Regierung sie auswies und aus dem militante Moslems sie abgeholt und zum Verhör gebracht hatten.

Gustuf arbeitete unmittelbar dort weiter, wo er aufgehört hatte. Während seiner früheren evangelistischen Aktivitäten hatte er sich mit einem Christen aus dem südlichen Teil des Landes angefreundet, der ein kleines Hähnchenrestaurant besaß. Dieser Freund, dem er etwas von dem Zelt gesagt hatte, machte ihm sofort Mut, in seine Stadt zu kommen und »allen meinen Freunden« von Jesus zu erzählen.

Gustuf fragte Erik, ob er es für möglich hielte, das Zelt für evangelistische Versammlungen aufzubauen. Erik war davon überzeugt, dass es nicht ginge, wollte aber auch die Begeisterung bei Gustuf nicht dämpfen. So antwortete er: »Es klingt großartig. Wenn du die Erlaubnis dazu kriegen kannst, komme ich zu dir und helfe dir.«

Zu Eriks nicht geringer Verwunderung stand Gustuf zwei Tage später wieder an seiner Haustür.

»Komm mit, Bruder Erik«, rief er glücklich. »Wir wollen das Zelt aufstellen. Ich habe die Erlaubnis. In zwei Tagen können wir das Evangelium verkündigen!«

Gustuf hatte die Erlaubnis vom Vorsitzenden der islamischen Partei dieser Stadt bekommen. Doch Erik war beunruhigt. Je mehr er Gustuf ausfragte, desto mehr hatte er den Eindruck, dass der alte islamische Führer, der offensichtlich wenig Englisch konnte, die Erlaubnis nur gegeben hatte, weil er nicht verstanden hatte, um was Gustuf in seinem schlechten Englisch ihn in Wirklichkeit gebeten hatte. Doch Erik versprach, mit Gustuf zu der Stadt zu gehen, wo sie den Einsatz geplant hatten. Er hoffte, dabei den zuständigen Mann zu treffen, der die Erlaubnis gewährt hatte.

Als sie den Muslimführer trafen, erklärte Erik exakt, was sie vorhatten. Er erwartete mit Sicherheit einen Rausschmiss und die Worte: »Das ist unmöglich. Wir sind Moslems und wollen danach leben.« Zu seinem Erstaunen antwortete der verantwortliche Mann nur: »Das wäre großartig.«

Jetzt fragte sich Erik, ob *er* richtig verstanden worden sei. So erklärte er noch einmal genau, was es hieße, von Jesus zu predigen.

»Wir wollen die Muslime lehren, wer Jesus Christus ist«, sagte er, »und wir wollen ihnen sagen, was in der Bibel steht.«

»Kommt ihr, um Kirchen zu bauen und uns zu Christen zu machen?«

»Was meinst du mit ›zu Christen zu machen‹«?

»Ich meine, wollt ihr, dass wir unsere Personalausweise ändern, in denen steht, dass wir Moslems sind? Und soll dann darin stehen, dass wir Christen sind?«

Erik erklärte nun sorgfältig, dass sie weder kämen, um Kirchen zu bauen, noch um auf diese Weise »Christen zu machen«, wie sein Gegenüber es gerade beschrieben hätte.

»Es geht uns überhaupt nicht um eine bestimmte Religion«, fügte Erik noch hinzu. »Wir wollen nur von Jesus reden und lehren.«

Irgendwie hatte Eriks Antwort den verantwortlichen Muslim befriedigt. Er bestätigte seine Erlaubnis für öffentliche evangelistische Veranstaltungen. Zu Eriks Erstaunen schlug er sogar vor, ihnen noch ein größeres Zelt zur Verfügung zu stellen, wenn der Andrang sehr groß sein sollte. Das große Zelt würde gewöhnlich für Pfadfindertreffen benutzt. Er bot sogar noch ein Grundstück mitten in der Stadt zur Benutzung an.

Erik und Gustuf sahen sich das Gelände an. Es handelte sich um ein freies Grundstück, das in einer Straßengabelung lag, an der sich die Hauptstraße in zwei Teile aufspaltete. Beide führten unmittelbar in die Stadt. Das Zelt würde nur etwa 50 Meter von der Straßengabelung entfernt aufgestellt werden. Auf dem Platz spielten die Stadtkinder normalerweise Fußball. Eine bessere Stelle für ihren Zelteinsatz hätten sie gar nicht finden können.

Die Leute vom Zelt

Zwei Tage später – so hatte Gustuf es arrangiert – fand die erste von vier evangelistischen Abendveranstaltungen statt. Sie war von mehreren hundert Erwachsenen und fast ebenso vielen Kindern besucht. Jesus Christus wurde frei verkündigt. Tagsüber gingen die Mitarbeiter des Einsatzes von Haus zu Haus, teilten christliche Literatur aus und luden zu den Abendversammlungen ein. Für einen Abend erhielten sie sogar die Erlaubnis, den Jesus-Film in seiner ganzen Länge zu zeigen. Kein Mensch hätte glauben können, dass so etwas mitten in einem moslemischen Staat möglich wäre.

Am Morgen des Tages, an dem die letzte Abendveranstaltung stattfinden sollte, erhielt Erik Besuch von einer Gruppe einflussreicher Muslime der Stadt. Sie waren in Sorge über die wachsenden Auswirkungen der christlichen Verkündigung. Sie hatten gehört, dass Erik der Initiator der Versammlungen sei und stellten ihm wiederholt Fragen nach seinem Aufenthalt in dieser Region. Er müsse unbedingt mit ihrem Scheich darüber reden – vielleicht in einer Livediskussion im Fernsehen – sonst dürften er und Gustuf ihre letzte Abendveranstaltung nicht durchführen und müssten das Land verlassen.

Erik war davon überzeugt, dass sie ihn nur einschüchtern wollten und gab eine rasche Antwort: »Nein! Geht heim und sagt eurem Scheich: Wenn *Gott* will, dass wir kommen und diskutieren, werden wir es tun. Und wenn *Gott* will, dass wir heimgehen, werden wir es tun. Aber ein Mensch kann uns nicht sagen, was wir tun sollen«.

Erik war selbst erstaunt über das, was er gesagt hatte. Er war sicher, dass der Herr ihm die Worte in den Mund gelegt hatte.

Diese Antwort ließ auch die Männer der Gruppe die Augenbrauen runzeln.

»Du meinst wirklich, wir sollen dem Scheich *das* sagen?«, fragte ihr Anführer.

»Ja, das ist meine Meinung.«

Zwei Stunden später kamen sie lächelnd zurück. Jeder der Muslime wollte jetzt Erik und Gustuf die Hand schütteln.

Dann verkündete der Anführer: »Unser Führer hat gesagt, dass du eine sehr gute Antwort gegeben hast. Er legt Wert darauf, dich zu treffen. Und er hat auch gesagt, eure Abschlussversammlung könnte stattfinden.

So geschah es auch an jenem Abend im Zelt. Zwei Tage später kam der Leiter dieser einflussreichen Muslime tatsächlich zu Erik und Gustuf. Nach einem Gespräch gab er ihnen die Erlaubnis, einen Monat später vier weitere evangelistische Veranstaltungen am gleichen Platz im gleichen Zelt durchzuführen.

Auch diese Versammlungen waren überfüllt. Doch ein anderer religiöser Führer der Stadt, ein Imam, war der Meinung, der Scheich wäre zu weit gegangen mit der Erlaubnis dieser Versammlungen.

Er begann eine Schimpfkanonade gegen die Zusammenkünfte und benutzte dabei einen Lautsprecher aus seiner Moschee, um auszurufen, dass Muslime die Sache boykottieren sollten.

Doch dieses Wettern und Toben wurde zur besten Reklame dafür. Die Leute kamen aus allen Richtungen, um zu sehen, was da jeden Abend draußen in der Stadt vor sich ging. Am letzten Abend war das Zelt überfüllt. Jetzt hatte das Evangelium den Bereich der Stadt schon übersprungen. Abordnungen von benachbarten Dörfern sprachen tatsächlich bereits darüber, in welchem Dorf der nächste Zelteinsatz stattfinden könnte. Man nannte das Team, das diesen Einsatz durchgeführt hatte, die »Zeltleute«.

Einige der Versammlungen schlossen mit einem Aufruf, nach vorne zu kommen. Bevor Erik die Menschen einlud, Christus anzunehmen, erklärte er Gottes Erlösungsplan noch einmal. Dann bat er diejenigen, die nicht weiter zuhören wollten freundlich, das Zelt zu verlassen.

»Doch wenn ihr mehr über Jesus hören wollt«, sagte er, »bleibt hier und tut euch in kleinen Gruppen zusammen. Wir werden euch dann noch mehr davon sagen, was es heißt, ein Nachfolger Jesu zu sein.«

Jeden Abend blieben Dutzende von Besuchern sitzen, während die übrigen das Zelt verließen. Viele von ihnen fanden den Weg zu Christus.

Wie war es nur möglich, dass Erik und Gustuf in der Lage waren, in einem »verschlossenen« Land öffentliche evangelistische Versammlungen abzuhalten, systematisch mit der Guten Nachricht von Haustür zu Haustür zu gehen und viel »Frucht« zu ernten? Der Islam zeigte tatsächlich an manchen Orten schon Schwachstellen.

Ein Schlammsee

Jetzt war Erik und dem Rest der Zeltmissionsmannschaft klar, dass der beste Weg, eine moslemische Stadt oder ein Dorf geistlich zu erreichen, in der Arbeitsweise »von Haus zu Haus« bestand. Man musste das Evangelium jeder einzelnen Familie bringen und sie ins Zelt einladen. Der Weg von Haustür zu Haustür erwies sich sogar als noch fruchtbarer als die evangelistischen Versammlungen. Hinter geschlossenen Türen schienen die Muslime noch eher geneigt, über ihre Nöte zu sprechen und die Gute Nachricht anzunehmen. Es gab viele, die ihren Glauben an Christus bekannten, wenn sie die Team-Mitarbeiter vorher zu einer Tasse Kaffee oder Tee eingeladen hatten. Und jedesmal wurde auch evangelistische Literatur verteilt, so dass sie immer etwas hatten, über das sie noch lange nachdenken konnten, wenn der Besuch wieder gegangen war.

Bald waren auf diese Weise fünf Städte dieser Region besucht worden. Annähernd tausend Familien hatten die Gute Nachricht erhalten. Dann öffnete ein Wunder neue Türen für die missionarische Arbeit – die Türen der Gruppenräume von muslimischen Moscheen.

Im Dezember 1994 kam das Team in die kleine Stadt Saran (der Name ist geändert), wo sie die Erlaubnis für einen Zelteinsatz an drei Abenden erhalten hatten. Der Zeltplatz befand sich direkt gegenüber einer großen Moschee. Am ersten Abend war das Zelt bereits voll. Es war eine vollmächtige Verkündigung, und viele folgten dem Ruf, nach vorne zu kommen, um noch mehr von Jesus zu hören. Am nächsten Abend jedoch regnete es so stark, dass das Gelände sich in einen See von Schlamm verwandelte. Es war buchstäblich unmöglich, ins Zelt hineinzukommen. Obwohl manche Leute große Entfernungen aus anderen Dörfern zurückgelegt hatten, sah sich das Team vor der Notwendigkeit, die Veranstaltung abzusagen.

Als sie das Dilemma noch hin und her bedachten, fiel Erik plötzlich die große Moschee jenseits der Straße mit dem daran anschließenden *»hosseineye«* auf, dem Gruppenraum. Während die Moschee für den Gottesdienst da war, diente dieser mehr für gelegentliche Zusammenkünfte wie Hochzeiten oder Beerdigungsfeiern. Es war ein riesiger Raum, der meistens ein Podium enthielt. An den Wänden hingen Bilder von Scheichs oder Imamen und große Poster mit Koranversen. Was würde es kosten, die Erlaubnis für die Nutzung dieses Raumes zu bekommen?

Fragen konnte eigentlich nichts schaden. So gingen Erik und ein Mitarbeiter – wir wollen ihn Len nennen – mit einem Dolmetscher los. Len hatte die »Aktion: In jedes Haus« geleitet. Nun suchten sie den Imam, der für die Moschee zuständig war. (Obwohl Erik und Len genug Arabisch sprachen, um ein Gespräch zu führen, brachten sie den Dolmetscher mit, um sicherzugehen, dass es keine Missverständnisse gab.) Als sie endlich den vermeintlich Zuständigen gefunden hatten, erklärte der ihnen, dass es noch einen bedeutenderen Imam gäbe, der die Erlaubnis geben müsste.

Schließlich machten sie auch diesen ausfindig – einen älteren Mann. Wieder hatte Erik den Eindruck, dass Gott ihm die Worte in den Mund gab, als er dem Imam erklärte, wofür sie den Raum an jenem Abend nutzen wollten.

»Der andere Imam hat uns gesagt, wenn du einverstanden seist, wäre er es auch«, sagte Erik. »Ich habe keine Ahnung, wer von euch letztlich autorisiert ist, diese Entscheidung zu treffen. Wenn du es nicht bist, dann können wir auch zu dem anderen Imam zurückgehen.«

Prompt gab der alte Imam seine Einwilligung und übergab Erik den Schlüssel. Dann gab er auch die Anweisung, den Generator in Betrieb zu setzen, damit für den Abend elektrisches Licht zur Verfügung stände.

Als abends die Leute im Regen an dem aufgeweichten Platz ankamen, konnten sie direkt zur Moschee hinübergeschickt werden. Etwa 150 Menschen versammelten sich in dem Gruppenraum, wo das Team evangelistische Lieder sang und Erik unter einem riesigen Porträt des verstorbenen Ayatollah Khomeini (der von den Muslimen des Mittleren Ostens immer noch sehr verehrt wird) von Jesus erzählte.

Am nächsten Tag regnete es noch stärker, und der schlammige Platz wurde allmählich zum Sumpf. So gingen Erik, Len und der Dolmetscher am Nachmittag noch einmal zum alten Imam, um die Erlaubnis für einen weiteren Abend zu bekommen. Dieses Mal sagte er »nein«. Weitere Versammlungen würden eine Gefahr bedeuten. Dann fügte er etwas hinzu: Wenn Erik und sein Team eine schriftliche Erlaubnis vom geistlichen Oberhaupt der Bezirksverwaltung bekommen würde, könnten die Veranstaltungen weitergehen. Er schien ein wenig in sich hinein zu kichern, als er von dieser Möglichkeit sprach, als ob er sagen wollte: »Wenn ihr's noch schafft ...«

Dieser Ober-Imam, der geistliche Führer der schiitischen Muslime der ganzen Gegend, lebte in einer benachbarten Stadt etwa 30 Minuten entfernt. Die Zeltversammlung war für zwei Stunden später angesetzt. Die drei Evangelisten stürzten los.

Händeschütteln und eine Predigt

Zum Glück fanden sie das Haus des Imams sofort und standen mit gemischten Gefühlen vor der Tür. Der hohe Geistliche, so beschied sie ein Gehilfe, mache gerade ein Schläfchen. Sie müssten warten. Nach einer halben Stunde erschien der Gehilfe wieder. Jetzt wolle der Imam sie empfangen.

Erik, Len und ihr Dolmetscher sahen sich plötzlich einem alten Mann mit kalten, grauen Augen gegenüber. Mindestens 90 Jahre alt schien er zu sein und lehnte sich schwer auf einen abgenutzten Krückstock. Sein langer weißer Bart und sorgfältig gebundener Turban erinnerten Len und Erik an Bilder, die sie von dem Ayatollah Khomeini kannten. Erik warf einen schnellen Blick auf seine Uhr. Sie hatten kaum noch eine Stunde Zeit, bevor die Veranstaltung in Saran beginnen sollte. Würden sie es schaffen?

Alle drei schüttelten dem alten Geistlichen die Hand, der seinen eigenen Dolmetscher dabei hatte. Plötzlich verfiel der alte Mann, der offensichtlich schwer hörte, in eine Schimpfkanonade. Erik und seine Mitarbeiter waren verblüfft. Sie verstanden genug Arabisch, um auch ohne Übersetzung herauszuhören, dass er sie schalt, weil sie Christen waren. Er warnte sie vor dem Verderben in der Hölle, wenn sie nicht Moslems werden würden. Aber er allein konnte ihnen die Erlaubnis für den Zelteinsatz geben, und es musste in den nächsten 30 Minuten geschehen. Sie stellten sich auf einen schlechten Abgang ein.

Dann beruhigte sich der Imam. »Warum wolltet Ihr mit mir sprechen?«, fragte er.

Erik begann vom Zelt zu erzählen und von der Erlaubnis, die die beiden Imame zur Durchführung der Veranstaltungen in ihrer Stadt gegeben hatten. Dann berichtete er von den schweren Regenfällen in Saran, und wie man ihnen großzügig den Gruppenraum der Moschee für die Versammlung zur Verfügung gestellt hätte.

Als er davon erzählte, wie sehr sie die Benutzung des Gruppenraumes geschätzt hätten, unterbrach sie der alte Geistliche noch einmal, schimpfte kräftig auf Arabisch los und ereiferte sich, ihr Schicksal würde unweigerlich die Hölle sein, wenn sie nicht Muslime würden. Endlich beruhigte er sich von neuem und wartete darauf, dass Erik fortfuhr.

Der Missionar sagte jetzt nur noch einen Satz. Er stellte eine Frage: »Können wir Ihre Erlaubnis haben, den Gruppenraum in Saran zu benutzen?«

Der alte Imam begann eine dritte Schimpfrede auf die Christenheit, diesmal schrie er fast. Dann hörte er ebenso plötzlich damit auf und erklärte ruhig: »Natürlich. Das könnt ihr.«

Diese Antwort des Geistlichen kam so überraschend, dass Erik fragte. »Entschuldigen Sie, Sir, was haben Sie gerade gesagt?«

»Ich sagte, natürlich könnt ihr meine Erlaubnis haben, den Gruppenraum zu benutzen.«

Erik zitterte fast. »Wäre es möglich, dass Sie uns diese Erlaubnis schriftlich gäben?«

»Natürlich.« Der alte Imam zog jetzt einen Schreibblock und einen Federhalter aus seiner Tischschublade und begann langsam zu schreiben. Len neigte sich unauffällig zu Erik hinüber.

»Das läuft ja fantastisch«, flüsterte er. »Warum fragst du ihn nicht, ob wir nicht alle Gruppenräume im ganzen Bezirk benutzen dürften, nicht nur den in Saran?«

»Du bist verrückt«, flüsterte Erik zurück. »Warum fragst du ihn nicht selbst?«

»Du bist der Leiter des Teams. Du solltest ihn fragen.«

Plötzlich kam eine heilige Kühnheit über Erik.

»Entschuldigen Sie« …, sagte er laut zu dem schwerhörigen Imam.

Der schaute auf. »Was wollen Sie noch?«

»Wäre es möglich«, fragte er zögernd, »dass Sie uns die schriftliche Genehmigung für alle Gruppenräume geben, die zu Moscheen im ganzen Bezirk gehören?«

Der Imam verstand die Frage nicht ganz. Mit einem fragenden Blick wandte er sich an seinen Dolmetscher, der sie noch einmal übersetzte. Die beiden schienen sich eine Ewigkeit hindurch anzustarren. Plötzlich sprang der Alte auf die Füße und platzte mit der lautesten Strafpredigt heraus, die er bis dahin gehalten hatte.

Dann verlief alles wie vorher. Der alte Mann setzte sich ruhig hin und sagte: »Okay, warum nicht?«

Er schrieb auf der gleichen Seite weiter, offensichtlich die Erlaubnis ausdehnend, während Erik, Len und ihr Dolmetscher sich erstaunte Blicke zuwarfen. Ein paar Minuten später – nachdem sie ihrer Dankbarkeit Ausdruck verliehen hatten – verließen sie in Eile den Wohnsitz des Geistlichen, um nach Saran zurückzufahren. Sie konnten selbst noch kaum glauben, was sich eben ereignet hatte.

Sie kamen gerade noch rechtzeitig an, um einem schockierten Scheich von Saran die Genehmigung für Saran und alle anderen Gruppenräume im ganzen Gebiet zu zeigen. Die Versammlung fand an jenem Abend statt und war von 300 Personen besucht.

Insgesamt hörten etwa 900 Menschen an drei Abenden das Evangelium in den Nebenräumen der Moschee in Saran. Erik stand hinter dem Podium vor einem riesigen Khomeinibild und sprach über das Leben, den Tod und die Auferstehung Jesu Christi. Während er predigte, kam es ihm so recht zum Bewusstsein, dass der Ayatollah hinter ihm tot war, aber: »Jesus lebt!« Laut hatte er es in den Raum gerufen.

Das Angesicht Jesu

Ein Mitarbeiter der »Aktion: In jedes Haus« unter Moslems hatte Anfang der 90er Jahre gerade in diesem Land zwei Jahre lang seinen Dienst getan und keinen einzigen Menschen zu Jesus geführt. Doch in den 24 Monaten vor Erscheinen dieses Buches, so berichtete er, habe er bei mehr als 2.000 Muslimen erlebt, dass sie durch Hausbesuche mit anschließender Nacharbeit ihr Leben Jesus auslieferten.

Woher kam dieser erstaunliche Durchbruch in einer so streng moslemischen Umgebung? Erik und Len sind der Überzeugung, dass das Gebet der Schlüssel dazu ist.

Als sie mit ihrer Arbeit dort anfingen, kam das gesamte Team meist in jeder Woche einen halben Tag zusammen, um zu beten – manchmal auch mehrere Tage im Monat. Besonders Len ist davon überzeugt, dass das Gebet maßgeblich an dem beteiligt ist, was er an Erfolg der »Von-Haus-zu-Haus«-Aktion zu sehen bekommt. Nach einem evangelistischen Einsatz, so berichtet er, kam eine Gruppe von Gläubigen zu ihrem Team und sagte, dass sie für die Dörfer in dieser Gegend namentlich sieben Jahre hindurch an jedem Abend gebetet hätten.

Das Gebet ist auch, so glauben Erik und Len, die Ursache für zunehmende Zeichen und Wunder in einigen Bereichen des Mittleren Ostens, vor allem in dem Land, in dem sie arbeiten. Vor kurzem fand zum Beispiel ein siebentägiger Einsatz statt. Einer von Eriks Kollegen berichtete, dass verschiedene Muslime von Träumen gesprochen hätten, in denen Menschen mit gedruckten Heften in ihr Haus gekommen wären. Zwei sagten sogar, sie hätten genau die Person »gesehen«, die später zu ihnen kam. Drei andere Muslime berichteten von ganz besonderen Träumen von einer Person, die Jesus geheißen hätte. Einer von ihnen war ein junger Sunnite, den wir Kabul Ali nennen wollen. Er war etwa 19 Jahre alt, als er zum ersten Mal etwas vom Evangelium hörte.

Kabul Ali stand an einer Straßenecke in einer der armen Gegenden in der Hauptstadt seines Landes, als ein Europäer an ihn herantrat und ihm ein Traktat in arabischer Sprache in die Hand drückte.

Die Augen des jungen Mannes öffneten sich weit, als er die Schrift sah. Es ging darin um eine Person namens Jesus.

»Ich kann es nicht glauben!«, rief er. »Da steht was von Jesus. Ich kann es nicht glauben!«

Und dann erzählte er dem Evangelisten von einem ungewöhnlichen Traum, den er gerade vor zwei Nächten gehabt hatte. So real, als ob er tatsächlich passiert wäre. Er zitterte, als er das Geschehen beschrieb.

»Ich träumte, dass ich am Rande einer großen schwarzen Grube stand«, sagte er ..., »und dann fiel ich hinein. Ich fiel und fiel immer weiter, bis ich plötzlich in einem Ding, das aussah wie ein großes Netz, gefangen war. Ich konnte nicht mehr herauskommen.«

Der europäische Evangelist hörte wie gebannt zu. Kabul räusperte sich. »Dann wurde auf einmal ein Seil über den Rand der Grube herabgelassen und kam auf mich zu. Mir kam der Gedanke: »Ich brauche nur dieses Seil zu erfassen, dann bin ich gerettet.« Ich griff danach, packte es fest und wurde aus der Grube herausgezogen. Als ich nach oben schaute und das Ende des Seils erblickte, sah ich zwei wunderbare Hände, die über den Rand der Grube hinausreichten und mich nach oben holten. Ich beobachtete diese Hände, die an dem Seil zogen, und dann war ich draußen. Als ich den oberen Rand erreicht hatte, wurde mir bewusst, dass ich gerettet war.«

Kabul machte eine kleine Pause und sagte dann: »Ich konnte es nicht erwarten zu sehen, wer mich gerettet hatte.« Ich schaute auf und sah in das schönste Gesicht, das mir jemals begegnet war. Eine Stimme in mir sagte: *»Das ist das Angesicht Jesu«*, obwohl ich niemals ein Bild von ihm gesehen habe. Ich hatte nur aus dem Koran seinen Namen gehört. Ich hatte keine Ahnung, wer er war oder wie er aussah.«

»Woher wusstest du dann, dass es Jesus war?«, wollte der Europäer wissen.

»Ich kann nicht sagen, wieso ich es wusste. Doch in seinen Augen stand soviel Liebe, dass ich es einfach wusste.«

Als Kabul Ali so dastand und sein Traktat fest an sich drückte, kamen ihm die Tränen.

»Ich kann es immer noch nicht glauben«, wiederholte er noch einmal. »Ich hatte diesen Traum von Jesus erst vor zwei Nächten. Und jetzt kommst du und bringst mir Nachricht von ihm.«

Es ist tatsächlich so – die riesige Macht des Islam beginnt zu zerbröckeln. Und ganz gewiss ist der junge Sunnite, der an jenem Tag sein Herz Jesus auslieferte, mit vielen seiner muslimischen Glaubensbrüder in der ganzen Welt eines jener »anderen Schafe«, von denen der Herr sprach, als er seinen Auftrag beschrieb (Joh 10, 16), eines der Schafe, die auch in die Herde des Guten Hirten berufen sind.

Ein neuer Anfang fürs ›Ende der Welt‹

Lendongo lernte früh, was ein Pygmäe können muss. Im Alter von drei Jahren fertigte er seinen ersten primitiven Bogen an und mit Hilfe seines Vaters einige Pfeile mit scharfen Spitzen. Mit acht Jahren war er bereits ein hervorragender Schütze.

Lendongo lernte auch, mit kleinen Metallstücken umzugehen, die er beim Tausch von Honig und Affenfleisch bei den Bantu-Leuten, den größeren Einheimischen, erworben hatte. Er lernte, mit Hilfe eines transportablen Schmelzofens und eines Gebläses aus geflochtenen Palmwedeln ein so heißes Feuer zu bereiten, dass das Metall schmolz. Dann konnte man daraus scharfe Spitzen für Pfeile oder Speere herstellen.

Tödliche Gifte, die man aus Wurzeln und einer bestimmten Baumrinde herauspresste, machten die Waffen dann noch wirksamer, wenn sie ihre Ziele erreichten.

Lendongo war fünf Jahre alt, als sein Vater, der Häuptling Bokimba, ihm half, sein erstes wildes Schwein im Regenwald in der Nähe von Bosuka zu erlegen.

Bosuka heißt in der Sprache dieses Volkes »das Ende«. Jenseits von Bosuka gab es kaum noch etwas außer dichtem Urwald. Wie in andern Teilen der äquatorialen und Ituri-Regenwälder Zentralafrikas leben die Pygmäen von Bosuka in diesen Wäldern ohne festen Wohnsitz. Manche nennen sie auch »Baum-Menschen«, da sie buchstäblich in diesen Bäumen leben, manchmal auf dicken Blätterschichten, manchmal auch unter ihnen.

Das Nomadenvolk der Pygmäen Zentralafrikas zieht ruhig in Sippen oder Gruppen durch den dichten Wald, manchmal an Strömen oder kleineren Nebenflüssen entlang wie dem Momboyo-Fluss. Sie sammeln Früchte, jagen und fischen, bis alle Nahrungsquellen erschöpft sind. Dann ziehen sie weiter in eine andere Region des Waldes, die reich ist an Wild und Fisch.

Bosuka, »das Ende der Welt«, sollte zum ersten Mal in der Geschichte des Stammes einen neuen Anfang sehen – ebenso wie das Volk der Kwaios, das auf den fernen Salomonen-Inseln lebte.

11 Ein Kind wird sie führen

Sagionos' erste Reaktion war Wut. Sein junger Sohn, Punijan, war in ihre einfache Wohnung, die nur einen gestampften Lehmboden besaß, hineingestürzt und hatte aufgeregt über Jesus Christus gesprochen. Der Zehnjährige hatte davon erfahren, als in der Schule an diesem Tag ein AJH-Mitarbeiter aufgetaucht war und eine kleine Schrift mitgebracht hatte. Aber Sagionos' Familie war streng muslimisch. Über diesem ganzen Gebiet Indonesiens lagerte geistliche Dunkelheit.

Einige Jahre früher verstieß die Verbreitung solcher christlichen »Propaganda« noch gegen die indonesischen Gesetze. Doch jetzt hatte die Regierung religiöse Aktivitäten erlaubt. Das war eine Folge der offiziellen Ideologie, *»Pancasila«* oder die *»Fünf Prinzipien«* genannt. Sie bestätigten den Glauben an einen Gott, die Menschenrechte, die nationale Einheit, die Demokratie und die soziale Gerechtigkeit. So erfreute sich Indonesien einer gewissen religiösen Freiheit, obwohl offiziell 90 Prozent der Bevölkerung dem Islam angehörten.

Das war auch der Fall in dem kleinen Dorf Sawahan, wo Punijans Familie lebte. Sawahan kann man nur erreichen mit einer manchmal gefährlichen Reise von mehreren Stunden in die gebirgige Region in der Nähe von Yogyakarta – einer Metropole, die von manchen Leuten als Kulturzentrum Indonesiens angesehen wird. Etwa 450 Kilometer südöstlich von der Hauptstadt Jakarta gelegen, ist Yogyakarta die Wiege vieler abergläubischer Traditionen.

Ein paar Kilometer von Yogyakarta entfernt liegt Prambanan, ein hochragender Komplex von Hindutempeln aus dem 10. Jahrhundert. Und gerade am Rande von Yogyakarta, auf dem Weg zu dem Dorf Sawahan, sieht man die sich türmenden Ruinen von Borobudur, einst der größte und prächtigste buddhistische Tempel der Welt. In Yogyakarta selbst steht der Kraton, der ausgedehnte Palast des letzten javanischen Sultans, der vor gut zehn Jahren starb. Er war damals 76 Jahre alt. Dieser Sultan war so hoch geachtet, dass man – wenn man einigen Fachleuten glauben kann – Streifen seiner Kleider und sogar Stücke seiner Fingernägel oder Haarsträhnen am Jahrestag zu den Lawun Meripa-Vulkanen brachte und dort ins Wasser warf als Opfer für die Göttin der südlichen Meere.

Solche Bräuche hatten das Gebiet um das Dorf Sawahan durch zahllose Generationen hindurch an finstere Mächte gebunden.

Doch jetzt hatte Punijan, dessen Familie fest im Glauben des Islam verankert war, etwas entdeckt, von dem er vorher noch nie gehört hatte. Obwohl er erst zehn Jahre alt war, verstand er doch schon soviel, dass er etwas von besonderer Bedeutung in der Hand hielt. Er konnte nicht anders, er musste seinem Vater sagen, dass er das glaubte, was in dem Heft stand.

Sagiono war klar, was einem jeden Familienmitglied passieren würde, das die Religion wechselte. Sagionos Vater, Rejoprawiro, war schließlich der Häuptling des Dorfes und einer der geachtetsten islamischen Führer der Gegend.

Doch als Sagiono die Schrift von Jesus zu lesen begann, die sein Sohn ihm gegeben hatte, beschlich ihn selbst das eindringliche Gefühl, dass die Botschaft wahr wäre. So tat er das, was in dem Traktat empfohlen wurde: Er bat Christus, in sein Herz zu kommen. Daraufhin erfüllte ihn ein tiefer Friede.

Er wusste nun, dass etwas Einschneidendes geschehen war. Geführt von dem Heiligen Geist tat Punijans Vater nun das Gleiche, was sein Sohn getan hatte: Er brachte die evangelistische Botschaft seinem eigenen Vater, Rejoprawiro, dem Häuptling des Dorfes. Zu seinem Erstaunen las der alte Häuptling die einfache Botschaft mit der gleichen Spannung wie er selbst und erklärte dann, er wolle ebenfalls Jesus Christus als seinen Erlöser annehmen.

Innerhalb weniger Stunden beteten drei Generationen einer moslemischen Familie zu Gott und nahmen Christus als ihren Retter an.

Die Nachricht von diesen Bekehrungen breitete sich schnell in Sawahan und seiner Umgebung aus. Ein Dorfbewohner nach dem anderen las die Gute Nachricht, die der zehnjährige Punijan aus der Schule mit heimgebracht hatte. Bald beteten 88 Dorfbewohner zu Christus, einschließlich des angesehenen Medizinmannes Coba Niat, der hier viel Grundbesitz sein eigen nannte. Nicht lange nach seiner

Bekehrung stellte Coba im Dorf ein Grundstück zur Verfügung, damit eine Kirche gebaut werden konnte.

Die Bekehrung von Punijan liegt mittlerweile zwei Jahrzehnte zurück. In Sawahan haben inzwischen mehr als 20 Kinder und 150 Erwachsene Christus in ihr Leben aufgenommen und sind getauft worden. Eine dieser Bekehrten, eine Frau namens Rudh Sudini, ist Pastorin dieser christlichen Kirche »Brot des Lebens«. Coba Niat starb vor einigen Jahren im Alter von 87 Jahren. Seine Frau, Ibu Juminem, besucht weiterhin die Gottesdienste, ebenfalls seine Tochter Tugina.

Ich hatte die Freude, im Juni 1995 die holperige Straße von Yogyakarta nach Sawahan zu fahren, um aus erster Hand zu sehen, was eine einzige evangelistische Schrift in einem moslemischen Dorf bewirkt hatte. Obwohl Punijan längst in die Hauptstadt Jakarta gezogen ist (was typisch ist für junge Leute, die meist die Dörfer verlassen, um in größere Städte zu ziehen), gehen seine Eltern Sagiano und Sarjiyem weiterhin regelmäßig zum Gottesdienst. Und das tut auch sein Großvater Rejoprawiro und dessen schon etwas gebrechliche 70-jährige Frau.

Es machte mir besonders viel Mut zu sehen, wie der Same des Evangeliums, der unter ein paar Kindern in der Schule nahe Sawahan ausgestreut worden war, in andern Gebieten Indonesiens Frucht bewirkt hatte. Einer von Punijans Klassenkameraden, ein Junge namens Pujito, erhielt eines der gleichen evangelistischen Traktate, die einige Jahre vorher verbreitet worden waren, und wurde von der großen Bekehrungswelle dieser Region erfasst. Kürzlich beendete Pujito sein mehrjähriges Theologiestudium an einem baptistischen Seminar in Jakarta, und heute ist er Pastor einer wachsenden Gemeinde in Zentral-Java.

Kinderevangelisation

Ganz gewiss gehören Kinder auch zu jenen »anderen Schafen«, die Jesus zu seiner Herde bringen will. Auch das wird zuletzt zum Lobpreis seiner Gnade gehören, der in alle Ewigkeit währen soll. Wenn

Kinder vom Evangelium angerührt werden, sind sie es ja auch oft, die dann die Gute Nachricht an andere weitergeben. Deshalb muss jeder systematische Plan, »allen Menschen auf der Erde« den Zugang zum Evangelium zu verschaffen, auch die Kinder einschließen.

Zum einen ist es so, dass manche Länder mehr Kinder als Erwachsene haben. Zum andern kann es so sein wie im Fall Punijans, dass die Gute Nachricht in den Händen von Kindern ganze Generationen beeinflusst. Und in manchen Häusern, vor allem in Gebieten mit Analphabeten, können oft nur die Kinder ein Traktat oder eine evangelistische Schrift lesen.

So war es auch bei Rae Barchi, dem zehnjährigen Sohn eines Kaufmanns in Nordindien. Liebevoll nannte man ihn überall »den kleinen Doktor«, weil er ständig den Wunsch hatte, andern zu helfen, die irgendwie verletzt waren. Als zwei junge Mitarbeiter von AJH in Rae Barchis Elternhaus auftauchten, war er höchst interessiert. Die Evangelisten erzählten, dass sie von Haus zu Haus gingen, um jede Familie in Nordindien mit der Guten Nachricht von Christus bekannt zu machen. Sie gaben dem Jungen zwei Traktate, eins mit dem Titel: »Bist du glücklich?«, das andere mit dem Motto: »Er will dein Freund sein«. (Das letztere ist besonders für Kinder geeignet.)

Als Raes Vater von der Arbeit nach Hause kam, hatte der »kleine Doktor«, der hervorragend lesen konnte, beide Schriften schon dreimal gelesen.

»Was hast du da?«, fragte sein müder Vater den Jungen, der immer noch in eins der Traktate vertieft war.

»Da sind Besucher in unser Haus gekommen«, erklärte Rae. »Sie haben mir dies gegeben.«

Nach dem Abendessen bat der Vater, der des Lesens nicht kundig war, seinen Sohn, beide Botschaften laut vorzulesen. Als Rae fertig war, murmelte er bloß: »Religiöses Geschwätz – das ist alles. Es ist nur religiöses Geschwätz.«

Doch in den nächsten Tagen erwähnte der Junge die Botschaften immer wieder. Schließlich bat der Vater, die Traktate noch einmal vorzulesen. Diesmal wies er den Jungen an: »Sag den Leuten, dass sie uns noch mehr Schriften schicken sollen.«

Der »kleine Doktor« verlor keine Zeit, sondern schrieb ans

AJH-Büro in Lucknow, der Hauptstadt der Provinz Uttar Pradesh in Nordindien. Ein paar Tage später erhielt der überraschte Junge bereits die erste Lektion von »Der Weg zu einem glücklichen Leben«, einem vierteiligen Bibel-Fernkurs.

»Es ist schon da!«, rief Rae seinem Vater aufgeregt zu.

»Was ist da, mein Sohn?«

»Das gedruckte Material, das du haben wolltest.«

Der »kleine Doktor« arbeitete die Lektion durch und ebenso die drei nächsten, die er noch erhielt. Über diesem Tun öffnete er sein Herz für Jesus und wurde der erste Christ in seiner Familie.

Der Wandel, der mit diesem Jungen vor sich gegangen war, war ganz offensichtlich, und Raes Vater war nun selbst höchst interessiert. Er bat Rae, ihm jede einzelne der biblischen Lektionen vorzulesen. Bald wurde aus dem gelegentlichen Interesse ein ernstes Nachfragen, wobei der Vater den Sohn als seinen Sekretär benutzte. Er bat ihn oft, in seinem Namen ans AJH-Büro nach Lucknow zu schreiben. Schließlich nahm auch er Christus als seinen persönlichen Erlöser an.

Dann begann er, andere Leute aus der Stadt, die ebenfalls nicht lesen und schreiben konnten, in sein Haus einzuladen. Er bat seinen Sohn, die beiden Traktate vorzulesen und später auch die biblischen Lektionen. Die Gäste stellten viele Fragen, die Rae, so gut er konnte, beantwortete.

Innerhalb eines Jahres hatten vier von ihnen ebenfalls Christus angenommen – und das, weil ein Kind eine andere Generation zu Jesus geführt hatte.

Ein Traktat auf einem Traktor

Ein paar Längengrade weiter östlich fiel nicht lange nach der Bekehrung des »kleinen Doktors« in Nordindien ein anderer Same des Evangeliums in den Boden eines jungen Herzens. Diesmal war es in dem nördlichen japanischen Distrikt von Iwate. Der Same lag anscheinend schlafend über anderthalb Jahrzehnte dort, bevor er keimte und Frucht brachte.

Iwate galt nach allen Gesichtspunkten missionarischer Tätigkeit als unzugänglich. Die Menschen in jener Region waren meist Buddhisten oder Anhänger der Shinto-Religion. Andere glaubten auch an verschiedene Volksreligionen oder an moderne Kulte. Das Gemisch unterschiedlicher religiöser Einflüsse viele Generationen hindurch hatte seit langem das geistliche Klima von Iwate bestimmt.

Doch 15 kleine evangelische Kirchen hatten sich in den frühen 80er Jahren zum Ziel gesetzt, diese Situation zu verändern. Sie bildeten eine interkonfessionelle Allianz, um eine »Aktion: In jedes Haus« durchzuführen, damit in Iwate Christus bekannt würde. Sie teilten den Bezirk in drei Regionen auf und gelobten, jede Familie wenigstens in einer der Regionen einmal im Sommer zu besuchen. Dazu wollten sie christliche Literatur für Erwachsene und Kinder von der japanischen AJH-Zentrale besorgen. Das Ziel war: Das Evangelium sollte in jede Familie in diesem ganzen Bezirk hineinkommen.

In der Mitte des Sommers bei jenem ersten Einsatz war es ungewöhnlich warm. An einem sonnigen Tag erreichte das Quecksilber fast 38 Grad Celsius – das war extrem heiß für diese Gebirgslandschaft. Setsuko Motoi, ein zwölfjähriges japanisches Mädchen, das gerade seine Mutter verloren hatte, befand sich auf seinem langen Heimweg von der Schule. Eine shintoistische Freundin begleitete sie. Setsuko lebte am Rand des buddhistischen Gebirgsdorfes Tamayama. Das waren noch zwei Stunden Wegs über das Zuhause ihrer Freundin hinaus.

Als das Mädchen ihrer Freundin zum Abschied noch einmal zuwinkte, sah sie ein helles Papier im Sonnenlicht glänzen. Es lag auf dem Sitz eines Traktors, der vor dem Haus ihrer Freundin im Garten abgestellt war, und hob sich deutlich sichtbar von einem Haufen Abfallpapier und alten Zeitschriften ab. Ganz offensichtlich sollte der ganze Haufen verbrannt werden. Setsuko ging in den Garten hinein, nahm das Blatt, das ihr ins Auge gefallen war, und begann zu lesen.

Der Inhalt fesselte sie, so dass sie die Mutter ihrer Freundin fragte, ob sie die Schrift behalten könnte. Die Antwort war ein nachdrückliches »Nein!«. Sie wünschte nicht, dass Setsuko diese schändliche »religiöse Propaganda« lesen sollte. Sie waren schließlich gläubige Anhänger des Shintoismus, der ältesten Religion Japans.

So ging Setsuko enttäuscht nach Hause. Zwei Stunden später nahm sie die Zeitung von ihrer Haustür mit rein. Dabei fielen zwei Schriften aus der Zeitung heraus, darunter die eine, die sie im Garten ihrer Freundin so gern mitgenommen hätte.

Setsuko setzte sich, wo sie ging und stand, nieder und las die beiden Traktate. Eins war überschrieben: »Einladung zum Glücklichsein« (für Erwachsene) und das andere: »Wer hat das Universum geschaffen?« (für Kinder).

In den nächsten Monaten las sie die Schriften immer wieder. Dann beschloss sie, sich für den Bibel-Fernkurs anzumelden.

Wenige Wochen später hatte sie die biblischen Lektionen durchgearbeitet, und das AJH-Büro in Tokio sandte ihr ein Diplom als Bestätigung. Außerdem verwies man sie an die lutherische Tsukiga-oka-Kirche in der Stadt Morioka. Der Pastor dieser Kirche war Pfarrer Olson, der ebenfalls an dem evangelistischen Einsatz teilgenommen hatte. Um in diese Kirche zu kommen, musste die zwölfjährige Setsuko jedoch eine Stunde zu Fuß laufen und dann noch zwei Busfahrten von je 30 Minuten unternehmen.

Setsuko versuchte es einmal, konnte aber die Kirche nicht finden. Tieftraurig kam sie zurück. Am nächsten Tag nahm sie all ihren Mut zusammen, rief Pastor Olson an und erzählte ihm, was sich abgespielt hatte. Danach erhielt sie eine Reihe von freundlichen Briefen aus dieser Gemeinde, worin man sie in ihrem neugefundenen Glauben ermutigte.

Doch wegen der großen Entfernung glaubte Setsuko, dass es für sie nicht möglich sei, die Kirche zu besuchen. Sie fürchtete sich auch vor dem, was die Leute aus ihrem Dorf sagen würden. Sie waren größtenteils Buddhisten, und in einem kleinen Dorf wie Tamayama wurde jeder, der irgendwie in seinem Verhalten aus der Reihe tanzte, zum Gegenstand von Klatsch und Tratsch. Außerdem war Setsuko jetzt, wo ihre Mutter tot war, der Obhut ihrer Tanten anbefohlen. Und diese hatten für den christlichen Glauben nicht mehr übrig als die Mutter ihrer Freundin.

Das Mädchen fühlte einen tiefen Schmerz in ihrem Herzen,

dass sie ihren Herrn nicht öffentlich bekennen konnte. Doch auch im Laufe der Jahre verlor sie ihren eigenen Glauben nicht.

Zehn Jahre später war aus Setsuko eine tüchtige Schneiderin geworden. Sie war nun Anfang 20. Als sie eines Tages durch die Stadt Morioka fuhr, fiel ihr Blick auf ein Schild an einem Kircheneingang. Im Vorbeifahren erfasste sie den Namen »Pastor Olson«. Diesen Namen hatte sie niemals vergessen. Sie hielt an und ging in das Gebäude hinein. Sie wollte feststellen, ob das der gleiche Herr Olson war, mit dem sie vor mehr als zehn Jahren gesprochen hatte.

Es war sein Sohn. Der andere Pfarrer Olson war inzwischen heimgegangen zu Jesus. Und das Gotteshaus, an dem sie angehalten hatte, war kein anderes als die lutherische Tsukiga-oka-Kirche – genau die gleiche, die ihr vor zehn Jahren von dem AJH-Büro in Tokio empfohlen worden war. Setsuko beschloss, nun regelmäßig dorthin zu gehen. Heute ist sie ein aktives Mitglied dieser Gemeinde.

Später erfuhr sie, dass aus dieser Gemeinde ein Mann namens Osumi stammte. Dieser hatte vor zehn Jahren als erster das Evangelium in ihr Dorf Tamayama gebracht. (Auch er war inzwischen bei Jesus.)

Osumi konnte am Tag seines Besuchs in Tamayama nicht ahnen, dass ein Samenkorn, das er damals ausgestreut hatte, das Herz eines Kindes treffen und dort am Leben bleiben würde, bis sie gerade in seiner Kirche eine Gemeinschaft von Gläubigen fand, in die sie hineinwuchs.

Der Mund der Säuglinge

In manchen Ländern der Welt geschieht es, dass Kindergruppen, die von Erwachsenen geschult und betreut werden, ihrerseits selbst mutig mit der Guten Nachricht von Haus zu Haus gehen. In manchen Fällen begleiten Zeichen und Wunder ihre Bemühungen, wie es ein Team von Jungen und Mädchen in einem kleinen Fidschi-Dorf erlebte.

Die Dorfbewohner bedauerten und fürchteten die alte Frau, die am Rande der Stadt wohnte. Jahrelang litt sie unter verschiedenen

Krankheiten, die ihr Gemüt belasteten. Christen, die in dieser Gegend wohnten, glaubten, dass sie auch von Dämonen besessen war. Sie war körperlich und geistig eine Gefangene, durch einen Feind gebunden, den sie nicht erkannte und gegen den sie nicht ankämpfen konnte.

Dann geschah etwas Unerwartetes. Eine Kindergruppe, die von Erwachsenen betreut wurde und zu einem AJH-Team auf den Fidschi-Inseln gehörte, klopfte an die Tür dieser Frau.

Den begeisterten Kindern konnte sie nicht widerstehen. Sie lud sie in ihr Haus ein.

Es gab zwar auch ein paar ältere Kinder in der Gruppe, aber ein fünfjähriger Junge wurde aufgefordert zu beten. Mit dem vorbehaltlosen Glauben eines Kindes betete er für die alte Frau, dass sie vollständig gesund würde. Dann – so hatte er es in seiner Kirche gesehen – befahl er den Dämonen im Namen Jesu, die Frau zu verlassen.

Unabhängig davon, ob der Junge vollständig verstanden hatte, was er tat – die Dämonen verstanden es jedenfalls sehr genau. Die alte Frau wurde augenblicklich und vollständig befreit. Sie lieferte ihr Leben Christus aus und wurde gläubig.

Gott hatte den Glauben und die Einfalt eines Kindes benutzt, eine lange vom Satan gebundene Frau zu befreien und sie in seinen Herrschaftsbereich zu versetzen.

Das offensichtliche Aufleben des Glaubens an das Wunderbare unter Kindern könnte ein Zeichen dafür sein, dass die Kirche weltweit auf eine Zeit zugeht, in der das Übernatürliche wieder eine große Bedeutung hat. Tatsächlich werden wir im dritten Teil sehen, welche Rolle Zeichen und Wunder zunehmend bei der Evangelisierung der Welt zu spielen scheinen. Wir werden dabei entdecken, auf welche überraschende Art und Weise Gott die Gute Nachricht von Jesus bekannt macht. Und wir werden sehen, dass manchmal der Heilige Geist selbst es übernahm, die evangelistischen Schriften zu verbreiten.

Teil III

Erntewunder

Das Moment des Übernatürlichen
bei der evangelistischen Arbeit

Auch wenn man theologische Dispute bezüglich des Wunderbaren beiseite lässt (einschließlich aller Diskussionen über die Absicht oder sogar die Glaubwürdigkeit moderner Darstellungen), so nehmen doch die Berichte über sehr ungewöhnliche Geschehnisse mit der weltweiten Ausbreitung des Evangeliums eindeutig zu.

Muslime, die nichts von einem Jesus des Neuen Testaments wissen, haben Träume und Visionen von unserm Herrn. Und Tausende von ihnen suchen Christen auf, um von ihnen zu erfahren, was diese Begegnungen bedeuten.

Der Heilige Geist scheint gedruckte Botschaften der Erlösung zu packen und sie buchstäblich in den Weg Ungläubiger hineinzuwehen, die in falsche Religionen verstrickt sind. Oft bekehren sie sich dann – manchmal sofort – und werden zu vollmächtigen Zeugen Christi, die viele Menschen für ihn gewinnen.

Dramatische Berichte von Engelerscheinungen häufen sich, und einzelne Aussagen werden laut über die am meisten in Zweifel gezogenen Wunder, dass nämlich Tote ins Leben zurückkommen – wenn auch nur für eine kurze Zeit. Doch immer geschieht das in dem Kontext, dass Menschen dadurch Jesus kennenlernen.

Tun Sie mit mir auf den folgenden Seiten einen Blick in solche Berichte und darauf, wie sie zu einem Faktor der großen, endzeitlichen Ernte Jesu Christi werden.

Begleitet von Engeln

Die Kinder saßen ehrfürchtig da, als der alte Häuptling Hari Geschichten von den Geistern der Verstorbenen erzählte. Diese Geister mussten wohl zornig gewesen sein, weil die Yam-Ernte in dieser Saison nicht sehr gut gewesen war. Doch in seinem Herzen schaute Hari immer noch zum Himmel und überlegte, ob sein Volk nicht am wahren Grund alles Leidens auf der Erde vorbeiginge, an dem Grund, weshalb überhaupt Menschen auf Erden lebten.

Inzwischen hatte Hari mindestens 85 Yam-Ernten erlebt. Manche glaubten, es wären bestimmt noch mehr gewesen, vielleicht 95. Auf jeden Fall war es die letzte Yam-Ernte, während der ein Ausländer in der Nähe des Kwaio-Gebietes ermordet wurde.

Nach Zeitmaßstäben, die draußen in der übrigen Welt galten, zählte man das Jahr 1975. Der Vorfall betraf einen Missionsarzt und seinen Sohn. Beide wurden von Einheimischen im Laufe eines Disputes über ein Stück Land umgebracht. Weder Hari noch einer von seinem Clan tief im Innern von Ost-Kwaio hatte etwas mit diesem Streit zu tun. Er spielte sich mehr in der Küstenregion ab. Doch dieser Vorfall weckte Furcht in den Herzen der Christen, die an den Küsten der Inseln lebten.

Manche stammten ursprünglich von der Kwaio-Bevölkerung ab. Ihre Vorfahren waren vor Jahrzehnten oder vor mehreren Generationen ans Meer gekommen. Doch diese Christen vermieden den Kontakt mit dem Innern der Insel und sprachen oft von der Wildheit der Bevölkerung im Gebirge. So mussten Hari und seine Leute noch einmal 15 Yam-Ernten warten, bis jemand den Mut aufbrachte, zu ihnen zu gehen.

Doch als dann Menschen auftauchten, kamen sie nicht allein. Sie wurden von Engeln begleitet.

12 Winde des Geistes

Sabir Ali Khan war stolz, ein Pathan zu sein – Mitglied einer hochangesehenen, orthodoxen Muslim-Familie. Vor vielen Generationen waren seine Vorfahren von Kabul in Afghanistan eingewandert. Sie siedelten sich in einer Stadt an, die unter dem Namen Tilhar bekannt wurde und ca. 400 Kilometer östlich der indischen Hauptstadt Neu Delhi lag. Obwohl sie ursprünglich Händler waren, die mit Kleidungsstücken und Stoffen handelten, wurden Sabirs Vorfahren bald zu Bauern, die dem ständig wechselnden Klima der Region ein kärgliches Dasein abrangen. Doch Sabir, ein gebildeter Pathan, war stolz darauf, über all das hinausgewachsen zu sein.

Sabirs Heimatstadt Tilhar wies eine Bevölkerung von rund 30.000 Menschen auf, von denen 40 Prozent Moslems waren und andere 40 Prozent Hindus. Die restlichen 20 Prozent repräsentierten eine Vielzahl von Kulten und Kasten, wie sie in ganz Indien zu finden waren.

Sabir erklärte öfter, dass er für den Islam auch sterben würde. Und was er über die Christen gehört hatte, veranlasste ihn, auf jeden herabzusehen, der von sich bekannte, ein solcher zu sein. Vor Jahren hatte er einmal gehört, dass zwei Muslime seiner Kaste zum Christentum übergetreten waren und in Tilhar eine Methodistenkirche gegründet hatten. Doch schon lange waren die 40 christlichen Familien, die eine Frucht der damaligen Bekehrungen gewesen waren, in größere Städte umgezogen. Die Kirche war heute bloß eine Ruine. So hatte Sabir eigentlich noch keinen Christen kennengelernt. Trotzdem verachtete er sie.

Seine moslemische Belehrung hatte begonnen, als er im Alter von drei Jahren in die islamische Vorschule aufgenommen worden war. Als Sabir acht Jahre alt war, kannte er bereits viele Stellen des Korans auswendig und hatte schon begonnen, andere islamische Schriften zu studieren. Während all der Jahre hatte er seiner Erinnerung nach niemals auch nur an einem Tag die vorgeschriebenen Gebete oder Fastenzeiten versäumt, wie z. B. im Monat Ramadan. Seine Familie und seine Freunde waren davon überzeugt, dass er eines Tages ein bedeutender geistlicher Führer im Islam werden würde.

Doch als Sabir das Teenageralter erreichte, geriet er in Zweifel. In »Hadees Tirmizi«, einem heiligen Buch, das ein Muslim-Priester geschrieben hatte, hatte er etwas gelesen, das ihn irritierte. Bei der Schöpfung der Menschheit, so stand dort zu lesen, hätte Allah seine rechte Hand über Adams Rücken geschwenkt und erklärt: »Diese habe ich für den Himmel geschaffen.« Dann hätte er die Linke erhoben und gesagt: »Und diese habe ich für die Hölle geschaffen.« Sabir überlegte, als er über diese Stelle nachdachte, aus welcher Hand er selbst wohl hervorgegangen sei. Wenn er aus Allahs rechter Hand gekommen war, dann konnte er noch so sündig leben, er würde schließlich doch in den Himmel kommen. Wenn er aber durch Allahs linke Hand geschaffen worden wäre, dann konnte er ein reines und gutes Leben führen wie er wollte, seine endgültige Bestimmung würde doch die Hölle sein.

Wochenlang füllten Ängste Sabirs Herz. Und in den nächsten Jahren hungerte er nach wahrem Frieden und Glück.

Eine nachhaltige Begegnung mit Einwickelpapier

Im Jahr 1971 ging es Sabir wie anderen jungen Leuten in seinem Alter: nach beendeter Schulausbildung begann die Suche nach einer Arbeit. Da er wenig Aussichtsreiches fand, beschloss er, für ein paar Wochen seine Schwester zu besuchen. Sie lebte in der Nähe von Lucknow, der Hauptstadt von Uttar Pradesh, einer der nördlichen Provinzen Indiens. Ihr Mann war im Management der indischen Eisenbahn beschäftigt und besaß vier Rennpferde.

Eines Tages saß Sabir niedergeschlagen in einem Park am Stadtrand von Lucknow. Er knabberte Erdnüsse aus einem kleinen Päckchen, das er sich bei einem Straßenhändler gekauft hatte. Unzufriedenheit mit seinem Leben erfüllte ihn. Als er die letzte Erdnuss in den Mund steckte, fiel sein Blick auf ein Stück von dem Papier, in das die Erdnüsse eingeschlagen gewesen waren. Offensichtlich hatte das früher einen andern Verwendungszweck gehabt. Sabir konnte ein paar gedruckte Zeilen lesen. Die Worte sprangen ihm buchstäblich von dem Papier entgegen:

> *»Den Frieden lasse ich euch, meinen Frieden gebe ich euch. Nicht gebe ich euch, wie die Welt gibt. Euer Herz erschrecke nicht und fürchte sich nicht.«* (Joh 14,27)

Sabir verstand nicht, was das Wort »Johannes«, dem eine fremde Zahlenkombination – 14, 27 – folgte, bedeuten sollte. Aber dann las er noch weitere Sätze von dem Stück Papier.

> *»Kommt her zu mir, alle, die ihr mühselig und beladen seid; ich will euch erquicken.«* (Mt 11,28)

Frieden, wahren Frieden, das war es, was er gesucht hatte! Auf dem Papier stand noch ein anderer Satz:

> *»Wer zu mir kommt, den werde ich nicht hinausstoßen.«* (Joh 6,37)

Der Rest der Schrift fehlte, aber eine Adresse in Lucknow stand am Rand der Verpackung, wo jemand, der sich für die Botschaft interessierte, sich hinwenden konnte, um weitere Informationen zu bekommen. Sabir schrieb dorthin und fragte, was die Informationen auf dem Papier zu bedeuten hätten. In knapp zwei Wochen erhielt er zwei Schriften, die erklärten, was es hieß, ein Nachfolger Jesu zu sein. Gleichzeitig war die erste Lektion eines vierteiligen Bibel-Fernkurses beigefügt.

Sabir Ali Khan war vom Lesen so aufgewühlt, dass er eine Reise nach Lucknow unternahm und die auf dem Papier angegebene Adresse aufsuchte. Er meldete sich bei dem AJH-Büro. Mehr als vier Stunden sprach er mit dem Leiter, M. M. Maxton, über Jesus und was es bedeutete, ihn als Herrn und Erlöser anzuerkennen. Bei weiteren Besuchen luden ihn Herr Maxton und sein Buchhalter der AJH, Suresh Mathews, zum Essen und Übernachten ein, da sein geistlicher Hunger ganz offensichtlich war.

Im Jahr 1974 wurde Sabir getauft und bekannte sich öffentlich als Nachfolger Jesu Christi. Das war drei Jahre nach seiner Entdeckung auf der Verpackung der Erdnüsse. Danach ging er geradewegs zu seiner Schwester und seinem Schwager und erzählte ihnen zum erstenmal von Jesus und von dem, was mit ihm selbst inzwischen geschehen war.

Als fromme Muslime wurden sie zornig darüber und verlangten, dass er dem Christentum abschwören sollte. Andernfalls wären sie nicht mehr bereit, ihn bei sich zu verpflegen. Während der nächsten paar Tage bekam er nur saure Tamarindenfrucht, die man in Indien zum Kochen benutzt. Außerdem bestanden seine Schwester und ihr Mann darauf, dass er sich endlich einen Job suchte.

Sabir fand die Möglichkeit, für ein paar Rupien (kaum zehn Pfennig) am Tag eine Rikscha zu ziehen. Doch das reichte ihm für seine Ernährung. Als sein Schwager entdeckte, was für eine primitive Tätigkeit er ausübte, schlug er ihn mit einer Pferdepeitsche. Er schrie ihn an, warum er sich nicht bemüht hätte, etwas Besseres zu finden und befahl ihm wütend, sein Haus zu verlassen.

Einige Tage später führte Gott den jungen Christen zu einem guten Arbeitsplatz in einer Schuhfabrik, wo er zwei Jahre lang sein Brot verdienen konnte. Gleichzeitig studierte er in seiner freien Zeit die Heilige Schrift. Sein Wunsch, Christus zu dienen, wuchs ständig.

Im Jahr 1977 suchte Sabir erneut die AJH-Zentrale in Lucknow auf. Er erkundigte sich nach einer Möglichkeit, Jesus unter den Muslimen zu dienen. Es dauerte nicht lange, da arbeitete er voll mit, obwohl er dabei noch eine Schulung absolvierte. In den ersten Monaten als vollzeitlicher Mitarbeiter führte er 30 Muslime zu Christus.

Dann traf er eine schöne junge Frau und heiratete sie. Sie kam, wie er, aus einer streng moslemischen Familie.

Im Jahr 1992 wurde Sabir von »Trans World Radio«* eingeladen, als Evangelist an einem Programm in der Urdu-Sprache mitzu-

* »Trans World Radio« heißt der internationale Arbeitszweig, dem der deutsche »Evangeliums-Rundfunk« angehört.

arbeiten. Der Titel hieß: »Noor-e-Ilahi« (Göttliches Licht) für Muslime. Dieses Programm wird heute noch von Montag bis Freitag vom Moskauer Zentrum von »Trans World Radio« gesendet. Es erreicht Muslime und andere Urdu sprechende Gruppen in Asien. Monatlich treffen mehr als 300 Hörerbriefe ein, meist von Muslimen – in denen berichtet wird, dass die Hörer Jesus als Erlöser angenommen haben.

Und das alles hatte begonnen mit einem kleinen Stück Papier, auf dem eine gedruckte Botschaft von Jesus gestanden hatte – mit der Verpackung einer Handvoll Erdnüssen. Es war eine Botschaft, die der Wind des Geistes Gottes zu einem Straßenhändler von Lucknow getragen hatte, damit ein junger Mann namens Ali Khan sie in die Hände bekam.

Ein Samenkorn auf der Treppe

Es ist erstaunlich, was passiert, wenn der Heilige Geist die gute Nachricht irgendwohin bläst – mit einer Brise, die im richtigen Moment mit göttlicher Bestimmung aufkommt.

So erlebte es auch Necitas Nicodemus auf den Philippinen. Im Jahr 1984 konnte Necitas die Qual ihrer gestörten Ehe mit Marcelino, einem chronischen Schürzenjäger, nicht länger ertragen. Vor einem guten Jahr hatte sie schon einmal versucht, sich das Leben zu nehmen, indem sie ein Röhrchen mit Tabletten geschluckt hatte. Doch ihr Mann hatte sie gerade noch rechtzeitig gefunden, so dass sie gerettet wurde. Das Ehepaar versuchte, die Probleme im Gespräch zu bereinigen, und Marcelino machte viele Versprechungen. Aber dann wurde die Situation noch viel schlimmer.

Als Marcelino eines Abends wieder außer Haus war, nahm seine verzweifelte Frau noch einmal eine Überdosis Schlaftabletten. Doch das Ergebnis war nur schreckliches Kopfweh und ein Elendsgefühl. Dann schoss ihr ein Gedanke durch den Kopf: die Eisenbahnschienen! Die waren gar nicht weit von ihrer Wohnung entfernt. Diesmal würde es ihr gelingen, Schluss zu machen. Sie würde sich auf die Schienen legen und ein herannahender Zug würde ihrem Elend ein Ende machen.

Tränenüberströmt ging Necitas die Treppe ihres Apartmenthauses hinunter. Am unteren Ende der Treppe sah sie etwas am Boden liegen, das wie eine Postkarte aussah. Sie bückte sich und hob es auf.

Es war offensichtlich nur ein Stück einer umfassenderen Nachricht. Die kurze Aussage, die lesbar war, forderte den Leser auf, eins von zwei angeführten Kästchen anzukreuzen und dann die Karte an die auf der Rückseite angegebene Adresse abzusenden. In dem ersten Kästchen stand nur: »Ich glaube dieser Botschaft und habe Christus als meinen Erlöser angenommen. Bitte lassen Sie mir weitere Informationen über mein neues Leben mit Christus zukommen«. In dem zweiten Kästchen stand: »Ich habe die Botschaft nicht verstanden, würde aber gern mehr erfahren. Bitte schicken Sie mir weitere Informationen darüber, was es heißt, Christus als meinen Erlöser anzunehmen.«

Vielleicht hatte ihr Gatte das aufgehoben, was ursprünglich zu dieser Karte gehört hatte, und es dann weggeworfen, ohne zu bemerken, dass diese Karte dabei herausgefallen war. Oder die Nachricht war in den Eingang gefallen und der Wind hatte das andere Stück auf die Straße hinausgeweht, wobei bloß die innere Karte am Fuß der Treppe liegen blieb.

Wie es auch immer gewesen sein mochte, Necitas hatte so etwas niemals vorher gehört oder gelesen. Einen Augenblick überlegte sie, was wohl die eigentliche Botschaft ausgesagt haben mochte. Als sie noch zögernd die Karte in der Hand hielt, fühlte sie einen merkwürdigen inneren Impuls, fast wie eine Stimme, die ihr sagte: »Das ist die Antwort auf alles, was du suchst.«

Necitas hatte keine Ahnung, was mit ihr geschah, bemerkte aber, dass ihre Depression eigenartigerweise abgeklungen war. Statt nun ihren ursprünglichen Plan auszuführen, drehte sie sich um und lief die Treppen wieder hinauf. Der Wunsch, mit ihrem Leben Schluss zu machen, war verschwunden. Ein erster kleiner Hoffnungsfunke war in ihr aufgeblitzt.

In ihrer Wohnung füllte sie die Karte aus. Da ihr das Stück der Nachricht mit der Botschaft, was es hieß, Christus als Erlöser anzunehmen, fehlte, kreuzte sie das zweite Kästchen an. Dann versteckte sie die Karte und legte sich ins Bett. Sie hatte keine Ahnung, wann Marcelino heimkommen würde.

Am nächsten Morgen warf Necitas die Karte ein. Auf der Rückseite stand ja die Adresse des AJH-Büros in Manila.

Einige Tage später erhielt sie die erste Lektion des vierteiligen Bibel-Fernkurses. Als sie diese Lektion durcharbeitete, wurde ihr klar, was es hieß, Christus als Herr und Erlöser anzunehmen. Überzeugt von der Wahrheit der Botschaft, lieferte sie ihr Leben Jesus Christus aus.

Necitas füllte am Ende der Lektion das Blatt für Antworten aus, das sie zum AJH-Büro zurückschicken wollte, und überlegte dabei, wie sie Marcelino veranlassen könnte, dieses Material ebenfalls durchzuarbeiten. Die Botschaft könnte sein Leben verändern – dachte sie – und vielleicht auch ihre Ehe. Doch ihr war klar, dass er sofort ablehnen würde, wenn sie sich dahingehend äußerte, dass das Bibelstudium ihm gut tun würde.

Plötzlich kam ihr eine Idee. Sie kreuzte ein paar Fragen der Bibellektion bewusst falsch an. Als Marcelino später nach Hause kam, erzählte sie ihm, dass sie um einen kostenlosen Fernkurs über Jesus Christus gebeten hätte. Wenn sie die Fragebögen richtig ausfüllen würde, bekäme sie eine Teilnahmebestätigung mit Anerkennung. Doch sie möchte gerne sicher sein, dass sie nichts falsch beantwortet hätte. Ob er ihr wohl helfen würde dabei?

Marcelino tat das nur allzu gerne.

Eine Frage hieß: »Sind alle Menschen Sünder oder nur die, die schlimme Dinge tun?« Necitas hatte geantwortet: »Nur die, die Schlimmes tun.« Marcelino war selbst nicht sicher und las deshalb die Lektion durch. Dabei entdeckte er, dass die Bibel ganz klar sagt: »Alle haben gesündigt.«

Daher korrigierte Marcelino sie und sagte: »Nein, Necitas. Schau her, was in der Lektion steht.«

Necitas sah mit ihm zusammen den Text durch, radierte die falsche Antwort aus und schrieb die richtige hinein.

Sie sagte weiter nichts mehr an dem Abend, als sie mit Marcelino alle Fragen noch einmal durchging. Dann bedankte sie sich bei ihm für seine Hilfe.

Etwa zwei Wochen später kam die zweite Lektion an. Wieder bat Necitas Marcelino um seine Hilfe. Er las alles sehr sorgfältig durch, um sicher zu sein, dass seine Frau nur richtige Antworten gegeben hatte.

Während der dritten Lektion, als Marcelino für Necitas eine Frage über Jesus beantwortete, wandte er sich ihr zu und sagte: »Necitas, ich glaube, dass das alles wahr ist. Ich glaube, dass es Erlösung nur gibt durch das Vertrauen auf Jesus Christus.«

Necitas bot Marcelino an, mit ihr zu beten und lud Christus ein, in sein Herz zu kommen. In einem Augenblick war das Leben eines treulosen Gatten verwandelt. Marcelino wurde eine neue Schöpfung in Christus.

Marcelino erwies sich auch bald als begabter biblischer Lehrer. Bald lasen 100 Menschen mit ihm zusammen in der Bibel und benutzten den AJH-Fernkurs dabei als Anweisung. Ein stabiler Kern von Gläubigen bildete sich in Marcelinos Dorf, und er und Necitas suchten das AJH-Büro in Manila auf und baten um Unterstützung. Die Zentrale schickte einen ihrer führenden Leute, Pastor Rudy Delez, der die Gruppe allmählich tiefer ins Wort Gottes einführte. Später wurden die Neubekehrten in einem Fluss in der Nachbarschaft getauft. Dabei verbrannten sie ihre Fetische, die sie einst bei der Anbetung benutzt hatten. Rudy und die gesamte AJH-Mannschaft schauten fröhlichen Herzens zu.

Bis heute haben Necitas und Marcelino Nicodemus, die weiter intensives Bibelstudium betrieben, auf den Philippinen vier neue Gemeinden gegründet. Die letzte davon hat inzwischen mehr als 200 Mitglieder und hat nun eine Kapelle gebaut auf einem Grundstück, das eins der Mitglieder gestiftet hat. Und der Anfang von allem war eine einzige Entscheidungskarte, die der Geist Gottes genau an dem Tag in den Treppenaufgang zu ihrer Wohnung geweht hatte, als Necitas beschlossen hatte, ihrem Leben ein Ende zu setzen.

Eine Schrift im Wind

Bei all unserm strategischen Planen, die Welt für Jesus zu gewinnen, dürfen wir nie vergessen, dass der Herr allein die Verantwortung für seine Ernte trägt. (S. Mt 9,37.38: »Die Ernte ist groß, aber wenige sind der Arbeiter. Darum bittet den Herrn der Ernte, dass er Arbeiter in seine Ernte sende.«) Wir sind nur seine Zeugen, seine Säeleute. Natürlich müssen wir methodisch vorgehen bei unserm Planen und auch intensiv beten. Und wenn wir niemand übersehen wollen, müssen wir auch systematisch die Menschen da aufsuchen, wo sie leben. Doch dann kann nur Gott selbst die Frucht hervorrufen.

Erinnern wir uns an die Worte des Paulus, die er der Gemeinde zu Korinth schrieb (als es um Parteiungen im Hinblick auf Säen und Ernten ging):

> *»Ich habe gepflanzt, Apollos hat begossen; aber Gott hat das Gedeihen gegeben. So ist nun weder der pflanzt noch der begießt etwas, sondern Gott, der das Gedeihen gibt.« (1. Kor 3,6.7)*

Wenn wir den Samen des Evangeliums mit Gebet und Sorgfalt aussäen, wird Gott diesen Samen nutzen, um zu seiner Zeit Frucht wachsen zu lassen.

> *»Denn gleichwie der Regen und Schnee vom Himmel fällt und nicht wieder dahin zurückkehrt, sondern feuchtet die Erde und macht sie fruchtbar und lässt wachsen, dass sie gibt Samen, zu säen und Brot, zu essen, so soll das Wort, das aus meinem Munde geht, auch sein: Es wird nicht wieder leer zu mir zurückkommen, sondern wird tun, was mir gefällt, und ihm wird gelingen, wozu ich es sende.« (Jes 55,10-11)*

Manche der Samen mögen eine ganze reiche Ernte in sich tragen. Ein Weiser sagte einmal: »Jeder Narr kann die Kerne in einem Apfel zählen. Aber nur Gott kann die Äpfel zählen, die in einem einzigen Kern stecken.«

So erging es auch einem achtseitigen evangelistischen Traktat, das ein feuchter Monsunwind in Bangalore in Südindien in die Richtung seiner göttlichen Bestimmung trieb. Das Ziel war Vasudeva Rao, der älteste Sohn einer strenggläubigen Brahmanenfamilie.

Vasudeva war in festen hinduistischen Traditionen aufgewachsen. Zweimal am Tag verrichtete er seine *poojas* (hinduistische Gebete) zu den vielen Gottheiten, die in seinem Elternhaus verehrt wurden. Einige sah man nur auf Bildern, andere waren als Statuen dargestellt. Aber alle wurden angebetet. Vasu folgte den Fußstapfen seines Vaters, eines inbrünstig-frommen Hindu, und suchte die besondere göttliche Erleuchtung zu gewinnen, die die Hindus *Moksha* nennen.

Doch Vasu war verwirrt angesichts der vielen hundert oder sogar Tausenden von Göttern, und wusste nicht, welchen von ihnen er nun besonders anbeten und bei wem er nach der göttlichen Erleuchtung suchen sollte. Er las viele Hindu-Schriften und entdeckte wiederholt, dass diese Götter viele sündige Taten begangen hatten.

Irgendetwas in Vasus Gewissen erlaubte ihm nicht, diese als wirkliche Götter anzuerkennen. Seine Suche nach dem wahren Gott hörte nicht auf. Er sprach sogar ein Gebet, bei dem er nicht wusste, an wen es gerichtet war: »Wenn es wirklich einen wahren Gott gibt, dann möchte ich, dass er sich mir offenbart.« Doch es schien nichts zu geschehen.

Schließlich schloss sich Vasu einer Bande von jungen Kriminellen an, die die Leute von Bangalore schikanierten und sich in kleineren Vergehen gefielen. Aber auch das dauerte nicht lange. Vasu kam in eine depressive Phase hinein und dachte daran, mit seinem Leben Schluss zu machen.

Dann ging er eines Tages einen verkehrsreichen Boulevard entlang. Die Monsunwinde, die allmählich stärker wurden, hatten ein brieftaschengroßes Papier erwischt und jagten es wie im Spiel in verschiedene Richtungen. Plötzlich flog es auf Vasu zu und blieb vor seinen Füßen liegen. Vasu hob es auf und ging an die Seite der Straße, wo er das Blatt, das sich als Broschüre entpuppte, sorgfältig zu lesen begann. Es stand eine ganz einfache Botschaft darauf. Da wurde erklärt, wie ein Mensch jemanden, der Jesus Christus und Sohn Gottes genannt wurde, als seinen Herrn und Erlöser annehmen konnte.

Vasu reagierte sofort auf die Botschaft. Auch als Autos und Viehwagen sich durch die belebte Straße drängten, hielt das den jungen Mann nicht davon ab, sein Herz für Jesus zu öffnen.

Vasus neuer Glaube an Christus traf in seiner Familie und bei seinen Freunden auf starken Widerstand. Doch er hielt daran fest und versuchte, noch mehr darüber zu erfahren. Er bekam weiterführendes Material vom AJH-Büro in Bangalore, einschließlich eines Neuen Testamentes, dessen Inhalt er bald Tag für Tag buchstäblich verschlang.

Nach weniger als einem Jahr bat Vasu darum, in der AJH-Arbeit von Bangalore mitmachen zu können. Nach einer gründlichen Schulung wurde er ein tüchtiger Mitarbeiter bei der Nacharbeit. Hunderte von Hindus, die auf evangelistische Traktate der »Von-Haus-zu-Haus-Aktion« geantwortet hatten, bekamen von Vasu sorgfältig bearbeitete weiterführende Literatur. Jede Schrift enthielt eine Reihe von einschlägigen Bibelstellen, die Antworten auch auf die kompliziertesten Fragen darboten. Vasu wurde bald zum gesuchten Berater auf Treffen für Neubekehrte und für »Christusgruppen« (kleine Gruppen von Menschen, die noch jung im Glauben sind, wie sie im Kapitel 6 beschrieben sind).

In den Monaten nach seiner Bewerbung beim AJH-Büro und der anschließenden Schulung führte Vasu etwa 300 Menschen zu Jesus, die meisten von ihnen waren Hindus. Von diesen taufte er selbst 231 Personen. Zu seiner besonderen Freude schloss diese für ihn erste geistliche Ernte seine sämtlichen Familienmitglieder ein, auch seine Eltern, die so strenge Brahmanen gewesen waren.

Und alles hatte mit einer schlichten achtseitigen Broschüre angefangen, die ihm mit einer lebhaften, südindischen Brise in den Weg geflogen war – nicht zuletzt getrieben vom Geist Gottes.

Der Geist der Bäume

Lendongo Botshemba, der einen Kopf größer war als die meisten Pygmäen, kletterte mit der Beweglichkeit eines Schimpansen von einem riesigen Malapa-Baum herunter. Es war tief im Regenwald in der Nähe des Momboyo-Flusses. Sorgfältig verband er ein paar kurze Zweige mit langen ovalen Blättern an einen Lederriemen, der an seiner Brust befestigt war. Dies, so glaubte er, würde den Geist der Bäume gefangennehmen und die Krieger der Pygmäen, also auch ihn, vor bedrohenden bösen Geistern schützen.

Der junge Pygmäe, der für ein ähnliches Schicksal bestimmt war wie Häuptling Hari auf den Salomonen-Inseln, bereitete sich darauf vor, die Verantwortung für alle Pygmäen-Sippen der Bosuka-Region in Zentralafrika zu übernehmen. Er war jetzt 20 Jahre alt.

Unter diesen Pygmäen waren Geschichten im Umlauf, dass vor langer Zeit ein weißer Mann in ihren Wald gekommen sei. Er hatte eine merkwürdige Botschaft mitgebracht – über den Schöpfer aller Dinge, der einen Sohn hatte. Doch die meisten von ihnen hatten diese neue Religion nicht verstanden und ihr erst recht nicht geglaubt. Der Einfluss der Botschaft des weißen Mannes war seitdem längst wieder verschwunden. Die meisten Menschen tief in den Wäldern jenseits von Bosuka hatten niemals das Gesicht eines Weißen gesehen, noch viel weniger etwas von seiner merkwürdigen Religion gehört.

Lendongos Stamm, der etwa 6.000 Menschen zählte, hatte keine Vorstellung davon, dass sie in einem Kontinent lebten, der Afrika hieß, oder dass ihr Regenwald innerhalb der Grenzen eines Staates lag, der zu jener Zeit Zaire genannt wurde. Die Pygmäen wussten ebenso wenig von der Welt draußen wie die Kwaios auf den Salomonen-Inseln. Sie wussten auch nichts von einem modernen Kalender, noch davon, dass sie im letzten Jahrzehnt des 20. Jahrhunderts lebten.

Doch innerhalb von ein paar Monaten sollte sich das alles ändern. Und die meisten Leute von Bosuka würden es erleben – ebenso wie die Kwaios – dass ihr Leben von dem Schöpfer, der einen Sohn hat, umgewandelt wurde.

13 Die Ärmelfalten Gottes

Sanji Adonga presste seine Tasche mit evangelistischen Broschüren fest an sich und suchte das nächste Apartment in der Stadtmitte von Yan (Name geändert) auf – einer wachsenden moslemischen Stadt in Nordafrika. Es gab nur wenige aktive Christen unter ihren mehr als eine Million zählenden Muslimen. Doch Sanji hatte einen Ruf von Gott bekommen. Er gehörte zu einer kleinen Gruppe von Gläubigen, die sich der Aufgabe verschrieben hatten, jede Wohnung in dieser nordafrikanischen Muslim-Enklave aufzusuchen.

Es war nicht gerade ein guter Tag für ihn gewesen. Die meisten Leute, an deren Haustür er angeklopft hatte, waren seiner Botschaft ablehnend begegnet. Doch wenn die Türen sich schlossen, legte Sanji gewöhnlich noch eine Broschüre auf die Schwelle. Auf diese Weise würde jedenfalls keiner übergangen bei diesem Einsatz »von Haus zu Haus«. Und wenn auf sein Klopfen niemand antwortete, schob der junge Evangelist die Gute Nachricht von Jesus unter die Tür. Sanji wünschte sich, dass jeder Muslim auch Jesus begegnete. Er war ja selbst einer von ihnen gewesen und hatte Jesus gefunden.

Gerade näherte er sich der nächsten muslimischen Wohnung. Vorsichtig klopfte er an die Tür und wurde von einem Mann Mitte 20 begrüßt. Sanji lächelte ihn an und reichte ihm ein Traktat.

»Hier bringe ich dir die Wahrheit«, erklärte er mutig und überließ dem jungen Mann eine evangelistische Schrift.

Der Mann warf einen kurzen Blick darauf und öffnete sie. Es schien, als ob er sofort den Namen Jesu Christi entdeckt hätte. Er begann zu fluchen und riss die Schrift in Stücke.

»Das ist nicht die Wahrheit!«, rief er aus. »Das ist eine Lüge!« Mit diesen Worten warf er die Fetzen des Traktates dem Evangelisten ins Gesicht. »Verschwinde jetzt – und komm nie wieder, oder ich bringe dich um!«

Erschüttert ging Sanji fort und suchte das nächste Apartment an der Straße auf, in der er seine Tätigkeit bis zum frühen Abend fortsetzte.

Eine Stimme in der Nacht

Der Mann an der Tür, der ihn so zornig abgewiesen hatte, war der 25-jährige Abdulai Masa gewesen, der Sohn eines reichen Händlers aus der Stadt. Er half seinem Vater in der Leitung eines seiner Geschäfte.

An diesem Abend fiel er in einen tiefen Schlaf. Den Vorfall vom Morgen mit dem Evangelisten hatte er bereits wieder vergessen. Doch in der Nacht fühlte der junge Muslim plötzlich, wie in der Dunkelheit zwei starke Hände seine Schultern ergriffen und ihn heftig schüttelten. War das nur ein schrecklicher Traum, oder war es Wirklichkeit? Zuerst war er nicht sicher. Die Hände packten fester zu und Abdulai war nun davon überzeugt, dass ein Dieb bei ihm eingebrochen war. Wild schlug er mit den Armen um sich, um den unsichtbaren Eindringling abzuwehren. Doch er konnte in der Dunkelheit keinen Körper spüren, der zu den ihn packenden Händen gehört hätte.

Abdulais Herz schlug laut wie eine afrikanische Trommel. Zitternd setzte er sich auf.

»Wer bist du?«, rief er. »Was willst du von mir?«

Er hob den Arm und drehte die Lampe an, die über seinem Bett hing. Der Raum war leer. Immer noch zitternd steckte er sich eine Zigarette an in der Hoffnung, damit seine Nerven zu beruhigen.

»Wer bist du?«, fragte Abdulai noch einmal und dachte dann, dass vielleicht alles doch nur ein Traum gewesen sei.

Eine Stimme füllte den Raum.

»Du hast die Wahrheit zerrissen«, hörte er nun die Stimme nachdrücklich sagen.

Abdulais Augen gingen in alle Richtungen – ganz offensichtlich war noch jemand mit ihm im Zimmer.

»Wer bist du?«, rief er wieder aus. »Was willst du?«

»Du hast die Wahrheit zerrissen«, wiederholte die Stimme. »Die Botschaft, die dir der Besucher an deiner Tür gab, war die Wahrheit Gottes, die den Weg zum ewigen Leben zeigt. Sie sprach von dem einzigen Weg zu dauerhaftem Frieden und Glück. Und du hast alles einfach kaputtgerissen.«

Abdulai zitterte. »Aber was kann ich jetzt noch tun? Ganz bestimmt sind die Fetzen vom Wind längst weggeweht.«

»Ich werde dir sagen, wo du eine neue Broschüre finden kannst. Nimm ein Blatt Papier und einen Stift und schreib dir die Adresse auf.«

Abdulai konnte nicht fassen, dass er eine Stimme hörte, aber keinen Körper sah. Doch er nahm Papier und Bleistift und schrieb Name und Adresse von Sanji Adonga auf.

»Wenn du die Botschaft noch einmal haben willst, geh bei Sonnenaufgang dorthin. Du wirst denselben Mann finden, der heute an deiner Tür gestanden hat.«

Abdulai Masa schlief den Rest der Nacht kaum noch. Als die Dämmerung heraufzog, kleidete er sich an und suchte die Wohnung auf, die ihm angegeben worden war. Es stand noch klar und deutlich auf seinem Papier.

Sanji war gerade erst aufgestanden, als er ein Klopfen an seiner Tür hörte. Er wischte sich den Schlaf aus den Augen, öffnete und schaute ungläubig in das Gesicht des jungen Mannes, der am Tag vorher gedroht hatte, ihn umzubringen. Wie hatte dieser Mann seine Adresse gefunden in einer Stadt von mehr als einer Million Einwohnern? Er war sicher, dass ihm niemand gefolgt war am vorhergehenden Abend. Und die einzige Anschrift auf der Broschüre war ein Postfach in einer entfernten Stadt. Und außerdem hatte der Mann das Traktat ja zerrissen.

»Was wünschst du hier?«, fragte Sanji und schluckte dabei angestrengt.

»Ich möchte ein neues Heft«, antwortete Abdulai. »Ich muss ein zweites Exemplar haben von dem, was du mir gestern gegeben hattest.«

»Aber das hast du mir doch ins Gesicht geworfen! Und wie hast du mich überhaupt gefunden?«

»Es war die Stimme in der Nacht ...«, erklärte der Muslim und beschrieb die nächtlichen Vorfälle.

»Diese Stimme gab mir deine Adresse«, schloss Abdulai. »Sie sagte auch, du hättest ein zweites Exemplar für mich.«

Ein sehr erstaunter Sanji lief in seinen Schlafraum und kam mit einer neuen Verteilschrift zurück. Dann saß er über eine Stunde lang mit Abdulai zusammen, las die Broschüre mit ihm durch und erklärte dabei ausführlicher, was es bedeutet, Christus als Herrn anzunehmen. Am Ende war Abdulai davon überzeugt, dass die Botschaft wahr sei. Er erkannte und bekannte seine Sünden und lieferte sein Leben Jesus aus.

Als er seiner Familie seine Bekehrung mitteilte, wurde Abdulai, der seinen Namen schon in Abraham umgeändert hatte, aus dem Geschäft seines Vaters ausgewiesen. Allen familiären Kontakt mit ihm brach man ab. Sein Vater schmiedete sogar einen Plan, ihn entführen und umbringen zu lassen. Doch eine seiner Schwestern verriet ihm die Sache. So versteckte sich Abraham bei dem einzigen Christen, den er kannte, bei Sanji Adonga, der ihm zu weiterer Flucht verhalf. Er schickte ihn etwa 500 Kilometer nach Süden zu AJH-Zentrale des gesamten Staates.

Abraham war Sanji sehr dankbar für die Fluchthilfe. Wenige Wochen später wurde ein anderer Muslim im Teenageralter, der bei dem gleichen evangelistischen Einsatz zu Jesus gefunden hatte, von seinem eigenen Vater auf dem Gelände seines Palastes mit dem Knüppel totgeschlagen. Der Vater war ein Emir, und die gesamte Familie samt dem Personal schaute zu, als der Junge sich weigerte, Jesus als den Sohn Gottes zu verleugnen, und dafür brutal ermordet wurde.

Abraham langte wohlbehalten bei AJH an und wurde von dem zuständigen Leiter persönlich versorgt und ausgebildet. Eine Zeit lang lebte er mit in dessen Wohnung. Bald verrichtete er Gelegenheitsarbeiten rund um das Büro, und einige Monate später ging er nach draußen von Haus zu Haus und erzählte anderen, was Gott in seinem Leben getan hatte.

Inzwischen hat Abraham einen intensiven Bibelkurs absolviert und ist Hausmissionar der evangelistischen »Aktion: In jedes Haus« in vorwiegend moslemisch bewohnten Gegenden seines Landes geworden.

Zeit der Wunder

Gott hat eindeutig noch »einige Trümpfe im Ärmel«, und wir tun gut daran, uns zu erinnern, dass er wirklich »weite Ärmel« hat – wobei wir die theologischen Überlegungen, wie Gott eventuell gekleidet sein könnte (Ps 104,1.2), einmal beiseite lassen sollten. Und eins erscheint sicher: das explodierende Anwachsen weltweiter Gebetsveranstaltungen hat offenbar eine Beziehung zu dem, was Gott »aus dem Ärmel« schüttelt. J. Edwin Orr hat es oft in seinen Predigten gesagt: »Wenn Gott mit seinen Leuten etwas Neues schaffen will, lässt er sie zuerst intensiv beten.«

Wenn das wahr ist (und ich kann dem nur zustimmen), dann sollten wir nicht überrascht sein vom ungewöhnlichen Anwachsen der Zeichen und Wunder, die von Missiologen und verantwortlichen christlichen Führern weltweit berichtet werden. Oder auch von den rapide um sich greifenden Erweckungsbewegungen unter verlorenen Menschen. Das sind auch Zeichen der Hoffnung dafür, dass die Erfüllung des Missionsauftrages Jesu näher ist, als wir denken.

Manche verantwortlichen Christen glauben, dass es reichlich biblische Begründung dafür gibt, ein vermehrtes Auftreten von wunderbaren Dingen zu erwarten, wenn dieses Zeitalter zu Ende geht und der »Große Auftrag« erfüllt ist. Das Übernatürliche könnte dann eher die Norm als die Ausnahme sein.

Das Wort »übernatürlich« besteht aus zwei Wörtern: »über« und »natürlich«. Das »über« bedeutet »höher« oder »größer als«. »Natürlich« bedeutet: was »normal oder allgemeingültig« ist. So könnte man ein Ereignis oder ein Geschehen als übernatürlich ansehen, wenn es größer ist oder über das hinausgeht, was normal oder allgemeingültig ist. »Wunder«, ein in unserer heutigen Kultur überstrapaziertes Wort, bezieht sich auf »ein Ereignis oder eine Handlung, die offensichtlich bekannten naturwissenschaftlichen Gesetzen widersprechen«. Ein Wunder kann auch einfach als etwas Bemerkenswertes oder als etwas Erstaunliches definiert werden.

Dass ein junger Muslim nachts eine Stimme hört, die ihm in einer Millionenstadt die Adresse eines gläubigen Christen vermittelt, ist ein bemerkenswerter Vorfall, der den bekannten Naturgesetzen zu widersprechen scheint. Sollten wir ihn als ein Wunder im biblischen Sinn einordnen?

Biblische Gründe für Zeichen und Wunder

Wunder können theologisch umstritten sein. Aber ich bin sicher, dass alle gläubigen Christen mir zustimmen würden, dass Gott im Bereich des Wundersamen tun und lassen kann, was er will.

Es geht aus den biblischen Berichten hervor, dass viele der evangelistischen Aufbrüche der jungen Gemeinde von Zeichen und Wundern begleitet waren. Der Schreiber des Hebräerbriefes erklärt z. B., dass Zeichen und Wunder die Wahrheit unserer Erlösung bestätigen.

> *»... ein so großes Heil ... das seinen Anfang nahm mit der Predigt des Herrn und bei uns bekräftigt wurde durch die, die es gehört haben. Und Gott hat dazu Zeugnis gegeben durch Zeichen und Wunder und mancherlei mächtige Taten durch die Austeilung des heiligen Geistes nach seinem Willen.« (Hebr 2,3.4)*

Der Apostel Paulus betont die Rolle der Wunder in seiner eigenen missionarischen Tätigkeit als Bestätigung der Wahrheit des Evangeliums:

> *»Darum kann ich mich rühmen in Christus Jesus vor Gott. Denn ich werde nicht wagen, von etwas zu reden, das nicht Christus durch mich gewirkt hat, um die Heiden zum Gehorsam zu bringen durch Wort und Werk, in der Kraft von Zeichen und Wundern und in der Kraft des Geistes Gottes.« (Röm 15,17-19)*

Wir wollen darauf achten, was die heilige Schrift selbst über Wunder sagt, und warum Gott sie geschehen lässt. Das wird uns helfen, den Wert von Zeichen und Wundern in der heutigen Zeit zu erkennen, besonders wo es um die zunehmende weltweite Ernte auf dem Felde Gottes geht, nämlich, dass Menschen zu Jesus finden.

Wunder offenbaren Gott

Erstens ist klar, wenn man die Schrift sorgfältig liest, dass Gott Wunder geschehen lässt, um seine Herrlichkeit zu offenbaren. »... die Erde wird voll werden von Erkenntnis der Ehre des Herrn, wie Wasser das Meer bedeckt« (Hab 2, 14).

Ein Beispiel dafür, wie ein Wunder die Herrlichkeit Gottes sichtbar macht, findet sich am Anfang des Buches Josua, als zwei der Israeliten als Kundschafter in die Stadt Jericho ausgesandt wurden. Sie übernachteten im Haus einer Prostituierten namens Rahab. Doch der König von Jericho, der davon Kenntnis bekam, forderte von ihr, die Kundschafter herauszugeben. Rahab aber versteckte sie in einem Haufen von Flachsstengeln auf dem Dach ihres Hauses und ließ dem König sagen, sie wären geflohen. Dann aber sagte sie zu den Israeliten:

> *»Ich weiß, dass der Herr euch das Land gegeben hat; denn ein Schrecken vor euch ist über uns gefallen, und alle Bewohner des Landes sind vor euch feige geworden.« (Jos 2,9)*

Weiter sagte sie:

> *»... wir haben gehört, wie der Herr das Wasser im Schilfmeer ausgetrocknet hat vor euch her, als ihr aus Ägypten zogt, und was ihr den beiden Königen der Amoriter, Sihon und Og, jenseits des Jordans getan habt, wie ihr an ihnen den Bann vollstreckt habt.« (Jos 2,10)*

Rahabs Schlusssatz enthält eine tiefe Einsicht in die Gründe, warum Gott Wunder geschehen lässt:

> *»Und seitdem wir das gehört haben, ist unser Herz verzagt, und es wagt keiner mehr, vor euch zu atmen; denn der Herr, euer Gott, ist Gott oben im Himmel und unten auf Erden.« (Jos 2,11)*

Ganz eindeutig benutzte Gott diese Wunder, um seine Macht und Herrlichkeit denen zu offenbaren, die seinen Plänen im Wege standen.

Biblisch gesprochen sollten wir deshalb alle vermeintlichen Zeichen und Wunder diesem Test unterziehen: *Offenbaren sie etwas von dem Wesen und den Eigenschaften Gottes und seinen Wegen? Und wird letztlich Gott dadurch verherrlicht, weil für die, die ihn noch nicht kennen, sichtbar wird, wer er ist?*

Wunder, die Christus offenbar machen

Ein zweiter Grund für Wunder besteht darin, dass sie Jesus Christus offenbaren und verherrlichen sollen. Der Apostel Johannes beschreibt ebenso wie die andern Evangelisten viele Wunder, die Jesus tat. Nach dem Bericht von der Auferstehung und der Art und Weise, wie Jesus den Zweifeln des Thomas begegnete, schließt Johannes:

> *»Noch viele andere Zeichen tat Jesus vor seinen Jüngern, die nicht geschrieben sind in diesem Buch. Diese aber sind geschrieben, damit ihr glaubt, dass Jesus der Christus ist, der Sohn Gottes, und damit ihr durch den Glauben das Leben habt in seinem Namen.« (Joh 20,30.31)*

Die Wunder, die Jesus tat, bezeugten also, wer er war (und ist!). Und da wir wissen, dass »Jesus Christus« derselbe ist, »gestern und heute und ... auch in Ewigkeit« (Hebr 13, 8), sollten wir nicht überrascht sein, dass auch weiterhin Wunder geschehen, die Jesus offenbaren und verherrlichen, vor allem, wenn verlorene Menschen dadurch von seiner Wirklichkeit überzeugt werden sollen.

So können wir Zeichen und Wunder also auch noch einem zweiten Test unterwerfen: *Stellen sie die Person und das Tun Jesu heraus als einzigen Weg zur Erlösung? Verherrlichen sie Jesus wirklich?*

Wunder offenbaren Gottes Gnade

Ein dritter biblischer Grund für Wunder ist, dass es darum geht, Gottes Gnade sichtbar zu machen – seine unvorstellbare Vergebungsbereitschaft und sein Mitleid, vor allem für die verlorenen Sünder. Aus Gründen, die weit über unser Verstehen oder unsere Erklärungsversuche hinausgehen, lässt Gott manchmal allein aus seiner Gnade heraus Wunder geschehen. Die Speisung der Fünftausend (s. Joh 6), die Speisung der Viertausend (s. Mk 8) und das Auferwecken des Sohnes der Witwe von den Toten in den Tagen Elisas (s. 2. Kön 4) sind Beispiele dafür.

Jakobus, der Bruder des Herrn, redet von denen, die Schmerzen erdulden mussten, bis zur Erlösung daraus:

> *»Nehmt, liebe Brüder, zum Vorbild des Leidens und der Geduld die Propheten, die geredet haben im Namen des Herrn. Siehe, wir preisen selig, die erduldet haben. Von der Geduld Hiobs habt ihr gehört und habt gesehen, zu welchem Ende es der Herr geführt hat; denn der Herr ist barmherzig und ein Erbarmer.« (Jak 5,10-11)*

Hiob wurde gesegnet, nachdem er gelitten hatte, einfach weil Gott seine Gnade und sein Mitleid an ihm beweisen wollte. Wir können nicht bestreiten, dass Gott in seiner Souveränität in bestimmten Situationen Übernatürliches geschehen lässt, einfach nur, weil er es so beschlossen hat.

Und war nicht die Erlösung der Verlorenen oft der Anlass für diese Manifestationen des Übernatürlichen in der Bibel? Denken wir an Saulus von Tarsus. Er verdiente in keiner Weise die übernatürliche Begegnung auf der Straße nach Damaskus, die zu seiner Bekehrung führte (vgl. Apg 7,60 und 8,1 mit Apg 9,1-9). Und auch Abdulai Masa in Nordafrika verdiente es nicht, eine Stimme in der Nacht zu hören. Gott beschloss einfach, Paulus in dieser Weise zu erretten, um seine Gnade und sein Mitleiden zu zeigen, bestätigte damit aber einen letztgültigen biblischen Test, an dem wir die Glaubwürdigkeit angeblicher Zeichen und Wunder messen können: *Gibt es eine starke Basis für den Glauben, dass Gott souverän in die Situation eingegriffen hat, um seine Gnade sichtbar zu machen? Passt dieses Wunder zum biblischen Verständnis von Gottes Wegen, sein Erbarmen so zu zeigen, dass die Menschen ihn kennen lernen?*

Theologische Streitereien wollen wir beiseite lassen – vor allem die Frage, ob die Wunder nur in die Zeit der Apostel gehörten, oder ob sie bis heute möglich sind. Wir müssen uns vielmehr fragen, ob es einen Grund gibt, dass Wunder heute *nicht* den gleichen Effekt haben würden wie in urchristlichen Zeiten. Das heißt, würden Wunder heute nicht den gleichen Einfluss auf die Bestätigung des Evangeliums haben und noch mehr Menschen zum Erkennen Jesu Christi als ihres Retters veranlassen?

Träume und Visionen

Dr. Bill Bright von »Campus für Christus« ist ein angesehener Kirchenführer und einer meiner persönlichen Ratgeber. In einem Brief an die Campus-Partner vom August 1995 berichtet er von einem erstaunlichen Phänomen: besonders unter Muslimen gibt es Träume und Visionen, die die Realität Christi bestätigen.

Tausende von Briefen von Muslimen aus Nordafrika und dem Mittleren Osten reagierten auf eine Radiosendung, die in ihrem Gebiet ausgestrahlt worden war. Sie erzählten von Träumen, in denen ihnen vorher Jesus erschienen sei mit den Worten: »Ich bin der Weg!« Als sie nun die Sendung hörten, hätten sie verstanden, was sie im Traum erlebt hatten, und jetzt baten sie um weitere Information über diese Person mit dem Namen Jesus.

Dr. Bright erzählte auch von zahlreichen Muslimen in Algier, die von Jesus geträumt hatten. Später stellten sie fest, dass ihre Freunde den gleichen Traum gehabt hatten – bis in die Einzelheiten und die Worte hinein, die Jesus gesprochen hätte. Verschiedene dieser Muslime erhielten eine Heilige Schrift und bildeten eine kleine Gruppe zum Studium der Bibel. Die Gruppe ist im ständigen Wachsen begriffen.

Eine fanatische Muslimin, die dem Ende einer vierjährigen Haftstrafe wegen politischer Aktivitäten entgegensah, hatte in ihrer

Zelle eine Vision von Jesus. Er erklärte ihr ganz persönlich die Bedeutung der Erlösung, so bezeugte sie es. Daraufhin lieferte sie ihm ihr Leben aus. Heute arbeitet sie unter Muslimen als leitende Kraft bei »Campus für Christus«.

Diese Wunder sind aber absolut nicht auf Nordafrika beschränkt. Und die nächtliche Stimme, die Abdulai Masa gehört hatte, war auch nicht die einzige dieser Art, von denen Mitarbeiter von AJH berichten. Tausende von Kilometern von dort entfernt, in Kaschmir in Nordindien, hatte ein frommer Muslim mit Namen Jalaluddin einen ebenso bemerkenswerten Besuch.

Jahrelang hatte Jala den Koran in großer Gewissenhaftigkeit studiert. Doch im Laufe der Zeit fühlte er sich zunehmend unbefriedigt von der islamischen Botschaft. Kein Christ hatte Jala jemals angesprochen, und er hatte vom Evangelium noch nie etwas gehört. Doch er wusste, dass ihm irgendetwas fehlte. Jeder Versuch, den wahren Frieden zu finden, scheiterte.

Eines Nachts, als er in tiefem Schlafe lag, hatte Jala einen Traum. Vor ihm erschien ein Mann in einem weißen Gewand und fragte ihn: »Willst du wahren Frieden finden?«

»Ja«, antwortete Jala. »Ich suche den Frieden, aber ich kann ihn nicht finden.«

»Lies die Heilige Schrift.«

»Was ist das, die Heilige Schrift, und wo kann ich sie bekommen?«

»Die Heilige Schrift ist die heilige Bibel und du kannst sie von dem Office, 3 Bishop Rockey Street, Paizabad Road in Lucknow bekommen.«

So lebendig war die Botschaft gewesen, dass Jala sich im Bett aufrecht setzte. Die Adresse war in seinem Geist wie eingeätzt. Er griff nach einem Stück Papier und schrieb sie auf.

Ein paar Tage später erhielt die indische AJH-Zentrale in Lucknow Jalas Brief. Darin hieß es unter anderem:

»Ich habe keine Ahnung, wer Ihr seid und ob die Anschrift korrekt ist. Aber ich schreibe genau das, was mir in einem Traum gesagt worden ist. Wenn Sie diesen Brief erhalten, würden Sie mir

bitte umgehend etwas zuschicken, das man eine ›heilige Bibel‹ nennt?«

Etwa zehn Tage später erhielt Jala die erste Lektion eines Bibel-Fernkurses, zusammen mit einer Bibel, um die er gebeten hatte. Sehr schnell hatte er alle vier Lektionen durchgearbeitet und das ganze Neue Testament durchgelesen. Jala schrieb nun wieder an AJH und bestätigte zwei Wahrheiten, die Muslime oft nur sehr schwer akzeptieren können: »Der Bibel-Fernkurs hat mir die Wirklichkeit der Dreieinigkeit beleuchtet und die Wahrheit der Sohnschaft Jesu Christi offenbart.«

Nach wenigen Wochen besuchte Jala eine christliche Kirche und bezeugte gegenüber andern Muslimen freimütig seinen neugefundenen Glauben.

Kashinaths Konfirmation

Auch Hindus erleben Übernatürliches. So erfuhr es Kashinath Hayak aus dem abgelegenen Dorf Pandiapathar in Indien. Das Dorf gehört zum Staat Orissa und liegt in einem dichten Wald etwa 250 Kilometer von der Hauptstadt Bhubaneswar entfernt. Pandiapathar ist ein Hindudorf mit stark antichristlicher Einstellung.

Kashinath wuchs in einer Hütte auf, die aus Lehm gemacht und mit Blättern abgedeckt war. Seine Vorfahren waren strenge Hindus und verehrten eine Menge Götter, Götzen und dämonische Geister. Er konnte sich seit seiner Kindheit nicht an echten Frieden oder wirklichen Sinn erinnern. Die Dorfbevölkerung lag ständig miteinander im Streit. Soweit Kashinath es wahrnahm, kannte keiner wahres Glück.

Ständig mussten sie ihre Götter verehren. Religiöse Feste nahmen alle Aufmerksamkeit in Anspruch, und es gab deren eine Menge. Die Hindus von Orissa pflegten zu sagen: »Es gibt 13 Feste in zwölf Monaten.« Und von einem guten Hindu erwartete man, dass er an allen teilnahm.

An einem drückend heißen, schwülen Morgen kam ein AJH-Hausmissionar von Bhubaneswar zum Dorf von Kashinath. Es war eins der vielen Dörfer in diesem Distrikt, in das Saral Singh nun das Evangelium bringen sollte. Bald stand er vor dem Eingang von Kashinaths bescheidener Hütte und erklärte, dass ein Mensch nur durch Jesus Christus Erlösung und ewiges Heil finden könnte. Und es sei sehr einfach, fügte er noch hinzu. Es gäbe keine schmerzlichen Riten dabei. Es gab ein schlichtes Geschenk, das Gnade genannt würde. Das machte alles möglich. Die Vergebung gab es umsonst, endgültig und für immer. Alles, was Kashinath zu tun hatte, war, das zu glauben.

Doch das nur zu glauben schien für den guterzogenen Hindu unmöglich zu sein. Sein Leben lang war Kashinath gelehrt worden, dass es notwendig sei, viele Rituale und Bräuche zu befolgen und zu ehren, um die Götter zu befriedigen. Hinduismus als Religion machte viel mehr Sinn. Ganz bestimmt, so überlegte er, musste die Erlösung verdient werden durch das Verehren vieler Götter und erforderte weit mehr, als den einfachen Glauben, von dem der Evangelist sprach.

Daher lehnte Kashinath die Botschaft Saral Singhs ab.

Doch früh am nächsten Morgen, noch bevor er aufwachte, hatte Kashinath einen Traum, in dem ein Mann in einem strahlend weißen Kleid vor ihm stand.

»Kashinath«, fragte der Mann, »Wie viele Eltern hast du?«

»Einen Vater und eine Mutter.«

»Warum betest du dann so viele Götter an? Ich bin Jesus, der wahre Weg zu Gott dem Vater.«

»Damit erwachte Kashinath aus seinem tiefen Schlaf. Es war noch früh am Morgen, aber er machte sich unverzüglich auf den Weg, um den Evangelisten zu finden.

Saral Singh hatte das Dorf noch nicht verlassen und hörte aufmerksam zu, als Kashinath seinen ungewöhnlichen Traum beschrieb. Dann erklärte er seinem Besucher noch einmal den Inhalt der Guten Nachricht.

Als er diesmal von Jesus sprach, wusste Kashinath genau, wen Saral damit meinte. Er hatte ihn ja in seinem Traum gesehen. Ehe der Vormittag noch vergangen war, hatte Kashinath sein Vertrauen ganz auf Christus gesetzt.

Warum das geschah? Der Traum, der sein Leben verändert hatte, hatte ihn von der Glaubwürdigkeit des Evangeliums überzeugt.

Verwirrt, aber doch von Glauben erfüllt

Gott benutzt manchmal auch Zeichen und Wunder, um starken Widerstand gegen das Evangelium zu brechen.

Ein Mitarbeiter der evangelistischen AJH-Arbeit mit Namen Zacharias machte seinen wöchentlichen Besuch im Bezirkskrankenhaus auf einer der 106 Fidschi-Inseln, um den Patienten die Gute Nachricht zu bringen. Ein älterer Mann, wir wollen ihn Raja Kali nennen – er kam von der Vanua Levi-Insel der Fidschis – wurde hereingebracht. Er war nach einer Krankheit gelähmt. Als Zacharias sich dem alten Mann näherte, um ihm von Jesus zu erzählen, fühlte er plötzlich eine starke geistliche Autorität in sich. Er konnte es sich nicht erklären, aber er hatte das Empfinden, dass Gott Raja wiederherstellen wollte.

Zacharias war ein Mann des Glaubens, hatte aber noch nie etwas so Unerhörtes getan. Erst später wurde ihm bewusst, dass er die Gabe des Glaubens und Heilens angewendet hatte, die ihm vom Heiligen Geist geschenkt worden war (s. 1. Kor 12,9).

Ohne jede Erklärung befahl er Raja mutig: »Im Namen Jesu, steh auf!«

Raja Kali fühlte ein Zucken in seinen Beinen. Irgendetwas ging in seinem Körper vor sich. Verwirrt, aber doch von Glauben erfüllt, stellte er sich langsam auf seine Füße.

Dann legte Zacharias seine Hände auf den Rücken des alten Mannes.

»Im Namen Jesu«, erklärte er, »geh!«

Der Schubs von der Hand des Evangelisten schien Raja bei den ersten zwei Schritten anzutreiben. Während eine Schwester und einige Patienten ihm erstaunt zusahen, machte er ein paar weitere vorsichtige Schritte und ging dann ohne Hilfe und Stütze den schmalen Gang entlang.

Bevor der Tag zu Ende ging, hatte auch dieser alte Mann die Botschaft von der Erlösung gehört und Jesus gebeten, auch sein Herr und Erlöser zu sein. Zacharias gab ihm eine Broschüre, machte ihm Mut, die Schrift wiederholt zu lesen, an die AJH-Zentrale in Labasa – dem Standort der evangelistischen Arbeit – zu schreiben und um den Bibel-Fernkurs mit seinen vier Lektionen zu bitten.

Doch das Wunder hatte erst begonnen. Eine Woche, nachdem Raja in sein abgelegenes Dorf zurückgekehrt war, erschien einer seiner Verwandten aus dem Innern der Vanua Levi-Insel in Labasa bei AJH. Das ganze Dorf, so berichtete er, wollte jetzt etwas von Jesus hören. Könnten sie wohl heute noch jemand dorthin schicken?

Zwei Mitarbeiter wurden umgehend auf die lange Reise ins Innere abgesandt. Zuerst ging es mit dem Bus los und dann folgte ein stundenlanger Fußmarsch. Es handelte sich eindeutig um eine vom Heiligen Geist angeordnete Maßnahme.

Die beiden Evangelisten wurden von Rajas Familie aufs wärmste begrüßt. Erst bat man sie, von Jesus zu erzählen. Innerhalb weniger Stunden betete die ganze Familie und erkannte in Jesus ihren Herrn und Erlöser. Dann bat man die beiden Boten des Evangeliums, so schnell wie möglich ein größeres evangelistisches Team mitzubringen, um die Gute Nachricht in der gesamten Region zu verbreiten.

Vier Mitarbeiter von AJH kamen bald zurück, und viele Menschen auf Vanua Levu baten Christus, ihr Herr zu sein. Nach einem dritten Einsatz hatte die Hälfte von Rajas Dorf das Evangelium angenommen. Bald gab es eine blühende Gemeinde dort.

Als sich die Nachricht von dem Wunder ausbreitete, wurde den verantwortlichen Leuten von AJH klar, dass Rajas Heilung von größerer Bedeutung war, als sie zuerst gedacht hatten. Es kam heraus, dass acht Monate früher schon einmal zwei Evangelisten in diese Gegend gekommen waren, um Dorf um Dorf und Haus für Haus das Evangelium weiterzugeben. Doch ein Mann aus Rajas Dorf, hatte starken Widerstand angezettelt, bis das Oberhaupt des Dorfes (dessen Wort maßgeblich ist) den Hausmissionaren die Erlaubnis verweigert hatte, christliche Literatur zu verbreiten, Häuser aufzusuchen oder öffentliche Veranstaltungen durchzuführen. Die beiden mussten das Dorf verlassen, ohne dass sie bei einer einzigen Familie das Evangelium anbieten konnten.

Und wer war der Mann, der anfänglich die Opposition angeführt hatte? Es war Raja Kali selbst – der Mann, den Gott im Krankenhaus angerührt hatte.

Jetzt war er geheilt worden und damit Gottes Werkzeug, zwei ganze Dörfer, einschließlich der Oberhäupter und deren Familien, für Christus zu gewinnen.

Technologie und Wunder

Bei manchen geistlichen »Ernte-Wundern« verbindet sich die Macht Gottes mit der modernen Technologie und mit dem Ziel, Christus zu offenbaren.

In einem entlegenen Teil der russischen Arktis gibt es ein Eskimo-Dorf, das den Spitznamen »Das Ende der Welt« trägt. Dahinter gibt es nämlich nur noch riesige Eisberge und die Arktis selbst, d.h. den Bereich um den Nordpol. Zu den wenigen modernen Errungenschaften gehört eine Bodenstation und eine Satellitenschüssel, um Fernsehsignale für dieses isolierte Dorf einzufangen.

In dem Ort lebte eine junge Eskimofrau, die allmählich depressiv wurde wegen ihrer Lebensumstände und der Abgeschiedenheit ihres Wohnortes. Misa, diese attraktive junge Frau Mitte 20, erreichte einen solchen Punkt der Mutlosigkeit, dass sie beschloss, ihrem Leben ein Ende zu setzen. Zu dieser Zeit war der Generator tagelang ausgefallen, der den notwendigen Strom für das ganze Dorf geliefert hatte.

Als Misa noch darüber nachdachte, wie sie ihren Tod bewerkstelligen wollte, begann der Generator plötzlich wieder zu arbeiten und versorgte die Wohnungen am Rande der Zivilisation erneut mit Elektrizität. Misa war überrascht, als ihr Fernseher plötzlich wieder »lebendig« wurde. Offensichtlich war er bei dem Stromausfall gerade angestellt gewesen.

Als das Bild schärfer wurde, sah sie einen Mann, der direkt in die Kamera blickte und erklärte: »Der Herr hat mir gerade innerlich die Gewissheit gegeben, dass du daran denkst, dir das Leben zu nehmen, weil du glaubst, dass sich niemand um dich kümmert.«

Es war der Amerikaner Pat Robertson. Die Bodenstation war offensichtlich auf einen Kanal eingestellt gewesen, der dieses Programm in dem Augenblick sendete, als der Generator wieder funktionierte.

Der Fernsehevangelist zeigte direkt in die Kamera hinein – es schien, als ob er Misa anspräche.

»Aber Gott kümmert sich um dich«, sagte er, »und er liebt dich.«

Die hübsche Eskimofrau hörte das in ihrer eigenen Sprache. Als der amerikanische Evangelist nun betete für diesen Menschen, wer immer es auch sein mochte, konnte Misa ihre Tränen nicht mehr zurückhalten. Sie lieferte ihr Leben Jesus aus und wurde von neuem geboren.

So gründlich war die Veränderung in Misas Leben, dass sie begann, ihren Nachbarn von dem Wunder zu erzählen, das sie erfahren hatte. Bald war ihr Zeugnis im ganzen Dorf bekannt und es gab in der Folge mehr als 600 Bekehrungen. Heute betreut Misa als Pastorin eine blühende Dorfgemeinde am »Ende der Welt«.

Das »technische Wunder«, das sie erfahren hatte, ist nur eins der wunderbaren Geschehnisse von heute, die Folgendes offenbar machen:

> die Eigenschaften und das Wesen Gottes und seine Wege zu denen hin, die ihn nicht kennen;
> die Person und das Werk unseres Herrn Jesus Christus als des einzigen Weges zur Erlösung;
> das souveräne Erbarmen Gottes, das er in einer Weise demonstriert, dass die Menschen ihn verstehen können.

Deshalb sollten wir nicht überrascht sein, wenn die beschleunigte Ausbreitung des Evangeliums unter ständig zunehmenden Zeichen und Wundern geschieht. Gott hat wirklich »viele Trümpfe im Ärmel«.

Nun wollen wir noch einen Blick auf ein anderes ungewöhnliches Phänomen werfen, das sich ereignet, während die christliche

Gemeinde dem Ende des gegenwärtigen Zeitalters und der Erfüllung des Missionsauftrages Jesu entgegengeht.

Geheimnisumwitterte Berge

Ihr Bestimmungsort waren die Salomonen – die Inselkette vulkanischen Ursprungs im Osten Neuguineas im südwestlichen Pazifik. Die beiden engagierten Missionare kamen von den Fidschi-Inseln, etwa 1.600 Kilometer südöstlich von den Salomonen in der Weite des Ozeans gelegen. Sie hatten an einer intensiven Schulung teilgenommen, die sie darauf vorbereiten sollte, das Evangelium von Jesus in die abgelegensten Ecken der schätzungsweise 23.000 bewohnten Inseln des Pazifik zu bringen.

Die Missionare hatten sich einverstanden erklärt, im Glauben auf die Salomonen-Inseln zu gehen, um eine kleine Gruppe einsatzbereiter Mitarbeiter zu schulen, die dann alle hundert Inseln dieser Kette besuchen würden – Dorf für Dorf und Haus für Haus. Missionarische Bemühungen hatte es schon seit einigen Generationen dort gegeben, aber niemals war ein systematischer Versuch unternommen worden, jeder Familie, in jedem Dorf, auf jeder Insel von Jesus zu erzählen. Doch dazu waren die beiden Missionare speziell ausgebildet worden.

Beide hatten die bemerkenswerten Ergebnisse dieser Strategie auf den Fidschis gesehen, wo alle 106 bewohnten Inseln in einem Zeitraum von nur wenigen Jahren systematisch besucht worden waren, Dorf für Dorf und Haus für Haus. Sie hatten erlebt, dass sich mehr als 500 kleine Gruppen von Neubekehrten gebildet hatten – Minikirchen, oft in abgelegenen und unwirtlichen Gebieten. Viele dieser Gruppen hatten sich zu mündigen Gemeinden entwickelt – einige zählten mehrere hundert Mitglieder. Das gleiche Wunder würde sich auf den Salomonen-Inseln ereignen, so glaubten Matthew und Suva, besonders in Gebieten, wo das Evangelium bisher noch nicht hingelangt war.

Doch die beiden Pioniere ahnten nicht, welche Mittel Gott dazu benutzen würde, um dieses Wunder zustande zu bringen. Ein alter Häuptling namens Hari würde dabei beteiligt sein, der – dem Tode nahe – in den geheimnisvollen Bergen von Malaita lebte, einer der größten Inseln der Salomonen. Was mit Hari geschah, würde Matthew und Suva und den Mitarbeitern, die Hari zuerst begegneten, beweisen, dass Jesus Christus in der Tat »gestern und heute und derselbe auch in Ewigkeit« war (Hebr 13,8).

14 Agenten des Unsichtbaren

Nervliche Erschöpfung forderte ihren Zoll. Ich hatte den Eindruck, dass ich nicht mehr weiterkonnte.

Ich werde einfach zurücktreten, sagte ich zu mir selbst, als ich ins Flugzeug einstieg, um einen anderen strapaziösen Auftrag zu erfüllen.

Das Missionswerk an der Westküste, zu dem ich gehörte, war groß und hatte eine Reihe von Vorstandsmitgliedern wie mich und Hunderte von vollzeitlichen Verantwortungsträgern. Ich war kaum 30 gewesen, als ich angefangen hatte. Doch jetzt zeigten sich bei den Älteren – mich eingeschlossen – gesundheitliche Schwächen. Die Führungskräfte befanden sich im Ablösungsstadium, und manche der Jüngeren innerhalb unserer Organisation rangelten bereits um eine Position.

Monatelang hatte mich etwas ungewöhnlich schwer belastet, so dass ich oft nächtelang wach lag. Einmal war ich sogar im Büro völlig am Boden. Ich war ganz allein, ich weinte, rief laut zu Gott und bat ihn um Reinigung und Heiligung im persönlichen Bereich und innerhalb unseres Kollegiums. Doch wochenlang geschah nichts. Meine Gefühle kamen dem Nullpunkt nahe.

Ich schloss meinen Gurt, als das Flugzeug die Startbahn entlangrollte, um den dreistündigen Flug zum O'Hare-Flughafen in Chicago zu beginnen. Dort würde ich einen Anschlussflug zur Ostküste bekommen, wo ich in einem christlichen Programm des nationalen Fernsehens auftreten sollte. Es ging um eine Diskussion über die Arbeit, die mir zur Zeit alle Freude raubte. Ich fühlte mich noch deprimierter als vorher. Wie konnte ich Zeugnisse geistlicher Siege glaubwürdig weitergeben, wenn ich selbst nur Niederlagen empfand?

Ich werde zurücktreten, sagte ich mir erneut, als das Flugzeug sich Chicago näherte. *Ich mache Schluss! Das werde ich tun!*

Ich starrte auf den riesigen Sears Tower, der sich gegen den Horizont abhob. Plötzlich durchströmte ein unerwarteter Geist der Entschlossenheit mein Inneres. Ich wusste, Gott hatte mich in diesen Dienst gerufen, und ich wusste auch, dass er diese Berufung bis jetzt nicht rückgängig gemacht hatte. Empörung über Satan erfüllte mich jetzt, der mir die Freude nehmen wollte. Es war nicht Gott, der mich aus der Arbeit heraus*rufen*, sondern der Feind, der mich zum Aussteigen *zwingen* wollte.

Leidenschaftlich begann ich zu beten, als die Maschine zum O'Hare-Flughafen niederschwebte. Fest packte ich beide Armstützen – so intensiv war mein Gebet gegen die Geister, die ich für Satans mich quälende Dämonen hielt. Ich wusste, dass ich körperlich erheblich zitterte, obwohl mein Beten sich in der Stille vollzogen hatte.

Innerlich schrie ich: *»Ich will nicht aussteigen. Ihr könnt mich nicht zwingen aufzuhören. Ich will den Kampf nicht aufgeben, ohne Rücksicht auf das, was dabei herauskommt.*

Augenblicklich verschwanden Angst und Depression. Es schien, als ob ein neuer Geist über mir ausgegossen worden wäre. Als ich das Flugzeug verließ, fühlte ich mich schon weitgehend erleichtert und von neuer Hoffnung erfüllt.

Der Flughafen war mit Menschen vollgestopft, als ich am Gate stand und auf seine Öffnung für den Anschlussflug wartete. Ein Mann im dunklen Nadelstreifenanzug und mit Aktenkoffer in der Hand stellte sich neben mich.

Vielleicht wartet er auf den gleichen Flug, dachte ich.

Der Mann sprach kein einziges Wort. Er stand nur da und starrte geradeaus. Dann kam ein zweiter Mann, mit genau dem gleichen Anzug und dem gleichen Aktenkoffer.

Merkwürdig.

Er stellte sich direkt neben den ersten und starrte, genau wie der, geradeaus.

Einen Augenblick war das für mich nur eine etwas seltsame Erscheinung, die zu O'Hare gehörte. So etwas begegnet einem schon einmal an sehr belebten öffentlichen Plätzen, wenn man die Leute beobachtet. Doch plötzlich empfand ich, dass hier noch etwas anderes im Spiel war.

»Hey«, sagte einer der Männer zum anderen, wobei er weiterhin nur gerade vor sich hinstarrte. »Was ist mit diesem Eastman los? Ich hörte, dass er die Firma verlassen will.«

Ich hielt die Luft an und blinzelte aus dem Augenwinkel, um zu sehen, ob einer der beiden von meiner Existenz Kenntnis nahm. Konnten sie wissen, dass ich Eastman hieß, und dass ich nur kurze Zeit vorher daran gedacht hatte, meine Tätigkeit aufzugeben?

Auch der andere Mann schaute weiterhin geradeaus, als er antwortete: »Oh, ich habe eine gute Nachricht. Ich habe gerade mit unserer Führung gesprochen. Der Chef sagte mir, dass Eastman seine Meinung geändert habe. Es hing nur noch an einem Faden. Wir dachten schon, wir würden ihn verlieren.«

Dann schloss er mit einem leichten Lächeln: »Ja, der Chef sagte: Eastman bleibt an der Front.«

»Ich freue mich sehr, das zu hören. Es wird für ihn noch viel zu tun geben in der Firma.«

Ich weiß nicht, was mich davon abhielt, mich an einen der beiden zu wenden und zu fragen: »Hallo, wer seid ihr überhaupt?« Doch im nächsten Augenblick gingen sie schon fort und verschwanden um eine Ecke, die vielleicht zehn Meter entfernt war. Ich schaute mich später noch einmal nach ihnen um, konnte sie aber nicht mehr entdecken.

Ob sie nur in der Menge untertauchten oder wirklich verschwanden, weiß ich nicht. Und ob es nun lediglich ein sehr merkwürdiger Zufall war oder eine übernatürliche Begegnung – auf jeden Fall war dieses Ereignis eine Quelle der Ermutigung für mich in einer äußerst schwierigen Zeit.

Im Laufe der Jahre habe ich oft darüber nachgedacht, ob jene Männer Boten aus der unsichtbaren Welt waren. Sollten sie mir eine ermutigende Bestätigung vermitteln, dass ich so lange im Kampf bleiben sollte, bis der Sieg sichtbar würde? In einem aber bin ich absolut sicher: Es gibt Engel unter uns, und sie sind eindeutig auch am Werk.

Spender des Göttlichen

Vor Jahrhunderten schrieb Johannes Calvin in der »Institutio«:

> *»... aber die Schrift rückt in den Vordergrund, was uns am meisten zum Trost und zur Aufrichtung des Glaubens dienen kann: nämlich dass die Engel Gottes Güte gegen uns verwalten und austeilen. Deshalb erwähnt sie, dass sie über unserm Heil auf der Wacht stehen, unsere Verteidigung führen, unsere Wege lenken und uns schützen, damit uns nichts Widerwärtiges zustoße.« (Instit. I/14,6)*

Billy Graham fügt noch nachdenklich hinzu:

> *»Ich bin davon überzeugt, dass diese himmlischen Wesen existieren, und dass sie uns unsichtbar Hilfe leisten. Ich glaube nicht deswegen an Engel, weil irgendjemand mir erzählt hat, dass er auf dramatische Weise von einem Engel besucht wurde, so eindrucksvoll solche seltenen Bezeugungen auch sein mögen ... Ich glaube auch nicht an Engel, weil ich selbst einen gesehen hätte – das habe ich tatsächlich nie. Ich glaube an Engel, weil die Bibel davon spricht, dass es sie gibt, und weil ich die Bibel für das wahre Wort Gottes halte.«*

Es gibt von der Bibel her und auch aufgrund von Erfahrungen (ganz abgesehen von meiner merkwürdigen Begegnung auf dem Flughafen von Chicago) kaum einen Zweifel daran, dass Gott Engel mit bestimmten Aufträgen sendet, um seinen Willen auszuführen, vor allem, wenn es um die Verkündigung seines Evangeliums geht.

Biblisch gesprochen sind Engel an der Verbreitung der Guten Nachricht schon von der Geburt Jesu an beteiligt, als einer von ihnen den erschrockenen Hirten die Botschaft brachte:

> *»Fürchtet euch nicht! Siehe, ich verkündige euch große Freude, die allem Volk widerfahren wird; denn euch ist heute der Heiland geboren, welcher ist Christus, der Herr, in der Stadt Davids.« (Lk 2,10.11)*

Wenn wir Evangelisieren als »Weitergeben der Guten Nachricht« definieren, dann tat dieser Engel bereits evangelistische Arbeit. Er war tatsächlich speziell dazu ausgesandt, in der Geschichte der Menschheit die erste Erklärung davon abzugeben, dass Jesus Christus, der Retter der Welt, geboren war.

Die Bibel sagt viel über Engeldienste und spricht von ihnen (allerdings in verschiedenen Zuordnungen) etwa 300-mal. Ihre Funktion wird nach zwei Richtungen hin definiert: Dienst und Anbetung (s. Jes 6,1-4; Hebr 1,13.14; Offb 4,8-11). Wir können aus der rhetorischen Frage in Hebräer 1,14 »Sind sie nicht allesamt dienstbare Geister, ausgesandt zum Dienst um derer willen, die das Heil ererben sollen?«, sogar schließen, dass »alle« Engel irgendwie etwas mit der Rettung der Menschen zu tun haben.

Engel sind überall

Jesajas Vision vom Thronsaal (s. Jes 6,1-4) schließt einzigartige engelhafte Wesen ein, die Serafim genannt werden. Sie alle haben sechs Flügel und preisen Gott für seine Heiligkeit. Jesaja sagt nicht, wie viele Serafim er sah, spricht aber im Plural von ihnen. Der Apostel Johannes redet von vier lebendigen Wesen, jedes mit sechs Flügeln, die ebenfalls Gott um seiner Heiligkeit willen anbeten (s. Offb 4,8-11). Vielleicht beschreiben Jesaja und Johannes die gleichen Engel, die die Anbetung anführen und das Lob Gottes um den Thron herum erklingen lassen.

Doch es spielt keine Rolle, wie wir Engel definieren oder unterscheiden zwischen Cherubim (s. Hes 10,8-15) und Serafim (s. Jes 6,2) oder zwischen Serafim und Erzengeln (s. 1. Thess 4,16, Jud 9), oder zwischen ihnen allen und den lebendigen Wesen aus der Offenbarung (s. Offb 4,8; 7,11) – eines ist sicher: Engel sind real, und sie scheinen überall zu sein.

Im Alten Testament

Elisa und sein Diener sahen die Hügel um sich herum voll von Erscheinungen, die beschrieben werden als »feurige Wagen« (2. Kön 6,17). Als Jakob schlief auf seinem Weg nach Haran, sah er eine Leiter, die zum Himmel führte, »... und siehe, die Engel Gottes stiegen daran auf und nieder« (1. Mose 28,12).

Als Jesus über diese Erde ging

Engel waren stark beteiligt an den Ereignissen um die Geburt Jesu (s. Mt 1,20.21; Lk 1,26-38; 2,13-15) und an seiner Versuchung in der Wüste (s. Mt 4,11; Lk 4,10). Sie waren auch gegenwärtig, als er seine Jünger berief (s. Joh 1,51) und als er mit den Mächten der Finsternis in Gethsemane konfrontiert wurde (s. Lk 22,43). Sie waren bei ihm zur Zeit der Auferstehung (s. Mt 28,2-7) und bei seiner Himmelfahrt (s. Mt 16,27; 24,36; 2. Thess 1,7-9).

Achten wir darauf, dass es der Engel Gabriel ist, der dem Zacharias die bevorstehende Geburt des Vorläufers des Messias, des Täufers Johannes, ankündigt (s. Lk 1,11-20). Der gleiche himmlische Bote informiert Maria darüber, dass sie den Messias gebären wird, und dass sie ihn Jesus nennen sollten (s. Lk 1,26-38). Und in der Verlobungszeit Josephs mit Maria wurde ihm von einem Engel gesagt, dass seine Frau bald dem Christuskind das Leben schenken würde (s. Mt 1,20-23).

Engel waren an dem gesamten Prozess der Inkarnation des Sohnes Gottes beteiligt.

In der frühen Kirche

Gottes Boten aus der unsichtbaren Welt, die manchmal in menschlicher Gestalt erschienen, spielten auch in der Anfangszeit der Urgemeinde eine bedeutende Rolle.

Ein Engel öffnete Gefängnistüren und machte es den Aposteln möglich, unbehelligt hinauszugehen und das Evangelium in ganz

Jerusalem zu verkündigen (s. Apg 5, 19.20). Ein Engel gab Philippus den Auftrag, zur Straße, die nach Gaza führte, zu gehen. Diese Anweisung brachte ihm die Begegnung mit dem äthiopischen Kämmerer und hatte dessen Bekehrung zur Folge (s. Apg 8, 26).

Gott schickte auch einen Engel zu Kornelius, der den Hauptmann für seine Treue im Gebet und wegen seiner Freigebigkeit lobte (s. Apg 10, 3.4). Außerdem wies er ihn an, nach Petrus zu schicken (V. 5.6), damit er die Botschaft von der Erlösung dem ganzen Haus des Kornelius bringen sollte. Auch an dieser Stelle ist die Intervention von Engeln mit der Predigt des Evangeliums für verlorene Menschen verbunden.

Ein Engel wurde auch geschickt, um Petrus aus dem Gefängnis zu befreien, während die Gemeinde ohne Aufhören für ihn betete (s. Apg 12, 5). Im gleichen Kapitel lesen wir, dass der Tod des Herodes von einem Engel ausgelöst wurde (s. Apg 12, 23).

Auch Paulus erlebte eine Begegnung mit diesen Boten aus der unsichtbaren Welt. Als er nach Rom segelte, sagte ihm ein Engel, dass er und alle anderen Personen auf dem Schiff gerettet würden, und dass er vor dem Kaiser verhört werden würde (s. Apg 27, 23.24). Ein gründliches Studium der Offenbarung lässt ein dramatisches Anwachsen von Engelaktivitäten erkennen, wenn dieses Zeitalter sich dem Ende zuneigt. Sieben Engel blasen sieben Posaunen zum Gericht, das die Aufrichtung des Königreichs Christi ankündigt (s. Offb 8-9.11).

Ed Silvoso sagt dazu:

> *»Die Realität von Engeln kann einfach nicht geleugnet werden. Die Apostelgeschichte enthält 20 Hinweise auf Engelerscheinungen. Bei fast jeder Gelegenheit, in der sich die Kirche in Gefahr oder Verwirrung befand, wurden Engel aufs Schlachtfeld geschickt, um zu helfen. Das hat kein Ende gefunden mit der Vollendung des biblischen Kanons. Überall in der Dritten Welt, wo die Kirche unter Druck steht, finden wir zunehmend zahlreiche Zeugnisse von dramatischen Engelinterventionen zugunsten der Gemeinde.«*

Die Vorstellung von Engeldiensten ist tatsächlich biblisch, und Engel sind wirklich da. Und da sie »allesamt dienstbare Geister (sind), ausgesandt zum Dienst um derer willen, die das Heil ererben sollen« (Hebr 1, 14), sollten wir nicht überrascht sein, dass wir immer mehr von ihren Aktivitäten zu sehen bekommen, wenn die Gemeinde ihrer Vollendung und dem Ende unseres Zeitalters entgegengeht.

Der Krokodilfluss

Es gibt keinen biblischen Hinweis dafür, dass wir zu Engeln beten sollen. Aber wir können zu Gott beten und ihn bitten, seine Engel zu unserer Hilfe zu senden. Wie der Psalmist bat: »Es sollen sich schämen und zum Spott werden, die mir nach dem Leben trachten ... und der Engel des Herrn stoße sie weg« (Ps 35, 4.5).

Zwei Mitarbeiter von AJH kamen 1994 in eine Situation, die sie um Engel bitten ließ, die einen ungeheuer starken Feind »wegstoßen« sollten.

Jack und Andrew waren dabei, ihren Auftrag zur systematischen Verbreitung des Evangeliums in den Dörfern im westlichen Teil Guadalcanals auszuführen – der Hauptinsel der Salomonen. Eine der Siedlungen lag an einem breiten Fluss, der das Gebiet durchströmte. Jack und Andrew suchten jedes Haus im Dorf auf und gaben die gute Nachricht an alle weiter, die sie hören wollten.

Nachmittags, als sie die letzte Familie besucht hatten, warfen sie noch einen Blick über den Fluss und bemerkten ein anderes Dorf, das fast versteckt zwischen den Bäumen lag. Natürlich musste dieses Dorf auch besucht werden, sie wussten aber nicht, wie sie über den Fluss kommen sollten. Sie fragten im Dorf nach einem Boot, doch alle, die eins besaßen, befanden sich damit auf dem Fluss zum Fischen. Die beiden warteten zunächst darauf, dass einer von ihnen zurückkäme. Doch danach schauten sie vergeblich aus.

Es war inzwischen schon spät am Nachmittag, und Jack und Andrew waren sich klar darüber: Wenn sie an diesem Tag noch ihren Auftrag erfüllen wollten, dann war es jetzt höchste Zeit. Irgendwie mussten sie über den Fluss kommen. Sie beschlossen, sich ein paar Stämme zu suchen und mit ihrer Hilfe hinüberzuschwimmen.

Als sie gerade ein paar Stämme ins Wasser stießen und selbst hinterherstapfen wollten, kam ein Dorfältester angelaufen und fragte: »Was macht ihr hier?«

Sie erklärten ihm ihre Absicht, auf diese Weise ans andere Ufer zu gelangen.

»O nein!«, schrie der alte Mann. »Ihr werdet gefressen werden!«

»Was soll das heißen?«, wollte Andrew wissen.

»Der Fluss ist voller Krokodile. Solange ich in diesem Dorf lebe, hat es kein Mensch geschafft, schwimmend über diesen Fluss zu kommen.«

Doch Andrew und Jack wussten, dass sie hinüber mussten. Und ein Boot war nicht da.

»Wir müssen Gott bitten, dass er seine Engel schickt«, sagte Jack jetzt zu dem alten Mann, »so wie er es für Daniel in der Löwengrube tat.«

Der Alte verstand nicht, was der Evangelist damit meinte und schaute verwundert zu, als die beiden jetzt langsam ins Wasser hineingingen. Sie stießen ein paar Stämme aneinander und plazierten ihre Tasche mit den Traktaten sorgfältig in die Mitte. Dann waren ihre Körper auch schon zur Hälfte im Wasser. Mit den Füßen stießen sie sich heftig ab, um möglichst bald die Mitte des Flusses zu erreichen.

Die beiden schwimmenden Evangeliumsboten sahen bald, wie Krokodile ins Wasser plumpsten und auf sie zukamen. Die Tiere formierten sich zu einer dichten Linie von Beobachtern, die sich wie Baumstämme über der Wasseroberfläche abhoben und den Bewegungen der beiden Schwimmer folgten. Doch dabei schienen sie merkwürdig unsicher zu sein, sie kamen nicht näher. Andrew und Jack sahen auch einen einzelnen Mann am andern Ufer stehen, der die Szene beobachtete.

Als sie ans Ufer kamen und ihre Traktate aufnahmen, rief der Mann: »Ihr seid die ersten Menschen, die jemals über diesen Fluss schwammen und dabei nicht von den Krokodilen angegriffen wurden. Selbst Hunde, die es versuchten, kamen nicht durch. Sie wurden gefressen.«

Andrew und Jack dankten Gott, dass er die Alligatoren in Schach gehalten hatte und gingen los, um jedes Haus im Dorf aufzusuchen. Sie ließen Traktate zurück für diejenigen, die lesen konnten und nahmen sich die Zeit, um mit denen vom Erlöser zu sprechen, die nicht lesen konnten. Bis zum Abend hatte sich die Geschichte von der unbehelligten Flussüberquerung der beiden jungen Männer herumgesprochen. »Unsichtbare Wesen« mussten sie in dem von Krokodilen wimmelnden Wasser beschützt haben.

An jenem Abend sangen Jack und Andrew vor den in der Dorfmitte versammelten Bewohnern Gospellieder. Und dann predigte Andrew und erzählte die Geschichte von Daniel in der Löwengrube. Viele der Dorfbewohner nahmen Christus an.

Auf dem Rückweg nahmen die beiden jungen Männer ein Boot. Daniel war ja auch nur einmal in der Löwengrube gewesen, so dachten sie. Sie wollten auch Gott gegenüber nicht anmaßend sein. Doch sie bezweifelten niemals, dass unsichtbare Helfer den Fluss zusammen mit ihnen überquert und den Krokodilen den Rachen verschlossen hatten.

Die ›Witterung‹ eines Engels

Unsichtbare Helfer, die denen beistehen, die die Gute Nachricht zu Menschen bringen, die vom Evangelium noch nichts wissen, mögen ihre Anwesenheit auf unterschiedlichste Weise deutlich machen. Aber ist es für einen unsichtbaren Engel auch möglich, eine Spur zu hinterlassen, wie Menschen es tun – wenn es einen Grund dafür gibt?

So unmöglich es erscheint, darauf eine biblische Antwort zu finden, gibt es doch vier tapfere Mitarbeiter von AJH in Nepal, die das nicht nur für möglich halten, sondern es selbst im Jahr 1993 erlebt haben.

Diese AJH-Hausmissionare – Sanjeev, Ruben, Naveen und Yubal – sollten im Frühherbst Dörfer im Taplejung-Distrikt, in einer entlegenen Gegend Nepals, aufsuchen. An jedem Haus in jedem

Dorf machten sie Halt. Besonders lagen ihnen die Limbus-Leute am Herzen, die zahlenmäßig in dieser Gegend vorherrschten und bis jetzt noch nicht vom Evangelium berührt worden waren.

Zwei Tage lang hatten die beiden jungen Leute nichts Essbares gefunden und mehrere kalte Nächte im Freien verbracht. Auf ihrem Weg durch die gebirgige Landschaft wünschten sie sich sehr, dass entweder die groben Landkarten oder die Angaben der Dorfbewohner über Wege und Richtungen etwas genauer wären. Doch eines Abends erreichten sie das Dorf Lingtheb und waren dankbar dafür. Hier konnten sie auch Lebensmittel bekommen, und ein alter Mann erklärte sich bereit, die vier über Nacht in seinem Haus aufzunehmen, damit sie nicht noch eine kalte Nacht in den Bergen verbringen mussten. Doch der Sohn des Alten, ein junger Mann Mitte 20, protestierte so sehr gegen die Einladung seines Vaters, dass die AJH-Leute gezwungen waren, das Haus wieder zu verlassen.

Es war schon spät am Abend. Als sie aus der Wohnung des alten Mannes ins Freie traten, sah Sanjeev den Sohn aus der Hintertür schlüpfen. Er hatte ein riesiges nepalesisches Gurkha-Messer bei sich. Sanjeev flüsterte den andern zu, was er gesehen hatte, und sofort schlugen sie ein schnelleres Tempo an. Einige Augenblicke später rannten sie um ihr Leben. Statt der Hauptstraße zu folgen, über die sie hergekommen waren, schlugen sie eine Abkürzung ein, die sie vorher bemerkt hatten.

Als sie so in die Berge hineinliefen, sahen sie etwa ein Dutzend starke Männer aus dem Dorf kaum 40 Meter hinter sich. Angeführt wurden sie von dem Sohn des Alten. Die Schneiden der Gurkha-Messer blitzten im Licht der Taschenlampen. Ein paar Schritte vor ihnen lief ein Tibetanerhund. Er hatte offenbar die Witterung der AJH-Leute aufgenommen und führte die Männer in der Dunkelheit auf ihre Spur.

Die AJH-Hausmissionare rannten vorwärts, stolperten in der unbekannten Gegend bergan und hatten dabei weder Lampen noch Waffen. Als sie eine Straße überquerten, die sie für eine Hauptstraße hielten, wandten sie sich aufwärts, einem anderen, wenig benutzten Weg zu. Sie waren davon überzeugt, dass die Verfolger sie bald eingeholt haben würden.

Dann entdeckte Yubal plötzlich ein dunkles, niedriges Loch abseits des Wegrandes und machte die anderen darauf aufmerksam. Verzweifelt kletterten sie hinein und drängten sich aneinander. Gespannte Erwartung erfüllte sie, als die Stimmen der Dorfbewohner näher kamen. Wenn der Hund nicht gewesen wäre, hätten sie ein ideales Versteck gehabt. Doch sie wussten, dass er sie sehr leicht wittern und verfolgen konnte.

Und tatsächlich führte der Hund, der zähnefletschend in der Dunkelheit näherkam, die bewaffneten Männer über die Hauptstraße hinweg und den schmalen Weg hinauf, direkt auf die Flüchtlinge zu. Doch nur wenige Schritte von ihrem Versteck entfernt, blieb der Hund abrupt stehen und schaute irritiert um sich. Irgendetwas Neues hatte seine Aufmerksamkeit gefesselt. Er hob die Nase und schnüffelte in alle Richtungen. Nur ein paar Schritte weiter duckten sich die jungen AJH-Leute.

Plötzlich, als ob er jetzt eine stärkere Witterung in der entgegengesetzten Richtung aufgenommen hätte, drehte er sich um und stürzte in langen Sätzen den Weg wieder hinunter. Die Dörfler tobten hinter ihm her.

Sanjeev war davon überzeugt, dass die Dorfbewohner ihren Irrtum sehr bald merken und zurückkommen würden, um sie doch noch umzubringen. Er fing laut an zu lachen. Seine Freunde versuchten, ihn zu beruhigen, doch das war umsonst. Sein Geist war so erfüllt von dem Gedanken, dass sie nun bald bei Jesus sein würden, dass er nur noch lachen konnte. Seine Freude darüber war so groß, dass er einfach nicht aufhören konnte.

Das löste das zweite Wunder dieser Nacht aus. Die Bande aus dem Dorf war so davon in Anspruch genommen, ihrem Hund zu folgen, der jetzt den Hügel herunterhetzte und sich dabei von den Hausmissionaren entfernte, dass sie augenscheinlich das Lachen Sanjeevs nicht hörten. Irgendetwas musste den Schall aus ihren Ohren verdrängt haben.

Inzwischen waren die jungen Männer aus ihrem Versteck herausgekrochen und rannten jetzt den Weg aufwärts in die Berge hinein, weiter weg von Lingtheb. Es verging mehr als eine Stunde, bis Sanjeev sein Lachen wieder unter Kontrolle bekam. Gegen ein Uhr morgens erreichten sie einen herrlichen Kastanienhain, wo sie sich in Frieden niederlegten und den Rest der Nacht verschliefen.

Später erfuhren sie, dass der Sohn des Alten aus Lingtheb, der die Verfolger angeführt hatte, in der Gegend als berüchtigter Verbrecher bekannt war. Vielleicht hatte er bei den Evangelisten irgendwelche Kostbarkeiten vermutet, die vermeintlich in den Taschen mit den Traktaten steckten.

Jedenfalls kamen zwei Monate später zwei andere Verteiler, Nirrai und Tikaram, nach Lingtheb und brachten die Arbeit der vier Ersten in diesem Dorf zu Ende. Den Hund sahen sie nicht mehr.

An der Schwelle der Ewigkeit

Im Schulungslager für Evangelisten an der Küste von Malaita breitete sich eine gedrückte Stimmung aus, als die 30 jungen Christen, die sich auf einen Einsatz vorbereiteten, die zerklüftete Gebirgslandschaft der Insel sahen. Landkarten vom Innern der Salomonen-Inseln gab es nicht. Und diese Gebirgsregionen – das nächste Ziel für ihre systematische »Aktion: In jedes Haus« – barg undurchsichtige Geheimnisse.

Furcht ergriff die Herzen vieler Mitarbeiter, als sie sich über die raue Landschaft und die über das Kwaio-Volk kursierenden Gerüchte unterhielten. Sie sollten wie Wilde und teilweise noch in Höhlen leben. Diese Ängste wurden Generationen geschürt und hatte verhindert, dass das Evangelium in dieses Gebiet eingedrungen war. Die Mitarbeiter hatten keine Ahnung, dass ein alter Häuptling namens Hari schon seit mehr als 110 Yam-Ernten darauf gewartet hatte, von Jesus zu hören. Jetzt lag er im Sterben.

Inmitten der Unsicherheit, die Evangelisten durchaus befallen konnte, die zum ersten Mal in das Innere der Insel vordrangen, beschlossen alle, eine besondere Zeit des Betens und Fastens zu verbringen, um den finsteren Mächten begegnen zu können, die sie vielleicht dort antrafen. Danach wurden einige Teams zusammengestellt und in die Berge entsandt.

Es war noch kein Tag vergangen, als ein Team auf das Kwaio-Dorf stieß, in dem der alte Häuptling bereits an der Schwelle der Ewigkeit stand. Ein Wunder sollte hier geschehen. Diese geheimnisvollen Berge würden bald die großartige Prophezeiung aus dem Propheten Jesaja widerspiegeln: »Berge und Hügel sollen vor euch her frohlocken mit Jauchzen und alle Bäume auf dem Felde in die Hände klatschen« (Jes 55,12).

15 Geheimnisumwitterte Berge

Zwei Stunden lang regnete es in Strömen, als fünf Häuptlinge aus Kwaio-Dörfern der näheren Umgebung auf dem Lehmboden der primitiven strohgedeckten Hütte saßen. In der angrenzenden Hütte lag ihr geliebter Oberhäuptling im Sterben. Da Hari allgemein so hohe Verehrung genoss, und weil es keine offiziellen Regeln gab, nach denen ein Nachfolger bestimmt wurde für jemand, der in dieser Weise schon zur Legende geworden war, hatten sie sich zusammengefunden, um zu überlegen, was zu tun war, wenn Hari wirklich starb.

Inzwischen hatte man den alten Häuptling in der Nachbarhütte in ein »Erdbett« gelegt, das im Boden ausgehoben worden war. Einige der Familienmitglieder und Freunde stützten ihn, während er um jeden Atemzug kämpfte.

Häuptling Hari war die Personifikation eines Volkes, das von Missiologen als unerreichte Gruppe bezeichnet wurde. Das Evangelium von Jesus Christus hatte die Küstenregion von Malaita in den 80er Jahren des vorigen Jahrhunderts erreicht – etwa in der Zeit, als Hari geboren wurde. Doch die Gute Nachricht war weder in sein Dorf noch in die Umgebung gelangt, obwohl die Ansiedlungen an der Küste kaum 18 Kilometer Luftlinie von hier entfernt waren. Und dort gab es verschiedene blühende Kirchen. Es war, als ob ein Schleier über das Innere von Malaita gebreitet wäre.

Es war nicht so, als ob sich keiner um das in diesen rauen Bergen lebende Kwaio-Volk gekümmert hätte. Schon Anfang des Jahrhunderts waren Versuche gemacht worden, ihnen das Evangelium zu bringen. Doch sie hatten enorme Angst vor allem, was »von draußen« kam, und bald sprach man von ihnen als von einem wilden Volk, das jeden Versuch einer Annäherung abwies.

Manche führten diese Angst zurück auf das Jahr 1927, kurz nach der Zeit, als die ersten Missionare von Australien und Neuseeland das Evangelium zu den Menschen an der Küste Malaitas gebracht hatten. Um diese Zeit war William Bell, ein britischer Distriktsbeamter, mit 30 seiner Leute zu einer Vermessung und Begutachtung des Landes hierher gekommen. Die südlichen Salomonen-Inseln befanden sich zu jener Zeit unter britischer Herrschaft, und das Volk sollte abgabepflichtig gemacht werden. Doch die Kwaios, die befürchteten, dass der Fremde und seine Truppe ihre Götter beleidigt hätten, brachten sie alle um. Das war in der Nähe einer Ansiedlung, Kwaiawbe genannt. Die britische Regierung in Australien antwortete darauf, indem sie ein Kriegsschiff entsandte, um diesen Teil von Malaita mit Artilleriefeuer einzudecken. Sie wollten diesen »Heiden« zeigen, wer »der Herr im Haus« war. Bevor das Bombardement zu Ende ging, lagen 200 Kwaios tot am Boden. Damit war die Abneigung gegen alles Fremde noch viel größer geworden.

Im Lauf der Jahre versuchten mehrere Missionare, die Kwaios im Innern der Insel zu »christianisieren«. Sie erlitten ein ähnliches Schicksal. Einige römisch-katholische Priester wurden von den Kwaios zu Märtyrern gemacht, als sie versuchten, eine Basis für die katholische Kirche in diesen Bergen einzurichten. Im Jahr 1965 wurde ein Missionar getötet, der von Neuseeland kam und den Kwaios das Evangelium bringen wollte. In noch jüngerer Zeit (1975) brachten die Kwaios einen Missionsarzt der Siebenten-Tags-Adventisten mit seinem Sohn um. Manche sagten, es wäre dabei mehr um einen Streit wegen Ländereien gegangen als um das Evangelium. Doch für Außenstehende ergab sich erneut der Eindruck – speziell für solche, die missionarisch arbeiten wollten – dass die Kwaios nach wie vor jedem Eindringen in ihr Gebiet feindlich gegenüberständen. Alle, die versucht hatten, ihnen die Gute Nachricht zu bringen – es waren nur wenige gewesen, und die meisten Bemühungen lagen lange vor dem Zweiten Weltkrieg – hatten sehr schnell wieder aufgegeben, weil keinerlei Ergebnis ersichtlich war.

All das hatte dazu geführt, dass Hari mehr als 100 Yam-Ernten hindurch gelebt hatte, ohne je etwas vom Evangelium zu hören.

Die Entscheidung zum Vorgehen

Im Frühjahr 1990 wurde von AJH ein Team von engagierten Mitarbeitern zusammengestellt und einige Wochen lang sorgfältig geschult, um den Kwaios das Evangelium dort, wo sie lebten nahe zu bringen. Das Team wurde geleitet von zwei Mitarbeitern von den Fidschi-Inseln, die bereits an einem früheren Einsatz teilgenommen hatten, um jene Inselkette im südwestlichen Pazifik mit dem Evangelium zu erreichen. Alle 106 bewohnten Fidschi-Inseln waren von Mitarbeitern besucht worden – Dorf um Dorf und Haus für Haus. Das Ergebnis waren 35.000 Bekehrungen gewesen und 700 kleine Gruppen von Gläubigen.

Später hatten diese beiden Fidschi-Evangelisten sich bereit erklärt, noch andere entlegene Orte auf den schätzungsweise 23.000 bewohnten Inseln des Pazifik aufzusuchen, damit alle noch nicht erreichten Menschen von Jesus hören konnten. Vor allem Matthew und Suva waren Tausende von Kilometern nach Nordwesten, zu den Salomonen-Inseln, gereist, wo viele junge Mitarbeiter geschult wurden, um die Gute Nachricht von Jesus zu den 100 bewohnten Inseln zu bringen, Wohnstätte um Wohnstätte und Hütte um Hütte. Mehrere tausend Menschen hatten bis jetzt schon ihr Leben Jesus ausgeliefert. Und jetzt waren sie mit ihrer Arbeit bis nach Malaita vorgedrungen, der zweitgrößten Insel der Salomonen nach Guadalcanal.

Das geschulte Team von etwa 30 Mitarbeitern hatte seine Tätigkeit da begonnen, wo es am leichtesten war: in der Küstenregion, wo sie jedes Dorf und jedes Haus besuchten. Jetzt war ihre Arbeit entlang der Küste beendet.

Anfang Mai 1990 saßen sie in ihrem Ausgangslager rund ums Feuer: das evangelistische Team, bestehend aus den älteren Fidschi-Mitarbeitern und den jungen Leuten, die vor kurzem erst die Schulung hinter sich gebracht hatten. Sie sprachen darüber, was als Nächstes »dran wäre«. Einer der Fidschi-Leute zeigte auf die wilde Bergregion im Innern des Kwaio-Gebietes.

»Gibt es dort Menschen, die bis jetzt noch nichts von Jesus gehört haben?«, fragte er.

»Ja«, antwortete einer seiner jüngeren Kollegen. »Es ist eine der schwierigsten Gegenden dieser gesamten Inselkette im Hinblick auf evangelistische Arbeit. Es ist ein raues Bergland, und die Bevölkerung ist extrem feindlich eingestellt.«

»Gut«, antwortete einer der Fidschi-Missionare, und dann fügte er aus innerster Glaubensüberzeugung hinzu: »Morgen werden wir ins Innere aufbrechen.«

Jemand erhob leidenschaftlich Einspruch und betonte die Wildheit der Kwaios in den Gebirgsregionen und ihre vielfachen Tabus, die eine besondere Gefahr für alle von außen Kommenden darstelle. Ein anderer Mitarbeiter wies darauf hin, dass alle, die bisher versucht hatten, die Bergwelt zu durchdringen, von den Kwaios angegriffen oder umgebracht worden wären (vermutlich eine Übertreibung). Ein anderer erwähnte in dem Zusammenhang die katholischen Priester und den Missionsarzt der Siebenten-Tags-Adventisten und dessen Sohn, die ermordet worden waren. Einer erinnerte noch einmal an die Beschießung der Kwaios durch das von Australien kommende Kriegsschiff Anfang des Jahrhunderts. Es war gerade, als ob ein Argument für die Meinung gesucht würde, dass die Kwaios aus den Bergen von einer anderen Gruppe evangelisiert werden sollte, wenn es überhaupt möglich wäre.

»Außerdem«, so schaltete sich noch ein Mitarbeiter ein, »Anfang dieses Jahrhunderts hat schon jemand versucht, diese Leute zu erreichen – sie wollten absolut nichts hören.«

Eine Weile diskutierten sie noch weiter. Dann erinnerte einer der Fidschi-Leute die Gruppe daran, dass der Missionsbefehl Jesu gerade »alle Welt« und »alle Kreatur« einschloß (Mk 16, 15), und dass sie nicht den weiten Weg von den Fidschis hierher gekommen wären, um die Aufgabe unvollendet liegen zu lassen.

Bald kam es dahin, dass der Einfluss der älteren Fidschi-Missionare auch bei den jüngeren, gerade ausgebildeten Mitarbeitern an Boden gewann, und jeder wurde davon überzeugt, dass jetzt ein Glaubensschritt unternommen werden müsste – in das östliche Kwaiogebiet hinein. Trotzdem wurden noch einige Sorgen rund ums Lagerfeuer laut. Viele Gefahren lauerten im Innern auf sie. Die Menschen dort lebten im Großen und Ganzen noch so wie vor Jahrhunderten. Noch zu Ende des letzten Jahrhunderts hatte es dort Fälle von Kannibalismus gegeben. Wer konnte wissen, ob das endgültig vorbei war? Außerdem wusste man, dass diese Gegend von dämonischen Mächten beherrscht wurde.

Die Mitarbeiter wurden sich einig, dass sie sieben Tage lang fasten und beten wollten, bevor ein Team in die Berge des östlichen Kwaio-Gebietes aufbrechen sollte.

Vorbereitung durchs Gebet

Die Gebetszeit begann am nächsten Tag. Das evangelistische Team ließ sich Einsichten vom Herrn schenken und nutzte auch Informationen von Kwaio-Küstenbewohnern, die früher im Innern gelebt hatten, um etwas von den dämonischen Mächten zu erfahren, die dort herrschten. Einige dieser Kwaios waren Christen geworden und wussten vieles von den mächtigen Geistern, die im Innern des Landes am Werk waren. Manche von ihnen waren früher selber Zauberer gewesen. Sie konnten die Geister sogar mit Namen nennen, die von den Kwaios verehrt wurden.

Bald hatten sie eine Liste von 87 verschiedenen bekannt gewordenen bösen Geistern aufgestellt. Dann begegneten sie jeder geistigen Macht – einer nach der anderen – mutig im Gebet. Jede dieser Mächte wurde sieben Tage lang mit intensivem, zielgerichtetem Gebet angegriffen.

Am achten Tag wurden acht Mitglieder des Teams aus der Gruppe der 30 ausgewählt, um zum erstenmal den Weg ins Gebirge zu unternehmen. Diese acht wurden nochmals aufgeteilt in Zweiergruppen. Jede Gruppe ging in einer anderen Richtung nach Ost-Kwaio hinein.

Kwaio-Christen aus dem Küstengebiet, vor allem die früheren »Medizinmänner«, belehrten das Team über die Tabus, die in dieser Gegend galten. Sie erklärten, dass die Menschen im Innern ganz besonders abergläubisch seien und Angst hätten vor den »Göttern« anderer Völker. Sie wollten auf keinen Fall, dass »fremde Götter« ihre eigenen Götter beleidigten. Sie sagten den jungen AJH-

Mitarbeitern, dass sie z. B. innerhalb der Dörfer in den Hütten nicht in irgendeiner erkennbaren Weise beten dürften. Die Kwaios glaubten, dass das ihre Götter erzürnen würde.

Zwei der Leute, Jack Alfred und Japta Labo, beide noch relativ junge Christen, bekamen dieses Tabu zuerst zu spüren. Als Folge der siebentägigen Vorbereitung durch Beten und Fasten (einige Mitglieder des Teams setzten das Fasten noch 30 Tage fort) arbeiteten sie aber (wie alle anderen auch) unter ungewöhnlichem göttlichen Schutz und mit geistlicher Vollmacht. Die Gläubigen ahnten nicht, dass die Kwaio-Priester im Innern des Gebietes diesen Schutz und diese Vollmacht empfinden würden.

Auf dem tagelangen Marsch in die abgelegenen Berge trafen Jack und Japta am achten Tag zehn andere Mitarbeiter, einschließlich Matthew und Sova. Der Weg führte sie über unvorstellbar zerklüftete Felsen. Als sie den Rand des inneren Siedlungsgebietes erreichten, teilten sich die zwölf Evangelisten noch einmal in Zweiergruppen. Auf diese Weise konnten sie sich unabhängig voneinander bewegen und jedes Dorf, das sie fanden, besuchen. Hinterher fertigten sie einen Bericht an über ihre Besuche und die Lage der Dörfer. Landkarten von diesem Gebiet lagen nicht vor, so dass die Teams sich auf Gottes Führung verlassen mussten. Manche Ansiedlungen schienen aus dem Nichts aufzutauchen. Meist waren es nur sechs bis zehn Wohnplätze. Und oft bestand die einzige Möglichkeit, das nächste, vielleicht irgendwo im Wald versteckte Dorf zu finden, nur darin, sich von einem Dorf zum andern durchzufragen.

Jack und Lapta machten sich auf den Weg, ohne eine Ahnung davon zu haben, dass sie einen besonderen göttlichen Auftrag hatten. Sie würden dabei ein wunderbares Erlebnis haben, das auf dramatische Weise zur Förderung des Reiches Gottes unter den Kwaios beitragen würde. Und es würde für die AJH-Mitarbeiter ein Beweis sein, dass auch heute noch Wunder geschehen.

Göttliche Bestimmung

Nach einem mühsamen Tagesmarsch über messerscharfe Felszacken stolperten die zwei jungen AJH-Mitarbeiter am späten Nachmittag in ein Dorf. Ein warmer Nebelschwaden zog über die Berge und hüllte sie wie mit einem Schleier ein. Aus irgendeinem Grund hatte sich eine große Schar von Menschen versammelt. Vermutlich waren es nicht nur die Bewohner des kleinen Dorfes. Was ging da vor?

Jack und Lapta waren im Nu von mehreren großen Kriegern umringt. Diese waren eindeutig höher gewachsen als die meisten Kwaios, die klein von Gestalt waren. Sie wollten wissen, wer die Fremden waren und was sie wollten. Jack erklärte so schnell, wie es ihm in der Kwaio-Sprache möglich war, dass sie dem Volk der Kwaios die Gute Nachricht bringen wollten. Die stämmigen, großen Wächter führten sie weg, um sie von fünf Ältesten dieses ganzen Gebietes verhören zu lassen. Das waren die Leute, die sich hier angesichts des bevorstehenden Todes ihres Oberhäuptlings versammelt hatten. Die Fremden waren in einem heiligen Augenblick dazugekommen und verletzten möglicherweise die Bräuche der Kwaios – in diesem Fall das höchste aller Tabus, was schreckliche Konsequenzen haben konnte.

Als die Ältesten aus der Umgebung die Hausmissionare zu befragen begannen, standen viele Kwaios um sie herum. Sie waren halbnackt und hielten ihre etwa 60 Zentimeter langen Macheten in der Hand. Andere griffen bereits nach ihrem Bogen mit den vergifteten Pfeilen. Jack und Lapta konnten es nicht verhindern, dass in ihrem Gedächtnis die Gerüchte über die Wildheit der Kwaios auftauchten. Das anschließende Gespräch war spannungsgeladen.

Die Ältesten fragten die jungen Hausmissionare nach dem Grund ihres Auftauchens.

»Wir sind gekommen, um Gute Nachrichten zu bringen«, erklärten die Evangelisten noch einmal. Sie erzählten dann von dem wahren Gott, der alle Dinge geschaffen hatte – die Berge, die Bäume, die Tiere – und die Leute des Kwaio-Volkes auch.

»Unser ewiger Gott«, so sagten sie, »sandte seinen einzigen Sohn, dass er uns gleich würde, ein Mensch, und damit er sein eigenes Leben freiwillig für uns opferte.«

Die Anwesenden hatten eine solche Botschaft noch nie gehört und unterhielten sich darüber, ob so etwas wahr sein könnte. Manche dachten, es könnte vielleicht sein. Andere hielten es für unmöglich.

Dann ergriff einer ihrer Sprecher das Wort: »Wir können von dem, was ihr sagt, nichts glauben, solange unser Oberhäuptling es nicht glaubt.«

Die AJH-Leute waren darin geschult worden, andere Kulturen zu respektieren, wenn sie das Evangelium weitergaben. Sie wussten, dass es Brauch war, die Erlaubnis des Oberhäuptlings eines Dorfes oder einer Gegend einzuholen, bevor man irgendetwas Außergewöhnliches unternahm. Wenn man diese Erlaubnis hatte, konnte man ohne Einschränkung überall hingehen, da der Segen des Oberhäuptlings mit dabei war. So baten Jack und Japta darum, den Oberhäuptling sehen zu dürfen.

Die Ältesten lehnten das ab. Ihr verehrter Oberhäuptling war sehr alt und lag jetzt im Sterben. Es gab keine Möglichkeit mehr, dass sie ihn sehen konnten.

Dann kam einem der Hausmissionare eine Idee.

»Als Jesus Christus als Sohn Gottes auf die Erde kam«, erklärte er den Ältesten, »kam er nicht nur, um die Menschen von ihren Sünden zu befreien, sondern auch, um Kranke zu heilen. Gott ist in der Lage, selbst euren Oberhäuptling zu heilen.«

Zwei der anwesenden fünf Ältesten waren der Meinung, man sollte den Evangelisten eine Chance geben, mit ihrem Oberhäuptling zu sprechen. Zwei andere sprachen dagegen. Einer enthielt sich der Stimme, weil er nicht wusste, was er sagen sollte. So geschah es, dass die beiden jungen Evangelisten gegen sieben Uhr abends, zwei Stunden nach ihrer Ankunft, in eine abgelegene Hütte gebracht wurden, während die Ältesten weiter über die anstehende Frage diskutierten.

Die beiden Ältesten, die für eine Zulassung der jungen Leute zu ihrem Häuptling gestimmt hatten, waren der Ansicht, dass man ihnen eine Chance geben sollte, für ihn zu ihrem Gott um Heilung zu beten. Die beiden anderen waren sicher, das könnte ihre Götter beleidigen und sie zu Racheakten veranlassen. Schließlich neigte der eine Älteste, der sich der Stimme enthalten hatte, doch mehr zur Zustimmung. Er dachte, dass die beiden jungen Männer vielleicht einem Gott dienten, der große Macht besitze und möglicherweise ihren Oberhäuptling tatsächlich heilen könnte – einerlei wie alt er schon sei – so dass er vielleicht noch eine weitere Yam-Ernte erleben würde.

Jack und Japta blieben die ganze Nacht in der Hütte eingeschlossen. Sie achteten sorgfältig darauf, dass man sie nicht beim Beten beobachten konnte, waren aber selbst in der Lage, durch die Ritzen der Hütte die Ältesten zu sehen und zu hören. Ums Feuer sitzend diskutierten sie unaufhörlich. Sie schienen dabei Nüsse, die Frucht eines bestimmten Baumes dieser Gegend zu kauen, von dem die beiden schon gehört hatten. Diese Nüsse hatten eine drogenähnliche Wirkung, hielten die Menschen wach und machten sie außergewöhnlich gesprächig.

Um sieben Uhr morgens trennten sich die Ältesten endlich. Den beiden AJH-Missionaren wurde erlaubt, den Oberhäuptling zu sehen und für ihn zu beten.

Eine Gestalt in Weiß

Als Jack und Japta die Hütte Haris betraten, sahen sie auf einen Blick, wie krank der alte Mann war. Er rang in seinem Erdbett nach Luft. Wenn sie gewusst hätten, wie schwer er schon angeschlagen war – ob sie dann vielleicht etwas vorsichtiger gewesen wären mit ihrer Aussage über die Theologie der Heilung? Jedenfalls sprach Jack mit ihm nicht über physische Heilung und betete auch nicht dafür, sondern legte ihm kurz den göttlichen Plan der Erlösung der Menschen dar. Er erklärte dabei, dass Jesus der einzige Weg zum ewigen Leben sei.

Hari war fasziniert von der Botschaft, die er hörte.

»Mein ganzes Leben lang habe ich darauf gewartet«, sagte er. »Ich habe immer gefühlt, dass es so etwas gab wie diese heilige Botschaft. Doch niemand kam jemals hierher, um sie zu uns zu bringen. Wie kann ich diesen Jesus in mein Leben aufnehmen?«

Jack und Japta beteten mit Hari ein schlichtes Gebet um Sündenvergebung. Einige Augenblicke später schien der Friede Gottes in Haris Augen zu liegen. Es war eindeutig, selbst für die Ältesten der andern Dörfer, dass etwas Besonderes geschehen war. Nun gaben sie den beiden jungen Zeugen Gottes die Erlaubnis, das Dorf zu verlassen.

Etwa zwei Stunden später starb der alte Häuptling. Die dabeistehenden Ältesten schickten einen Mann aus Haris Dorf hinter den beiden Evangelisten her, um sie zurückzuholen. Möglicherweise wollten sie ihnen die Schuld geben, dass sie ihre Götter beleidigt und ihren Oberhäuptling mit ihren Gebeten getötet hätten. Vielleicht wollten sie auch nur, dass die beiden zurückkamen und noch einmal für ihren Häuptling beteten, um ihn ins Leben zurückzuholen. Doch der Bote fand sie nicht und kehrte allein zurück.

Häuptling Hari lag den ganzen Tag leblos in seinem Erdbett. Man bereitete seinen Körper für die traditionelle Beerdigungszeremonie vor. Die Ältesten warteten indessen außerhalb der Hütte. Da geschah etwas Ungewöhnliches. Um fünf Uhr nachmittags setzte sich Hari ruhig auf und begann zu sprechen.

»Lasst die Ältesten sich versammeln«, sagte er zum maßlosen Erstaunen der Umstehenden.« Und lasst jemand nach den beiden jungen Leuten suchen, die hier waren und mir von Jesus erzählt haben.«

So etwas hatte noch niemand erlebt. Ihr geliebter Oberhäuptling, der den ganzen Tag starr dagelegen hatte, war von den Toten zurückgekehrt. Und jetzt erzählte Hari, der so viele Yam-Ernten hindurch die Dorfbewohner mit seinen Geschichten gefesselt hatte, eine bemerkenswerte Sache.

Eine weiß gekleidete Gestalt (die Kwaios haben in ihrer Sprache kein Wort für Engel) hatte ihn weit weggeführt zu dem schönsten Ort, den er jemals gesehen hatte. Dort wurde eine Person, Jesus Christus genannt, von einer unübersehbaren Menschenmenge angebetet. Die beiden jungen Männer hatten von ihm als dem Sohn Gottes gesprochen. Das herrliche Wesen hatte ihm gesagt, dass dies der schöne Ort sei, wo Menschen, die an Jesus glaubten, für alle Ewigkeit hingingen, um ihn anzubeten. So hatte sich alles, was die beiden jungen Leute gesagt hatten, für ihn bewahrheitet.

Friede sei in sein Herz gekommen, sagte Hari. Er hätte selbst keine Schmerzen mehr gehabt und hätte auch kein Leid bei den Menschen gesehen, die Jesus angebetet hatten. Hari sprach auch von einigen wichtigen Personen, zu denen das Wesen im weißen Gewand ihn gebracht hatte. Er nannte die Namen von verschiedenen alttestamentlichen Propheten.

Dann zeigte ihm das Wesen im weißen Gewand einen anderen Ort – einen Ort großer Qualen, wo die Menschen hingelangten, die die Botschaft von Jesus ablehnten, die die beiden jungen Leute mitgebracht hätten. Und endlich hatte das Wesen im weißen Gewand Hari erklärt, dass es nötig sei, dass er für kurze Zeit zu seinen Leuten zurückkehre, um den Ältesten der anderen Dörfer zu sagen, dass die Botschaft wahr sei. Sie müssten unbedingt zuhören, wenn die beiden jungen Leute von der Küste ihnen etwas von diesem Jesus erzählten. Dieser Jesus sei der einzige Weg zum ewigen Leben.

Endlich beauftragte der alte Häuptling schnelle Läufer, die AJH-Leute von der Küste zu suchen und sie zurückzubringen, damit sie den Menschen hier das Evangelium verkündigten.

Diesmal wurden Jack und Japta gefunden und zurückgebracht. Erstaunt über das, was mit dem alten Häuptling geschehen war, legten sie die Botschaft von der Erlösung noch einmal dar – diesmal für das ganze Dorf. Alle Bewohner – einschließlich Haris 21-köpfiger Familie – nahmen Christus als ihren Erlöser an. Und bald hatten mehr als 300 Bewohner aus etwa zehn Dörfern ringsum ihr Leben Jesus ausgeliefert.

Hari erlebte noch die Nacht und den nächsten Morgen. Dann legte er sich ruhig in seinem Erdbett zurück und schlief ein, um für immer bei Jesus zu sein.

Der heilende Stein

Im April 1995 reiste ich zu der Insel Malaita und bestieg einen Helikopter, um in das wilde innere Gebiet von Ost-Kwaio zu kommen. Dort sprach ich mit einem Mitarbeiter von AJH, der Zeuge der Ereignisse gewesen war, die sich im Mai 1990 in Haris Dorf zugetragen hatten.

Heute arbeiten weiterhin sechs vollzeitliche Missionare von den Fidschis unter den Kwaios im Innern von Malaita. Doch das Dorf, in dem Hari lebte und starb, ist verschwunden. Nachdem das Evangelium in Ost-Kwaio Fuß gefasst hatte, brannten die Neubekehrten ihre Hütten in einem Akt der Buße nieder. Das war im Jahr 1993. Sie zogen nach Bobota, einer größeren christlichen Ansiedlung in der Nähe der Küste. Wie ich hörte, ist das nichts Ungewöhnliches für Neubekehrte. Sie verbrennen ihre Hütten mit all ihrem Besitz als Symbol dafür, dass die Vergangenheit abgetan ist und sie sich selbst von allen dämonischen Mächten getrennt haben, die nach ihrem Glauben einst ihre Wohnstätten besetzt hatten.

Das macht auch verständlich, warum Evangelisten, die ein Kwaio-Dorf betreten, dort nicht beten dürfen, vor allem nicht in einer Hütte der Einheimischen. Eine Kwaio-Frau sagte einmal zu einem Hausmissionar: »Wir wissen, dass euer Gott stärker ist als unserer. Wenn ihr in unsern Wohnungen betet, könnte euer Gott im Augenblick der Überlegene sein. Aber wenn ihr dann fortgeht, geht euer Gott mit euch. Und unser Gott bleibt hier und straft uns dafür.«

Bis heute sind mehr als 8.000 Kwaios Christen geworden, einschließlich von gut 1.000 aus ganz entlegenen Gebieten der Insel, wo wir nur mit dem Hubschrauber hingelangten. Ich erlebte aus erster Hand mit, wie heidnische Dorfbewohner aus dem Nichts aufzutauchen schienen und fasziniert auf das Evangelium hörten.

Erstaunt war ich außerdem darüber, dass unser Flug von der Hauptstadt Honoria auf Guadalcanal ins Innere des Kwaio-Gebietes kaum mehr als eine Stunde dauerte. Und von der Küste von Malaita, wo vor einem Jahrhundert die Küstenbewohner zuerst die Gute Nachricht hörten, bis in den abgelegenen Bereich im Innern, wo viele nicht ein einziges Mal etwas von Jesus gehört hatten, dauerte der Flug nur sieben Minuten. Unkontrollierbare satanische Mächte müssen dieses Gebiet Generationen hindurch in Finsternis gehalten haben.

Im Jahr 1992, zwei Jahre nach Haris Tod, folgte noch ein dramatisches Ereignis, das einen anderen übernatürlichen Durchbruch im inneren Bereich des Kwaiovolkes veranlasste. Wie das Wunder im Dorf Haris war auch dies eine Folge von verstärktem Aufruf zu Fasten und Beten. Es bestätigte eine These des Missionsstrategen Ed Silvoso: »Gemeindegründung bedeutet immer einen gewissen

Machtkampf, weil die Gemeinde die vorhandenen satanischen Strukturen entthronen muss.«

Dieser Machtkampf betraf auch eine Gebetskonfrontation mit einem Kwaio-Dämon, genannt »der heilende Stein«. Der Stein war ein großer Findling in dem Dorf Cinaragu, tief im Osten der Kwaio-Region, in einer Gegend, die ganz besonders verehrt wurde. Der Stein, der gut und gern die Größe eines Zweimannzeltes hatte (in denen wir während unseres dortigen Aufenthaltes lebten), nahm eine Schlüsselstellung in der heidnischen Götzenverehrung in diesem Gebiet ein. Dort hatten die Menschen aus den Bergen seit Generationen ihren Göttern geopfert.

Hausmissionare, die nur einige Monate in Ost-Kwaio gewesen waren, hatten sehr bald erfahren, dass am »heilenden Stein« und in seiner unmittelbaren Umgebung der Zutritt für Fremde streng verboten war. Selbst das Gehen über den Boden in der Nähe des Felsbrockens konnte ihr Leben gefährden. Der »heilende Stein« war offenbar ein Bollwerk des Satans und symbolisierte die Herrschaft über dieses Gebiet. Er war sozusagen ein »Kraftpunkt« (ein Symbol oder eine Stelle, die einen Brennpunkt dämonischer Aktivitäten bildete). Das war mehr als nur ein Tabu, das von den Einheimischen eingehalten wurde.

Es wurde noch einmal eine Woche für Beten und Fasten angesetzt. Diesmal ging es speziell um die Bedeutung des Steines. Sieben Tage lang standen einige Hausmissionare an einem Berghang gegenüber dem »heilenden Stein« – die Mitarbeiter nannten ihn den »Gebetsberg« – und kämpften im Gebet gegen diesen heidnischen Gegenstand der Anbetung.

An einem wolkenverhangenen Tag, als die Missionare gerade ihre siebentägige Gebets- und Fastenzeit beendeten, kam ein Kwaio-Priester zu dem Stein, um dort zu opfern. In diesem Augenblick fuhr ein Blitzstrahl aus den Wolken, traf den Stein und spaltete ihn in zwei Hälften. Die eine Hälfte rollte den steilen Berghang hinunter. Der Priester wandte sich um und rannte weg. In seinem Schrecken verlor er dabei, was er opfern wollte.

Einige Dorfpriester der Gegend bezeugten später, dass große Furcht sie gepackt hätte, als sie davon hörten, dass der Blitz den

Felsen getroffen hätte. Ein paar Tage später lud einer der Häuptlinge, der in der Nähe des Steins wohnte, die Evangelisten ein, in sein Dorf zu kommen und von ihrem Jesus zu predigen.

Und dann war es so, dass nicht nur alle Anwesenden Christus annahmen, sondern die Priester fragten auch bei den Missionaren an, ob die Bewohner des Dorfes mit ihren Familien nach Bobota ziehen könnten, in das neue Dorf, in dem sich bekehrte Kwaios angesiedelt hatten. Die AJH-Leute bejahten das. Umgehend verbrannten die neu zum Glauben Gekommenen aus verschiedenen Dörfern ihre Hütten und zogen nach Bobota. Auch das war ein Akt der Buße gewesen.

Die Zerstörung des »heilenden Steines« durch einen Blitzstrahl war ein weiteres äußeres Zeichen dafür, dass die mächtigen Bollwerke des Satans im inneren Bereich der östlichen Kwaio-Region überwunden worden waren.

Majestätische Berge

Während unseres Besuches in dem neuen christlichen Dorf von Bobota hatte ich das Vorrecht, ein bestimmtes rotes Band zu zerschneiden, das man von der Küste mitgebracht hatte. Es befand sich vor dem Eingang der allerersten Grundschule dieses Gebietes. Sieben heidnische Häuptlinge, die darum gebeten hatten, dass ihre Kinder die Schule besuchen und Lesen lernen dürften, kamen aus den benachbarten Dörfern, um die Zeremonie mit dem roten Band zu sehen.

Später erfuhr ich, dass von den ersten 25 angemeldeten Schülern 14 aus Dörfern kamen, in denen das Christentum noch nicht Fuß gefasst hatte. Und es dauerte nicht lange, da kamen die Häuptlinge gerade dieser Dörfer zu dem Pastor von Bobota und erklärten, dass auch sie Nachfolger Jesu werden wollten. Einer dieser Häuptlinge, der kurz vor unserer Ankunft in das Dorf gezogen war, war ein alter Oberhäuptling des Kafu-Stammes – einer kleineren Volksgruppe aus Ost-Kwaio.

Die Kafu-Leute ähneln, wie ich hörte, den Pygmäen Afrikas. Sie säen und ernten wenig, wenn überhaupt, und leben nicht vom Land. Im Gegensatz zu den Pygmäen existieren sie vor allem davon, dass sie stehlen, was immer gestohlen werden kann. Man sagt auch, dass sie vor Mord nicht zurückschrecken, wenn es ihnen notwendig erscheint, um zu überleben.

Jetzt stand also dieser alte Häuptling Sumete mit einem strahlenden Lächeln vor mir. Die meisten seiner Zähne waren allerdings schon verfault oder ausgefallen. Durch einen Dolmetscher erzählte er mir seine Geschichte.

Er war der Häuptling des ganzen Kafu-Volkes gewesen, eines kleinen Stammes von etwa 3.000 Angehörigen. Als oberster Priester und Stammesoberhaupt hatte Sumete in seinem Leben etwa 300 Schweine gestohlen und weitere fünfhundert für das Wohl des Volkes ihren Geistern geopfert.

Vor zwei Monaten war nun Sumete todkrank geworden und hatte, um wieder gesund zu werden, einem bösen Geist 30 Schweine geopfert (das war eine erstaunliche Anzahl für einen Kafu). Doch es wurde immer schlimmer mit ihm. Dann sagte ihm der Satan, dass er jemand umbringen müsste. Zum erstenmal hörte Sumete auch eine andere fremde Stimme in sich, die ihm sagte, dass das der falsche Weg sei. (Das passierte, kurz nachdem der »heilende Stein« durch Blitzschlag zerstört worden war – nicht weit vom Wohnort Sumetes entfernt.)

Noch nie hatte ihn irgendetwas so beeindruckt. Und als der Kafu-Häuptling hörte, was da in dem christlichen Dorf vor sich ging, beschloss er, sich das anzusehen. Dort lieferte er sein Leben dann Christus aus und änderte wenige Tage später seinen Namen in Petrus – nach dem Apostel.

Als ich diesen Petrus im April 1995 traf, hatten er und seine Familie gerade ihre Hütte und all ihren Besitz verbrannt, obwohl sie keinen neuen Platz hatten, an dem sie leben konnten, bis in Bobota eine neue Hütte für sie gebaut war. Und das würde einige Wochen in Anspruch nehmen, weil große Zweige einer bestimmten Palmenart aus Küstennähe zu Fuß in die zerklüfteten Berge hinauftransportiert werden mussten, um damit die Dächer der Hütten zu decken. Jeder

Marsch, bei dem man einen Arm voll dieser besonderen Palmwedel mitbrachte, dauerte acht bis zehn Stunden. Sumete und seine Familie mussten unter Bäumen schlafen, bis ihre Hütte fertig gestellt war. So gut es ging, versuchten sie dabei den häufigen sintflutartigen Regenfällen auszuweichen.

Mein Herz war sehr gerührt darüber, auch weil ich wusste, dass es wie Petrus und seiner Familie Hunderten von Kwaios und Kafus ging, die überall in den entlegenen Regionen Malaitas verstreut waren und Jesus als Erlöser angenommen hatten. Sie stellen die Frucht vom Einsatz einer kleinen Gruppe mutiger junger Christen dar, die als Hausmissionare in dieser wilden Gegend von Ost-Kwaio gearbeitet hatten. Ihr opferbereiter Einsatz hat dazu beigetragen, die früher gefürchteten geheimnisvollen Stämme so zu verwandeln, dass sie nun die Majestät Christi anerkennen, ehren und anbeten.

Der Glanz des Sohnes Gottes

Es waren elf Tage Kanufahrt auf dem mächtigen Strom von Zaire (der heutigen Republik Kongo) notwendig, bis die beiden AJH-Pioniere von Kinshasa aus ihren Bestimmungsort tief im äquatorialen Regenwald erreichten. Vom Kongo aus mussten sie noch mehrere Tage gegen die starke Strömung auf dem schmaleren Momboyo-Fluss ankämpfen. Von da aus drangen sie dann auf Nebenflüssen noch tiefer in den Urwald ein, bis sie das Zentrum des Regenwaldes erreichten. Es war eine gefährliche Reise, die nur von wenigen jemals unternommen wurde.

Je weiter die Missionare in den Urwald eintauchten, desto schwieriger wurde ihre Aufgabe. Die größeren Motorboote, die man entlang des riesigen Kongo mieten konnte, waren für die kleineren Nebenflüsse nicht zu gebrauchen.

Tief im Urwald gelang es ihnen, unter den Pygmäen Führer zu finden, die sie weiter in den Dschungel hinein begleiteten. Manchmal passierte es auf den Nebenflüssen, dass sie alle aussteigen und die Kanus per Hand durch die dichte Vegetation schieben mussten. Als sie wieder in ihren kleinen Booten saßen, zogen sie sich gegenseitig die Blutegel aus dem Körper, die sie bei dem Weg durchs Wasser aufgefangen hatten.

Die Führer wussten, wo ihre Stammesgenossen lebten, auch wenn sie Nomaden waren: versteckt in den Bäumen.

Die AJH-Missionare waren auf dem Weg zu einem Stamm von 6.000 Pygmäen. Ihr junger Häuptling, Lendongo, sollte dabei, wie der alte Priester Hari auf den Salomonen, einer der ersten seines Stammes werden, der Jesus als den Erlöser bekannte. Viele andere würden ihm folgen, und in zwei Regenwäldern auf entgegengesetzten Seiten der Erde würde es hell werden im Licht, das vom Sohn Gottes ausging.

16 Das Volk der Bäume

Es ist, schlicht gesagt, die schrecklichste Weise zu sterben, die es auf der Welt gibt. Der Virus heißt Ebola Zaire, da man ihn zum ersten Mal 1967 am Ebola-Fluss im nördlichen Kongo antraf. In diesem Gebiet gibt es einige der tödlichsten Krankheiten, die man überhaupt kennt. Der Ausbruch damals im Jahr 1967 erfolgte im Yambuku-Missionskrankenhaus, das von belgischen Nonnen geführt wurde. Innerhalb von wenigen Tagen starben fast alle Krankenschwestern und dann auch die Nonnen, die nicht im Pflegedienst waren. Die Krankheit brach (anscheinend gleichzeitig) in 55 Dörfern rund um das Krankenhaus herum aus.

Ich hätte kaum etwas von dieser Krankheit oder ihrem Ursprung gewusst, wenn die Dame an der Visaausgabestelle uns nicht so intensiv davor gewarnt hätte, in den Kongo zu gehen.

Wes Wilson, ein Gefährte bei AJH, und ich hatten den Plan gefasst, für einige Zeit tief in die Regenwälder Zentralafrikas zu reisen. Wir wollten uns aus erster Hand informieren über die überraschenden Berichte von der Arbeit unter den Pygmäen, die aus den hintersten Winkeln des Urwaldes zu Jesus gefunden hatten. Die Zahlen von Neubekehrten wie auch die Gemeindegründungen unter diesen Einheimischen waren so bemerkenswert, dass sie fast unglaublich erschienen.

Wenn die Angaben stimmten – und um das eindeutig festzustellen, mussten wir uns selbst informieren –, dann tauchte ein großartiges Modell für unsere Arbeit auf, das uns helfen konnte, eine Menge, vielleicht Hunderte in ähnlicher Weise bisher nicht von Christus berührte Volksgruppen weltweit zu erreichen. Und das Ergebnis hätte einen bedeutenden Einfluss auf »AJH-Operation-*Oikos*«. Diesen Plan werde ich im nächsten Kapitel noch erklären. Es geht darum, diese Volksgruppen gerade dort, wo sie leben, in den nächsten fünf Jahren zu erreichen.

Doch zuerst kehren wir zu der Dame am Visaschalter zurück, die es an jenem Samstag für ihre Pflicht hielt, uns vor der Gefahr zu warnen.

»Das Außenministerium hat Reiseratschläge für diese Region herausgegeben – wegen der Instabilität der Regierung«, sagte sie. Es ist wahrscheinlich im Augenblick der gefährlichste Platz auf der ganzen Welt, den Sie aufsuchen wollen. Und ich hoffe, Sie wissen, dass hier die schlimmsten Krankheiten wüten, die es gibt.«

Weder die Dame noch Wes oder ich wussten, dass der Ebola-Virus im Herzen des Kongo gerade wieder neu aufgetreten war – nicht allzu weit südlich von dem Ort, an den wir in der kommenden Woche reisen wollten. Und etwas nördlich von unserm Bestimmungsort am Momboyo-Fluss befand sich der Ebola-Fluss, wo die Krankheit vor etwa zwei Jahrzehnten zum erstenmal in Erscheinung getreten war. Unser Ziel lag so richtig mitten drin in der Gefahrenzone.

Es war eines der wenigen Male bei meinen ausgedehnten Reisen, dass ich innerlich ins Fragen geriet. Mir war dabei nicht bewusst, dass der Feind nicht wollte, dass wir die Frucht von dem sahen, was geschehen kann, wenn glaubende Menschen mit dem Evangelium in so einen abgelegenen Winkel der Welt gehen.

In eine heiße Zone hinein

Am gleichen Wochenende, an dem Wes und ich mit der Dame am Visaschalter sprachen, lief ein Film mit dem Titel »Ausbruch« im Fernsehen. Er handelte von den verheerenden Auswirkungen des Ebola-Zaire-Virus. Der Film beginnt mit einer Szene im Herzen des Regenwaldes, genau dort, wohin wir wollten.

Ein paar Tage später erschien Richard Preston, der Autor des New York Times-Bestseller »The Hot Zone« in einer anderen Sendung. Er diskutierte mit Pat Robertson über den Ernst der Ebola-Virus-Erkrankung und über die Tatsache, dass ähnliche, wenn nicht mit noch größerer Sicherheit tödliche Krankheiten in andern Teilen der Welt lauerten. Der Ausdruck »Heiße Zone«, den Preston hier benutzt, ist ein medizinischer Begriff, der in allen Teilen der Welt gilt, wo ein tödlicher Virus gerade aktiv und übertragbar ist.

Eine Freundin, die von unsern Plänen, noch in derselben Woche in den Kongo zu gehen, wusste und jene Sendung gesehen hatte, rief an und sprach von einem merkwürdigen Gefühl, das sie beim Beten befallen hätte. Sie meinte, mich ebenfalls vor dieser Reise warnen zu sollen.

Nachdem ich Richard Prestons Beschreibung der Auswirkungen des Ebola-Virus gelesen hatte, konnte ich die Warnung verstehen. Wenn der Virus einen menschlichen Körper befällt, greift er jedes Organ und jedes Gewebe an (außer Skelettmuskeln und Knochen). Preston nennt den Virus einen perfekten Parasiten, weil er praktisch jeden Teil des Körpers in etwas wie ausgeschiedenen Schleim von Virus-Partikelchen verwandelt, die es nicht abwarten können, ihren Weg in einen anderen Wirt zu finden, d. h. einen anderen menschlichen Körper. Wenn es dahin kommt, so erklärt der Autor, »hinterlässt der Virus den Körper als Brei. Die unteren Schichten der Haut sterben ab und lösen sich auf.«

Als nächstes erscheinen spontane Risse in der Haut, aus denen Blut sickert. Auf der Haut erscheinen rote Flecken, wachsen und breiten sich aus und vereinigen sich dann zu riesigen, häßlichen Flächen. Die Haut wird so lose, dass sie fast vom Körper abfällt. Überall fängt es an zu bluten. Mund, Zahnfleisch und Nase sind inbegriffen. Selbst aus den Ohren und Augen sickert es. Ein Mensch, der vom Ebola-Virus befallen ist, hat die Augäpfel derart mit Blut gefüllt, dass sie buchstäblich blutige Tränen weinen. Bald blutet jede einzelne Öffnung des Körpers, auch die kleinste. Und all das vollzieht sich in einigen wenigen Tagen.

Endlich bekommt das Opfer, dessen Gehirn mit abgestorbenen Blutzellen überflutet und verstopft wurde, epileptische Anfälle. Und da der ganze Körper dabei zuckt und zittert, spritzt das Blut überall herum. Dabei kann sich der Virus natürlich leicht weiter verbreiten auf Menschen, die nicht geschützt sind.

Ebola ist tatsächlich eine schreckliche Krankheit, und jeder, der in dieses Land reisen will, wo die Krankheit ihren Anfang nahm, sollte es sich zweimal überlegen. Doch was meine Gedanken im März 1995 am meisten beschäftigte, war die Tatsache, dass der Ebola-Virus mich an die fürchterliche Verwüstung der Sünde erinnerte, die ihren »Wirt« so vollständig zerstört – die menschliche Seele. Der Kongo mit seinen ausgedehnten Regenwäldern, das wusste ich, war zusammen mit jedem andern Gebiet der Welt, das vom Satan beherrscht wurde, auch im geistlichen Sinn eine »Heiße Zone«, wo die verlorene Menschheit in ein Schicksal hineinlief, das schlimmer war als jeder tödliche Virus unserer Welt.

Die Botschaft Jesu war das einzige Heilmittel, davon war ich überzeugt. Und ich musste mit meinen eigenen Augen sehen, wie die Heilung in die Regenwälder Zentralafrikas gekommen war.

Die Macht der Gebetsrüstung

Trotz allem, was ich erfahren hatte und für Angriffe des Feindes hielt, befanden Wes und ich uns sehr bald in Kinshasa, der Hauptstadt des damaligen Zaire. Unsere kleinen Zelte und andere Hilfsmaterialien – einschließlich eines Zentners Salz für die Pygmäen – luden wir in eine kleine Maschine der Missionsfluggesellschaft. Sie sollte uns tief in den äquatorialen Regenwald hineinbringen.

Zentralafrika, und damit auch der Staat Kongo, beherbergt viele der größten Regenwälder der ganzen Welt. Nach Südamerika besitzt Afrika mehr gesunde tropische Wälder als irgendein anderer Kontinent der Erde. Und der größte Teil davon liegt im Kongo.

Glücklicherweise hatten wir einen mutigen Piloten gefunden, der bereit war, uns zu einer holperigen Landebahn bei dem Lager Boteka zu fliegen, das sich am Ufer des Momboyo-Flusses entlangzog. Das würde uns als Ausgangspunkt für unsern Weg tiefer in die Wälder hinein dienen. Wenn wir die Reise gemacht hätten, die die AJH-Mitarbeiter zwei Jahre früher unternommen hatten, hätten wir sehr viel mehr Zeit gebraucht. Wir hätten mit dem Kanu elf Tage von Kinshasa aus auf dem Kongo aufwärts fahren müssen, um auch nur den Momboyo-Fluss zu erreichen. Dann hätten sich noch einige Tage Kanufahrt angeschlossen, um nach Boteka zu kommen. Und von da aus hätten wir einen noch längeren Weg zu unserem Bestimmungsort vor uns gehabt. Es war das Dorf Bosuka, wo Hunderte von Pygmäen bereit waren, sich zu Jesus zu wenden. Wie die Dinge nun aber lagen, brachte uns der Missionsflieger in drei Stunden ans Ziel.

Unter uns schien sich der Dschungel endlos auszudehnen. Er glich einem wuscheligen Teppich in 100 verschiedenen Grüntönen. Der Baldachin aus üppigem Laubwerk wurde hin und wieder unterbrochen von kleinen Seen und anscheinend zahllosen sich dahinschlängelnden Flüssen. Wie unmöglich würde es sein, mit einer einmotorigen Maschine wie der unseren im Notfall in diesem dichten Dschungel zu landen. Meine Sorge verstärkte sich, als wir geradewegs in riesige Wolkenberge hineinflogen. Regentropfen klatschten gegen die Scheibe und Blitze zuckten um die Spitzen unserer Tragflächen. Doch die Maschine flog geradelinig wie ein Pfeil. Ich war in meinem Leben schon mehr als 25-mal um die Welt geflogen – bei jedem Wind und Wetter. Aber ich war erstaunt, wie der Herr Jesus unsern Missionspiloten durch das Wetter hindurchbrachte fast ohne einen Ruck oder Stoß. Als wir uns dem Momboyo-Fluss näherten, schaute ich in mein handgeschriebenes Heft, das mehrere hundert Namen enthielt und das ich in den letzten drei Stunden fest in der Hand gehalten hatte. Bestand ein Zusammenhang zwischen diesen Namen und unserm ruhigen Flug?

Meine Sekretärin, Debbie Lord, hatte das Büchlein angefertigt. Auf den etwa A4-großen Seiten waren die Namen von Menschen einzeln aufgeführt, die für Wes und mich in jeder einzelnen Minute unserer Reise beten wollten. Das gehörte zu unserer neuen Aktion »Gebetsrüstung«, die von AJH ins Leben gerufen worden war. Jeder Name erschien zusammen mit der speziellen Zeit, in der diese Christen für uns beten würden. Nicht einen einzigen Augenblick auf unserer ganzen Reise – bei Tag und bei Nacht – gab es, an dem nicht wenigstens ein paar Leute für uns beteten. Und während dieser drei Flugstunden hatten über 40 Fürbittende ständig für uns vor Gott gestanden – obwohl es nach unserer Zeit daheim mitten in der Nacht gewesen war.

Da in dem kleinen Missionsflugzeug ein zusätzlicher Sitzplatz vorhanden war, hatten wir eine belgische Nonne aus dem Kongo mitgenommen. Sie besaß enge Freunde im Lager von Boteka, die sie schon mehrere Jahre nicht mehr gesehen hatte. Sie hatte sich schon einige Sorgen gemacht wegen der anstrengenden, etwa zweiwöchigen Kanufahrt und war nun begeistert, dass sie mit uns fliegen konnte. Daher hatte sie die Schwestern in Boteka über Amateurfunk verständigt und angefragt, ob wir ihr großes, etwa 13 Meter langes Boot mit zwei Außenbordmotoren benutzen dürften. Da wir die Nonne umsonst mitgenommen hatten, waren die Schwestern von Boteka froh, uns ihr Boot zur Verfügung stellen zu können. Das erfuhren wir bei der Ankunft und konnten später damit unsere Reise tief in den Regenwald fortsetzen.

Schon jetzt sahen wir, wie gnädig und wunderbar Gott die Umstände unserer Reise wie Puzzlesteine zusammenfügte.

Der Todesschrei

Sicher landete das Flugzeug auf einem Grasstreifen in Boteka. Ich hörte bald, dass hier seit den frühen 50er Jahren eine belgische Missionsstation gewesen war (Zaire hieß damals Belgisch-Kongo). Ich entdeckte auch, dass die AJH-Arbeit bereits bedeutende Ergebnisse im Gebiet um Boteka herum erzielt hatte. Tatsächlich waren viele der Pygmäen und Bantu (größer gewachsene Afrikaner), die bei unserer Ankunft längs der schmalen grasbewachsenen Landebahn standen und Beifall klatschten, Neubekehrte aufgrund der systematischen Arbeit in der Region.

Auch aus dem ganzen Gebiet waren AJH-Mitarbeiter gekommen. Manche waren tagelang mit Kanus ohne Motor unterwegs gewesen und hatten einige der vielen kleineren Flüsse damit überquert. Unsere afrikanische Einsatzstelle hatte monatelang keinen Kontakt mit diesen Mitarbeitern gehabt. Doch bald erfuhren wir, wie reich die geistliche Ernte, das Erreichen von Menschenherzen gewesen war, seit die Arbeit in diesem Teil des Regenwaldes begonnen hatte. Das war vor etwa 36 Monaten gewesen.

In dieser Nacht schliefen Wes und ich sowie drei andere AJH-Mitarbeitern in einer Unterkunft, die die Schwestern von Boteka für uns bereitet hatten. Wir bekamen zum ersten Mal einen Geschmack davon, was es hieß, tief im Dschungel zu leben.

Überm Einschlafen hörten wir dabei den Zweitonklang afrikanischer Trommeln, die Botschaften tief in den Wald hineinschickten. Diese Trommeln, die sich vermutlich nicht anders anhörten, als sie das seit Generationen getan hatten, begleiteten uns die ganze Zeit unseres Aufenthaltes im Regenwald. Dorf um Dorf, selbst während wir uns auf dem sich dahinschlängelnden Momboyo-Fluss fortbewegten, schien ständig irgendwelche Botschaften auszusenden. Vielleicht ging es um die Nachricht, dass Fremde ihr Gebiet betreten hatten. Diese Erfahrung erinnerte mich an die alten Tarzanfilme, die ich als Kind gesehen hatte.

Ein Schrei weckte mich auf, wie ich noch keinen gehört hatte. Zuerst dachte ich, ich hätte geträumt. Dann setzte ich mich auf meinem Feldbett auf und war der Meinung, den Laut irgendeines afrikanischen Tieres gehört zu haben. Als der Klang sich allmählich näherte, war mir klar, dass es sich um eine jammernde oder heulende menschliche Stimme handelte. Eine zweite, schreiende Stimme fiel ein. Ich konnte nicht unterscheiden, ob es ein Lachen oder ein Stöhnen war. Bald ertönte ein ganzer Chor von Stimmen, die draußen rund um unsere kleine Behausung wehklagten.

Diaf, der AJH-Leiter, lag auf seinem Feldbett auf der anderen Seite des Raumes. Er begann jetzt gedämpft, aber leidenschaftlich zu beten. Ich konnte hören, wie er den satanischen Mächten, die uns in dieser Nacht bedrängten, zu weichen gebot. Ich überlegte, ob wir in Gefahr seien. Wusste Dia mehr als wir? Nach Mitternacht legten sich die Geräusche.

Früh am nächsten Morgen fragte der einheimische Einsatzleiter uns, ob wir in der Dunkelheit das Heulen gehört hätten. Es stellte sich heraus, dass eine junge Pygmäenmutter in der Nacht gestorben war. Das Heulen und Jammern war der »Todesschrei« der Familienangehörigen und Freunde gewesen, die in einen Chor des Trauerns eingestimmt hatten, sobald sie die Todesnachricht erhalten hatten. Der Trauerprozess schloss auch einen einzigartigen Tanz der Pygmäen ein. (Pygmäen tanzen nicht nur bei frohen Anlässen, sondern auch angesichts des Todes.) Als sie endlich unsere Unterkunft erreicht hatten, waren sie gerade so weit gekommen, das ganze Dorf wissen zu lassen, dass eine Stammesangehörige von ihnen gegangen war.

Mir wurde sehr schnell klar, dass wir in eine Kultur hineingeraten waren, die weit entfernt war von allem, was ich bisher kennen gelernt hatte.

Bei Tagesanbruch, kurz vor sechs Uhr am Morgen, kletterten wir in unser geliehenes Boot, um unsere 14-stündige Reise gegen die Strömung auf den Windungen des Momboyo-Flusses anzutreten. Wir würden vor acht Uhr abends unser Ziel, das Lager Imbonga, nicht erreichen. In der gleichen Zeit, in der wir diese schätzungsweise 130 Kilometer zurücklegten, hätte man lässig von San Franzisko nach Berlin fliegen können.

›Von-Baum-zu-Baum‹-Einsatz

Der Momboyo ist einer der hundert, wenn nicht tausend Flüsse, die sich durch die Regenwälder Zentralafrikas hindurchwinden. Als ich die Karte studierte, bemerkte ich etwas weiter nördlich den Namen eines anderen Flusses, den ich kannte: der Ebola. Die Erinnerung an diesen Namen weckte ein unangenehmes Gefühl in mir.

Als wir den Momboyo-Fluss hinuntertuckerten, schien mir der Wald wieder wie ein riesiger Teppich von grünen Gewächsen, zehn bis 20 Meter hoch, der bis ans Wasser reichte, als ob er unaufhörlich trinken müsste. Auf unserer ganzen 14-stündigen Fahrt sahen wir kein einziges weiteres Motorboot. Dagegen begegneten uns häufig Bantu-Neger in ihren kleinen Ein- oder Zweimannkanus. Man sah sie aus Nebenflüssen herauskommen oder auch darin verschwinden, die aus allen Richtungen in den Momboyo zu münden schienen.

Endlich kamen wir in Imbonga an, ein Lager, das noch entlegener war als Boteka. Von da aus sollten wir noch weiter in den Dschungel eindringen. Wieder fanden wir eine kleine Gruppe von belgischen Nonnen und einige afrikanische Priester, die sich um die Leute längs des Flusses kümmerten. Uns stand am nächsten Tag ein Weg von 32 Kilometern bevor, den wir zu Fuß oder möglicherweise auch mit dem Fahrrad bewältigen mussten, um noch tiefer in den Dschungel hineinzukommen.

Die Katholiken von Imbonga besaßen im Umkreis von 100 Kilometern das einzige Fahrzeug – einen alten, etwas aufpolierten Landrover. Aber nach einem Bericht, den wir Anfang der Woche von einem »Kanu-Kurier« erhalten hatten, würden wir den Wagen gar nicht benutzen können, weil zahlreiche Holzbrücken auf der schmalen Dschungelstraße morsch geworden und nicht mehr passierbar waren. Umso glücklicher waren wir, bei der Ankunft zu hören, dass zwei AJH-Mitarbeiter, die vor einigen Wochen von unserm Kommen Nachricht erhalten hatten, eine kleine Truppe von Bantu-Negern und Pygmäen zusammengetrommelt hatten, um die Brükken wieder instand zu setzen.

Dann stellten wir fest, dass die schmale Straße ein kaum vier Meter breiter Dschungeleinschnitt war, der sich über 32 Kilometer hinzog und 22 einzelne Holzbrücken umfasste, von denen jede über ein kleines Flüsschen oder einen unbedeutenden Wasserlauf führte. Jede Brücke bestand aus zehn bis 20 Baumstämmen. Oft musste unser Team (fünf Personen) aus dem alten Landrover herausklettern, weil die Hölzer nicht dick genug erschienen. Doch nur einmal passierte es, dass einer der Stämme nachgab. Glücklicherweise hatten wir eine Handwinde und eine lange Kette dabei, die unser Bantu-Führer an einem hohen Baum befestigte. Auf diese Weise waren wir in der Lage, unsern Landrover aus dem Loch wieder herauszuziehen und schließlich unser Ziel zu erreichen.

Auf unserer 32 Kilometer langen Fahrt von Imbonga zu der Pygmäensiedlung von Bosuka sahen wir zahlreiche Bantu-Dörfer – was in dieser Gegend nichts Ungewöhnliches ist. Dagegen waren Pygmäendörfer eher eine Ausnahme, da Pygmäen häufig Nomaden sind. Sie lassen sich selten nieder, um in konventionellen Hütten oder Ansiedlungen zu leben.

Das erinnerte mich an die Anfänge der AJH hier vor drei Jahren. Keine der ersten Nachrichten unserer Mitarbeiter hatte davon gesprochen, wie viele Häuser sie erreicht hatten, obwohl solche Statistiken in jedem Bericht zu finden sind, der aus dem Arbeitsfeld in unserer Zentrale eintrifft. Nur wenn wir die genaue Zahl von Häusern oder Wohnstätten wissen, die in einem Gebiet aufgesucht worden sind, können wir annähernd die Zahl der Menschen feststellen, die täglich mit dem Evangelium erreicht werden. (Der weltweite Durchschnitt beträgt 5,2 Personen pro Haus oder Wohnung.) Doch unser Bruder Diaf hatte nur die Zahl der Bekehrungen (und nachfolgenden Taufen) unter den Pygmäen weitergegeben. Wir baten ihn damals um einen vervollständigten Bericht, der Auskunft über die Häuser gab, die tatsächlich erreicht worden waren.

Diafs Antwort lautete, dass die Pygmäen in Bäumen, nicht in Häusern lebten.

Da ich mich an die alten Tarzanfilme erinnerte, in denen Einheimische in Baumhäusern lebten, schrieb ich zurück, dass auch eine Baumhütte ein Haus wäre, und dass Diaf bitte die Zahl der besuchten Baumhäuser angeben möchte.

Diaf schrieb erneut, dass wir ihn wohl nicht richtig verstanden hätten. Die Pygmäen lebten in den Bäumen weder in Häusern noch in Hütten. Sie lebten und schliefen in den Bäumen – manchmal auf dicken Laubschichten, manchmal unter Blättern und manchmal in vorübergehend hastig mit Palmwedeln zusammengesteckten Unterkünften, wenn ein Stamm in einen neuen Jagdgrund wechseln wollte. Gelegentlich banden sie sich sogar in einem Baum fest, so dass sie nicht schlafend herunterfielen und sich verletzten.

Dieser Bericht von Diaf endete mit einem Satz seines ungewöhnlichen afrikanischen Humors: »Bruder Dick, wir haben jetzt unsern ersten Einsatz ›Von Baum zu Baum‹ gestartet.« Dann hatte er unser langfristiges Ziel, in dem vom »Erreichen der letzten Wohnung auf der Welt mit dem Evangelium« die Rede ist, abgeändert, in dem er in großen Buchstaben auf seinen Bericht gedruckt hatte: *»Wir werden nicht eher aufhören, als bis wir den letzten Baum auf der Welt mit dem Evangelium erreicht haben!«*

Als der wackelige Landrover endlich in das Dorf Bosuka einrollte, wurde mir sofort bewusst, dass wir im Gebiet der Pygmäen waren. Der verbreiterte Weg wurde nun zur Straße, die voll war von gläubigen Pygmäen, die fröhlich mit Palmwedeln winkten und uns mit spezifischen Tänzen der Pygmäen begrüßten. Sie sangen ein sehr lebendiges Lied, das ich bald kennen lernte. Ihr Inhalt besagte immer wieder: Jesus ist Herr, und er kommt bald wieder!«

Die Siedlung mit dem Namen Bosuka bedeutet im Dialekt der Pygmäen »das Ende«. Hinter Bosuka liegt nur noch undurchdringlicher Urwald. Das Dorf Bosuka existierte vor relativ kurzer Zeit überhaupt noch nicht. Doch jetzt war ich hier, stand unter diesem ungewöhnlichen, nomadenhaft lebenden »Volk der Bäume« und sah mit meinen eigenen Augen, dass sie ein Dorf gegründet hatten mit einer Kirche als Zentrum. Das war ein christliches Phänomen, so wurde mir gesagt. Und es war die Folge davon, dass Tausende von Pygmäen in dieser Region ihr Leben Christus ausgeliefert hatten.

Eine halbe Armlänge

Die Arbeit war im Anfang langsam vorangegangen. Die beiden AJH-Mitarbeiter, die 14 Monate zuvor in diesen Teil des Urwaldes gekommen waren – nicht nur zu Besuch, sondern um hier zu leben – waren ein verheiratetes Paar, beide Bantu-Neger.

Doch solange man denken kann, haben die kleinen Pygmäen die größeren Bantu-Neger gefürchtet. Sie lernten zwar, mit ihnen Handel zu treiben, weil sie bestimmte Dinge brauchten, die es im tiefen Urwald nicht gab, Dinge wie Salz und Metall (das letztere für Werkzeuge und Waffen), aber viele Generationen lang brachten die Bantu die Pygmäen auch um und trieben sie immer tiefer in den Urwald hinein.

Pygmäen sind die kleinsten Menschen auf der Welt. Da ihnen die Hormone fehlen, die zum normalen Wachstum nötig wären, erreichen sie nur ein Maß von rund 135 Zentimetern. Pygmäen fühlen sich als Menschen zweiter Klasse – vielleicht wie Affen oder eine Menschengattung, die nur gerade oberhalb von Tieren anzusiedeln ist. Ihr Name ist von dem griechischen *pygme* abgeleitet, was soviel wie »halbe Armlänge« bedeutet.

Das Unterlegenheitsgefühl der Pygmäen machte es für die ersten Bantu-Evangelisten schwierig, das Evangelium darzubieten. Daher mussten sie ungewöhnlich kreativ sein und sich etwas einfallen lassen. Sie mussten z. B. zu einer Lichtung gehen, wo sie sicher waren, von den Pygmäen gesehen zu werden. Dort hinterließen sie eine Ladung Salz auf einem alten Baumstumpf oder an einer erhöhten Stelle. Dann zogen sie sich unter die Bäume zurück und warteten, ob die Pygmäen das Salz holen würden. Anfangs kamen sie nicht vor Einbruch der Nacht und legten Affenfleisch oder Fisch an Stelle des Salzes nieder.

Am folgenden Tag brachten die Bantu wieder Salz zu dem Baumstumpf oder in die Mitte der Lichtung. Diesmal zogen sie sich aber nicht wieder in den Schatten zurück, sondern blieben am Waldrand stehen, so dass die Pygmäen sehen konnten, dass sie noch da waren. Bald kamen die Pygmäen, wenn auch sehr vorsichtig. Doch das Salz wollten sie gar zu gerne haben. Dann griffen sie mit einem Ruck das kostbare Zeug auf, ließen wieder Affenfleisch und Fisch an seiner Stelle dort, und verschwanden eilig im Wald.

Die Christen kamen auch am dritten Tag, aber dieses Mal blieben sie nur wenige Schritte vom Salz entfernt stehen. Jetzt brauchte es noch viel mehr Mut für die Pygmäen, sich zu nähern. Da aber das Salz für sie lebensnotwendig ist, machte ein mutiger Erwachsener (gewöhnlich ist das ein junger Krieger) die ersten Schritte auf die Lichtung und auf das Salz zu. Daraufhin gingen die Bantu-Christen sehr langsam ebenfalls auf das Salz zu und versuchten dabei durch Zeichen deutlich zu machen, dass sie in friedlicher Absicht kamen.

Schließlich hatte einer der Pygmäen – manchmal waren es auch mehrere – genug Mut, um sich den bei dem Salz wartenden Christen zu nähern. Zu diesem Zeitpunkt begannen die Evangelisten – wenn notwendig durch Dolmetscher – den Pygmäen zu erzählen, dass sie in einem Geist der Liebe mit guten Nachrichten für ihr Volk kämen. Die Pygmäen hörten zu, schauten aber dabei niemals dem Sprechenden in die Augen. Sie waren zutiefst davon überzeugt, dass sie Untermenschen waren.

Diese ersten näheren Begegnungen dauerten gewöhnlich nur ein paar Minuten. Aber sie waren ungeheuer wichtig als vertrauensbildende Maßnahmen, die später längere Zusammenkünfte möglich machten. Doch versuchten die Christen auch in solchen ersten Augenblicken des Kontaktes die Gute Nachricht zu vermitteln. Sie wussten nicht, ob sich nochmal eine andere Gelegenheit bieten würde.

Manchmal brauchte es zwei oder drei solcher Begegnungen, bevor es ein erstes Anzeichen dafür gab, dass die Botschaft verstanden worden war. Wenn das aber der Fall war, dann war auch deutlich, dass im Herzen des Empfängers etwas vor sich ging. Meistens spielte sich der gleiche Verlauf dabei ab. Die Pygmäen waren bereit, das Gebet der Buße und Umkehr zu sprechen, schauten dem Christen aber immer noch nicht ins Auge. Dann fingen sie an zu weinen, manchmal völlig unkontrolliert. Und dann geschah etwas, das ein Mitarbeiter mir so beschrieb: »Ganz plötzlich heben sie mutig ihren Kopf, schauen einem ins Auge und lachen fröhlich auf. Dann wissen wir, dass wirklich etwas passiert ist: Die Pygmäen sind Jesus begegnet.«

Eine Kornelius-Bekehrung

Als unser Team in Bosuka ankam, stellten wir fest, dass in einer erstaunlich kurzen Zeit eine weit reichende Welle an Bekehrungen stattgefunden hatte. In unserm letzten Bericht vor sechs Monaten hieß es, dass etwa 1.200 Pygmäen im Gebiet von Bosuka sich zu Christus gewandt hätten. Aus Mangel an Rundfunksendern in diesem Dorf oder anderen Kommunikationsmitteln aus der Tiefe des Urwaldes heraus wussten wir nicht, dass diese Zahl bereits bedeutend überschritten worden war. Jetzt gab es 4.000 Gläubiggewordene in einem Stamm von wenig mehr als 6.000 Mitgliedern. Zwei Drittel von ihnen hatten Jesus gefunden.

Einer dieser besonders ins Auge fallenden neuen Christen – und einer der allerersten überhaupt – war Lendongo Botshemba, der 30-jährige Häuptling des Stammes, der uns bei der Ankunft wohlwollend begrüßte. Seine Bekehrung, so erzählte mir einer unserer Mitarbeiter, war wie die des Hauptmanns Kornelius in Apostelgeschichte 10 verlaufen.

Der junge Häuptling war im dichten Regenwald entlang des Momboyo-Flusses aufgewachsen. Er hatte Schlangen und Bäume verehrt und angebetet, wie es seine Eltern Bokimba und Bolanza vor ihm getan hatten. Die meisten seiner Stammesangehörigen (wenn nicht alle) wussten nicht, dass sie in einem Kontinent lebten, der Afrika genannt wurde oder in einem Land, das damals Zaire hieß. Und weder Lendongo noch seine Eltern hatten eine Ahnung davon, dass David Livingstone und andere Pioniermissionare bereits vor 150 Jahren nach Afrika gekommen waren, um die Gute Nachricht vom Sohn Gottes dort zu verbreiten.

Doch das Wunder des Evangeliums begann nun, diese Teile des Regenwaldes zu verwandeln. Lendongos ganze Familie hatte sich zu Christus gewandt – mehr als 40 Personen insgesamt. Und Gemeinden wurden gegründet, um diese neuen Gläubigen zu betreuen und zu unterstützen. Lendongo war verantwortlich für die Ansiedlung von wenigstens 18 weiteren christlichen Dörfern in diesem Gebiet. Alle waren rund um eine Kirche errichtet worden.

In einem angrenzenden Teil des äquatorialen Regenwaldes, von dem wir gehört hatten, dass dort vor drei Jahren durch AJH-Mitarbeiter 32 Gemeinden gegründet worden waren, vernahmen wir jetzt, dass noch erstaunliche 300 Gemeinden von Neubekehrten dazugekommen waren

Der »Von-Baum-zu-Baum«-Einsatz, der im Regenwald begonnen worden war, war der Ausgangspunkt für 15.000 Bekehrungen unter Pygmäen – innerhalb von drei Jahren.

Leider erfuhren wir auch, dass in einigen Teilen des Regenwaldes die vermuteten »Bekehrungen« nur kurzlebig zu sein schienen, oder die Menschen hatten nicht richtig begriffen, was Buße und Umkehr bedeutete. Manche Pygmäen waren falsch belehrt worden, dass nämlich der Besuch der Kirche den Menschen zum Gläubigen mache.

Um dem entgegenzuwirken, entwickelte Diaf ein Schulungsprogramm, um vollzeitliche verantwortliche Pygmäen-Christen auszubilden. Diese könnten dann ihrerseits für Tausende von Neubekehrten Glaubensgrundkurse durchführen. Anfangs umfasste dieses Schulungsprogramm drei Monate intensiven Studiums. Ein Monat sollte einer Gebetsschulung gewidmet sein, einer der Einübung in der Nachfolge und der dritte einem Training im Weitergeben des Evangeliums.

Der Kern dieses Planes bestand in dem, was Bruder Diaf »H-15« nannte. Das »H« kommt aus dem Französischen und bedeutet Homme = Mensch, und die »15« repräsentiert die Zahl von Personen, die eine gut geschulte Jüngerschaftsgruppe bilden. Diese Gruppe wird dann später in drei Kategorien aufgeteilt, zu je fünf Personen. Die erste Gruppe ist für intensives Beten zuständig, die zweite für die Weitergabe des Evangeliums und die dritte für Hilfsmittel und Unterstützung.

Jede Person in einer besonderen Kategorie hat einen Auftrag, der sich auf das übergreifende Gesamtziel der Gruppe bezieht. Das Team für Hilfsmittel und Unterstützung z. B. ist verantwortlich für das, was die Gruppe in die Lage versetzt, sich selbst zu versorgen. In solchen Gebieten wie im Regenwald müssen sie die Nahrung besorgen, um die gesamte Gruppe zu verpflegen. Die fünf, die für die Weitergabe der Guten Nachricht zuständig sind, arbeiten ununterbrochen missionarisch. Und die Mitglieder des Gebetsteams verbringen ihre meiste Zeit in intensivem, gezielten Gebet oder damit, andere zum Beten anzuregen und sie darin zu schulen. Natürlich arbeiten alle Teammitglieder mit den andern in ihren Anliegen zusammen.

Das Ergebnis war eine erstaunliche Vervielfältigung. Eine einzige H-15-Gruppe im Kongo entwickelte sich von 15 Mitgliedern zu einer Kirche von mehr als 2.000 Mitgliedern. Und das alles geschah in 24 Monaten. Bereits 450 Pygmäen erhielten eine Anfangsschulung, um selbst H-15-Gruppen zu bilden. Das Ziel heißt: 1.000 geschulte Pygmäen innerhalb von zwei Jahren, die eine verantwortliche Position übernehmen können.

Als ich von diesem Plan hörte und die Früchte von Bosuka sah, wusste ich, dass große Hoffnung besteht, dass der Missionsauftrag Jesu noch in unserer Generation seine Erfüllung finden kann. Und als meine Reise zu dem Volk der Bäume beendet war und wir auf unserm großen Boot den Momboya-Fluss zurückfuhren, ging mir ein Vers aus dem Buch des Propheten Jesaja nicht aus dem Sinn: »... das Land wird voll Erkenntnis des Herrn sein, wie Wasser das Meer bedeckt« (Jes 11,9).

Das geschieht heute – und das Ende ist näher, als wir denken!

Teil IV
Der Tag der Ernte

Endzeitliche Aspekte im Hinblick auf die Verkündigung des Evangeliums

Die bemerkenswerten Zeugnisse von Zeichen und Wundern, die sich in reichem Maß und auf erkennbare Weise vor unsern Augen vollziehen, lassen uns wachwerden. Dazu gehören die vielen Bekehrungen der Kwaios nach dem Tod von Häuptling Hari, und die der Pygmäen unter ihrem jungen, kriegerischen Anführer Lendongo. Doch das wirklich große Wunder im Bereich der Weltevangelisation kommt erst noch. Es ist die Antwort auf das Gebet, das Christus vor fast 2.000 Jahren betete: »... damit sie (seine Jünger) vollkommen eins seien und die Welt erkenne, dass du mich gesandt hast ...« (Joh 17,23).

Heute konzentriert sich gerade solch ein Geist der Einigkeit und Zusammenarbeit in Strategie und Vision auf die letzten Grenzen der Weltevangelisation – die bisher nicht erreichten und am wenigsten mit dem Evangelium bekannt gemachten Völker. Und es ist unbegreiflich, dass ganz normale Christen wie du und ich, wie deine Familie, dein Gebetskreis und deine gläubigen Freunde häufig zu sorglos sind, um an einem Strang zu ziehen und sich in ungewöhnlichem Einsatz zu engagieren. Dazu gehört aktives Miteinander, um die Aufgabe endlich erfüllt zu sehen – noch während unserer Lebenszeit.

All diese Menschen, die in ihren betenden, opferbereiten und freigebigen Händen das Schicksal der Welt halten, sind diejenigen, die die Ernte Christi einbringen. Und wie wir im letzten Teil dieses Buches sehen werden, sie kommen herbei, wenn Christi Missionsauftrag abgeschlossen ist.

17 Die Oikos-Agenda

Fast ein dreiviertel Jahrhundert galt als eins der beliebtesten christlichen Andachtsbücher: »Streams in the Desert« (Wasserströme in der Wüste) von Lettie Cowman. Doch viele, die diese einzigartige Sammlung von geistlichen Einsichten schätzen, wissen vermutlich nicht, wie das Buch zustande kam. In vielen langen Nächten, die eine aufopfernde Frau bei ihrem Gatten wachte, der einer Herzkrankheit erlag, entstand dieses Buch. Viele glauben, dass ihr Mann Charles sich die Krankheit zuzog durch seine leidenschafliche Sehnsucht danach, dazu beizutragen, dass wirklich jeder Mensch auf der Erde das Evangelium kennenlernen sollte.

Es fing damit an, dass der junge Charles eine viel versprechende Karriere bei der Western Union Telegraph Company aufgab. Er und seine Frau Lettie beschlossen, als Missionare nach Japan zu gehen. Die Cowmans verließen ihr Land am 1. Februar 1901. Es war eine lange und anstrengende Reise über den Pazifik auf dem Dampfschiff China Maru. Als sie in Japan ankamen, standen sie vor der nackten Tatsache, eine »heidnische« Nation mit dem Evangelium bekannt machen zu sollen. Lettie beschreibt diese Herausforderung in einem biografischen Bericht über die Berufungsgeschichte ihres Mannes:

> *»Während dieses ersten Monats sah Charles auf einmal die völlige Unmöglichkeit, das Land der aufgehenden Sonne von westlichen Gesellschaften allein missionieren zu können. Es musste durch engagierte japanische Christen geschehen.*

Charles Cowmans Überzeugung, dass Einheimische die Arbeit der Missionierung tun müssten, wird bestätigt durch die Ansicht J. Hudson Taylors, des Missionars von Yorkshire, der 1865 die China-Inland-Mission gründete. Cowman hat ihn oft zitiert:

> *Ich sehe ausländische Missionare lediglich als das Baugerüst um ein wachsendes Gebäude an. Je eher es überflüssig ist, desto besser –*

oder: je eher es an anderen Plätzen eingesetzt werden kann, damit es den gleichen vorübergehenden Dienst tut.

In diesen frühen Zeiten in Japan war der junge Charles schon davon überzeugt, dass die Erfüllung des Missionsauftrags bedeutete, dahin zu gehen, wo die Menschen lebten. Lettie Cowman beschreibt eine Erfahrung, die sie kurz nach ihrer Ankunft in Japan machten:

»Eines Tages bestiegen Charles und ich einen hohen Berg in der Nähe einer großen japanischen Stadt. Müde vom Steigen setzten wir uns nieder und schauten in Ruhe über das breite Tal hinweg. In jeder Richtung sah man eine Menge Dörfer – Hunderte, aber sie waren vom Evangelium nicht berührt. Wir blieben sitzen bis zum Einbruch der Dunkelheit. Es schien, als ob jemand zu uns sagte: ›Seht ihr diese Dörfer? Ich bin heute dort gewesen und habe die Menschen mit zerbrochenen Herzen gesehen, die müden Wanderer, die sich vor kalten Steinblöcken verbeugen und nach Frieden suchen.‹ ... Eine ganz leise Stimme flüsterte: ›Wollt ihr nicht in diese Dörfer hineingehen?‹«

Ein paar Wochen später kamen Charles und Lettie mit einer kleinen Gruppe von gerade gelandeten Missionaren zusammen. Es ging an dem Abend um das Studium der Sprache. Keiner durfte ein Wort Englisch sprechen. Zu einem bestimmten Zeitpunkt wandte sich ein junger Missionar, der auch gerade erst gekommen war, an Charles und fragte in gebrochenem Japanisch: »Bruder Cowman, haben die Dorfbewohner in Japan die Gelegenheit gehabt, das Evangelium zu hören? Wenn nicht, warum nicht?«

Diese Worte trafen nach Lettie Cowmans Aussage ihren Gatten wie ein Pfeil ins Herz. Die Sprachklasse verwandelte sich in eine Gebetszusammenkunft. Als um zehn Uhr abends die Gebetsgemeinschaft endete, kehrte Charles weinend in sein Zimmer zurück. So bedrückt hatte Lettie ihn noch nie gesehen. Um Mitternacht saß er noch in Tränen an seinem Schreibtisch. Lettie redete ihm zu, nun schlafen zu gehen.

»Ich kann nicht«, antwortete er unter Tränen. »Die Last ist zu groß.«

Als die Dämmerung heraufzog, war Charles noch ins Gebet vertieft. Doch er rief seiner Frau ein fröhliches »Guten Morgen!« zu, und sagte ihr, dass er in der Nacht eine Begegnung mit dem Herrn gehabt hätte. Gott hätte ihm einen Plan vorgelegt, nach dem jeder Mensch in Japan innerhalb von fünf Jahren die Gute Nachricht von Jesus hören könnte.

Die Bevölkerung Japans betrug um diese Zeit 58 Millionen. Diese Menschen lebten in ungefähr 10,3 Millionen Wohnungen. Charles schätzte die Druckkosten für christliche Traktate und Schriften auf 100.000 Dollar. Das war damals eine riesige Summe. Trotzdem plante er einen systematischen Einsatz. Er war davon überzeugt, dass zwei ausländische Missionare und zehn Japaner die Wohnungen einer ganzen Provinz in sechs Monaten aufsuchen könnten.

In einer Aufforderung an seine Brüder in der Missionsarbeit von 1912 erklärte Cowman den erkennbaren Mangel an missionarischem Fortschritt in Japan:

> *»Wir sind gerade erst an den äußeren Grenzen entlanggegangen. 80 Prozent der Bevölkerung haben noch kein einziges Wort vom Evangelium gehört – nach 60-jährigen Bemühungen. Wir brauchen nicht auf Beratungen, Konferenzen und Komitees zu warten. Es geht darum, anzupacken und das Werk zu tun. Dies ist Gottes Zeitpunkt. Wir müssen handeln, als ob wir die einzigen wären, die an der Arbeit sind. Und wir dürfen nicht länger warten. Warum sollen wir nicht in dieser Zeit der großen Wirtschaftsunternehmen das Werk des Königs betreiben als eine Sache, die Eile hat, und jeden treuen Nachfolger dazu aufrufen?«*

Als der »Every Creature Crusade« begann (der Vorläufer von AJH), schrieb Charles begeistert an seine Freunde zu Hause:

> *»Der große Einsatz in den Dörfern hat begonnen. Und er ist Gegenstand mancher Kommentare in missionarischen Kreisen. Es wurde auch sehr schnell im Ausland bekannt, dass das ›Orient-Missionswerk‹, eine Glaubensmission ohne sicheres Kapital und einflussreiche Missionskomitees in der Heimat, eine Mission, die*

auf keinen Fall Schulden zu machen bereit war, selbst wenn die Lage ganz schlimm werden sollte – sich jetzt verpflichtet hatte, das Evangelium in 10,3 Millionen Häuser in Japan hineinzubringen.«

Der große Einsatz wurde gewagt mit nur fünf Dollar in der Kasse der Missionsgesellschaft, die Cowman gegründet hatte, aber in dem Glauben, dass es so Gottes Wille war.

Die erste Verteilaktion mit Schriften begann 1913 in Tokio, wo drei Millionen Häuser besucht wurden. Dann wurden Mitarbeiter aufs Land geschickt. Nach vier Monaten war die erste Provinz, in der mehr als eine Million Menschen lebte, mit einer gedruckten Nachricht von Jesus erreicht worden. 900 Japaner hatten ihre Götter beiseite geschoben und ihr Leben an Christus ausgeliefert.

Am 19. Januar 1918 war auf der ersten Seite der Zeitschrift »Orient Missionary Standard« das Wort »Halleluja« in zollgroßen Buchstaben zu lesen. Der Einsatz in den japanischen Dörfern war beendet. Der Artikel besagte:

»Wenn diese Nachricht unsere Leser zu Hause erreicht, ist das große Werk, das Evangelium in Japan in jedes Haus zu bringen, vollendet. Ruft mit uns den Sieg aus und gebt alle Ehre dem Herrn! 60 Millionen Japaner haben das Evangelium in ihre Wohnung gebracht bekommen. Das Land wartet auf die Berührung durch inbrünstiges Gebet, damit es in Flammen gesetzt wird und eine große Erweckung ausbricht. Lasst uns einfallen mit unseren Stimmen und Gebeten zu Gott und dem gläubigen Ruf: ›Auf nach Korea!‹«

Charles Cowman lebte danach nur noch sechs Jahre, meist mit Schmerzen. Doch seine Leidenschaft, die Menschen da zu erreichen, wo sie lebten, in ihren *»Oikos«* (das griechische Wort für Haus), verließ ihn niemals.

Nach seinem Tod versuchte Lettie Cowman die Vision der Oriental Missionary Society fortzusetzen. Allerdings konzentrierte sich die Arbeit mehr darauf, Einheimische für die christliche Arbeit zu schulen, weniger für die systematische »Aktion: In jedes Haus«.

Eine friedliche Teilung der beiden Zweige erfolgte einige Jahre später. Frau Cowman begann ein neues Werk, den »World Gospel Crusade«, der sich mehr als ein halbes Jahrhundert später mit einer Bibelgesellschaft verband.

Doch Gott war noch nicht zu Ende gekommen mit Charles Cowmans *»Oikos«*-Vision und ließ sie 1946 im Herzen eines jungen kanadischen Rundfunkpfarrers mit Namen Jack McAlister neu Wurzeln schlagen. Es war eindeutig Gottes Plan gewesen, und er war nicht bereit, ihn fallen zu lassen.

Die Voraussetzung für die ›Oikos‹-Arbeit

Meine Absicht beim Schreiben dieses Buches war nicht nur, historisch festzuhalten, dass es möglich ist, das Evangelium zu jedem einzelnen Menschen auf der Erde zu bringen (zu seinem *oikos*), sondern dass sein größter Triumph noch vor uns liegt. Was die Cowmans Anfang dieses Jahrhunderts begannen, und was Jack McAlister in den frühen 50er Jahren entwickelte (die Geschichte von Kapitel 3), gibt einen letzten Anschub für die weltweite Evangeliumsverkündigung. Dieser Anstoß, wenn er verbunden ist mit vielen anderen evangelistischen Strategien und abgedeckt durch intensives zielgerichtetes Gebet, könnte dazu führen, dass tatsächlich noch in unserer Generation das Evangelium in der ganzen Welt bekannt wird.

Unter diesem Gesichtspunkt wird mir eine grundsätzliche Voraussetzung bewusst: Der Missionsauftrag Jesu kann nicht nachweislich erfüllt werden, solange die Kirche nicht mit der Guten Nachricht unmittelbar dorthin geht, wo die Menschen leben. Punkt, Absatz! Jede andere Strategie, die großen Massen der Bevölkerung zu erreichen – einerlei wie frappierend die Ergebnisse im Einzelnen erscheinen mögen – muss darein einmünden, dass man dahin geht, wo die Menschen leben, wenn sie einen geeigneten Zugang zur Guten Nachricht bekommen sollen. Ein anderer Weg ist technisch gar nicht nachprüfbar.

Wir haben schon oft gehört, dass es in dem weltweiten Kampf um Menschenseelen – Männer, Frauen und Kinder – ähnlich zugeht wie auf militärischer Ebene: Es gibt Luftangriffe, Attacken vom Meer her und den Einsatz von Bodentruppen, um den Feind zu besiegen. Manche meinen, die »Luftangriffe« vollzögen sich heute durch die Nutzung von Fernsehen und Rundfunk, die die Gute Nachricht in Gebiete ausstrahlen, wo sie noch nie gehört wurde. Die Attacken vom Meer her könnten symbolisiert sein durch die missionarischen Bemühungen in allen Teilen des Weltmeeres und auf den entlegensten Inseln der Ozeane. Die Bodentruppen könnte man mit Evangelisten, Missionaren und Gemeindegründern vergleichen, die Massenevangelisationen durchführen und die Neubekehrten in christlichen Gruppen zusammenfassen. Wie ihre militärischen »Vorbilder« erobern sie hier einen Hügel und da eine Festung.

Doch ein Aspekt in diesem Vergleich hinkt, wenn man ihn anwenden will. Die Absicht bei einem militärischen Kampf ist die Vernichtung und Unterwerfung des Feindes und nicht das Herauslösen jeder einzelnen feindlichen Einheit, während das Ziel einer »geistlichen Kriegführung« darin besteht, ein ganzes Land zur Nachfolge Jesu zu rufen – ein Ziel, das viel umfassender ist. Wir sollen den Kontakt mit jedem einzelnen Menschen aufnehmen. Die Menschen sind aber nicht unsere Feinde, sondern der Satan, der die Menschen beherrscht. Und die Kraft, sie zu erlösen, ist das Evangelium.

Obwohl nun die geistlichen Angriffe, die sozusagen »durch die Luft« erfolgen, und alle anderen Aspekte des geistlichen Kampfes um Menschenseelen eine nachdrückliche Wirkung haben, brauchen wir doch für diese Auseinandersetzung letztlich so etwas wie »die Fußsoldaten«, die buchstäblich zu jedem Menschen hingehen, der auf andere Weise noch nicht erreicht worden ist. Und weil es keinen anderen Weg gibt, auf dem man sichergehen könnte, dass jedem Menschen der Zugang zum Evangelium möglich gemacht worden ist, deshalb gehen wir wenigstens einmal dorthin, wo die Menschen leben. Der unmittelbare Kontakt zum »oikos« ist wesentlich.

In den ersten Jahren des 20. Jahrhunderts verlieh ein begabter amerikanischer Bibelschullehrer, S. D. Gordon, seiner Ansicht Ausdruck, wie man die Welt in einer einzigen Generation mit dem Evangelium bekanntmachen könnte. Den nachstehenden Artikel schrieb er im Jahr 1908, weniger als ein Jahrzehnt nach einem ehrgeizigen

Versuch missionsbegeisterter christlicher Führer, die Kirche dazu aufzurufen, die ganze Welt bis zum Jahr 1900 zu missionieren. Die Gruppe erreichte ihr Ziel bei weitem nicht, teilweise deshalb, weil keiner daran dachte, einen solchen Einsatz zu organisieren, wie den, den Gordon beschrieb:

> *»Das große Anliegen besteht darin, Jesus der ganzen Menschheit bekannt zu machen. Das ist der Plan. Es ist ein ganz einfacher Plan. Menschen, die verändert worden sind, sollen Weltveränderer sein. Sonst kann es keiner sein. Der warme Enthusiasmus dankbarer Liebe muss in den Herzen brennen und alles andere im Leben antreiben. Und dann muss es eine einfache, aber intensive Organisation geben.*
>
> *Der Einsatz sollte so gründlich vorgeplant sein wie ein Wahlkampf. Der Plan dazu ist wirklich fantastisch im Hinblick auf Gegenstand und Reichweite. Es geht darum, die Menschen schnell zu beeinflussen bis zum Punkt entscheidenden Handelns – die individuelle Meinung von Millionen, die über viele Tausende von Quadratkilometern verstreut leben. Und es geht darum, das angesichts einer starken Opposition zu tun. Das ganze Land wird geografisch erfasst und sowohl in den Umrissen als in kleinsten Details organisiert.*
>
> *Starke, intelligente Männer widmen sich dieser Aufgabe mit ganzer Hingabe und spenden einige zehn Millionen Dollar in wenigen Monaten. Und dann, vier Jahre später, machen sie das gleiche mit derselben Begeisterung wieder. Wir brauchen ein ebenso gründliches Organisieren, einen ebenso aggressiven Enthusiasmus und eine ebenso intelligente Planung für diese größte Aufgabe, die unser Meister uns in die Hände gelegt hat.«*

Die Verheißung des Oikos

Wenn der Leib Christi hinausgeht, um der Welt das Evangelium zu verkündigen – »oikos« um »oikos«, wie S. D. Gordon sagt – werden wir bald erkennen, dass die Strategie »von Haus zu Haus« wesentlich ist, um schließlich die Szene rund um den himmlischen Thron zu erleben, die der Apostel Johannes beschreibt:

> *»Danach sah ich, und siehe, eine große Schar, die niemand zählen konnte, aus allen Nationen und Stämmen und Völkern und Sprachen; die standen vor dem Thron und vor dem Lamm.« (Offb 7,9)*

Achten wir auf das Lied, mit dem die vier himmlischen Gestalten und die 24 Ältesten (vielleicht Engelwesen, s. Kapitel 14) Jesus Christus, das Lamm anbeten und preisen:

> *»Du bist würdig, zu nehmen das Buch und aufzutun seine Siegel; denn du bist geschlachtet und hast mit deinem Blut Menschen für Gott erkauft aus allen Stämmen und Sprachen und Völkern und Nationen.« (Offb 5,9)*

Achten Sie auf den Rahmen der Verheißung in diesem Lied. Vier verschiedene Kategorien der Erlösten sind da eingeschlossen.

Aus allen Stämmen

Diese wunderbare Prophetie spricht von der Menschheit als erkauft »aus jedem Stamm«. »Stamm« kommt von dem Griechischen *phylä*, das übersetzt wird mit »Verwandte«. Meistens wird *phylä* benutzt, um Volksgruppen oder Stämme zu beschreiben, wie z. B. »der Stamm Ruben« oder »der Stamm Juda«. Ein Stamm ist nicht eine ganze Nation, sondern eine kleinere Gruppe innerhalb einer Nation. Es kann sich auf kulturelle Merkmale beziehen – soziales Verhalten, oder künstlerisches Schaffen oder religiöse Ausprägungen oder Institutionen – bestimmte Gruppen innerhalb einer Nation.

Die meisten ethnischen Gruppen innerhalb einer Nation haben klar definierte Verhaltensweisen oder religiöse Ausprägungen, die sich ganz wesentlich von dem Glauben der Nation als Ganzes unterscheiden. Einerlei, wie wir das Wort Stamm definieren, wir wissen, die Prophezeiung, dass Menschen »aus jedem Stamm« erkauft worden sind, schließt eine jede solcher Gruppen ein.

Aus allen Sprachen

Zweitens singt das neue Lied, das im Himmel gesungen wird, von den Erlösten »aus allen Sprachen«. Das griechische Wort, das dort für Sprache benutzt wird, ist *glossa*, womit jede Sprache und jeder Dialekt auf der ganzen Welt gemeint sein kann.

Es mag Zehntausende davon weltweit geben. (Allein Indien hat schätzungsweise 600 Sprachen und Dialekte aufzuweisen.) Es wird geschätzt, dass etwa 3.000 Sprachen und Dialekte noch nicht schriftlich erfasst sind.

Doch nach der Heiligen Schrift wird die große Menge der Erlösten bei dieser letzten und höchsten Anbetungsszene im Himmel jede Sprachgruppe des irdischen Bereichs umfassen. Das bedeutet aber auch, dass das Evangelium in irgendeiner Form all diesen Menschen zugänglich gemacht werden muss.

Aus allen Völkern

Drittens spricht die wunderbare Prophezeiung aus Offenbarung 5,9 von »allen Völkern«, die vor dem Thron dargestellt werden sollen. Das griechische Wort für Völker heißt *laos*, das 143-mal im Neuen Testament erscheint und sich auf menschliche Rassen und Geschlechter bezieht. Die Betonung liegt hier auf »jede Kategorie oder Rasse« von Menschen.

Die Tatsache, dass »das Lied der Erlösten« verschiedene ähnliche Kategorien nennt, ist kein Zufall. Gott will uns damit deutlich machen lassen, dass der Rahmen für die Erfüllung des Missionsbefehls ein umfassender ist. Jede Rasse und Gruppe wird dazugehören.

Aus allen Nationen

Es gibt noch eine letzte Kategorie. Wir hören, dass die Erlösten aus »allen Nationen« kommen. Das griechische Wort für Nation ist *ethnos* (wir sprachen bereits darüber im Zusammenhang von Mt 24,14 in Kapitel 1). Es erscheint 164-mal im neuen Testament und ist meist mit »Heiden« übersetzt. Im Allgemeinen bezieht es sich auf Völker außerhalb der Menschen mit jüdischer Abstammung.

Damit ist klar, dass keine einzige Volksgruppe oder Sippe vor dem Thron fehlen wird. Das besagt, dass die Bemühungen, vom Evangelium kaum berührte Volksgruppen zu finden und aufzusuchen und diesen dann das Evangelium zu bringen, letztlich auch erfolgreich sein werden.

Doch zuerst wollen wir uns die Herausforderung näher ansehen. Und als Ausgangspunkt wollen wir auf einen alten biblischen Brauch zurückgreifen, der in Josuas Tagen eingeführt wurde.

Die Oikos-Methode

Das »Joshua-2000-Project«, das angeführt wird von Luis Bush, ist ein Hauptbrennpunkt der »A. D. 2000-Bewegung« für die Jahre, die ins 21. Jahrhundert hineinführen. Der umfassende Plan konzentriert sich vor allem darauf, wie man sicher sein kann, dass nicht nur alle früher unerreichten oder kaum mit dem Evangelium in Berührung gekommenen Volksgruppen Zugang dazu erhalten, sondern dass Multiplikatoren (Gemeinden) innerhalb jeder Gruppe angesiedelt werden. Um dieses Ziel zu erreichen, muss ein Vorgang eingeleitet werden, um diese Menschen einzuschätzen und schließlich für Jesus zu gewinnen.

Ein wirksames Beispiel für einen solchen Vorgang finden wir in der Art und Weise, wie Mose von neuem Land Besitz ergreifen ließ, das Gott ihnen verheißen hatte. Das Verfahren wurde deutlich, als Gott Mose instruierte, »Sende Männer aus, die das Land Kanaan erkunden, das ich den Israeliten geben will« (4. Mose 13,2). Dann sagte Gott Mose ganz genau, wo er diese Kundschafter (oder Spione) finden sollte: »... aus jedem Stamm ihrer Väter je einen Mann, lauter Älteste«. Die Kundschafter sollten Führer aus jedem Stamm des Volkes sein.

Dieser Analogie wollen wir folgen, wenn wir uns Gedanken machen über die Untersuchungen, die dem Durchdringen kaum missionierter Völker mit dem Evangelium vorausgehen müssen. Würde es nicht Gott gefallen, dass diese »Stämme oder Gruppen«, die einmal zum Leib Christi gehören werden, auch einbezogen werden sollen auf der Ebene von Führungsaufgaben?

Als diese Kundschafter oder Spione schließlich ausgewählt waren, gab Mose ihnen noch besondere Instruktionen: »Zieht *da* hinauf ... « (V. 17). Der Patriarch wollte damit sagen, dass Gott einen besonderen Plan und Weg für das Sammeln von Informationen hatte, was schließlich zum Sieg führen würde.

Der biblische Plan fährt fort mit den Ermahnungen des Mose:

> *»... und seht euch das Land an, wie es ist, und das Volk, das darin wohnt, ob's stark oder schwach, wenig oder viel ist; und was es für ein Land ist, darin sie wohnen, ob's gut oder schlecht ist; und was es für Städte sind, in denen sie wohnen, ob sie in Zeltdörfern oder festen Städten wohnen; und wie der Boden ist, ob fett oder mager, und ob Bäume da sind oder nicht. Seid mutig und bringt mit von den Früchten des Landes. (Es war aber eben um die Zeit der ersten Weintrauben.) (4. Mose 13,18-20).*

Wenn wir von diesem Text Parallelen ziehen wollen, entdecken wir acht verschiedene Anwendungsmöglichkeiten für die systematische und buchstäbliche Annäherung an jeden *oikos* dieser kaum missionierten Völker, um ihnen das Evangelium zu bringen.

Als erstes *müssen wir das Land beobachten.*

Mose wies die Spione an, (man könnte sie mit den Leuten von heute vergleichen, die die Voruntersuchungen anstellen sollen), »sich das Land anzusehen«. Auf unsere Situation und Zeit angewandt würde das heißen, sich einen allgemeinen Überblick über die Herausforderung zu verschaffen, die auf uns wartet. Dazu könnte auch gehören, die geografischen Voraussetzungen zu beachten, wenn man geistliche Siege in einem bestimmten Land anstrebt.

Die Bedeutung dieses ersten Schrittes ging uns auf, als wir in der Zentrale von AJH den Plan entwickelten, jeden der zahlreichen Pygmäenstämme zu erreichen, die über den Regenwald Afrikas zerstreut lebten. Die Beobachtung des Landes und der Umstände machten uns sehr schnell deutlich, dass es aus logistischen Gründen unmöglich war, diese Menschen im konventionellen Sinn in jedem Haus zu erreichen – daher die Aktion »von Baum zu Baum«. Ähnlich war es bei einigen Stämmen im Südpazifik, wo »AJH-Kundschafter« feststellten, dass sie in Höhlen lebten. So musste eben eine Höhle nach der anderen aufgesucht werden.

Zweitens *müssen wir die Menschen beobachten.*

Mose befahl seinen Leuten: » ... seht euch das Land an ... und das Volk, das darin wohnt, ob's stark oder schwach ... ist.« In militärischer Hinsicht ist das die Einschätzung der Stärke eines Volkes, um einem Angriff zu widerstehen. In geistlicher Hinsicht heißt das etwas anderes: Was ist das für ein Volk? Welches sind seine kulturellen Merkmale? Und inwieweit könnte unsere Kenntnis dieser Faktoren uns hilfreich sein, um ihnen das Evangelium zu bringen?

Drittens *müssen wir die zahlenmäßigen Verhältnisse beachten.*

Mose sagte allen Kundschaftern, sie sollten feststellen, ob die Bewohner »wenige oder viel« seien. Die Zahlenverhältnisse sind wesentlich bei der weltweiten Evangelisation, wenn das Ziel heißt, »alle und jeden« zu erreichen. Genau zu wissen, wo die Menschen leben und genau zu wissen, wie viele es sind – diese Information ist wesentlich, wenn wir buchstäblich alle Menschen einer Volksgruppe oder Nation mit dem Evangelium erreichen wollen.

Viertens: *Wir müssen die Bedingungen beachten.*

Mose fährt in seinen Anweisungen fort: » ... und was es für ein Land ist, darin sie wohnen, ob's gut oder schlecht ist.« Zweifellos wollte Mose wissen, ob das Land geeignet war für den Anbau von Getreide. In Analogie dazu könnten wir vielleicht fragen, wenn es um die Missionierung entlegener Gebiete geht: Wie sieht die moralische und geistliche Situation unter diesen Menschen aus? Wie sieht es in ihren Herzen aus? Machen ihre Wertvorstellungen und Verhaltensweisen sie mehr oder weniger geneigt, sich dem Evangelium zu öffnen? Und wie könnte das die Art und Weise beeinflussen, in der die Botschaft von der Erlösung geschrieben oder berichtet wird, mit der man bei dem systematischen »Von-Haus-zu-Haus«-Einsatz mit den Menschen kommunizieren will?

Fünftens: *wir müssen den Gegner im Auge behalten.*

Mose befahl den Kundschaftern, festzustellen: »... was es für Städte sind, in denen sie wohnen, ob sie in Zeltdörfern oder festen Städten wohnen.« In einer andern Übersetzung heißt es: »Wie sind die Städte beschaffen, in denen sie leben? Sind sie mit Mauern umgeben oder sonstwie befestigt?« Geistlich gesprochen sind es die Bollwerke des Feindes, die die Bewohner eines Landes davon abhalten, die Gute Nachricht zu empfangen oder darauf zu reagieren. Diese »Bollwerke« müssen für gezieltes Gebet klar erkannt und beschrieben werden, wenn wir bei der Verbreitung des Evangeliums Erfolg haben wollen.

Sechstens: *Wir müssen die Bedürfnisse der Leute kennen.*

Mose wies seine Kundschafter an, festzustellen, »wie der Boden ist, ob fett oder mager«. In einer andern Übersetzung heißt es: »Seht ... ob das Land reich oder arm ist.« Ist das Gebiet, in das wir mit dem Evangelium gehen wollen, ein reiches oder ein armes Land? Brauchen seine Bewohner auch praktische humanitäre Hilfe außer unsern Bemühungen für systematische Evangelisation und Gemeindegründungen?

Siebtens: *Wir müssen die Ressourcen eines Landes beachten.*

Mose sagte den Kundschaftern: »... seht ... ob Bäume da sind oder nicht ...« Sie sollten feststellen, ob die Möglichkeit einer Besiedelung aufgrund der örtlichen Gegebenheiten vorhanden wäre, ohne dass man von außen das Notwendige mitbringen müsste.

Noch einmal wollen wir das Konzept auf die Missionierung kaum erreichter Volksgruppen anwenden. Hat das Evangelium in einer solchen Gruppe einmal Fuß gefasst – kann dann eine einheimische Gruppe (wenn einmal ein kleiner Prozentsatz sich bekehrt hat) die weitere Missionierung selbstständig unterstützen und durchhalten ohne oder mit nur wenig Hilfe von außen? Das ist schließlich das eigentliche Ziel Gottes.

Und schließlich müssen wir noch die sich ergebenden Gelegenheiten ausnutzen. Selbst am Anfang der Untersuchungen muss die tatsächliche Evangelisation schon beginnen. Mose gebot den Kundschaftern: »... bringt mit von den Früchten des Landes.« Der alte Prophet wollte schon Früchte sehen, bevor der eigentliche Kampf begonnen hatte.

Leider wird oft zu viel Betonung auf die Untersuchungen der vom Evangelium kaum erreichten Menschen gelegt und dabei die wirkliche Arbeit vernachlässigt. Manche der mit den Untersuchungen befassten Leute scheinen so fasziniert von den Zahlen und Statistiken zu sein, dass sie das Hauptziel darüber vergessen: Menschen für Jesus zu gewinnen. Ganz sicher möchten wir, wenn wir vor dem Thron des Herrn stehen, ihm Seelen vorstellen, nicht Aktenordner mit gut gemeinten, aber völlig unproduktiven Untersuchungen. Mose legte seinen Kundschaftern ans Herz, ihm nicht nur ihre Beobachtungen, sondern auch die Früchte mitzubringen.

Der ›Oikos‹-Prospekt

Heute gibt es einen einfachen Plan, das oben angeführte biblische Beispiel in eine allgemein gültige Strategie einzufügen, womit nicht nur der Status der evangelistischen Arbeit unter den verbleibenden kaum erreichten Volksgruppen der Welt klargestellt wäre, sondern auch die Absicht, sie gerade dort zu erreichen, wo sie leben. Dieser Plan hat zwei unterschiedliche Zielgruppen: erstens geht es um Nationen, die als Ganzes gar keine oder nur unwesentliche evangelistische Aktivitäten erlebt haben aufgrund politischer, soziologischer oder auch religiöser Hindernisse. Zweitens geht es um einzelne Volksgruppen (oft innerhalb der zuerst genannten Nationen), die noch kaum Berührung mit dem Evangelium gehabt haben.

AJH-International arbeitet weltweit mit dem »Leib Christi« zusammen, um vor Ort »Kundschafter«-Teams (wie diejenigen, die Mose aussandte, um das Land auszukundschaften) unter diese beiden Gruppen auszusenden. Gebets- und Fürbitte-Gruppen werden entweder den evangelistischen Teams vorausgehen (um die Bollwerke des Feindes zu erkennen und im Gebet zu zerstören, wie auf den Salomonen-Inseln), oder sie werden in manchen Fällen auch Hand in Hand mit den Verteilerteams arbeiten. Danach werden die Mitarbeiter systematisch jede Hütte, jedes Haus, jeden Baum oder jede Höhle innerhalb dieser Volksgruppe oder Nation aufsuchen und ganz persönlich das Evangelium anbieten.

Diese »Aktion *Oikos*«, wird schon in mindestens 600 von schätzungsweise 1.739 kaum missionierten Volksgruppen der Welt umgesetzt. Währenddessen gehen aber die Bemühungen in vielen andern Nationen weiter, in denen es praktisch keine vom Evangelium unberührte Gruppen gibt, die aber doch das systematische Ausbreiten der Guten Nachricht nötig haben.

Das letzte Ziel der »Aktion *Oikos*« ist es, innerhalb von fünf Jahren wenigstens eine Milliarde dieser bisher unerreichten Menschen aufzusuchen und gleichzeitig Gemeinden von Multiplikatoren (von mindestens 200 Gläubigen in einer solchen Volksgruppe) für alle 1.739 Gruppen zu gründen.

Da sich die meisten kaum evangelisierten Völker innerhalb der geografischen Grenzen befinden, die führende Missiologen zunehmend als »10/40-Fenster« bezeichnen (den Bereich vom zehnten bis 40. Breitengrad nördlich vom Äquator), und weil viele Hunderte von Millionen außerhalb dieser Grenzen leben, die die klare Verkündigung des Evangeliums auch nötig haben, beschloss »Aktion *oikos*«, jede Familie in jeder Nation zu besuchen, in der kein bekannter systematischer Plan zur flächendeckenden Verkündigung jemals vollends durchgeführt worden ist.

Jede Familie in einer Nation zu erreichen – eine Nation wie Ägypten mit schätzungsweise 12.664.740 Wohnungen oder wie Mali mit etwa 1.902.118 Familien – bedeutet natürlich, dass jede bisher unerreichte Gruppe innerhalb dieser Nation auch mit dem Evangelium bekannt gemacht wird. Erreicht man eine Nation buchstäblich auf diese Weise mit dem gedruckten Evangelium, dann hat man alle ihre einzelnen Gruppen auch erreicht. So einfach ist es wirklich.

Kann es in die Tat umgesetzt werden?

Aber kann dies wirklich klappen, die ganze Welt buchstäblich, Haus für Haus, in unserer Generation zu erreichen? Einige verantwortliche Christen werfen leider mit ihren pessimistischen Kommentaren ein negatives Licht auf diesen Plan und unterstützen deshalb auch die nicht, die sich dieser Aufgabe verschrieben haben.

Ich dachte neulich beim Lesen des Wortes Gottes über diese traurige Tatsache nach. Dann fiel mir eine interessante Aufzählung von führenden Israeliten aus der alten Geschichte des Volkes auf. Erinnern Sie sich an diese Namen?

Da waren Gëuël, Sohn des Machis, und Nachbi, der Sohn Wofsis. Dann war da ein angesehener Mann namens Setur, und ein anderer namens Ammiël. Diese Liste der bedeutenden Führer schloss auch noch Gaddi, Palti, Jigal und Schafat sowie Schammua und Gaddiël ein. Jeder von ihnen war sozusagen »handverlesen« und stand für einen der berühmtesten militärischen Einsätze im Alten Testament. Sie waren immerhin so prominent, dass ihre Namen in den Heiligen Schriften festgehalten wurden.

Es würde allerdings nicht überraschen, wenn diese Namen in Vergessenheit geraten wären, obwohl zu dieser Zeit jeder Einzelne von ihnen so etwas wie ein General war. Es muss eine Ehre für jeden dieser Auserwählten gewesen sein, da es schließlich 600.000 Männer in Israel gab, von denen nur diese zwölf ausgesucht wurden.

Doch die oben angeführte Liste enthält nur zehn Namen. Zwei weitere habe ich mit Absicht weggelassen: Josua und Kaleb. Die Bibel sagt über diese Liste: »Das sind die Namen der Männer, die Mose aussandte, um das Land zu erkunden« (4. Mose 13,16).

Leider war die Mehrheit der zwölf Kundschafter, 90 Prozent, davon überzeugt, dass die Sache letztlich keinen Erfolg haben würde, obwohl Gott es ihnen schon zugesagt hatte, dass sie das Land besitzen sollten. Diese Männer waren das, was wir heute als notorische »Neinsager« bezeichnen würden.

Sie berichteten, dass in dem Land Milch und Honig floss, natürlich, und brachten Mose sogar Früchte des Landes mit (s. 4. Mose 13,26-27). Aber dann fügten sie diese negative Bewertung dazu: »Aber stark ist das Volk, das darin wohnt, und die Städte sind befestigt und sehr groß; und wir sahen dort auch Enaks Söhne« (V. 28).

Kaleb sprach dann nicht nur für sich, sondern auch für Josua. Er versuchte, das Volk zu beruhigen und erklärte: »Lasst uns hinaufziehen und das Land einnehmen, denn wir können es überwältigen« (V. 30).

Leider überstimmte ihn die Mehrheit: »Wir vermögen nicht, hinaufzuziehen gegen dies Volk, denn sie sind uns zu stark« (V. 31).

Die Mehrheit kam durch, und die Geschichte hat gezeigt, wie Gott darauf geantwortet hat. Er schloss die ganze Generation davon aus, ins Land der Verheißung hineinzukommen – alle, außer den beiden, die davon überzeugt waren, dass es möglich gewesen wäre. 40 Jahre später kamen von den ursprünglichen Zwölf dieser Generation, die dem negativen Bericht geglaubt hatte, nur Josua und Kaleb dahin, die Erfüllung der Verheißung zu erleben. Eine ganze Generation ging an der Möglichkeit der Erfüllung, nach Gottes Versprechen das Land zu besitzen, vorbei, nur weil sie sich einig waren, dass das unmöglich war.

Die Erfüllung der Aufgabe, den Missionsbefehl Jesu in unserer Generation zu vollenden, ist für eine mutige, betende Kirche möglich. Doch wir müssen wie Josua und Kaleb dafür unsere Stimme abgeben – zuerst durch unsere Gebete, dann auch durch unsere Spenden und schließlich mit unserm persönlichen Einsatz. Wir müssen davon überzeugt sein, dass es Gottes Plan ist, buchstäblich jede Wohnstätte von Menschen mit der Guten Nachricht von Jesus zu versorgen, und dass es möglich ist, wenn wir uns nur mutig und systematisch an die Erfüllung der Aufgabe machen.

Die Praktiker von heute

Don White und Ralph Barris empfanden den Auftrag Gottes, unter den Eskimos von Alaska zu missionieren. Sie starteten eine der ersten Aktionen von AJH in Alaska. Das war Mitte der 50er Jahre. Dieses Unternehmen brachte einen starken Beweis dafür, dass es möglich ist, in einer weltentlegenen und schwer zugänglichen Gegend jede Wohnstätte buchstäblich und systematisch mit dem Evangelium zu erreichen. Ihr Mut und ihre Ausdauer, die Gute Nachricht in die vielen Dörfer entlang des mächtigen Yukon-Flusses zu bringen und noch weiter zu den im Innern Alaskas verstreuten Dörfern, hat dann vier Jahrzehnte lang andern Menschen Mut gemacht, dass es keine unerreichte Volksgruppe gibt, die außerhalb der Aktionsmöglichkeit von entschlossenen »Josuas« und »Kalebs« liegt.

Don White hatte im Geist eines Josua zuerst vier Jahre lang Alaska ausgekundschaftet, häufig mit dem Flugzeug. Akribisch genau hatte er Landkarten gezeichnet und die zahllosen Dörfer darauf vermerkt. Später schaute ein bekannter Missionar sich die umfangreichen Blätter von Dons Aufzeichnungen an und erklärte, dass er niemals in seinem ganzen Leben als Missionar eine so vollständige Voruntersuchung gesehen hätte. Doch Don hatte gewusst, dass das eine wesentliche Voraussetzung dafür war, dass nichts und niemand übersehen wurde bei der Aktion.

Er war besonders besorgt darüber, dass die meisten missionarischen Gruppen, die nach Alaska kamen, nur in einigen der größeren Ansiedlungen auftauchten, während kaum jemand von ihnen in die abgelegenen Winkel des Landes ging. Eine kleine Stadt, mit etwa 2.000 Einwohnern, die er besuchte, war durch Angehörige von *neun* verschiedenen protestantischen Missionen aufgesucht worden, während andere Dörfer, die in nur zwei Stunden mit einem kleinen Flugzeug erreichbar gewesen wären, niemals etwas vom Evangelium zu hören und sehen bekommen hatten.

So tat sich Don im Jahr 1956 mit seinem »Kollegen Kaleb«, Ralph Barris, zusammen, und die beiden begannen eine systematische Arbeit, jede Familie in jedem bekannten Dorf und jeder Stadt von Alaska zu besuchen.

Zuerst richteten sie ihre Schritte zu dem mächtigen Yukon-Fluss, an dessen Ufern Hunderte von Orten auf die Gute Nachricht warteten. Der Yukon erinnerte mehr an einen Ozean als an einen Fluss – im Tiefland ist er zwischen 80 und 160 Kilometer breit. Doch Don und Ralph vertrauten den anhaltenden Gebeten, womit heimatliche AJH-Mitarbeiter sie begleiteten und fuhren mit einem bescheidenen, knapp fünf Meter langen Boot los. Sie gaben ihm den Namen »Gute Nachricht«.

Einheimische warfen skeptische, oder auch belustigte Blicke auf das kleine Boot – hell glänzend, kurz, dick und fast rund im Vergleich zu ihren seetüchtigen acht bis zehn Meter langen Motorbooten. Sie ahnten nicht, dass die »Good News« mit ihren fünf PS (die stromabwärts, aber nicht -aufwärts fahren konnte) auf ihrer ersten Fahrt 16 bis 17 Meter hohen Wellen begegnen und sie überleben würde. Sie würde den schlammigen Fluss bezwingen und ihre heilige Mission zuverlässig erledigen.

Während der folgenden Wochen lernten Don und Ralph aus erster Hand die Tücken des Yukon kennen. Zum Beispiel erfuhren sie, wie wichtig es war, ihren knapp vier Liter fassenden Tank stets gefüllt zu halten. Sie konnten es sich nicht leisten, ohne Brennstoff zu sein, wenn das Wasser wild bewegt war. Außerdem wurde ihnen klar, dass ein »Über-Bord-Gehen« sehr fatale Folgen haben konnte, da die Hälfte des Stroms aus Schlamm besteht. Wer über Bord geht, hat nur ein paar Sekunden, um sich seine Kleider vom Leib zu reißen, bevor Schlamm und Treibsand eindringen und ihn auf den Grund ziehen, samt Schwimmweste oder Rettungsring und allem andern. Als einmal ein alter Heckraddampfer ihnen begegnete, gerieten sie in eine riesige Kielwelle und glaubten schon, sie würden kentern. Doch ein Engel – das glaubt Don jedenfalls – hielt die Good News aufrecht.

Die beiden lebten von eisernen Rationen und gelegentlich einem Lachs. Nachts schlugen sie ihre Zelte entlang des Ufers auf. Sorgfältig studierten sie die Landkarten zusammen mit den Aufnahmen und Feststellungen, die Don aus der Luft gemacht hatte. Sie lernten auch, das Wasser mit seinen tückischen Sandbänken besser einzuschätzen, die sich manchmal über einen Kilometer hinzogen. (Einmal mussten sie das schwer beladene Boot gut 800 Meter gegen die Strömung stoßen, um von einer Sandbank herunterzukommen.)

Abends waren die Männer erschöpft und oft schrecklich durstig. Frisches Trinkwasser aufzutreiben, war ein ständiges Problem. Das schlammige Yukon-Wasser konnte man nicht trinken. Es schmeckte selbst nach längerem Kochen immer noch dreckig. Doch ab und zu fanden sie einen frischen Zustrom aus dem Gebirge, der sein Wasser in den Yukon ergoss, so dass sie jedesmal für einige Tage genug Trinkwasser hatten.

Eine Stimme für das Mögliche

Doch die Fahrt schien ihnen aller Mühe wert, als sie Dorf um Dorf besuchten, wo das Evangelium noch nie gewesen war. Überall versuchten Don und Ralph, jede Wohnstätte zu erreichen und die Gute Nachricht jeder einzelnen Familie zu bringen. Abends führten sie oft evangelistische Versammlungen durch. Fast immer nahm einer der Besucher Jesus Christus an.

Nach dem erfolgreichen Besuch eines Dorfes fuhren sie weiter stromabwärts, um nach dem nächsten Dorf Ausschau zu halten. Es sollte nur einige Kilometer entfernt sein. Stattdessen verloren sie sich in den weiten Yukon-Flächen – wo der Fluss schon mehr einem Ozean gleicht – und sahen zwei Tage und zwei Nächte kein einziges Zeichen von Zivilisation mehr. Um die Sache noch schlimmer zu machen, fiel schließlich der kleine Motor aus. Ralph wurde es klar, dass sie Benzin eingefüllt hatten, ohne auf Öl zu achten, und der stillstehende Kolben war jetzt im Zylinder festgeklemmt. Fieberhaft arbeitete er am Motor und goss Öl in den Zylinder, während Don das Boot stromabwärts führte und dabei wild mit den Rudern paddelte, um zu vermeiden, dass sie in eines der unzähligen Sumpflöcher hineingerieten. Schließlich, nach vielen Stoßgebeten zum Himmel und manchem Versuch, den Starterzug anzureißen, drehte sich der kleine Fünf-PS-Motor mit einem krachenden Laut wieder und stotterte sich dann zurück ins »Leben«, d. h. in die normalen Umdrehungen.

Nach zwei Tagen und Nächten, in denen sie ziellos im Wasser trieben, hatten sie keine Ahnung mehr, wo sie waren. Plötzlich hörten sie hinter sich Geräusche. Als sie sich umdrehten, sahen sie einen weißen Mann und einen Indianer, die am Ufer entlang auf sie zurannten. Die beiden waren offensichtlich überrascht, in ihrem entlegenen Gebiet so ein winziges Boot vorzufinden.

Der weiße Mann entpuppte sich als ein Missionar mit Namen Don Nelson. Er sagte den beiden, dass sie das Dorf, in das sie ursprünglich wollten, um über 100 Kilometer verfehlt hatten. So stark war die Strömung des Yukon während der letzten beiden Tage gewesen. Dons Herz war schwer vor Enttäuschung. Es war ihm klar, dass ihr kleiner Motor sie niemals wieder stromaufwärts bringen konnte, um das noch fehlende Dorf zu missionieren. Und sie waren doch mit dem festen Entschluss losgefahren, kein einziges Dorf auszulassen.

Dann hörte er höchst erstaunt von Don Nelson, dass die Außenstation seiner Mission ihr eigenes, dreisitziges Flugzeug hatte.

»Es ist zu schade, dass ich nicht fliegen kann« entschuldigte sich der Missionar, »sonst hätte ich Euch in jenes Dorf zurückfliegen können.«

Ralph griff in seine Jacke und zog seine Brieftasche heraus.

»Das geht schon in Ordnung«, sagte er mit leisem Lächeln und zeigte seinen Pilotenschein. »*Ich* habe die Lizenz, wenn Sie mich nur mit der Maschine fliegen lassen.«

Sie beschlossen, am folgenden Tag zu dem Dorf zu fliegen. Doch vorher sollten sie hier noch einen Dienst tun.

Geistlich hungrige Indianer aus der ganzen Umgebung füllten an jenem Abend die halbrunde Wellblechbaracke bis zum letzten verfügbaren Platz und hörten gespannt der Predigt Dons zu. Es dauerte mehr als drei Stunden. Jedesmal, wenn er aufhören wollte zu reden, weigerten sie sich, nach Hause zu gehen. Als er endlich die Zusammenkunft beschloss und er und Ralph sich in Don Nelsons Blockhaus zurückgezogen hatten, kamen die Indianer einer nach dem andern auch dorthin und bettelten darum, noch mehr zu hören. Bald war auch diese kleine Behausung gestopft voller Menschen, die längs der Wände standen. Geistliche Gemeinschaft, Singen und Predigen gingen weiter bis nach Mitternacht.

Am nächsten Tag flogen die drei Männer zu dem Dorf, das Don und Ralph nicht mehr hatten besuchen können. In einer knappen Stunde kamen sie dort an. Sie gingen von Iglu zu Iglu und brachten das Evangelium jeder einzelnen Familie. Am Abend führten die Missionare einen evangelistischen Gottesdienst durch, in dem sieben Personen ihr Leben Jesus anvertrauten.

Gott hatte Don und Ralph ein Flugzeug zur Verfügung gestellt, so dass sieben Menschen den Weg zu Jesus finden konnten. Diese Sieben wurden zum Kern einer kleinen neutestamentlichen Gemeinde von Gläubigen, die an jenem Abend in einem abgelegenen Dorf Alaskas geboren wurde.

Don White und Ralph Barris gehörten zu den allerersten Praktikern einer *Oikos*-Strategie. Sie bewiesen damit, dass diese Methode möglich war. Wie Josua und Kaleb hatten sie ihre Stimme dafür erhoben.

Es geht aber auch darum, es für möglich zu halten, dass der Missionsauftrag Christi in unserer Generation zum Abschluss gebracht werden kann. Aber gibt es einen Schlüssel für die Verwirklichung dieser Vorstellung? Ich glaube, ja. Wir werden im Schlusskapitel darauf eingehen. Doch zuerst wollen wir uns noch mit den Möglichkeiten beschäftigen, wie wir den Ablauf beschleunigen können.

18 Knüpfmuster, die zum Abschluss führen

Er war ein Mann mit einer Vision für »Endzeit« – für jenen schwer fassbaren Begriff, den Missiologen und Evangelisten benutzen, um die Erfüllung des Missionsauftrages zu definieren. Obwohl seine produktivsten Dienstjahre am Ende des letzten Jahrhunderts lagen, ist das leidenschaftliche Engagement Dr. A. T. Piersons für die »Endzeit« (ein Begriff, den er selbst vermutlich niemals wirklich benutzte) schon fast legendär geworden. Sein Herz schlug für die Vollendung der Weltevangelisation während seiner Lebenszeit. Und diese Vision verbreitete er überall, wo man ihn hören wollte.

Dr. Pierson, Pastor und begabter Schriftsteller mit einem für die Mission brennenden Herzen, ließ es in alle Welt erschallen, dass die Aufgabe der Weltevangelisation bis zum Jahr 1900 erfüllt werden könnte. Damals, im Jahr 1870, als diese Vision sein Herz ergriff, war Pierson davon überzeugt, dass das realisierbar sei.

Die Predigten des großen amerikanischen Evangelisten Dwight L. Moody in England hatten die Kirche auf den britischen Inseln weithin aufgerüttelt. Vor allem junge Leute waren gepackt worden. Anfang 1885 verließen sieben hervorragende Studenten der Universität Cambridge, bald darauf bekannt als die »Cambridge Seven«, das Land, um in China als Missionare zu arbeiten. Sie knüpften dabei an die berühmte China-Inland-Mission an, die J. Hudson Taylor gegründet hatte.

Im Jahr 1885 – noch volle 15 Jahre vor dem Ende des Jahrhunderts – breitete sich die Überzeugung von der Erfüllung des Missionsauftrages aus. Der Abschluss dieser Aufgabe schien tatsächlich möglich zu sein. Auf einer Konferenz in Northfield in Massachusetts, die von etwa 1.000 führenden Persönlichkeiten des kirchlichen Lebens und Laienchristen besucht war, legte A. T. Pierson zusammen mit D. L. Moody die Vision dar.

Pierson predigte leidenschaftlich vom Ende der Weltevangelisation im Jahr 1900. Seine Worte waren voller Hoffnung. Kühn erklärte er:

»Wenn zehn Millionen von 400 Millionen Namenschristen systematisch darangehen, dass jeder von ihnen im Lauf der nächsten 15 Jahre 100 andere mit der Botschaft des Evangeliums erreicht, dann wird die gesamte gegenwärtige Weltbevölkerung bis zum Jahr 1900 die Gute Nachricht gehört haben.«

Man hat gesagt, dass D. L. Moody aufsprang, Pierson unterbrach und in die Menge hineinrief: »Wer von euch glaubt es, dass das möglich ist?« Die Menschen zollten begeistert Beifall, als ob sie einmütig darüber abstimmten, dass dieses Ziel angegangen werden sollte. Noch am gleichen Abend bestimmte Moody ein Komitee von sechs Personen und erklärte, dass er selbst sich daran beteiligen würde, nun Gottes Weisungen zu erbitten, die Aufgabe der Weltevangelisation *jetzt* zum Abschluss zu bringen.

Innerhalb von drei Tagen hatte die kleine Gruppe ein Dokument verfasst unter dem Titel: »An Appeal to Disciples Everywhere« (Appell an alle Nachfolger Jesu in der ganzen Welt). Das wurde vor der gesamten Delegation präsentiert, die sich noch auf der Konferenz befand, und bekam noch einmal donnernden Beifall. Das Dokument enthielt auch einen Aufruf zu einer weltweiten Konferenz von verantwortlichen christlichen Führern, auf der die Pläne zur Erfüllung der gestellten Aufgabe weiterentwickelt werden sollten.

Ein Jahr später, 1886, veröffentlichte Dr. Pierson ein Buch »Crisis in Missions« (Krisis in der Mission). Darin wurden die ungeahnten Möglichkeiten dargelegt, die vor einer wachgerüttelten Kirche lagen. »An Appeal to Disciples Everywhere« erschien im Anhang.

Die Kirche schien sicher zu sein, den Missionsauftrag vollenden zu können, den Christus fast 1.900 Jahre vorher seinen Jüngern gegeben hatte.

Dann fand im Jahr 1888 eine weitere Weltmissionskonferenz statt, diesmal in London. Geplant war sie noch vor der Northfield-Konferenz. Manche hofften, dass damit Strategien auf den Weg gebracht würden, die bei der Erfüllung der Aufgabe helfen könnten. Stattdessen entpuppte sich das Ganze lediglich als anregende Konferenz, die die Gefühle der Teilnehmer aufwühlte, aber keine wesentlichen Ergebnisse für die Weltevangelisation zeitigte.

Als die Jahrhundertwende näher rückte, schwanden die Hoffnungen, das Ziel noch vorher zu erreichen. Im Jahr 1895 erklärte A. T. Pierson schließlich: »Wir sind gezwungen, die Hoffnung aufzugeben.«

Die Frage zur Endzeit

Mindestens zwei Faktoren gab es, die die Erreichung dessen, was als plausibles Ziel erschienen war, behinderten. Die Frage heute ist, ob die Kirche noch einmal in die gleiche Falle hineintappt.

Dr. A. T. Pierson nannte zwei Gründe: Erstens hatte die Kirche in ihrer Gesamtheit sich der Zusammenarbeit verweigert. Sie redeten zwar darüber und predigten darüber, setzten sich aber niemals zusammen, um praktisch zu planen, wie sie es miteinander bewältigen wollten. Und zweitens hatte die Kirche nicht genug Gebetsgruppen mobilisiert und zu Gebetstreffen aufgerufen.

Diese beiden Hindernisse sind heute weit weniger gefährlich, wo wir in ein neues Jahrtausend hineingehen. Es gibt tatsächlich mehr Zeichen der Hoffnung bezüglich weltweiter Gebetsbewegungen als in irgendeiner anderen geschichtlichen Epoche. Was am Ende des letzten Jahrhunderts an Aufrufen zum Gebet geschah, kommt nicht annähernd an das heran, was sich heute abspielt. Außerdem gibt es eine ständig anwachsende Tendenz zur Zusammenarbeit unter missionarischen Gruppen, Organisationen, Denominationen und Strategien. Das bringt alle Sektiererei und die Absonderungsbestrebungen im missionarischen Einsatz zum Scheitern, die die Kirche in der Vergangenheit so oft in ihren endzeitlichen Bestrebungen gehemmt haben.

Aufruf zum Beten

Der anglikanische Forscher David Barrett weist darauf hin, dass es weltweit wohl 170 Millionen Christen gibt, die jeden Tag um geistliche Erweckung und Verbreitung des Evangeliums auf der ganzen

Welt beten. Davon sehen vielleicht 20 Millionen Gläubige tatsächlich die Fürbitte als ihre erste Berufung und ihr Amt innerhalb des Leibes Jesu an.

Möglicherweise gibt es zehn Millionen Gruppen, die sich regelmäßig treffen, meint Barrett, deren Hauptgebetsanliegen die Erweckung auf der ganzen Welt ist. Gleichzeitig ist es erstaunlich, so sagt der Forscher, dass etwa 13.000 gesonderte Rundfunkgebetsaufrufe stattfinden, womit die Kirche motiviert und mobilisiert werden soll, für eine umfassende geistliche Erweckung zu beten.

Das Gebet ist der Schlüssel zur Beendigung des Missionsauftrages, und im nächsten Kapitel werden wir auf eine ganz neue Gruppe von Fürbittern stoßen.

Zusammenarbeit

Noch etwas Außerordentliches geht vor sich, das wir in diesem Kapitel sehen werden: Institutionen, Konfessionen und Strategien haben sich vereinigt, um miteinander auf das große Ziel der Erfüllung des Missionsauftrages innerhalb unserer Generation hinzuarbeiten. Nach David Bryant in seinem Buch »The Hope at Hand«, ist ein weltweites Netzwerk von evangelikalen Missionen in den letzten 25 Jahren aufgetaucht, einschließlich solcher Vereinigungen wie das »Lausanner Komitee für Weltevangelisation«, die »A. D. 2000-Bewegung« oder »Weltweite Evangelische Allianz«.

Außerdem weist Bryant hin auf eine spontane Vernetzung weltweiter Pläne, die sich auf das Jahr 2000 beziehen. 70 internationale Strategien haben umfassende Weltevangelisation für den Beginn des 21. Jahrhunderts im Blick. Außerdem, so Bryant, gibt es gegenwärtig 56 »Weltweite Missionsanstalten«, die einzelne Institutionen miteinander verbinden, die sich auf die mehr als 200 Nationen in der Welt konzentrieren und die Erfüllung des Missionsauftrages anstreben.

Das Schlagwort

Ob nun der Missionsbefehl Christi buchstäblich im Jahr 2000 seine Erfüllung findet oder nicht, das ist nicht so ausschlaggebend. Wohltuend ist, die ungewöhnlichen Wege zu sehen, die manche weltweiten evangelistischen Werke einschlagen, um zusammenzufinden und gemeinsam das eine Ziel anzustreben. Andere, die das Ziel durchaus befürworten, sind davon überzeugt, dass das Jahr 2000 eher der Startpunkt für die Beendigung der Aufgabe ist als deren Höhepunkt. Der Datumswechsel würde also auf diese Weise erst den Anfang vom Ende darstellen.

Eine Organisation, die Gott in einzigartiger Weise in dieser Richtung benutzt, ist die »A. D. 2000-Bewegung«. In der Hauptsache entstand sie im Herzen des in Peking geborenen Thomas Wang und wurde dann weitergeführt von dem Missionsstrategen Luis Bush. Die Bewegung erleichtert seit den frühen 90er Jahren gemeinsame Bemühungen für Weltevangelisation innerhalb dieser Generation.

Da sich etwa 2.000 evangelistische Pläne speziell auf das Jahr 2000 konzentrieren (eine Zahl, die monatlich noch ständig wächst), wurde vorgeschlagen, diese Organisationen strategisch zusammenzufassen, so dass sie ihre individuellen Energien wirksamer für das höchste Ziel, »eine Gemeinde für jedes Volk und das Evangelium für jede Person bis zum Jahr 2000« einsetzen könnten. (Dieser Slogan ist das Schlagwort für »A. D. 2000« geworden.)

Es war nur logisch, dass AJH-International sich dieser gemeinsamen Bewegung anschloss. Unser Werk hat schon immer die Vision und die Strategie, mit allen christlichen Gruppen zusammenzuarbeiten, um ein klares evangelistisches Zeugnis von Haus zu Haus in der ganzen Welt anbieten zu können. Ich erklärte mich bereit, einen Arbeitszweig mit zu leiten: »Gottes Wort und Literatur«. Wir versuchten darin, Bibelgesellschaften und Schriftenmissionen in einer umfassenden Strategie zu vereinigen, um jedem Menschen auf der Erde einen praktischen Zugang zur Botschaft der Erlösung anzubieten – was man nur erfolgreich tun kann, wenn man dorthin geht, wo die Menschen leben.

Als ich mich für die erste Beratung in Colorado Springs im Jahr 1993 vorbereitete – wir hatten die Absicht, einen klaren Plan und objektive Maßstäbe im Hinblick auf das 21. Jahrhundert aufzustellen – wuchs in mir die Überzeugung, dass die Aufgabe der Weltevangelisation nicht von einer einzelnen missionarischen Gruppe oder Bewegung durchgeführt werden konnte. Im Gegenteil, es erfordert schon so etwas wie ein Wunder an Zusammenarbeit, wie man es bis jetzt in der Christenheit noch nicht gesehen hat – ein Wunder, von dem aber viele denken, dass es durchaus in Reichweite ist, wenn die Kirche die Schwelle des 21. Jahrhunderts überschreitet.

Ich dachte an die unzähligen Gebetstreffen, an denen ich teilgenommen hatte (einschließlich der allmorgendlichen Andachten des Mitarbeiterstabes in unserm Büro). Wir beteten für unsere Arbeit und die der anderen Werke, dass Gott uns doch in unserm Anliegen miteinander verbinden möchte. Oft bat ich Gott, uns einen Geist der Zusammenarbeit zu geben.

Wir mussten unsere Strategien und Werke viel enger miteinander verflechten, gerade wie das, was man verknüpft, dichter beisammen ist, als das, was man einfach nebeneinander in einen Rahmen spannt.

Das Sammeln der verbundenen Streitkräfte

Zwei Passagen aus der Heiligen Schrift kommen mir in Erinnerung: Erstens der alttestamentliche Bericht von dem aufrührerischen Stamm Benjamin, in dem eine Nebenfrau vergewaltigt und ihr toter Körper in zwölf Stücke zerteilt und in die übrigen Stämme Israels gesandt wurde. Die elf anderen Stämme griffen die benjaminitische Stadt Gibea an wegen dieses Verbrechens (s. Ri 20,1-11). Dreimal in dieser kurzen Passage (V. 1, 8, 11) wird uns gesagt, dass Israel zusammenstand »wie ein Mann«. Vor allem in Vers 11 »So versammelten sich gegen die Stadt alle Männer Israels, geschlossen wie ein Mann.« Das hebräische Wort für zusammengeknüpft, »chaber«, bedeutet »in Verbindung sein, vereinigt sein, ein enger Begleiter bei einer Aufgabe oder einem Rechtsstreit sein.« Chaber kommt von einer hebräischen

Wurzel mit der Bedeutung »sich zusammenfinden, sich zusammentun als Partner«. Ein Ausleger übersetzt Vers 11 so: »... sie riefen ihre vereinigten Streitkräfte zusammen.«

Jeder der elf Stämme hatte bis zu einem gewissen Grad seine eigenen Ziele im Auge. Jeder hatte seine eigenen Krieger und ohne Zweifel auch seine eigenen Vorstellungen, wie man mit der Situation umgehen sollte. Jeder der Stämme hätte seine eigenen Möglichkeiten aktivieren können, um den Stamm Benjamin zu strafen. Stattdessen »riefen sie ihre vereinigten Streitkräfte zusammen« zu einer gemeinsamen Aktion. Und obwohl der endgültige Sieg nicht vor der dritten Angriffswelle kam – und auch dann erst nach einer Zeit des Klagens und Fastens vor dem Herrn (s. Ri 20,18-26) – so wäre doch jeder Versuch eines einzelnen Stammes, die Aufgabe allein zu lösen, fehlgeschlagen. Geschlossen »wie ein Mann« war das Schlüsselwort.

Dasselbe gilt, davon bin ich fest überzeugt, wenn der Missionsauftrag noch in unserer Generation zum Abschluss gebracht werden soll.

Ein Bild der Harmonie

Die andere Schriftstelle, die mir einfiel, als ich über die Notwendigkeit nachdachte, dass wir unsere Strategien und Werke enger miteinander verbinden müssten, ist das Bild, das Paulus vom engen Zusammenhang der Glieder des Leibes Christi zeichnet. Er beschreibt das Zusammenspiel der einzelnen Funktionen der Gemeinde, wobei er besonders auf den Gebrauch der verschiedenartigen Gaben der Apostel zu sprechen kommt. Diese Gaben, so schreibt er, sollen helfen, Gottes Volk sein eigentliches Ziel erreichen zu lassen:

> *»... damit die Heiligen zugerüstet werden zum Werk des Dienstes. Dadurch soll der Leib Christi erbaut werden, bis wir alle hingelangen zur Einheit des Glaubens und der Erkenntnis des Sohnes Gottes, zum vollendeten Mann, zum vollen Maß der Fülle Christi.« (Eph 4,12.13)*

Paulus beschreibt dann weiter die Rolle Christi in diesem Prozess:

> *»... von dem aus der ganze Leib zusammengefügt ist und ein Glied am andern hängt durch alle Gelenke, wodurch jedes Glied das andere unterstützt nach dem Maß seiner Kraft und macht, dass der Leib wächst und sich selbst aufbaut in der Liebe.« (Eph 4,16)*

In einer Übersetzung wird der Leib Christi als »fest miteinander verbunden« bezeichnet. Eine andere benutzt einen ähnlich genauen Ausdruck und sagt: »fest miteinander verknüpft«. Jedes dieser Worte ist eine Übersetzung des griechischen *»symbibazo«*, eine Kombination aus dem griechischen *»syn«* – eine ursprüngliche Wurzel meint damit »Verbindung mit« oder »zusammen« und *»bibazo«*, was bedeutet: »zwingen« oder »treiben«. *Symbibazo* spricht also von etwas, das zusammengetrieben oder sogar zusammengezwungen ist um eines bestimmten Planes willen.

Als wir zum ersten Mal 1993 in dieser Beratungssitzung zusammenkamen und nach Wegen zum letzten Ziel suchten, hatte Gott bereits einen Prozess des *symbibazo* im Leib Christi eingeleitet. Das galt besonders für Werke und Bemühungen, die den Schwerpunkt auf Weltevangelisation legten. Er trieb uns mit einer bestimmten Zielsetzung zusammen. In mancher Hinsicht sah es sogar so aus, als ob wir zusammengezwungen würden.

Einmal sahen sich die meisten Missionen (einschließlich der Teilnehmer unserer beratenden Zusammenkunft) fehlenden Mitteln gegenüber, obwohl die Möglichkeiten zur Ausdehnung der Arbeit dramatisch zunahmen. Zum andern war nicht nur die frühere Sowjetunion, sondern ganz Osteuropa für evangelistische Aktivitäten offen – zum ersten Mal seit 70 Jahren. Außerdem wurde zunehmend offenbar, dass immer noch bedeutende Bollwerke des Satans einem Abschluss des großen Missionsauftrages im Weg standen. Länder wie z. B. die arabisch-muslimischen Nationen blockierten die öffentlichen oder freien evangelistischen Aktivitäten.

All diese Faktoren können eine einzelne Strategie oder Gruppe leicht daran hindern, das Ziel zu erreichen. Doch wenn alle Streitkräfte sich zusammentun, werden solche Herausforderungen eher überwunden. Könnte es sein, dass der Herr seine Kirche zwingt, zueinander zu finden? Knüpft der Herr der Ernte seine Fäden der »Endzeit« auf dem Webstuhl von Gegnerschaft und Möglichkeiten, weil er weiß, dass dies der einzige Weg ist, dass seine Leute zusammenfinden, um seinen Auftrag zu erfüllen?

Netzwerkarbeit ist wesentlich – ist geradezu natürlich. Aber sie sollte in einem Geist größerer Nähe geschehen. Verknüpfung ist es, was wir brauchen, um unser Leben und unsere Arbeit so mit anderen zu verflechten, dass eine wunderbare harmonische Struktur daraus entsteht. Wenn das auf dem Gebiet der globalen Evangelisation geschieht, wird das eine große Hilfe sein, um die ganze Welt mit der Guten Nachricht von der Liebe Christi zu erfüllen.

Ein Beispiel von Verknüpfung

Es gibt bereits ermutigende Zeichen dafür, dass es für viele Werke möglich ist, ihre Mittel und Möglichkeiten zu einem effektiveren Endergebnis zusammenzulegen.

In Südafrika z. B. gibt es eine gemeinsame Anstrengung unter der Bezeichnung »Operation Every Home« (»Aktion: In jedes Haus«), die von Hendrik Hanekom geleitet wird. Er ist Afrikaner und vertritt das Ziel, die Botschaft Christi in gedruckter Form klar und deutlich zu jeder Familie seiner Nation von ca. 40 Millionen Menschen zu bringen. Wenn diese Aufgabe abgeschlossen ist – und es sind bereits etwa zwei Millionen Haushalte mit dem Evangelium bekannt gemacht worden – dann haben 7,5 Millionen persönliche Besuche in Südafrikas Häusern stattgefunden.

Dieser Einsatz ist eine gemeinsame Arbeit von »Aktion: In jedes Haus«, World Missionary Press, Campus für Christus und der Südafrikanischen Bibelgesellschaft, in unmittelbarer Zusammenarbeit mit wenigstens 25 anderen Werken und Konfessionen. Hunderte von kirchlichen Gruppen machen mit, die schließlich ganz Südafrika systematisch mit der Guten Nachricht bekannt machen wollen. Und das Beste von allem ist, dass die Aufgabe getan wird von Christen, die um jedes Haus beten, in das sie gehen.

Übersetzungen der evangelistischen Schriften in elf Hauptsprachen Südafrikas sind von einem Team von 21 Übersetzern aus den Regionen angefertigt worden, in denen diese Sprachen gesprochen werden.

AJH aktiviert und schult die Gemeinden dort für den missionarischen Einsatz von Tür zu Tür.

World Missionary Press, eine hoch angesehene Organisation zur Verbreitung des Evangeliums durch Literatur, stellt alle Schriften zur Verfügung, die für jede schwarze Familie benötigt werden (rund sechs Millionen Haushalte – was ungefähr 75 Prozent der Nation ausmacht). Die restliche Literatur für annähernd 1,5 Millionen Häuser, in denen Weiße wohnen, wird von südafrikanischen Christen gespendet. Um diesen besonderen Auftrag zu erledigen, kaufte World Missionary Press eine hochwertige und teure Vierfarben-Druckerpresse, um die Schriften ansprechend zu gestalten.

Ich schätze, dass alle evangelistischen Schriften, die WMP für Südafrika herstellt, etwa drei Millionen Mark kosten. Trotz dieses Preises feiert der Geist der Kooperation seinen ersten Sieg: Evangelistische Literatur steht zur Verfügung.

Einen zweiten Sieg bedeutete es, als die Südafrikanische Bibelgesellschaft offizieller Teilhaber an dem Projekt wurde. Sie fordert gewöhnlich eine Tantieme an dem Druck von Schriften, von denen sie das Copyright hat. Die Honorare allein für die Bibelübersetzungen, die bei diesem Projekt benutzt wurden, hätten 80.000 Mark ausgemacht. Doch als die South Africa Bible Society (SABS) dem Projekt als offizieller Sponsor beitrat, verzichtete sie auf die Tantiemen und verlangte stattdessen nur eine Verwaltungsgebühr von 25 Mark.

Einer der führenden Laien, die in das Projekt involviert waren, besitzt eine große Auto-Import-Firma. Er hörte von den enormen Kosten für den Versand oder Transport der Schriften zu den verschiedenen Verteilstellen. Er nahm Kontakt mit einer größeren Auto-Firma auf, mit der er in Geschäftsverbindung stand, und diese stellte ihre Container zum Transport der Schriften kostenlos zur Verfügung. Damit waren weitere 80.000 Mark eingespart.

Der Schlüssel zum guten Abschluss

Albanien ist ein anderes Beispiel für eine einzigartige Kooperation und ein Modell, das auch anderswo angewandt werden kann.

Verschiedene Organisationen – Christian Evangelism in Frontier Areas (CEIFA), Aktion: In jedes Haus, Operation Mobilisation (OM), Jugend mit einer Mission (JMEM) und andere – arbeiten zusammen in Verbindung mit örtlichen Kirchen, um jeden Haushalt in Albanien in einigen Jahren mit der gedruckten Botschaft des Evangeliums zu erreichen. Erst kürzlich beteiligte sich das Christian Broadcasting Network (CBN – ein christlicher Rundfunk) an jener Strategie, wodurch auch das Fernsehen zur Evangelisation genutzt werden konnte.

Zwei Werke, AJH und CEIFA, koordinierten die anfänglichen Bemühungen und stellten Mittel zur Verfügung. Andere wie OM und JMEM schickten Teams, die den wenigen albanischen Gläubigen bei ihrer systematischen Verteilaktion »von Haus zu Haus« halfen. Sie wurde in zehn größeren und kleineren Städten in Albanien durchgeführt, deren Bevölkerung etwa 25.000 bis 300.000 Personen umfasst. Seitdem haben sich Teams von AJH-Hausmissionaren auf den Weg gemacht, auch die schätzungsweise 3.000 kleineren Städte und Dörfer Albaniens mit der Guten Nachricht aufzusuchen.

Als dieser Plan noch in Vorbereitung war, flog ein Team von 30 Betern von Colorado Springs nach Albanien. Es war im Oktober 1993. Die Gruppe wurde angeführt von Pastor Ted Haggard von der New Life Church. Der Einsatz hatte das Motto: »Bete durchs Fenster«. (Man schätzt, dass damals mehr als 20 Millionen Gläubige einen Monat lang an der Gebetskampagne teilnahmen, die wenig evangelisierte Erdteile als Schwerpunkt hatte.) Die Länder zwischen dem zehnten und 40. Breitengrad nennt man das »10/40-Fenster«, und man ist der Ansicht, dass 97 Prozent der noch kaum vom Evangelium erreichten Volksgruppen dort wohnen. Zu den 20 Millionen Betern gehören etwa 249 Teams, die tatsächlich die 10/40-Länder während jenes Monats besuchten. Ted Haggards Team kam an verschiedenen wichtigen Plätzen zusammen, wozu ein ganz besonderer geografischer Ort gehörte, eine Hochburg dämonischer

Mächte in den Bergen oberhalb von Tirana, der Hauptstadt von Albanien.

Als er nach Colorado Springs und in seine Gemeinde zurückkehrte, mobilisierte Haggard nicht nur seine Kirche zum weiteren Gebet für Albanien, sondern er bat auch um ihre finanzielle Unterstützung, um den Gebeten einen realistischen Nachdruck zu verleihen. New Life Church allein stellte für jede Familie in wenigstens 2.000 Dörfern von Albanien die evangelistischen Schriften zur Verfügung.

Während ich dies schreibe, ist die Aufgabe in Albanien nahezu beendet. Kürzliche Schätzungen ergaben, dass in einer einzigen Woche etwa 30 Dörfer erreicht werden. Viele der noch übrig gebliebenen sind für evangelistische Teams nur zugänglich, wenn die Mitarbeiter auf Eseln reiten oder, in einigen Fällen, einen Hubschrauber benutzen können. Mehr als 25 Dörfer wurden entdeckt, die auf keiner offiziellen Landkarte zu finden waren. Hausmissionare von AJH gehen also selbst an Plätze, wo keine Volkszählung mehr vorgenommen wird.

Eins ist sicher: Kooperation ist der Schlüssel zur Endzeit. Sie dient auch ganz wesentlich zur Beschleunigung des Prozesses.

Eine buchstäbliche Erfüllung des Missionsauftrages Jesu ist nicht so kompliziert, wie sie aussehen mag. Und wenn wir alle zusammenarbeiten, kann das schneller geschehen, als wir uns vorstellen können. Schauen wir uns ein ganz besonders Beispiel an, das mir auffiel, als ich die Voruntersuchungen zu diesem Buch anstellte. Es zeigt, wie schnell eine Aufgabe durchgeführt werden kann, und wie bedeutsam die Ergebnisse gesteigert werden können, wenn Gläubige zusammenarbeiten.

Billy Grahams Auftritt vor der größten Zuhörerschaft an einem Ort, nämlich 1973 in Seoul in Südkorea, geschah im Geist einer Zusammenarbeit von ganz Seoul und seiner Nachbargemeinden. Man schätzte wenigstens 1,5 Millionen Menschen, die auf dem großen Yoido-Platz in Seoul der Predigt zuhörten.

Wenig ist jedoch bekannt, was sich an den Tagen vor dem Großeinsatz abspielte. Nach vielen Wochen der Vorbereitung, einschließlich intensiver Gebetsveranstaltungen und der Mobilisierung von

Hunderten von Kirchen, nahmen sich über 100.000 Gläubige an zwei aufeinanderfolgenden Samstagen Zeit, die Gute Nachricht (einschließlich der Einladung zur Evangelisation) in eine Million Haushalte im Großraum Seoul zu bringen. Man schätzte, dass in jeder besuchten Wohnung etwa vier bis fünf Personen lebten. So kamen etwa fünf Millionen Menschen in Berührung mit dem Evangelium. Und das geschah innerhalb von zwei Tagen als Ergebnis einer gemeinsamen Bemühung.

Und das wiederum öffnete der vollmächtigen Verkündigung von Dr. Graham die Türen und Herzen, so dass sich 1,5 Millionen auf dem Yoido-Platz einfanden.

Ein katholisches Kanu und Campus Crusade

Als ich 1995 in den äquatorialen Regenwald des damaligen Zaire reiste, um den wunderbaren geistlichen Aufbruch unter den Pygmäen zu sehen (s. Kapitel 17), erfuhren wir als Team aus erster Hand, wie großartig das geistliche Miteinander sein kann. Die Reise hätte eine elftägige Kanufahrt auf dem Kongo-Fluss erfordert, woran sich noch einige Tage auf dem Momboyo-Fluss angeschlossen hätten. Aber dann stellte uns eine Missionsfluggesellschaft einen tüchtigen Piloten zur Verfügung, der in Zaire stationiert war und uns in drei Stunden tief in den Regenwald brachte. Dann brauchten wir ein großes Kanu, um noch weiter in den Dschungel einzudringen. Ich sagte schon, dass katholische Nonnen im Lager von Boteka so großzügig waren, uns dieses Kanu zu leihen. Sie waren dankbar, dass wir einer ihrer Schwestern erlaubt hatten, von Kinshasa aus mit uns zu fliegen, so dass ihr die anstrengende Elftagesfahrt erspart blieb. Das Ausleihen ihres großen Bootes mit zwei Außenbordmotoren war eine Geste ihrer Dankbarkeit.

Bei all dem trat klar zutage, dass Gott bereits mit einer Vernetzung begonnen hatte.

Als wir in Boteka ankamen, trafen wir dort mehrere verantwortliche Christen aus dem Regenwaldgebiet, die von unserm Kommen gehört hatten. Die meisten waren tagelang mit dem Kanu unterwegs gewesen, um uns zu begegnen. Einer von ihnen war ein Mitarbeiter von »Campus für Christus« in dieser Region, der verantwortlich war für die Vorführung des »Jesus«-Films, der weltweit einen enormen evangelistischen Effekt hatte. Doch dieser Mann hatte noch nie den Film in dem Gebiet zeigen können, zu dem wir unterwegs waren – in den Pygmäen-Siedlungen von Bosuka, im Herzen des Regenwalds im Kongo. Er hatte einen mit Benzin angetriebenen Generator bei sich, den Film und eine riesige, transportable Leinwand. Der AJH-Leiter jenes Gebietes hatte ihn gebeten, den Film bei einer Freiversammlung in Boteka zu zeigen.

So war es eine leichte Sache, den Bruder von »Campus für Christus« zu bitten, in unserm »katholischen« Kanu mit uns weiter in den Urwald hineinzufahren, wo AJH-Mitarbeiter über ein Jahr im Einsatz gewesen waren und einige tausend Bekehrungen erlebt hatten. Den Jesus-Film zu sehen, würde für diese Pygmäen ein Wunder sein, das wussten wir. Und sie würden noch viele ihrer Stammesgenossen einladen, aus den Tiefen des Regenwaldes herauszukommen.

Und genau das geschah. Die riesige transportable Leinwand wurde in der entlegensten Gegend aufgestellt, die den Jesus-Film je zu sehen bekommen hatte. Die Geschichte vom Sohn Gottes, die viele aus dem Mund von AJH-Evangelisten schon gehört hatten, konnte jetzt anschaulich dargestellt werden. Pygmäen rannten in den Urwald zurück, um ihren Freunden von diesem lebendigen »Bild-Wunder« zu erzählen. Trommeln der Einheimischen schickten Botschaften durch diesen Teil des Urwaldes und luden andere ein, auch zu kommen. Die ganze Nacht hindurch kamen weitere Pygmäen herbei, obwohl der Film längst zu Ende war.

Und das alles war möglich, weil AJH-Mitarbeiter zusammen mit einer belgischen Nonne im Missionsflugzeug flogen und dann von der katholischen Missionsstation ein Kanu geliehen bekamen, das den Transport eines Campus-Mitarbeiters mit seinen Geräten in den Regenwald Zentralafrikas ermöglichte. Auf diese Weise konnten verlorene Pygmäen Jesus »sehen«.

So verknüpft Jesus die Fäden der Zeit, die zum Ende, zum Ziel führt. Und es macht ihm Freude, Netzwerk und Verknüpfung zu schaffen.

19 Das Schicksal der Welt

Dr. Paul E. Billheimer erinnert uns in seinem klassischen Buch »Destined für the Throne« (Für den Thron bestimmt), dass »das Schicksal der Welt in den Händen von namenlosen Heiligen« liegt. Billheimer spricht dabei von unbekannten Dienern und Streitern im Kampf um Menschenseelen, die geben und gehen und beten, aber selten Anerkennung bekommen. Billheimers Aussage erinnert mich immer an F. C. Case, einen stillen Holzfäller, der sein ganzes Leben in der gleichen Hütte in North Carolina verbracht hat, in der er auch geboren war.

Frank C. Case war kein Mann, dem große Mittel zur Verfügung gestanden hätten. Als er schon über 70 war, las er immer noch beim Schein einer Petroleumlampe. Nur wenige Jahre vor seinem Tod, im Alter von 86, holte sich Frank endlich elektrischen Strom in seine Hütte. Und das tat er auch hauptsächlich, weil er so viele Batterien für sein Radio brauchte, mit dem er christliche Sendungen hörte.

Die Nahrung des alten Mannes bestand größtenteils aus dicken Feldbohnen. Er sagte, dass ein Zehn-Dollar-Schein ihm für einen Monat ausreiche. Sein einziges Einkommen in späteren Jahren bezog er aus dem Schneiden und Hacken von Bäumen in den Bergen Carolinas (obwohl er niemals so etwas wie eine moderne Kettensäge besaß) und dem Verkauf des Holzes. Doch dieser Mann war dafür verantwortlich, dass acht Millionen evangelistische Traktate in vielen Ländern der Welt bereitgestellt werden konnten.

F. C. Case kam – wie er selbst sagte – als ein Vollblutbaptist auf die Welt. Mit 16 Jahren trat er offiziell seiner Kirche bei. Kurz nachdem Frank Christ geworden war, begann er für die Mission zu spenden. Treu gab er seinen Zehnten in der Gemeinde. Doch oft verdoppelte oder verdreifachte er den Betrag für die Mission.

Während der großen Wirtschaftskrise verdiente Frank nur 15 Cents am Tag beim Brückenbau. Wenn er Ziegel machte oder Holz verkaufte, war es noch weniger. Da 15 Personen an seinem Tisch aßen, musste er mit dem Sack Bohnen zwei Monate lang auskommen. Er sagt, er wisse selbst nicht, wie das möglich gewesen war.

Doch niemals schwankte er in seinem Engagement für die Mission. Gegen Ende der Wirtschaftsflaute gab er zehn Dollar monatlich für die Mission – eine bemerkenswerte Summe, wenn man in Betracht zieht, dass es dem Preis seiner Nahrungsmittel für zwei Monate entsprach.

Anfang der 50er Jahre machte der Herr bei einer Missionskonferenz F. C. Case innerlich klar, dass er 1.000 Dollar geben sollte, um christliche Literatur für Indien zu kaufen. Bis dahin hatte er noch nie etwas von der Bedeutung von Literatur für evangelistische Zwecke gehört. Jetzt hatte er den Eindruck, dass Gott ihn so führte, dass er eine hohe Summe dafür geben sollte. Ein paar Wochen später hörte Frank Jack McAlister im Radio über die »Aktion: In jedes Haus« reden, die in der ganzen Welt mit evangelistischer Literatur arbeitete. Frank sandte anfangs zwei Dollar. Er sah das als eine kleine Anzahlung auf ein größeres Ziel an.

Im Lauf der Jahre wuchsen Franks Spenden beachtlich an. Oft schien es, als ob er alles gäbe, was er besaß, außer den wenigen Dollar, die er für sein Essen brauchte. In manchen Monaten schickte er 600 Dollar, die er beim Holzfällen in den Bergen North Carolinas verdient hatte. Und immer umgab er seine Spenden mit Gebet.

Als Frank Case hörte, wie kostengünstig und wirksam die systematische Verbreitung evangelistischer Literatur ist, regte ihn das zu noch größerem Einsatz an. Er rechnete aus, wie viele Menschen er mit dem Aufwand von einem Dollar erreichen könnte (zu dieser Zeit konnte man 100 Familien damit ansprechen), und dann nahm er sich vor, während seines Lebens zehn Millionen Menschen die Gute Nachricht zu bringen.

Als Bruder Case im Jahr 1976 starb, hatte er sein Ziel um zwei Millionen verfehlt. Aber er wusste, dass acht Millionen Menschen das Evangelium zugänglich gemacht worden war – aufgrund seiner Treue.

Nicht viel Edle

Das opferbereite Leben von F. C. Case erinnert mich an die Worte des Apostels Paulus:

> *»Seht doch, liebe Brüder, auf eure Berufung. Nicht viele Weise nach dem Fleisch, nicht viele Mächtige, nicht viele Angesehene sind berufen.« (1. Kor 1,26)*

Diese Worte des Paulus erinnern uns – wie die weise Einsicht Paul Billheimers – an das Heer von »namenlosen Heiligen«. Leute wie F. C. Case werden schließlich die Erfüllung des Missionsauftrages ermöglichen.

Als Paulus zu den Gläubigen in Rom davon sprach, was nötig sei, um das Evangelium überall auszubreiten, gab er zunächst eine grundsätzliche Erklärung: »Wer den Namen des Herrn anrufen wird, soll gerettet werden« (Röm 10,13). Dann stellte er eine Reihe von Fragen:

> *»Wie sollen sie aber den anrufen, an den sie nicht glauben? Wie sollen sie aber an den glauben, von dem sie nichts gehört haben? Wie sollen sie aber hören ohne Prediger?« (V. 14).*

Schließlich kommt die zentrale Frage:

> *»Wie sollen sie aber predigen, wenn sie nicht gesandt werden?« (V. 15)*

Und dann fügt der Apostel noch eine Stelle aus dem Propheten Jesaja an:

> *»Wie lieblich sind die Füße der Freudenboten, die das Gute verkündigen.« (V. 15; s. Jes 52,7)*

Paulus sprach von jenen Leuten hinter den Kulissen, ohne die die Erfüllung des Missionsauftrages ein Traum bleiben würde. Es sind diejenigen, die durch andere ihre Spenden und ihre Gebete »senden«, die namenlosen Heiligen, die in Jesus das Schicksal der Menschen und Nationen bestimmen.

Und im Kern ihrer Berufung steht der Dienst des Betens.

Weltveränderung

Von dem Augenblick an, als Jack McAlister im Jahr 1953 betend mit Ken McVety niederkniete, eine Karte von Tokio studierte und darüber nachdachte, was es bedeuten würde, jeder Familie in dieser Stadt als auch der gesamten japanischen Nation das Evangelium zu bringen, war klar, dass das Gebet das wesentliche Element war. Der 29-jährige Visionär flog nach Hause, überzeugt davon, dass Gott ihm den Schlüssel zur Durchführung der »Von-Haus-zu-Haus«-Vision gegeben hatte – und das nicht nur in Japan, sondern in der ganzen Welt: unaufhörliches Gebet.

In den Tagen nach seiner Rückkehr begann Jack, Gläubige dazu aufzurufen, nicht nur Geld für die so sehr benötigten Schriften zu spenden, sondern eine oder mehrere Viertelstunden am Tag für die Weltevangelisation zu beten. Er wies darauf hin, dass es an jedem Tag 96 Viertelstunden gäbe. Durchschnittlich schläft ein Mensch davon 32 (d. h. acht Stunden), und viele arbeiten weitere 32 Viertelstunden. »Was macht ihr mit den verbleibenden 32 Viertelstunden?«, fragte Jack.

McAlister widmete bei seinen Rundfunksendungen einen wesentlichen Teil der Zeit dem Aufruf zum Beten. Das behielt er drei Jahrzehnte lang in seinen regelmäßigen Rundfunkansprachen bei. Zwei volle Monate im Jahr – Januar und Juni – verwandte er ausschließlich darauf, die Menschen zu aktivieren, die Mission durch regelmäßiges Beten zu unterstützen.

In einem bemerkenswerten Glaubensschritt in den späten 70er Jahren produzierte Jack ein fünfstündiges Fernsehprogramm mit dem Titel »Die Welt verändern«. Seine ausschließliche Zielsetzung war es, die Menschen dazu aufzurufen, jeden Tag 15 Minuten dem Gebet für eine verlorene Welt zu widmen. Zu der Zeit beteten Christen mehr als 200 Millionen Viertelstunden für die Mission. Durch Übertragung der Sendung auf fast allen Kanälen in Amerika, Kanada und Australien verdoppelte sich diese Zahl.

Das Gebet war der Grund, davon war Jack überzeugt, dass die Verteilung von evangelistischen Schriften durch die weltweiten Zweige von AJH oft Reaktionen hervorriefen, die zehnmal höher waren als bei anderen Evangelisationsmethoden, obwohl manche von ihnen viel kreativere und farbigere Literatur benutzten. Später sah ich mit meinen eigenen Augen und hörte selbst von vielen unserer verantwortlichen Leiter, dass seine Beobachtung richtig war: das Beten machte den Unterschied.

Nehmen wir die bedeutenden Umwälzungen, die in den frühen 80er Jahren in Nepal stattfanden. Etwa 200 Christen wurden wegen ihrer evangelistischen Aktivitäten drei bis sieben Jahre ins Gefängnis gesteckt, während die Mitarbeiter von AJH ihre Arbeit weiter tun konnten. Jeden Monat versorgten sie 30.000 Familien mit evangelistischen Schriften – systematisch von Haus zu Haus. Kein einziger Mitarbeiter wurde mehr als ein paar Stunden verhaftet, verurteilt oder mit Gefängnis bestraft. Und während dieser Jahre des Einsatzes in den Dörfern kamen mehr als 50.000 Antwortkarten mit der Bitte um Bibellektionen in verschiedenen Postfächern in Katmandu an.

Nachdem in den frühen 90er Jahren in Nepal demokratische Reformen eingeführt wurden, flog ich einmal in diese Himalaya-Region, um mir die Arbeit aus erster Hand anzusehen. Ich fragte Solon Karthak, den Leiter von AJH, ob er eine Erklärung dafür habe, warum so viele unserer Mitarbeiter der Entdeckung entgangen wären, und was er für die Ursache der erstaunlichen Ergebnisse unserer Arbeit hielte. Unter anderem waren in den Dörfern über 1.500 christliche Hauskreise gegründet worden (deren Zahl sich bis heute auf über 4.000 erhöht hat). Er antwortete mir, dass er fest davon überzeugt sei, dass das eine Auswirkung des weltweiten Betens gewesen sei.

Kurz nach seiner eigenen Bekehrung in den 70er Jahren, in Tagen harter Verfolgungen, hatte er gehört, dass schon 40 oder 50 Jahre früher gläubige Inder (einschließlich nepalesischer Christen, die in Indien lebten) in langen Reihen, Schulter an Schulter, entlang der indisch-nepalesischen Grenze gestanden hätten. Mit dem Gesicht nach Nepal gewandt hätten sie damals für sein Volk gebetet.

Der Leiter von AJH in Nepal ist davon überzeugt, dass Gott alle diese Gebete beantwortete, als 1983 die »Aktion: In jedes Haus« in schwieriger Zeit gestartet wurde. Dazu gehörten auch die zehn Millionen Gebets-Viertelstunden, zu denen AJH-International außerhalb von Nepal aufgerufen hatte.

Gott handelte einerseits dadurch, dass er die Mitarbeiter schützte. Andererseits gab er ihnen einzigartige Ideen, wie sie ihren Einsatz »von Haus zu Haus« durchführen konnten.

Da die Regierung z. B. begrüßte, dass Literatur als Mittel der Aufklärung für bessere Hygiene in den nepalesischen Dörfern verwandt wurde, kam dem AJH-Verantwortlichen der Gedanke, eine kleine Schrift zu verfassen, in der die Bedeutung von Gesundheit und Hygiene dargelegt wurde.

Das gedruckte Büchlein gab mancherlei Ratschläge zur Gesundheitsfürsorge. Dazu gehörten auch Illustrationen zur Abtötung von Bakterien oder zum Anlegen einer Latrine außerhalb des Hauses. Dann warnte die Schrift aber auch vor Feinden des Geistes und der Seele – vor unsichtbaren Giften, die man nicht erkennen und nicht abwaschen konnte. Sie sprach ganz offen über den größten Feind unseres Lebens, den Satan, der versucht, unsere Seelen zu zerstören und uns in eine Ewigkeit voller Schmerz und Leid zu bringen – an einem Platz, der Hölle genannt wird. Das einzige Heilmittel gegen Satans Machenschaften, so wurde in der Schrift erklärt, liegt darin, dass man den Schöpfer des Universums kennen lernt und ihm vertraut, dem einen wahren Gott, der seinen einzigen Sohn, Jesus Christus sandte, um die Reinigung der Seele möglich zu machen.

Die Schrift schloss mit einer einfachen Darlegung des Evangeliums, gut fasslich in der üblichen Hindu-Sprache, so dass jeder Leser erfahren konnte, wie man seine Sünde bekennt, auf Christus vertraut und sein Nachfolger wird.

Welch kreative Idee war das, auf legale Weise das Evangelium in diesem Staat weiterzugeben! Unser nepalesischer Leiter war davon überzeugt, dass dieser Gedanke von Gott eingegeben worden war.

Und dass das Büchlein so leicht durch die Zensur gekommen war, schrieb er den vielen Gebeten zu, die das Projekt begleiteten.

Doch dann bekamen die Mitarbeiter Probleme durch das nepalesische Gesetz, das die öffentliche Verbreitung christlicher Literatur verbot. Das Gesetz sprach von »freier« Verbreitung religiöser Propaganda. Deshalb begannen die Mitarbeiter, von Haus zu Haus zu gehen und die Schriften über Hygiene zu verkaufen, und zwar zu einem lächerlich niedrigen Preis, so dass jeder ihn bezahlen konnte. Wer selbst das nicht konnte, dem sagte man: »Nehmt es ruhig, andere haben schon mehr gegeben, so dass für euch mitbezahlt ist.« Das entsprach durchaus der Wahrheit, da viele Christen in Nepal von dem Einsatz gehört hatten und mit einer Extraspende helfen wollten.

Der AJH-Leiter sagte dann noch, kein einziger Mitarbeiter könne sich erinnern, dass jemand die Schrift abgelehnt hätte. Es dauerte nicht lange, da trafen Tausende von Anfragen in den verschiedenen Postlagerfächern in Katmandu ein. Die Menschen wünschten weitere Informationen, wie man den »großen Satan« überwinden könnte.

Heute, zehn Jahre später, erlaubt das Gesetz über die Verteilung christlicher Literatur und Materials zur Nacharbeit einen weit größeren Spielraum. Die Zahl der Antwortkarten, die bei AJH eingetroffen sind, hat sich auf 200.000 erhöht. Solon Karthak kennt die namenlosen Heiligen nicht, die inständig für Nepal gebetet haben, aber er ist davon überzeugt, dass ihre Gebete die bemerkenswerte geistliche Ernte in diesem Land bewirken.

Die kämpfenden Heiligen

Diese intensive Fürbitte gehört weitgehend zu der Art, die von erfahrenen Betern als »kämpferisches Beten« bezeichnet wird. Es bezieht sich konzentriert auf bestimmte Anliegen und ist oft gegen dämonische Kräfte gerichtet, die Gottes Pläne und Absichten in einer bestimmten Gegend hindern wollen. Diese Art des Betens hat es schon länger gegeben, als wir uns vorstellen. Manche nennen es

»strategisches Beten«, weil es sich mit den unsichtbaren Mächten der Finsternis (s. Eph 6,10-12) gezielt befasst. Auf diese Weise wird der Weg frei gemacht für die Verkündigung des Evangeliums in dunklen Bereichen der Welt.

Ed Silvoso bezeichnet dieses Beten als das »Hauptvehikel«, um das Evangelium zu jedem Menschen zu bringen. Er nimmt an, dass die »himmlischen Bereiche«, von denen Epheser 2,6 spricht, das Schlachtfeld sind, wo die Gemeinde den Mächten des Bösen begegnen und sie überwinden muss. Silvoso beschreibt dann, was er für ein Schlüsselprinzip evangelistischen Betens hält. »Der Gläubige ist ein Abgeordneter des Gerichtes von Golgatha und dazu bestimmt, dem Urteilsspruch Jesu Geltung zu verschaffen: der Rettung der Verlorenen. Der Gläubige soll diese ihm verliehene Autorität vor allem im Gebet benutzen.«

In einer Sache bin ich sicher: Zunehmende Bereiche intensiven, zielgerichteten Betens bringen ungewöhnliche Ergebnisse hervor.

Kürzlich hörte ich von einem AJH-Team auf den Fidschis, das den Eindruck hatte, dieser Gebetskampf sei nötig, wenn sie jede Wohnung in dem Urlaubsort Nadi erreichen wollten. Als sie ihren Einsatz planten, hatten sie erfahren, dass eine bestimmte Pension von einer Gruppe von Prostituierten gemietet und in ein Bordell umgewandelt worden war.

Die Mitarbeiter sahen darin ein Bollwerk des Satans, das eine bestimmte Gebetsstrategie erforderte, bevor ein evangelistischer Einsatz Erfolg haben konnte. So beschloss das Team, eine volle Woche zum Fasten und Beten anzusetzen, bevor sie in dieses Haus hineingingen. Im Gebet begegneten sie den Mächten der Finsternis und befahlen ihnen mutig im Namen Jesu, das Haus zu verlassen.

Als der Tag kam, an dem »die Festung gestürmt werden sollte«, taten sie es nicht in aggressiver Weise, sondern ruhig und freundlich. Als Ergebnis übergaben vier der jungen Frauen einschließlich ihrer Zuhälterin ihr Leben Jesus. Die Festung war gefallen.

Drei Tage später erklärten alle Frauen bei einer Jugendversammlung öffentlich ihre Hinwendung zu Christus.

Es folgten noch mehr ungewöhnliche Siege, als dies Team in Nadi weitere Erfahrungen mit der Macht des gezielten Gebetes machte. Manchmal geschahen Zeichen und Wunder, wenn die Gläubigen gegen die Mächte der Finsternis in ihrem Inselstaat angingen. Und immer mehr Menschen wurden gerettet.

Bei einer Gelegenheit hatte ihr Beten einen ganz besonders außergewöhnlichen Einfluss.

Ein Geheimdienstoffizier der Armee der Fidschis, dessen Cousin im AJH-Team mitarbeitete, der selbst aber kein Christ war, litt unter zunehmender Frustration, weil es ihm nicht gelang, Waffenschmuggler zu stellen. Es war zwar weithin bekannt, dass Waffen auf die Fidschis gebracht wurden – man vermutete, dass ein Putschversuch gegen die Regierung unternommen werden sollte. Doch alle Anstrengungen dieses Offiziers, die Schuldigen zu fassen oder die Waffen aufzuspüren, waren vergeblich.

Eines Nachts erschien dem Offizier im Traum ein Mann.

»Geh zu deinem Cousin Mosese«, sagte ihm der Mann, »er wird dir sagen, was du wissen musst.«

Das war alles, an das sich der Offizier von seinem Traum her erinnern konnte. Aber um halb sechs Uhr morgens zog er sich an und fuhr zum Arbeitsplatz seines Vetters. Es war das AJH-Büro, die einige Kilometer entfernte »Fidschi-Nadi«-Basis.

Ohne dass der Offizier etwas davon wusste, hatte das Team eine Fastenzeit angesetzt und die ganze Nacht im Gebet verbracht.

Er erzählte nun seinem Cousin von dem kurzen Traum und seinem Dilemma, das den Traum ausgelöst hatte. Dann schaute er Mosese an und fragte: »Kannst du mir tatsächlich die nötigen Informationen geben?«

»Es gibt *eine* Sache, die du unbedingt wissen musst, da bin ich sicher«, antwortete Mosese. »Wenn du das weißt, hat alles andere kein Gewicht mehr.«

Dann erzählte er seinem Vetter von Christus und wie er ihn in sein Leben aufnehmen könnte, und wie das die Antwort auf jede andere Frage sei. Im gleichen Augenblick – obwohl Mosese die ihm gestellte Frage noch gar nicht beantwortet hatte, glaubte sein Cousin der Botschaft von Christus.

Der Offizier blieb einige Tage bei den Hausmissionaren von AJH, um Lektionen über Nachfolge zu lesen und so viel wie möglich von andern Gläubigen zu erfahren. Während er ihnen erzählte, welche Sorgen er mit dem illegalen Waffenhandel hatte, wuchs in ihm die Überzeugung, dass auch dort dämonische Kräfte am Werk waren. Bald war auch er mit dem Rest des Teams in zielgerichtetem Gebet gegen diese Mächte vereinigt.

Der Offizier rief seinen Vorgesetzten an und teilte ihm alles, was geschehen war, bis in die Einzelheiten mit. Kurz darauf erschien sein Vorgesetzter bei der AJH in Nadi und übergab ebenfalls sein Leben Christus. Jetzt nahm auch er an den Gebetsgemeinschaften teil.

An jenem Tag beschloss man, eine Gebetskette zu bilden, und rief andere Beter dazu auf, jeden Samstagabend von sechs bis zehn Uhr um das Problem des Waffenschmuggels zu beten. Innerhalb weniger Tage nach dem ersten Gebetstreffen flossen zunehmend Informationen. Gott schenkte den Betenden Einsichten, die die Behörden veranlassten, an Stellen nachzuschauen, wo sie nie etwas vermutet hätten. Etwa zwei Wochen später wurde ein großer Container mit Waffen an Bord eines Schiffes entdeckt, das in einem australischen Hafen lag – tausend Kilometer entfernt – und für die Fidschi-Inseln bestimmt war. Einige Tage später wurden auch auf den Fidschis Waffen, die monatelang versteckt gewesen waren, gefunden und beschlagnahmt.

Das gemeinsame zielgerichtete Beten hatte eindeutig Folgen. Vielleicht wurde damit einer Nation Blutvergießen erspart.

Ein Wort an den Wind

Im Jahr 1992 konnte ich aus erster Hand etwas von der Macht eines solchen Gebetskampfes erleben, als ich eine Reise zu jenen Südsee-Inseln unternahm, um ein großes »Erntedankfest« zu feiern. Ich war dort als Internationaler Präsident von AJH, um eine besondere Abordnung von Vertretern des Kwaio-Stammes auf den Salomonen-Inseln zu empfangen. Sie kamen, um von der unglaublichen geistlichen Erweckung unter ihrem Volk im Innern von Malaita zu erzählen. Außerdem wollten wir sechs Fidschi-Missionare aussenden. Unseres Wissens waren es die ersten vollzeitlichen Missionare, die unter den unerreichten Gebirgsstämmen der Kwaios leben und arbeiten wollten.

Wir versammelten uns in einem behelfsmäßig hergerichteten Zuhörerraum, der aus riesigen Wellblechplatten bestand, die auf Bambusstützen auflagen. Ungefähr 3.000 Fidschi-Leute hatten sich zu der Aussendung eingefunden. Die meisten von ihnen waren solche, die sich während des zehnjährigen evangelistischen Einsatzes »von Insel zu Insel« und »von Haus zu Haus« auf den 106 bewohnten Inseln bekehrt hatten.

Eines Nachmittags, kurz bevor eine Hauptveranstaltung beginnen sollte, sprach ich mit verschiedenen Einsatzleitern von Fidschi. Die Menschen sammelten sich schon um den behelfsmäßigen Versammlungsraum herum und hatten Freude an der Gemeinschaft. Plötzlich erhob sich ein schrecklicher Wind. Alle Köpfe wandten sich der östlichen Begrenzung des AJH-Geländes zu. Einige der Anwesenden riefen etwas in ihrer eigenen Sprache, als ein paar kleine, aber kräftige tornadoähnliche Wirbel in verschiedene Richtungen dahinfuhren. Einer von ihnen kam über die Grenze gerade auf unsern Versammlungsplatz zu.

Der Wirbelsturm riss einen Teil des Daches herunter und stieß einige riesige Wellblechplatten auf den Boden. Eins der Bleche schnitt einer Frau seitlich ins Bein. Obwohl wir noch relativ weit entfernt von ihr dastanden, konnten wir das Blut fließen sehen.

Jetzt schien der Wirbel einen Augenblick innezuhalten, dann bewegte er sich fast zögernd auf ein anderes Stück des Metalldaches zu und hob es langsam von dem Bambusgerüst ab. Mir hatte es einfach die Sprache verschlagen.

Die AJH-Leute, mit denen ich mich kurz vorher unterhalten hatte, wussten instinktiv, dass das kein gewöhnlicher Wirbelsturm war. Tatsächlich erfuhr ich später, dass die Worte, die die Fidschi-Leute im ersten Augenblick gerufen hatten, den Namen eines dämonischen Geistes repräsentierten, der schon oft auf diese Weise Treffen von Gläubigen unterbrochen hatte. Sie hatten tatsächlich ein Wort, einen besonderen Namen für den Wind, wenn er solche Erscheinungen verursachte.

Unser Leiter von Vanuatu, Raynold Bori, drehte sich zum Metalldach um, das im Wind hin- und herschlug. Mit Vollmacht zeigte er auf die wirbelnden, tornadoähnlichen Windstöße.

»Verschwinde jetzt sofort«, kommandierte er leidenschaftlich, »im Namen Jesu!«

Fast gleichzeitig lief unser Mitarbeiter von Papua-Neuguinea zu ihm hin und stellte sich an seine Seite. Dann kamen noch andere hinzu. Jeder von ihnen hob beide Hände in Richtung auf den Wirbelwind und befahl zusammen mit Raynold dem Sturm, uns zu verlassen.

Das alles geschah so schnell, dass ich nur stumm dabeigestanden hatte. Endlich fand auch ich die Sprache wieder und schloss mich ihnen an.

»Ja, Herr«, sagte ich. »Ich stimme meinen Brüdern zu.«

Was geschah, war erstaunlich. Der tornadoähnliche Windstoß drehte sich zwar noch immer, ließ aber das riesige Stück Wellblech wieder an seinen ursprünglichen Ort fallen. Dann zog er sich in östlicher Richtung bis an die Grundstücksgrenze zurück. Ich kannte den Grenzverlauf sehr genau, da am Tag vorher unser Fidschi-Direktor, Suli Kurulo, mir erklärt hatte, wie Gott ihnen dieses große Grundstück durch die Großzügigkeit eines Zuckerplantagenbesitzers geschenkt hatte. Und dann hatte Suli mir die Grenzen des Geländes rundherum gezeigt.

Jetzt stand ich wie angewurzelt da, als dieser Wirbelwind, der ein paar Augenblicke vorher noch eine selbstständige Macht zu sein schien, sich zur Grenze zurückzog, von wo er gekommen war. Als er so weit gekommen war, ließen die Leiter neben mir ihre Hände sinken, die sie zum Gebet erhoben hatten.

Sofort kam der Sturm über die Grenze zurück und drehte sich wieder auf uns zu, als ob er sagen wollte: »Ich komme wieder!« Erneut begann intensives Beten – die Hände dem Wirbeltrichter entgegengehoben.

Was als Nächstes geschah, ist unvergesslich. Einer der Brüder befahl voll Glaubensmut dem Geist, das Gelände zu verlassen.

»Dieses Grundstück gehört Jesus!«, rief er laut.

Als er fortfuhr zu beten, sah ich den Wirbelwind, der immer

noch nach einem kleinen Tornado aussah, der Ostgrenze des Grundstücks in südlicher Richtung folgen. Er kam nicht mehr über die Grenze des AJH-Geländes. Als er dessen Südgrenze erreichte, drehte er um 90 Grad nach Westen ab. Auch jetzt verletzte er die Grenze unseres Geländes nicht mehr. 3.000 Augenpaare hatten ihn in jedem Augenblick verfolgt. Als der Windwirbel die Südwestecke des Geländes erreicht hatte, drehte er scharf nach Norden ab.

Die ausgestreckten Hände der betenden verantwortlichen Leiter fielen nicht herunter. Ihre Gebete waren so inbrünstig wie am Anfang.

Der Wirbel befand sich nun etwa 15 Meter von dem wellblechgedeckten Versammlungsraum entfernt und bewegte sich in nördlicher Richtung entlang der westlichen Grenze des AJH-Geländes. Diese Richtung behielt er bei, ohne die Grenze noch einmal zu überschreiten. Er hatte jetzt das Grundstück fast einmal umkreist. Als er schließlich die Nordwestecke erreicht hatte, schien er einen Augenblick innezuhalten und sich dann noch einmal kurz in die Richtung auf den Versammlungsplatz zu drehen, als ob er sagen wollte: »Diesmal habt ihr mich geschlagen, aber ich komme wieder.« Dann rauschte er in die Zuckerrohrfelder im Nordwesten hinein und verschwand.

An dem Tag waren Billheimers »namenlose Heilige« auf den Fidschis in Aktion gewesen. Sie waren diejenigen, die beteten, während ich bloß dabeistand und sagte: »Ja, Herr, ich stimme dem zu.«

Die Frontsoldaten der Erntezeit

Das Schicksal der Welt liegt nicht nur in den Händen der namenlosen Heiligen, die beten, sondern auch in den Händen derer, die wie Frank Case ebenso geben, wie sie beten. Ich nenne diese Heiligen die Frontsoldaten der Erntearbeit. Sie kämpfen für die geistliche Ernte durch Beten und Geben.

Charles und Lettie Cowman, über die wir in Kapitel 18 sprachen, waren solche Frontsoldaten. Bei Charles letztem Auftreten, bevor er im Jahr 1900 die USA verließ, um nach Japan zu gehen, sprach er von dem, was ihn und Lettie zu dieser Entscheidung bewegt hatte:

> *Vor einigen Jahren las ich ein Buch mit dem Titel: »Dawn on the Hills of Tang« (Dämmerung über den Hügeln von Tang). Darin stand: »Der Einsatz des Lebens ist die folgenschwerste aller menschlichen Entscheidungen.« Es ist kein leichtes Ding, ein ganzes menschliches Leben so bis zu Ende zu leben, dass es viel Gewinn bringt. Die schwerste Frage, die sich über alles andere erhebt, welchen Punkt wir auch immer erreicht haben mögen, heißt: »Wie kann ich jetzt den Rest meines Lebens einsetzen, so dass er den größtmöglichen Gewinn abwirft?«*

Lettie Cowman vergaß diese Worte niemals, auch nachdem Charles im Jahr 1924 starb. Sie blieb nun allein mit der Aufgabe, die Vision von »Every Creature Crusade«, das Evangelium »jeder Kreatur« zu bringen, fortzusetzen, womit sie in Japan begonnen hatten.

Gern erzählte sie von einer Erfahrung, die sie an einem Winternachmittag im Dezember 1932 gemacht hatte. Es war auf dem Höhepunkt der großen Wirtschaftskrise. Spenden waren so selten geworden, dass die Koreaner, die mit ihr zusammen arbeiteten, darüber informiert wurden, dass die 24 Bibelschulabsolventen, die neue Arbeitsfelder erschließen wollten, nicht mehr bezahlt werden könnten. Es schien, als ob der Feind ihrer Seelen unmittelbar neben den leeren Kassen säße und sagte: »Jetzt ist die Arbeit am Ende!« So schrieb Lettie später.

Doch die Studenten, die sich dort zusammengefunden hatten, begannen inbrünstig zu beten. Sie sangen und riefen mit triumphierenden Stimmen zu Gott. Sie schienen den Eindruck zu haben, dass die Antwort schon unterwegs war.

Dann, so berichtete Lettie, kamen viele koreanische Christen aus der Umgebung, die in tiefer Armut lebten, und legten ihre Gaben in den Opferteller. Bald wurde dieser zu klein. Obwohl das Wetter draußen Temperaturen unter Null aufwies, legten Männer ihre Mäntel ab und legten sie auf das Opfer. Sie gaben Lederschuhe, Uhren, Brieftaschen, Brillen und Decken. Frauen zogen silberne Nadeln aus ihrem Haar und legten sie auf die Opferschale. Niemand drängte sie dazu, nur der Heilige Geist. Eine kleine koreanische Frau, deren Missionsstation 500 Kilometer entfernt hoch in den Bergen lag, kam nach vorn und legte ihre Rückfahrkarte in den Opferteller. Sie sagte, sie würde zu Fuß nach Hause gehen.

Laut Frau Cowman begann dieser Opfergottesdienst um zwei Uhr nachmittags und dauerte bis zehn Uhr abends. Dann ging ein Missionar, dessen Herz übervoll war von dem, was da geschehen war, zur Bühne und ordnete an, dass nicht weiter gespendet werden sollte. »Ich kann es nicht länger ertragen«, sagte er.

Nach dieser Versammlung kehrten alle Mitarbeiter auf ihre Stationen zurück. Das Opfer wurde in Bargeld umgewandelt und ergab einen Betrag von fast 3.500 Dollar (heute wären das wohl 120.000 Mark). Die 24 Absolventen hatten damit genug für ihre geplanten Einsätze weiter im Inland.

Gott hatte all ihre Bedürfnisse erfüllt.

Der Geldkoffer

Ich glaube, dass das Schicksal der Welt heute an dieser Art von opferbereitem Geist hängt. Es heißt, dass die Christen heute weltweit ein persönliches Jahreseinkommen von annähernd 14 Billionen Mark haben. Die gleichen Christen geben schätzungsweise eineinhalb Prozent davon für alle Arten kirchlicher Arbeit. Das ist weniger als ein Sechstel des »Zehnten« und gilt sowohl für die einzelnen Regionen als auch für das Land als Ganzes. Und nur 0,1 Prozent gehen davon in die äußere Mission – etwa ein Zehntel Pfennig von jeder Mark. Die Mittel, um die ganze Welt mit dem Evangelium bekannt zu machen, sind da, wenn die Gläubigen sie nur freigeben würden!

Jesus sprach häufig davon, dass wir die richtige Perspektive brauchten für die Verwendung unseres Geldes. Er warnte seine Jünger:

> *»Ihr sollt euch nicht Schätze sammeln auf Erden, wo sie die Motten und der Rost fressen und wo die Diebe einbrechen und stehlen.*

Sammelt euch aber Schätze im Himmel, wo sie weder Motten noch Rost fressen und wo die Diebe nicht einbrechen und stehlen. Denn wo dein Schatz ist, da ist auch dein Herz.« (Mt 6,19-21)

Ein Christ in Europa nahm diese Schriftstelle vor einigen Jahren zu Herzen. Er hatte über Jahre Schätze aufbewahrt und dachte nun, dass damit ein Stück vom Reich Gottes gebaut werden könnte, wenn er die Summe abgeben würde.

Dieser »Heilige«, wir wollen ihn Klaus nennen, wusste von dem großen Bedarf an evangelistischen Schriften, um verlorene Menschen zu erreichen. Er hatte sich schon lange mit der weltweiten »Aktion: In jedes Haus« befasst. Daher suchte er einen der AJH-Leiter in Europa auf, sagen wir Michael. Um diese Zeit hatten sich West- und Ostdeutschland gerade wieder vereinigt. Die Möglichkeiten zur Ausbreitung des Evangeliums schienen unbegrenzt. Doch die europäische AJH hatte nicht einmal genug Geld, um die ausstehenden Rechnungen für die Einsätze zu bezahlen.

Klaus hörte sich interessiert den Bericht zur Lage an und versprach, darum zu beten.

Ein paar Tage später kam er zu Michael zurück und übergab ihm einen kleinen Koffer. Er war angefüllt mit seltenen Geld- und Silbermünzen, Schätze, die er über Jahre gesammelt hatte.

»Was soll ich damit?«, fragte der AJH-Mann überrascht.

»Ich habe mit mir selbst gekämpft«, gab Klaus zu, »aber der Herr sagte mir dreimal, dass ich meine Sammlung weggeben sollte. Daher möchte ich diese Münzen für deine Arbeit zur Verfügung stellen.

Michael war erstaunt über die Selbstlosigkeit des Mannes. Er konnte die Münzen einem Sammler gegen eine Spende über 5.000 Mark überlassen und setzte die Summe umgehend ein, um den dringensten Nöten der AJH in Deutschland abzuhelfen.

Doch damit ist die Geschichte noch nicht am Ende. Ein paar Wochen später rief Klaus erneut bei Michael an und teilte ihm mit, er habe gereade einen Anruf mit der Information erhalten, dass er in einem Preisausschreiben einen zweiten Preis gewonnen hätte. Der Preis war mehr als 6.000 Mark wert. Klaus konnte es kaum glauben –

das waren ja 1.000 Mark mehr, als er mit den Münzen gespendet hatte. Doch die Geschichte ist auch hier noch nicht am Ende. Kurz danach tauchte der Mann, der jetzt die Münzsammlung besaß, wieder auf. Irgendetwas beunruhigte ihn.

»Ich weiß«, sagte er, »dass Ihnen jemand diese Münzen gegeben hat, um sie für Ihre Arbeit in der Hausmission zu nutzen, »ich habe aber den Eindruck, dass Gott will, dass ich sie Ihnen zurückgebe, so dass Sie sie dem ursprünglichen Eigentümer wieder aushändigen können.« Er fügte noch hinzu: »Das Geld, das ich Ihnen für die Münzen spendete, können Sie natürlich behalten.«

Als Michael die Münzen an Klaus zurückgab, konnte dieser kaum glauben, was er sah. Wenn man den Wert der Sammlung zu dem gewonnenen Preis addierte, dann hatte Gott bei Klaus Glauben und Treue mit dem doppelten seiner ursprünglichen Spende belohnt.

Das wäre ein wunderbares Ende der Geschichte gewesen, wenn Gott nicht noch eine besondere Überraschung geplant gehabt hätte. Als Michael die ungewöhnliche Sache mit der Münzsammlung dem Freundeskreis der AJH in Europa erzählte, wurde eine Leserin (eine andere unbekannte Heilige) von dem Bericht so angerührt, dass sie ihre eigenen Kassetten, gefüllt mit ähnlich seltenen Münzen, zugunsten der Hausmission opferte. Jetzt waren beide, Klaus und das Werk , doppelt gesegnet worden. Und um dieser Opfer willen konnten viele andere Menschen von Jesus hören.

Eine Frage zum Abschluss

Was können wir daraus lernen? Namenlose Heilige, so glaube ich, halten in ihren Händen den Schlüssel zur größten Ernte aller Geschichte – ein Gedanke, der uns abschließend eine notwendige Frage vorlegt:

Was tun Sie angesichts der vor Ihnen liegenden Herausforderung, den Auftrag der Weltevangelisation zu beenden?

Schließen Sie sich dem Kampf dieser leidenschaftlichen Christen wie Frank Case, den Cowmans und der großen Gruppe der mitfühlenden Koreaner an, die an einem frostklaren Dezembertag soviel gaben und so wenig behielten? Oder ziehen Sie sich zurück von greifbarer Opferbereitschaft und sonnen sich stattdessen im Komfort einer sorglosen Generation, die nur allzu beschäftigt ist mit Selbstverwirklichung?

Eins ist sicher: Eines Tages wird eine Generation von Jüngern Jesu aufstehen, um den großen Missionsauftrag Christi an seine Gemeinde zu erfüllen – nämlich aller Welt von seiner Liebe zu erzählen.

Der bekannte Evangelist D. L. Moody sagte zur Evangelisierung der ganzen Welt: »Sie kann getan werden, sie sollte getan werden, sie muss getan werden!«

Glauben Sie das wirklich? Wenn ja, dann reihen Sie sich ein in die Reihen jener wachsenden Armee von namenlosen Heiligen, die am Reich Gottes mitbauen wollen, die sich dem Ziel geweiht haben, dass sein Wille geschieht und die ganze Erde mit seiner Herrlichkeit erfüllt wird (s. Offb 11,15; Hab 2,14). Gemeinsam können wir die Aufgabe zu Ende führen!

Epilog

Ein Grund zur Freude

David Bryant schreibt in seinem hervorragenden und ermutigenden Buch »The Hope at Hand« (Nahe der Hoffnung), dass es viele hoffnungsvolle Zeichen vorhandener und kommender Erweckung gibt. So viele, dass er seinem Buch einen Anhang verfasst. Darin nennt er 83 erstaunliche Fakten, die er als »mutmachende Höhepunkte der Erweckung der Welt« bezeichnet.

Bryant zitiert missiologische Untersuchungen, in denen es heißt, dass etwa 70 Prozent aller Missionsarbeit seit 1900 stattgefunden habe. Und davon geschah 70 Prozent seit dem Zweiten Weltkrieg, und davon wieder 70 Prozent seit 1992. Eine Erkenntnis, die fast einer Zahlenspielerei ähnelt.

Man schätzt außerdem, dass heute mehr als 1.520 christliche Radio- und Fernsehstationen rund um die Erde den Zugang zum Evangelium für 4, 6 Milliarden der Weltbevölkerung in ihrer eigenen Sprache möglich machen.

Bryant weist darauf hin, dass sich nach verschiedenen Untersuchungen etwa seit 1980 in Ostasien massenweise Menschen zu Christus bekehren. In jenem Jahr gab es schätzungsweise insgesamt 16 Millionen Christen in Ostasien. Weniger als zehn Jahre später ist ihre Zahl auf 80 Millionen angewachsen.

Andere in gleicher Weise inspirierende Zeugnisse machen zusätzlich Hoffnung. In Laos ist die christliche Kirche innerhalb von fünf Jahren von 5.000 auf 20.000 Mitglieder angewachsen. In Nagaland in Indien – einem Gebiet, das man früher für zu 90 Prozent von Christen bewohnt hielt – sagt man heute, dass das Land zu 100 Prozent dem Christentum anhängt. Im hinduistischen Indien sollen 15.000 Taufen in der Woche stattfinden, und nach Berichten sind fast 80 Prozent dieser Menschen zu Christus gekommen, nachdem sie irgendwelche übernatürlichen Begegnungen mit dem Herrn hatten.

In Indonesien, der am dichtesten bevölkerten muslimischen Nation der Welt (fast 200 Millionen Menschen) ist, nach Angabe eines Forschers, der Prozentsatz der Christen inzwischen so hoch, dass die Regierung sich weigert, genaue Zahlen anzugeben.

In der Mongolei wusste man bis 1991 nur von 15 Christen – bei insgesamt zwei Millionen an Bevölkerung. Heute sind es mindestens 1.000 mit vielen Versammlungsplätzen in dichter besiedelten Regionen, in denen man zu Gottesdiensten zusammenkommt.

Wenn Gott noch ein paar erstaunliche »Trümpfe im Ärmel hat«, wie wir in Kapitel 13 feststellten, dann scheint es, als ob er besonders über China seine »Ärmelfalten« öffnete. Man sagt, dass dort 25.000 bis 30.000 Chinesen täglich zu Christus kommen. Die »Ernte auf den Feldern Gottes« ist so erstaunlich, dass man kaum genaue Zahlen bekommen kann. Auch die »Drei-Selbst-Bewegung« in China, die von der Regierung kontrolliert wird, wächst ganz erstaunlich. Wenn man nur die offiziellen Mitgliederzahlen der Kirche in Betracht zieht, ist sie in fünf Jahren von 4.000 auf 7.000 angewachsen.

Längst nicht alle »Drei-Selbst«-Gruppen geben ihrer Regierung genaue Zahlen an, aus Angst vor schärferem Durchgreifen in der Zukunft, was dann ihre Möglichkeiten zur freien Arbeit hindern könnte. Ich habe mit einem ihrer Verantwortlichen gesprochen, der die Mitgliederzahl seiner Gemeinde immer noch mit 150 angibt, obwohl es heute über 150 sind. Wenn die Behörden die wirkliche Zahl erführen, so fürchtet er, würden sie die Kirche zerschlagen.

In der »Gemeinschaft unabhängiger Staaten« (GUS) hat es ebenfalls Erweckungen und »Erntezeit« gegeben. Nach 70 Jahren Unterdrückung umfasst nach Bryant die christliche Bewegung heute etwa 36 Prozent der Bevölkerung, d. h. über 100 Millionen. Das sind fünfmal mehr Menschen, als die kommunistische Partei je Mitglieder hatte.

Vor 1991 hat AJH in der ehemaligen Sowjetunion mit dem Evangelium nicht in eine einzige Wohnung Zugang gefunden. Doch in den drei Jahren, die dem offiziellen Umbruch folgten – mit dem Rücktritt Gorbatschows an Weihnachten 1991 – konnte die »Aktion: In jedes Haus« ungehindert mehr als 15 Millionen Wohnungen aufsuchen und erhielt nahezu eine Million Antworten. Unmittelbar vor dem Auftritt Billy Grahams in Moskau im Oktober 1992 arbeitete

AJH mit 57 evangelischen Kirchen in der Stadt zusammen, um eine evangelistische Botschaft und eine Einladung zur Veranstaltung von Billy Graham in fast eine halbe Million Wohnungen im Zentrum von Moskau zu bringen.

Auch in Afrika gibt es große geistliche Aufbrüche. Im Jahr 1900 schätzte man, dass vier Prozent der Bevölkerung Christen waren. Heute wird gesagt, dass es gut über 40 Prozent sind und dass sich die Zahl sogar der 50-Prozent-Marke nähert. Diese könnte bis zum Jahr 2000 schon erreicht sein. Allein im Arbeitsbereich von AJH gingen innerhalb von zwölf Monaten (1994) 150.000 Rückmeldungen von Afrikanern ein – und das war nur im französischsprachigen Teil Afrikas. In einem einzigen afrikanischen Land – Nigeria – sprach in einer Massenveranstaltung, die gemeinsam von charismatischen und evangelikalen Kirchen getragen wurde, ein Evangelist zu einer halben Million Zuhörern, und mehr als 250.000 trafen an fünf Abenden eine Entscheidung für Christus.

Aus Gottes Ärmelfalten fallen auch Segnungen über Lateinamerika. Man sagt, dass dort die evangelikale Bewegung dreimal schneller wächst als die Bevölkerungsrate. In einem Artikel der »The Los Angeles Times« schätzt ein katholischer Journalist, dass bei der gegenwärtigen Zahl von Bekehrungen zum evangelikalen Glauben in Lateinamerika am Ende des 21. Jahrhunderts die gesamte Bevölkerung des Landes evangelisch sein würde.

Weiteres wunderbares Wachstum

Der Eifer der Neubekehrten in den Entwicklungsländern der Welt sollte nicht übersehen werden. Statistiken besagen nach David Bryant, dass nicht-westliche missionarische Bemühungen sich fünfmal schneller ausbreiten als die im Westen. Er zitiert die Tatsache, dass im Augenblick 49.000 Missionare aus der Zweidrittelwelt kommen, das sind 35,5 Prozent aller protestantischen missionarischen Einsätze weltweit. Und ums Jahr 2000 wird die Zahl der Missionare aus der Zweidrittelwelt die aller westlichen Nationen zusammengenommen überschreiten.

Die Gemeindegründungsbewegung DAWN (Discipling a Whole Nation), angeführt von Dr. Jim Montgomery, ist ein weiteres Beispiel einer Beschleunigung der weltweiten Ernte in den vergangenen Jahren. DAWN versucht mit allen Gliedern vom Leib Christi ein Land mit Zellen von Gläubigen zu füllen (eine Zelle oder Gemeinde mit 500 bis 1.000 Menschen), indem sie alle evangelistischen Bemühungen in den Prozess mit hineinnimmt. Die systematische Hausmission »von Tür zu Tür« durch AJH, die weltweit zu der Gründung von Tausenden von christlichen Gruppen geführt hat (s. Kapitel 6), ist ein lebenswichtiger Teil jener DAWN-Bewegung.

DAWN startete im Jahr 1985 mit vier Pilotprojekten. Ein Jahrzehnt später gab es großangelegte Strategien in 30 und Anfänge in 60 anderen Ländern. Diese insgesamt 90 Nationen repräsentieren 85 Prozent der Weltbevölkerung. Es gibt Pläne für die Durchsetzung von Gemeindegründungen nach der DAWN-Strategie in 145 Nationen bis zur Jahrtausendwende.

Die wunderbaren Ergebnisse dieser Strategie auf den Philippinen zeigt, dass die Ernte sich bedeutend ausweitet. Im Jahrzehnt, bevor diese Bewegung auf den Philippinen begann, wuchsen die Kirchen etwa um fünf Prozent im Jahr. Wenn es von 1975 an bei dieser Rate geblieben wäre, hätten bis zum Jahr 2000 etwa 17.000 Gemeindegründungen stattgefunden. Stattdessen hat sich diese Rate aber mehr als verdoppelt, und es sind schon 35.000 neue Gemeinden entstanden. Nach dem gegenwärtigen Stand der Dinge wird die Zahl neuer Gemeinden bis zum Jahr 2000 die 50.000-Marke überschreiten. Das ist ein Zuwachs von 33.000 Gemeinden über das hinaus, was erwartet wurde.

Leute, die sich mit Gottes Wort und intensivem Gebet beschäftigen, sind nicht überrascht über die wachsende Ernte für das Reich Gottes und die Wunder, die sie begleiten. Einmal haben sie inbrünstig für diese Entwicklung gebetet, und sie wissen und glauben, dass Gott Gebete beantwortet. Dann wissen sie aber auch, dass die Bibel von endzeitlichen Erweckungen und von einer Ernte spricht, die in dem Ergebnis münden: »... das Land wird voll Erkenntnis des Herrn sein, wie Wasser das Meer bedeckt« (Jes 11,9).

Die schnell reifende Ernte

Die Kirche ist diesem Höhepunkt näher, als vielen bewusst ist. Und obwohl viele andere christliche Werke und Konfessionen diese Realität bestätigen könnten, habe ich die Beispiele doch vorwiegend von den AJH-Einsätzen genommen, weil ich mehr von den Ergebnissen weiß, die uns von dort berichtet werden.

In weniger als zwei Jahrzehnten sind im französisch- und englischsprachigen Teil Afrikas durch AJH mehr als 15 Millionen Familien besucht worden, um ihnen das Evangelium von Jesus Christus weiterzugeben. Laut der Weltgesundheitsorganisation leben in jedem Haushalt der Welt im Durchschnitt 5,2 Personen. Das bedeutet, dass mehr als 75 Millionen Afrikanern ein Zugang zur Guten Nachricht vermittelt wurde – in weniger als 20 Jahren. Mehr als zwei Millionen dieser Familien wurden allein in »Französisch-Afrika« in fünf Jahren erreicht.

Die schriftlichen Antworten auf die gedruckten Botschaften (in Form von Rückmeldekarten, die dort per Post an die afrikanischen AJH-Zentralen gelangten) als auch die mündlichen Entscheidungen von Analphabeten, über die unsere Hausmissionare berichten, sind besonders ermutigend. Über 2,1 Millionen Karten als auch aufgezeichnete Berichte von Leuten, die beteten, um sich Jesus auszuliefern, haben wir in dieser Region innerhalb von fünf Jahren erhalten. Ein Drittel davon kam bemerkenswerterweise innerhalb eines einzigen Jahres, was ein Zeichen ist für die überreife Ernte und für die Offenheit der Menschen.

In Südasien, wo AJH-Einsätze in Sri Lanka, Nepal, Bhutan, Bangladesch und in den weiten Regionen Indiens stattfanden, sind die Ergebnisse ebenfalls ermutigend. Seit 1964 sind mehr als 459.741.200 evangelistische Schriften von Haus zu Haus persönlich abgegeben worden – jedes mit einer Gutscheinkarte versehen. Da gewöhnlich zwei verschiedene Schriften – eine für Erwachsene und eine für Kinder – in jeder Wohnung abgegeben werden, bedeutet das, dass dort fast 500 Millionen Schriften in die Hände von mehr als 250 Millionen Familien gekommen sind.

Allein in Indien wurden in den letzten drei Jahrzehnten über sechs Millionen Antwortkarten bearbeitet. In Nepal gingen in weniger als einem Jahrzehnt mehr als 186.000 Karten in den Zentralen ein, die meisten seit den demokratischen Reformen in den späten 80er Jahren. Außerdem wurden durch AJH mehr als 3.300 christliche Gruppen in Nepal gegründet – davon viele Hunderte in abgelegenen Dörfern, die in den Bergregionen des Himalaya verstreut liegen.

In Bangladesch, einer streng islamischen Nation von 132 Millionen Menschen, haben etwa 30 Millionen Einwohner, d. h. mehr als vier Millionen Familien, die Gute Nachricht persönlich in ihren Wohnungen erhalten. 217.279 Menschen (eine erstaunliche Zahl für ein muslimisches Land) haben darauf mit einer Rückmeldekarte reagiert. Diesen suchenden Menschen sowie auch den Neubekehrten wurden die einfachen, aber hilfreichen mehrteiligen Glaubensgrundkurs-Lektionen zugesandt.

In Ostasien, einschließlich Indonesien, Malaysia, Thailand, Korea und Japan sind 411.210.000 evangelistische Schriften persönlich verteilt worden. Dabei wurden schätzungsweise 200 Millionen Familien erreicht. Und trotz starker Einflüsse von Religionen wie dem Islam, dem Hinduismus und dem Buddhismus trafen 1.748.000 Antworten ein, die durch die Bibellektionen beantwortet wurden. Das meiste von dem eben Geschilderten hat sich in weniger als 25 Jahren abgespielt. Das gibt weiterhin der Vorstellung neue Nahrung, dass Gott tatsächlich noch besondere »Trümpfe im Ärmel« hat für die vollständige Erfüllung des großen Missionsauftrages.

Selbst in Myanmar, wo Adoniram Judson vor zwei Jahrhunderten predigte, haben inzwischen 5.472 Menschen auf AJH-Schriften geantwortet. Dabei waren wenigstens 100 buddhistische Mönche. 30 von ihnen haben eine so gründliche Umwandlung erfahren, dass sie nun selbst mit der Guten Nachricht von Haus zu Haus gehen. Auch das hat sich fast alles innerhalb eines Jahrzehnts zugetragen.

Auch Lateinamerika ist von dieser evangelistischen Hausmission nachhaltig berührt worden. Mehr als 378 Millionen evangelistische Schriften in Spanisch als auch in verschiedenen Stammessprachen wurden verteilt – die meisten von Haus zu Haus. Wie berichtet wurde, sind mehr als 2.441.940 Entscheidungskarten bei AJH eingegangen und bearbeitet worden.

Zur Zeit ist eine Aktion im Gange, das Evangelium der Liebe Christi mit humanitärer Hilfe für schätzungsweise 17 Millionen Kinder zu koppeln, die auf den Straßen lateinamerikanischer Städte leben. Statt Hausmission läuft das dann unter der Bezeichnung »Every Street Crusade« (Aktion: Von Straße zu Straße). Diese Kinder und Jugendlichen leben in Gassen und Parks, auf Müllhalden und sogar in Abwasserkanälen.

In Europa sind, trotz der manchmal lauen Haltung der Kirchen gegenüber evangelistischen Bemühungen, mehr als 225.793.000 gedruckte Botschaften von Jesus Christus verteilt worden. Die Hausmission geschah in 20 Nationen und mit Hilfe von Christen aus einigen hundert Denominationen. Mehr als 583.000 Europäer haben schriftlich darauf reagiert und bezeugt, dass sie vom Evangelium angerührt worden seien und weitere biblische Anleitung wünschten.

In den GUS-Staaten und Osteuropa sind seit 1990 mehr als 20 Millionen Familien mit der Guten Nachricht besucht worden. Bei durchschnittlich 5,2 Personen pro Haushalt bedeutet das, dass 100 Millionen Menschen dieser Region mit dem Evangelium in Berührung gekommen sind – eben durch die Hausmission. Für die meisten von ihnen war das die erste Begegnung mit der Guten Nachricht von Jesus Christus.

Fast zwei Millionen Menschen aus der gesamten Region, die als Eurasien bezeichnet wird, haben schriftlich bekannt, dass sie Christus als Erlöser annehmen oder weitere Informationen über Jesus haben möchten. Und da es oft nur eine Person aus einer Familie ist, die reagiert, ist es möglich, dass die tatsächliche Zahl derer, die sich zu Christus gewandt haben, noch beträchtlich höher ist.

In kleineren Gebieten der Welt geht es oft ähnlich zu. Obwohl die Pazifik-Inseln viel weniger an Bevölkerung aufzuweisen haben als die Länder auf den Kontinenten, ist die Reaktion auf die Hausmission pro Kopf manchmal drei- oder viermal so hoch wie die Zahl der Rückmeldungen in andern Gebieten der Welt. In den Ländern der Südsee haben z. B. etwa zehn Prozent der auf 300 Inseln verteilten Schriften Rückmeldekarten erzielt – 85.752 Karten nach einer systematischen Aktion von Haus zu Haus, bei der 885.000 evangelistische Botschaften abgegeben wurden. Und das meiste davon geschah innerhalb eines Jahrzehnts.

Ein weiteres Zeichen einer immer umfangreicheren Ernte in den letzten Jahren ist das ungewöhnliche Anwachsen der Zahlen derer, die überhaupt auf die Botschaft von Christus reagierten, verglichen mit ähnlichen Einsätzen früherer Jahre. 1989 z. B. antworteten insgesamt 342.000 Menschen weltweit auf die Hausmission. (Das bedeutete annähernd neunhundert Karten pro Tag.) Im Jahr 1992 hatte sich diese Zahl erhöht auf 426.031 – ein mutmachendes Anwachsen um 25 Prozent, aber noch nichts Überwältigendes. Doch im darauf folgenden Jahr sprang die Zahl auf 1.260.288 oder durchschnittlich 3.450 pro Tag. 1994 ging es noch höher hinauf, auf 1.485.284 oder 4.070 pro Tag. Das bedeutet ein Anwachsen von 350 Prozent in fünf Jahren.

Andere Werke und Denominationen berichten von ebenso erstaunlichen Ergebnissen bei der Verbreitung des Evangeliums. »Campus für Christus« hat bemerkenswerte Ergebnisse festgestellt als Folge der Vorführung des Jesus-Films, der inzwischen in 342 Sprachen übersetzt worden ist. Man schätzt, dass mehr als 732 Millionen Menschen den Film innerhalb von 16 Jahren gesehen haben.

Das Missionswerk »Vom Minus zum Plus« hat ebenfalls die Aufgabe angepackt, alle Haushalte mit dem Evangelium zu erreichen. Überwiegend auf dem Postweg gingen Broschüren in 24 Millionen Wohnungen in Großbritannien und 40 Millionen Haushalte im deutschsprachigen Teil Europas. Nach deren Informationen sind 100.000 Rückmeldekarten aus Großbritannien und Deutschland eingegangen. Bald sollen die Vereinigten Staaten und Kanada in diese Aktion einbezogen werden.

Das Netzwerk christlicher Rundfunksender ist bedeutend erweitert worden – quer durch die Kontinente – und man berichtet von phänomenalen Ergebnissen als Reaktion auf die Verbreitung des Evangeliums durch Fernsehen und andere Medien. Pat Robertson sagt, dass seine Institution CBN 20 Jahre in Aktion war, bis sie erlebten, dass eine Million Menschen zu Christus beteten und ihn als ihren Herrn annahmen. Aber in der ersten Hälfte der 90er Jahre verfünffachte sich diese Zahl.

Als Billy Graham im Alter die Satellitentechnik zu nutzen begann und simultan weltweit in vielen Sprachen evangelisierte, erreichte er an einem einzigen Abend Millionen von Menschen mit dem Evangelium. Die ProChrist-Evangelisationen im gesamten deutschsprachigen Bereich führen seit einigen Jahren zu ähnlichen Erfahrungen.

Es gibt kaum noch einen Zweifel: Die Gemeinde Jesu geht beschleunigt auf das große Ereignis zu, dass der siebente Engel seine Posaune bläst und himmlische Stimmen erklären: »Es sind die Reiche der Welt unseres Herrn und seines Christus geworden« (Offb 11, 15). Das ist Gottes Schlusswort zur Geschichte der Menschheit. Wir haben Grund, uns darüber zu freuen, dass der Herr vielleicht schon in diesem Augenblick das letzte Kapitel schreibt.

Nachwort

Auch in Deutschland gilt: »Jedem überall die Gute Nachricht von Christus«

Die Welt wimmelt nur so von Zeichen und Wundern. Täglich. Überall. Manche Christen schweben offenbar von einem Höhepunkt zum anderen. Bloß ich nicht. Ich hänge fest. Ich kämpfe mich durch. Werde müde. Ach, wenn doch auch ich einmal etwas Großes mit Gott erlebte!

Kennen Sie diese Gedanken?

Ich sage Ihnen: Die weltweite Geschichte von »Aktion: In jedes Haus« ist kein Honigschlecken. Sie ist anstrengend und aufwendig. Mit viel Arbeit verbunden, mit Angst und Misserfolg. Und doch bestätigen offene Türen immer wieder, dass der allmächtige Herr handelt. Er erhört Gebet. Er lohnt Treue. Er sieht Vertrauen. Und hier und da unterstützt er die Hausmission durch Zeichen und Wunder.

Das ist so in vielen, vielen Ländern der Welt. Und auch hier bei uns in Deutschland.

Mitte der 60er Jahre fragte Jack McAlister, der Gründer der weltweiten AJH (von dem Sie in diesem Buch eine Menge gelesen haben), einen jungen Berliner CVJM-Sekretär, ob er eine »Aktion: In jedes Haus« aufbauen wolle.

Zuerst dachte der damalige Billy-Graham-Übersetzer: »Eine Schriftenmission ist das Letzte, was wir in Deutschland brauchen!« Aber je mehr Peter Schneider darüber nachdachte und betete, desto mehr wusste er, dass Gott ihn berufen hatte.

Am 22. August 1967 unterzeichneten zehn Christen in einem Berliner Dachstübchen die Gründungssatzung der AJH. Noch wusste kaum einer von jenem neuen Verein.

Während Peter Schneider gemeinsam mit dem Evangeliums-Rundfunk erste Verteilschriften und Bibelkurse entwickelte, wandte er sich an 16.000 Pastoren und Gemeindeleiter in ganz Deutschland. Das Echo war ermutigend: Mehr als tausend zeigten sich interessiert.

Es dauerte ein halbes Jahr bis zu einem Testeinsatz in Brambauer bei Lünen. Bald folgten Aktionen in Biedenkopf, bei Gießen und nahe der Bibelschule Adelshofen. Die damaligen Einsatzleiter sind noch heute vielen Christen bekannt: Heinz Müller, Wolfgang Heiner, Werner Jahnke. Sie brachten überall die Gute Nachricht von Jesus von Tür zu Tür.

So ging es weiter: Aufrufe führten zu Einsätzen, es gab Höhepunkte und Rückschläge, neue Schriften und Geldmangel, zündende Ideen und Fehlentscheidungen. Immer wieder tauchten Hindernisse auf. Aber dennoch segnete Gott die Arbeit von »Aktion: In jedes Haus«.

Im Lauf von inzwischen 30 Jahren fanden Menschen zu Christus. Sie schlossen sich Gemeinden an und gehörten nun selbst zu den aktiven Freunden von AJH.

- Sie beten und öffnen damit dem Evangelium verschlossene Türen.
- Sie geben Geld für die Hausmission und helfen damit Evangelisten auf die Beine.
- Sie gehen selbst los und verbreiten die Gute Nachricht von Jesus von Tür zu Tür.

Immer wieder machen uns solche Christen Mut.

Ich bin sicher: Dieses Buch hat Sie gepackt. Hausmission ist Ihnen wichtig geworden. Nun möchten Sie mehr wissen ...

Bitte schreiben Sie uns. Füllen Sie einfach den eingedruckten Antwortabschnitt aus. Dann erhalten Sie den kostenlosen Gebetskalender, praktische Arbeitshilfen und Spendenprojekte. Vielleicht gehen Sie gern »online«. Dann schauen Sie sich im Internet an, was AJH für Sie tun kann. Zum Beispiel mit den drei »G-Angeboten«.

Vielleicht wollen Sie ein erstes Opfer senden. Dann finden Sie am Ende die Kontonummer von »Aktion: In jedes Haus«. Ein Neues Testament, ein Bibelkurs, ein kleines Geschenk als Antwort auf Hunderttausende von Verteilschriften kostet uns schnell zehn Mark pro Person. Ich danke Ihnen im Voraus für Ihre Unterstützung.

Übrigens: In unserem Umfeld ist noch kein Toter lebendig geworden. Trotzdem wissen wir: Der Herr, der auf der anderen Seite der Welt Menschen für sich gewinnt, der holt auch hier Männer, Frauen und Kinder auf seine Seite. Das ist das größte aller Wunder.

Herzlich willkommen im Freundeskreis der »Aktion: In jedes Haus«!

Ihr Jörg Enners

»Aktion: In jedes Haus«
Postfach 11 20
42460 Radevormwald

Televerbindungen:
Telefon (0 21 95) 91 56-0
Telefax (0 21 95) 91 56-19

Online-Adressen:
E-Mail: AJHGermany©aol.com
Internet: http://www.cina.de/ajh

Spendenkonto: 101 141 401 6
Bank für Kirche und Diakonie Duisburg (BLZ 350 601 90)
Jede Spende kommt an. Herzlichen Dank!

Partner im deutschsprachigen Ausland:
Schweiz: Christus für alle, Schürstraße 8, CH-8488 Turbenthal
Österreich: Evangelium in jedes Haus, Pürstling 3, A-4844 Regau

Das A.J.H.-Angebot für Sie und Ihre Gemeinde

Sobald Sie rufen, kommt einer der Gebietsleiter von »Aktion: In jedes Haus« zu Ihnen. Seit vielen Jahren schulen sie Gemeinden und Hauskreise.

Der AJH-Mann ermutigt Ihre Gemeinde, die Aufgaben Gottes anzupacken, wie sie weltweit als wirkungsvoll erwiesen sind. Das geschieht locker und praktisch: drei Tage lang, am Wochenende, in einer Gemeindefreizeit oder Bibelstundenreihe ... Alles ist vorher mit Ihnen besprochen.

Das »G.E.H.-Angebot« wird Ihre Gemeinde bereichern. Ganz sicher!

G wie Gebet

Heißt Beten, dass Gott handelt, wie wir möchten (möglichst vorgestern)? Haben manche Gebetsformen Aussicht auf mehr Erhörung? – Praktische Tips für Ihre Gemeinde: G wie Gebetsstunde ...

E wie Einsatz

Ist Einsatz für Jesus lästige Pflicht oder spannende Erfahrung? Muss jeder evangelisieren, oder hat das vielleicht etwas mit dem Alter zu tun? Wie können wir für die Bibel Interesse wecken? – Praktische Tips: E wie Einsätze und evangelistische Aktionen ...

H wie Hauskreise

Haben in der Gemeinde kleine Gruppen eine missionarische Chance oder keine? Wie arbeiten Sie mit verschiedenen Charakteren? Wie kommen Sie miteinander ins Gespräch? – Praktische Tips: H wie Hausbibelkreise ...

Kurz gesagt: Das dreifache »G.E.H.-Angebot« hilft Ihnen und Ihrer Gemeinde bei ersten Schritten zur Gemeindeerneuerung.

Wir von »Aktion: In jedes Haus« möchten Ihnen gern dienen und freuen uns auf Ihre Antwort. Bitte nutzen Sie den eingedruckten Antwortabschnitt. Also, bis bald!

Antwortabschnitt

Ich habe das Buch »Jenseits von allem Vorstellbaren« von Dick Eastman gelesen. Nun will ich mehr darüber wissen, wie ich die Hausmission in Deutschland und in aller Welt voranbringen kann.

Bitte senden Sie mir

☐ den kostenlosen Gebetskalender und AJH-Rundbrief »Jedermann«

☐ nähere Details zu Ihren Gemeindeschulungen, die Gebet, Einsatz und Hauskreise fördern. Am »G.E.H.-Angebot« interessiert mich vor allem ______________________

☐ konkrete Spendenprojekte in Deutschland/im Ausland

☐ vertrauliche Informationen darüber, wie ich die Hausmission mit einem testamentarischen Nachlass unterstützen kann

Name, Vorname: ______________________________

Straße: ______________________________

PLZ/Ort: ______________________________

Ausfüllen, abtrennen und gleich einsenden an AJH, Telegrafenstraße 25, D-42477 Radevormwald.
Danke sehr!